U0452310

国家社科基金后期资助项目

史学家约瑟夫斯及其世界

Josephus, The Historian and His Society

〔英〕泰萨·瑞洁克 著
周 平 译

商务印书馆
The Commercial Press
2014年·北京

Tessa Rajak

Josephus, The Historian and His Society

© Duckworth, 2002

The copyright of the simplified Chinese edition is granted by the author

中文本根据达克沃斯出版社2002年版翻译

国家社科基金后期资助项目
出版说明

　　后期资助项目是国家社科基金设立的一类重要项目,旨在鼓励广大社科研究者潜心治学,支持基础研究多出优秀成果。它是经过严格评审,从接近完成的科研成果中遴选立项的。为扩大后期资助项目的影响,更好地推动学术发展,促进成果转化,全国哲学社会科学规划办公室按照"统一设计、统一标识、统一版式、形成系列"的总体要求,组织出版国家社科基金后期资助项目成果。

全国哲学社会科学规划办公室

目　　录

初版前言 …………………………………………………………… 1
再版前言 …………………………………………………………… 2
再版序言 …………………………………………………………… 4
缩略语 ……………………………………………………………… 11
大事件年表 ………………………………………………………… 12
约瑟夫斯时期的巴勒斯坦地图 …………………………………… 14

绪论 ………………………………………………………………… 1
第一章　家庭、教育和思想形成 ………………………………… 10
第二章　约瑟夫斯时代耶路撒冷的希腊语言 …………………… 38
第三章　约瑟夫斯阐释分裂的根源 ……………………………… 54
第四章　约瑟夫斯阐释犹太叛乱 ………………………………… 65
第五章　犹太叛乱的组织结构 …………………………………… 86
第六章　约瑟夫斯与加利利内战 ………………………………… 119
第七章　作为阿拉米语作家的约瑟夫斯 ………………………… 144
第八章　弗拉维家族的庇护及犹太爱国主义 …………………… 154
后记　晚年的约瑟夫斯 …………………………………………… 186

附录Ⅰ　约瑟夫斯的母语 ………………………………………… 192
附录Ⅱ　关于"写作助手"理论 ………………………………… 195
附录Ⅲ　约瑟夫斯的《犹太古史》和《自传》的写作日期考证 …… 199

参考文献
　原始文献 ………………………………………………………… 201
　学术研究文献 …………………………………………………… 201

人名地名及著作名称译名汇编 …………………………………… 227
索引 ………………………………………………………………… 258

初 版 前 言

本书不是对约瑟夫斯及公元1世纪巴勒斯坦社会的一般性介绍,而是对该作家的史学著作及其战争描述的重新解读。这本著作不仅考虑研究者的需求,也顾及那些对该时期没作过专门研究的读者的需求。因此,我一方面对作者所陈述的论点作了详尽而充分的(但愿我没有言过其实)文献引证,同时又将原始文献译为英文,并对读者所不熟悉的概念(无论是希腊、罗马还是希伯来的概念)进行了阐释。对于不规则的希腊文、希伯来文或阿拉米文,我则基于简单的语音原则,音译为英文。

长久以来,我都承受着他人的恩泽。倘若没有弗格斯·米勒(Fergus Millar)的视野及其忠告与鼓励,本书难以成文。他还对本书数稿的不同章节作了评述。感谢阿兰·沃德曼(Alan Wardman),他不仅在内容和文体方面对提升本书的水平作出了贡献,并且慷慨帮忙校对书稿。非常感激牛津大学博士生论文主审教授彼得·布朗特(Peter Brunt)和戴维·刘易斯(David Lewis),他们细致而敏锐地纠正过我博士论文中的许多错误,而此书正是我在博士论文部分内容的基础上深入研究的结果。我还要感谢戈泽·弗姆斯(Geza Vermes)、阿纳尔多·摩米格利西诺(Arnaldo Momigliano)和米瑞埃姆·格里芬(Miriam Griffin)的支持和他们的建设性意见。感谢我父母的帮助和他们对此书持续的关注。感谢我的丈夫哈里·瑞洁克(Harry Rajak)敏锐的批评以及他对我的关爱,本书的出版见证了他对我的爱。

此书最终完成于华盛顿特区希腊研究中心。我必须感谢哈佛大学董事会,尤其是其研究中心主任伯纳德·诺克斯(Bernard Knox)。他主持的研究中心环境安静,让人充满写作激情。雷丁大学允准的一年的学术假及福布莱特奖学金的资助都使我获益匪浅。

犹太文化纪念基金会和沃尔森基金会也分别资助了此项研究。多琳·詹尼斯(Doreen Janes)不厌其烦地为我打印了这部很难辨识的手稿。我的出版商则耐心地等候我完稿,之后又精心地出版了这本书。

泰萨·瑞洁克
伦敦,1982

再 版 前 言

感谢我的出版商吉拉德·达克沃斯出版社（Gerrald Duckworth & Co.，Ltd），是他们建议将我1983年出版的《约瑟夫斯研究》修订后再版。这让我有机会改进并更新这部著作的内容。全书正文仍保持原样，因为此书对有关约瑟夫斯众说纷纭的个人生涯和写作等重要问题的处理至今仍然中肯而正确，这本书在过去20年里拥有大量读者的事实令人信服地说明了这一点，而这也正是本书得以再版的前提。原版正文和注释中的个别错误列在《再版前言》之后。在第一版中，浩繁的参考文献注释均为脚注，而再版则在此基础上于正文之后增添了独立的"参考文献"部分，并在书的末尾列出了自1983年以来重要的相关出版物。新撰写的"序言"部分就目前约瑟夫斯研究中普遍关注的、尚未形成定论的观点，以及本书对其中的若干著述进行的探讨，在新近研究中的作用等问题作了一些讨论。

我在第一版中已经感谢过许多人，此时我还想在丈夫的姓名旁边加上孩子保罗（Paul）与黛娜（Dinah）的名字，孩子们给了我在1983年还没有能力给予的支持和鼓励。非常感谢我新近获得的两项资助，这给了我时间和物质条件，能够在理想的环境中重新回到约瑟夫斯研究中心去熟悉最新的研究成果和资料。为此我十分感谢以色列希伯来大学高级研究所，感谢杰出的2000—2001年希腊化研究组的组织者戴维·萨特兰（David Satran）和丹尼尔·施瓦茨（Daniel Schwartz）让我在2002年4月至5月期间在该研究所工作；感谢澳大利亚悉尼麦考瑞大学古代历史文献研究中心热情好客的主任阿兰纳·诺布斯（Alanna Nobbs）和萨姆·利尤（Sam Lieu），以及热心的秘书帕特·盖丹斯（Pat Geidans）。感谢雷丁大学欣然同意给我假期，感谢系里的同事们在我离校研究期间出色地填补了我的工作空缺。感谢牛津大学贝列尔学院的克莱尔·菲尔珀茨（Claire Phillpotts）和麦考瑞大学的诺曼·里克勒夫斯（Norman Ricklefs），他们协助我出色地完成了本书"参考文献"的准备工作。还要感谢达克渥斯出版社的戴博拉·布莱克(Deborah Blake)无出其右的热情和超人的能力。我谨以新版纪念我的父母,《史学家约瑟夫斯及其世界》能20年长盛不衰,这想必足以告慰二老。

泰萨·瑞洁克
2002年4月

再 版 序 言

21世纪约瑟夫斯研究

一千多年来，史学家约瑟夫斯拥有无数的读者和评论者。评论认为，他是在人类社会历史形成的独特时期和地点——整个公元1世纪时期的巴勒斯坦地区及更为广阔的希腊化和罗马世界——的犹太社会研究中不可或缺的资料来源。犹太人也许曾在数百年中将他忽视或遗忘，把他拱手让给多为基督教徒的读者去欣赏和喜爱；但无论人们出于什么目的，总在对约瑟夫斯评头品足、深研细究。然而，在1983年此书初版问世时，人们对约瑟夫斯的研究还停留在浅层次，研究范围也相对狭窄。在过去的20年里，一切都改变了：约瑟夫斯研究专著、专门研究、评论和介绍、学术研讨会和研究报告等如雨后春笋般出现，至今仍然方兴未艾。其中特别值得提及的应该是以史蒂夫·梅森（Steve Mason）为主编的布里尔出版社（Brill），该社出版了主要的相关翻译和评论（此处所提及的文献的详细信息，请参见本书末尾"参考文献"中"学术研究文献"部分）。这种变化可能有着各种不同的缘由，很难说我对此有何特殊的贡献。但值得欣慰的是，在1988年出版的、学术价值极高的皮尔·比尔德（Per Bilde）的约瑟夫斯相关研究成果分析中，本书1983年版在突出的位置被列为史学家约瑟夫斯"现代"（以区别于"古典"）研究领域最重要的论著之一。所谓"现代"研究，是指将史学家本身作为有价值的研究对象而作的研究，这确实是此书所寻求的目标，也是1988年以来大多数约瑟夫斯研究追求的主要目标。

迄今为止，约瑟夫斯研究已经有了很大进展，而这本著作也经受住了时间的考验——有趣的是，本书两个版本之间的跨度与约瑟夫斯的《犹太战史》（Jewish War）及其后他在《自传》（Life）中再次描述这场战争的时间跨度几乎一模一样，约瑟夫斯以重新讲述大部分故事的方式来应对大众对其作品的反响。本书再版时几乎没作任何改变,这说明我对自己早期研究中大部分——尽管不是全部——内容的认可。此外,在参加无论是在欧洲、以色列、加拿大还是美国举办的各种约瑟夫斯研讨时,我越来越深切地感受到,我当时所提出的各种问题至今在学术界仍然争论激烈。即使从后现代主义或后殖民主义视角来解读约瑟夫斯,也要求我们的研究一方面考虑到约瑟夫斯本人高度参与了他所描绘的犹太战争及其前因后果;另一方面也要考虑到史实与叙述那场战争时人为地渲染之间的复杂关系。对于他所描述的自己在战争中的行为,我们仍在寻求解读的关键所在。众所周知,对于自己在战争中的所作所为,他在《犹太战史》和《自传》中有过许多不同的解释。我们必须对其中的"省略"部分,尤其是与宗教教义和支撑公元66年至73年那场叛乱的各种经济势力相关的"省略"内容作出解释。对他描写犹太统治阶层与那场叛乱的关系时表现出的自相矛盾之处,即使我们不再认为绞尽脑汁来解决这些问题是明智之举,也仍须进行研究;并将这些自相矛盾看作他的一种辩护——不仅仅是为他自己,而且为自己试图跻身其中的更广泛的犹太群体。关于罗马帝国庇护他的细节,我们需要仔细推敲,正如对待其他古典作家一样,我们必须适应作者在修辞和写作风格上给我们制造的麻烦。

本书重点研究了约瑟夫斯的政治、军事和道德生涯中的重要时刻,以及他最著名的作品《犹太战史》,力求将历史事件与其发生的环境联系起来,而环境本身也需要我们去研究。研究领域起始时总是很广阔,继而变得越来越支离破碎,约瑟夫斯研究的情况也是如此。我们现在研究的主要问题,毫无例外都是在1983年版本中以必要的简短形式提出并讨论过的问题。但愿我的研究能够引导读者敏锐地定位及解释这个领域,并能将研究继续深入下去。在逐渐接近问题关键的过程中,一些较新的研究著作对我的结论直接或间接地提出了异议,读者可以权衡选择不同的解读。

首先,让我们来看看约瑟夫斯的早期生涯。史蒂夫·梅森的一篇写作严谨、口碑甚佳的研究文章不仅坚信——正如其他人一样——约瑟夫斯关于他在青年时期就与据称占统治地位的法利赛人关系密切的说法(这是我认可的观点)不过是**事后编造**的谎言,从根本上不足为信,而且认为那些说法的目的绝非意在传达严肃的宗教含义。约瑟夫斯所指的仅仅是一种暂时的政治关系。还有,马丁·古德曼(Martin Goodman)在一部围绕着解读犹太战争的、内容广泛的历史研究中,再次考察了犹太人的派系和犹太贵族内部的矛盾斗争。结合针对当代犹太人对外部世界反应的新见解他明确认为,统治阶级中很大一部分失势派别可能都全身心地支持起义,尽管约瑟夫斯的说法恰好相反。我对这场叛乱提出的、以阶级为基础的解读因此受到攻击。乔纳森·普莱斯(Jonathan Price)对犹太首领们在围攻耶路撒冷战役中行为的评价与古德曼观点一致,并对约瑟夫斯过分详细地记载围城中的自愿出逃者这一细节表示质疑。而对于这部分内容,我基本上认可作者的描述。

其他学者如今已经开始研究我在1983年时仅仅提及的一些领域。当时我试图强调约瑟夫斯字里行间表露出的、隐藏在犹太叛乱之后的社会—经济方面的不满情绪的信息,将这些信息与克莱恩·布林顿(Crane Brinton)对犹太叛乱之后其他革命模式的分析,以及埃里克·霍布斯博姆(Eric Hobsbawm)关于现代匪帮首领在当地的统治地位的前沿研究联系起来。然而,从比较研究的视角,真正提供了这项研究所急需的、公元1世纪犹太农民状况的调查,则是理查德·霍斯里(Richard Horsley)的系列著作,以及塞斯·施瓦兹(Seth Schwartz)和布伦特·肖(Brent Shaw)的标志性文章。

近年来,约瑟夫斯研究更强调学术性,这是一个可喜的转变。人们曾对约瑟夫斯是否诚实的问题一直抓住不放,这种好奇心现在似乎有所减弱。这是任何约瑟夫斯研究著述都回避不了的问题——至今仍然如此,也是我觉得有必要为一个常常被轻率地恶意中伤的作者辩护的问题。不过人们现在至少已充分理解,真实程度不是衡量一个历史学家作品的唯一标准,还有许多其他的方式。借用史蒂夫·梅森的用语,"侦探史学家"(detective historians)大行其道的时代已经过去。这个发展使人们愿意沿着我试图开创的道路进一步前行——不仅将约瑟夫斯讲述的其生活时代的历史文化作为重构历史的佐证,也将他浩瀚的、充满魅力的叙事本身视为那段历史的一部分。这样一来,对约瑟夫斯作品的不可避免并显而易见的偏见,就成为约瑟夫斯研究中一个有趣的特征。

如今学术研究中不断增强的对研究方法的重视,引导人们作了一些有趣的尝试。例如前不久詹姆斯·麦克拉伦(James McLaren)的实验。他似乎不能满足于约瑟夫斯是我们"已知"的大多数史料的唯一来源的局限,于是,试图绕开并以某种方式超越约瑟夫斯叙事中超乎寻常的主观陷阱。他希望对导致叛乱的单个的历史事件进行所谓独立的、现代的重构,系统地、分别地描述约瑟夫斯的叙事结构和选择性。他提醒我们要警惕约瑟夫斯写作时受后见之明的影响,出于特殊需要而将叛乱前60年左右的本土形势描写为长期动荡不安,危机不断升级。无论我们对他的成果作何判断,麦克拉伦的方法指出了研究老问题的新目标和新视野。

基于许多学者在解读约瑟夫斯历史事件构建中所遭遇的困境，我们很可能被引向解读他作品中的意识形态问题。1983年，我试图将两个问题交叉讨论，并在其中找到平衡点。我们现在可以将经过20年精心研究之后最终以飞速的步伐呈现于世的、有关犹太宗教派系和非派系的、极为丰富的库姆兰文献（texts from Qumran）考虑在内。在这场信息革命出现的同时，我们现在比过去几代学者更加重视犹太启示思想的多样性。这些资料展现了当时犹太文献中最困扰人们的因素，我们再也不能忽视这些因素的存在。因此，在我对约瑟夫斯的解读当中，有一个方面我希望能专门定义，或至少指出它与其他方面的细微差异，那就是约瑟夫斯对自己的思想和行为高度理性化的描写。丽贝卡·格雷（Rebecca Gray）的研究清楚地表明，我们无需假定约瑟夫斯对于他公开宣称的先知使命抱着完全不信的态度，正是这一使命使他在尤塔帕塔城（Jotapata）免于随众人一起集体自杀的厄运。此外，约瑟夫斯时常表现出对某种魔法的兴趣，他似乎对预言家的能力深信不疑。我们不必因为他曾高声讨伐叛乱团伙的预言及其奉承者和假先知等，就认定他讨厌各种预言思想。比如曾使他臭名昭著的、宣称天命暂时转向了罗马统治势力一边这一点，就证实了他看待预言的立场。

比起对早期犹太教的描述，我们对罗马帝国的解读也许没有理由进行重大修正，然而，改变仍然是有的。研究有了一个新的焦点，即包括巴勒斯坦在内的罗马东部行省所发生的复兴希腊文化与罗马化影响的融合。约瑟夫斯的整个人生和事业都取决于罗马势力，他亲身见证了犹太人同希腊语言及思想长期共存的关系。他告诉我们，他必须把自己培养成一个希腊语作家。现在我们比从前更理解这一点，即约瑟夫斯的写作活动就是长时期文化交融过程的一部分，而不是特征各异、反差明显的两种制度的混合。在本书初版问世至今的岁月中，我曾在若干篇文章中阐释了这个问题。在约瑟夫斯研究中与这个问题最具相关性的是对《犹太古史》的理解。对于《犹太古史》，读者们现在可以得益于路易斯·斐德曼（Louis Feldman）非常专业的眼光，在他不知疲倦的精神指引下，去观察千变万化的犹太希腊混合文化（Jewish Greek mix）。同时，比从前任何时候更加明了的是，约瑟夫斯的文字，即使是《犹太战史》——此书写作时约瑟夫斯刚离开耶路撒冷不久，也不能代表仅仅是包裹在希腊文化外衣之下的纯粹的巴勒斯坦犹太文化。本书中不时出现的犹太—希腊二分法已经不像过去那样令人信服。相反，现在我们也许可以怀着这样的希望，我们对希腊—犹太文化传承的新认识终将使那些无所不在的、凭空想象的约瑟夫斯的写作助手化为乌有，因为至今人们仍然广泛地认为约瑟夫斯的作品是由他们代写的。对于这种言论，我的《附录Ⅱ》似乎并没有起到致命的打击作用。

曾经盛行的、将约瑟夫斯表现为罗马帝国吹鼓手以及来自弗拉维家族的救命恩人的走狗的问题，是我的研究符合逻辑的必然起点。幸好这个鲁莽的假设如今已经不像过去那样，经常妨碍我们了解约瑟夫斯本人对事物的立场。显然，文献研究者们对恩主影响问题采用了更为细致的研究方法，使人更容易对约瑟夫斯的依从关系及其他的义务建立起准确的认识。尝试维护约瑟夫斯坚持为提图斯（Titus）所作的辩护——认为焚烧耶路撒冷圣殿并非出于他的本意——这种也许是异想天开的做法能否让更多的人接受呢？只有时间才能证明。

然而，约瑟夫斯本人作为罗马人在罗马的情况至今仍是一个谜。梅纳赫姆·斯特恩（Menahem Stern）的研究表明，他几乎可以肯定《犹太战史》的第七卷，也就是最后一卷（这一卷与其他几卷有明显区别）的写作年代不是提图斯统治时期，而是图密善（Domitian）时期；而后者与约瑟夫斯的私人关系不如前者，也许从未做过约瑟夫斯的庇护者，但他的研究同样不能揭示约瑟夫斯的罗马生活情况。古德曼曾大胆尝试填补约瑟夫斯在罗马生活的学术空白，尽管篇幅不长，但颇具启发性，约瑟夫斯著作的日文译者秦刚平（Gohei Hata）也对这一问题进行了推测。塞斯·施瓦兹在一本书中构建了战后的犹太政治场景，尤其是大祭司在战后的命运，以及约瑟夫斯在其间的地位等。通过这种方式，他提出将《犹太战史》与史学家后来几部著作中的僧侣情结联系起来。我们对《犹太战史》的理解在无数细节上都极大地受益于约瑟夫斯其他著作中的内容。过去20年中，我们对《犹太古史》的研究也有了显著进展。《犹太古史》是一部趣味无穷、简明扼要的作品。其主题与《犹太战史》有重复之处，而在为犹太文化辩护的主题上则与《驳阿皮翁》（*Against Apion*）也有共同之处。格雷戈里·斯特林（Gregory Sterling）将所有约瑟夫斯的作品归入一个新的文学类别，即所谓的"护教性史编"（apologetic historiography），这是一种通过解读约瑟夫斯作品来阐明他的思想的连续性的方式。这也许清楚地表明，恰当把握《犹太战史》的最佳途径就是熟悉和了解约瑟夫斯的全部作品。

约瑟夫斯与更广泛的犹太流散区也有过不少接触：他在巴比伦出版其《犹太战史》的初版，即阿拉米语版（Aramaic version）；他曾在地中海居住区收集资料并在那里娶妻；他甚至还可能返回过巴勒斯坦，去照看他在那儿的新地产。约瑟夫斯在失去从前的世界后，是否找到了一个可以部分弥补损失的新天地呢？或者继续生活在一个孤独的旧时代，并作为一个犹太历史的记录者，埋头于他赋予自己的使命之中？这一切都还和我最初写作时一样扑朔迷离。与他的著作以后被踊跃接纳的历史盛况相比,关于他同时代的读者对其作品的接受程度如何我们知之甚少。

  我们自己也是进行中的历史解读的一部分,这项事业现在已进入成熟而激动人心的阶段,而且这一趋势将变得更加明显。约瑟夫斯作为一名犹太历史学家的地位是当之无愧的,我不揣冒昧地推测,不久的将来,我们目前对约瑟夫斯历史故事的研究,将会使他当之无愧地跻身于与罗马相关的希腊历史学家的行列。《犹太战史》重要的思想内容属于希腊和拉丁历史学家研究的范畴。除了我们熟悉的希腊和拉丁史学的文体特征外,我们还看到了作者对各种修辞及反讽手法的熟练运用,看到了希腊戏剧的影响——这不仅表现在个别场景和某些悲伤时刻,而且还表现在内容结构和充满魄力、使人身临其境的场景描绘上。所有这一切在约瑟夫斯的作品中都有精彩的例证,浓缩于他描绘的伟大场景中:耶路撒冷被围困和陷落、罗马攻陷犹太卡普塔(Judaea Capta),以及最后出现却不可忽视的马萨达(Masada)73 人在城堡陷落的最后时刻集体自尽的场面,这个既令人震撼又令人费解的场景掀起了《犹太战史》最后一卷的高潮。

  今天,马萨达守城军民自尽的场面也许是约瑟夫斯所有作品中最著名的一幕。近年来,人们从各个角度对这个场景进行了精心研究。在对这个场景描写的讨论中,活跃着众多关于约瑟夫斯大量编造谎言的论点。这些论点也许会由于当今的以色列问题而被越来越多的人所传播。对"马萨达之谜"这个民族神话相关的纪念地以及对该事件的学术解构,都激发了对《犹太战史》中这个被神化了的故事的批评。其中一些批评较有根据,另一些则不然。亚丁在 1964 至 1965 年间的发掘成果终于以几大卷的篇幅出版,尽管姗姗来迟却十分杰出。它引发了对约瑟夫斯所讲故事的真实性的新一轮讨论。讨论的焦点在于起义据点文物发掘和约瑟夫斯文字的比照。在讨论中,文物发掘者受到的批评并不少于约瑟夫斯。对约瑟夫斯研究者来说还有一个更重要的问题,这个问题在本书中仅以讨论作者写作目的的形式出现,但至今并未得到解决——对于最后一批可憎的反叛者,约瑟夫斯原本一直不停地责难,可最后却高调描写并颂扬他们,这究竟是为什么?对这个问题,有人提出一个新的、十分有趣的回答。解答者在约瑟夫斯的话语中识别出典型的约瑟夫斯式潜台词,认为约瑟夫斯似乎在明褒实贬。另一种思路认为,约瑟夫斯对"马萨达事件"的描写是出于文学创作的需要。由于希腊—罗马文学中描写失败的蛮族英勇自尽场面的传统手法可以信手拈来,从而鼓励约瑟夫斯仿而效之。有人会说,这种解读方便有利,回避了任何有关作者是否真正同情叛乱者的问题。

马萨达的故事至今难以盖棺论定,这也许标志着约瑟夫斯在用他极具表现力的文字与读者巧妙周旋的能力。尽管这场辩论充满活力,提出了多种可能性,但与从中受到的启发相比,旁观者更多的是因其不确定性而倍感困惑。不过他们有一个脱困的突破口:即回到《犹太战史》本身去发现约瑟夫斯写作中的问题和特性——没有比这更好的方法了。这个方法很简单,就是阅读。在任何情况下,现代的文献解读方法,无论新方法还是老方法,都不能取代作品阅读本身。

缩 略 语

本书缩略语的使用规则:古典作品主要根据《牛津大学古典学辞典》(第二版)(*Oxford Classical Dictionary*),期刊标题根据《古代文献检索》(*L'Année philologique*)及《耶稣时期(公元前173年—公元135年)的犹太历史》(*The History of the the Jewish People in the Time of Jesus Christ 173BC-AD135*)(1973—1979),犹太文献则根据《犹太百科全书》(*Encyclopaedia Judaica*)。书名通常采用全名。约瑟夫斯作品缩写:BJ(《犹太战史》)、AJ(《犹太古史》)、V(《自传》)、CA(《驳阿皮翁》)。

大事件年表

公元前 4 年　希律(Herod)死,其领土被分割。

公元 6 年　阿克劳斯(Archelaus)下台;罗马兼并朱迪亚地区(Judaea);奎里尼乌斯执行人口普查。

公元 14 年　罗马皇帝提比略(Emperor Tiberius)即位。

公元 26—36 年　朱迪亚行政长官本丢彼拉多(Pontius Pilate)在位。

公元 33/34 年　分封王菲利普(Philip)离世。

公元 37 年　罗马皇帝盖乌斯·卡里古拉(Emperor Gaius Caligula)即位。

公元 40 年　希律·安提帕斯(Herod Antipas)下台。

公元 41 年　盖乌斯·卡里古拉皇帝被刺身亡;克劳迪乌斯一世(Emperor Claudius I)即位。

公元 44 年　阿格里巴一世(Agrippa I)离世。

公元 44—46? 年　卡斯皮乌斯·法杜斯(Cuspius Fadus)总督在位。

公元 46?—48 年　提比利乌斯·尤里乌斯·亚历山大(Tiberius Julius Alexander)总督在位。

公元 48—52 年　文迪蒂斯·古玛努斯(Ventidius Cumanus)总督在位。

公元 52—60? 年　安东尼乌斯·腓力斯(Antonius Felix)总督在位。

公元 54 年　罗马皇帝尼禄(Emperor Nero)即位。

公元 60?—62 年　波斯乌斯·非斯都(Porcius Festus)总督在位。

公元 62—64 年　卢西尤斯·阿尔比努斯(Lucceius Albinus)总督在位。

公元 64 年　约瑟夫斯出使罗马。

公元 64 至 66 年　格西乌斯·弗洛鲁(Gessius Florus)总督在位。

公元 66 年　战争爆发;加卢斯(Cestius Gallus)失败。

公元 67 年　尤塔帕塔(Jotapata)失守;征服加利利(Galilee);约瑟夫斯被俘。

公元 68 年　征服朱迪亚、以土买(Idumaea)、佩里尔(Peraea)。

公元 69 年　耶路撒冷的派系之争;罗马皇帝韦斯巴芗（Emperor

Vespasian)即位;约瑟夫斯被释放。

公元 70 年　围攻耶路撒冷;圣殿和城北被烧。

公元 71 年　约瑟夫斯在罗马;韦斯巴芗和提图斯凯旋。

公元 73 年　马萨达自杀;埃及欧尼亚斯犹太圣殿(Temple of Onias)被毁。

公元 75 年　罗马和平神殿(Temple of Peace)建成典礼。

公元 75—79 年　《犹太战史》出版。

公元 79 年　罗马皇帝提图斯即位。

公元 81 年　罗马皇帝图密善(Emperor Domitian)即位。

公元 93/94 年　《犹太古史》和《自传》出版。

公元约 96 年　《驳阿皮翁》出版。

公元 96 年　图密善离世。

约瑟夫斯时期的巴勒斯坦地图

绪　论

I

约瑟夫斯生于公元37年的耶路撒冷，是一个有着王族血统的法利赛教派（Pharisaic persuasion）祭司。他出生时正值本丢彼拉多（Pontius Pilate）不再担任行省总督之时。约瑟夫斯在公元66年至73年的犹太战争中，先是不自觉地作为一个头目参与反罗马起义；在加利利（Galilee）守城失败之后，约瑟夫斯投降了罗马人。随后，他作为罗马人阵营中的一员，亲身经历了叛乱的各个阶段，亲眼目睹了耶路撒冷的沦陷和圣殿被烧毁。罗马军团在那里拥戴他们的将军韦斯巴芗（Verpasian）称帝后不久，他就和这位罗马将军一起，待在亚历山大里亚（Alexandria）。约瑟夫斯被赐予罗马公民身份，他的后半生都在罗马度过。在罗马，他仍然是个犹太人，埋头于撰写关于犹太主题的历史著作，一般使用希腊语。

由此，约瑟夫斯的生活与公元1世纪时期一些最重大的事件紧紧联系在一起。他的著作成为我们了解希律王朝和古罗马地方总督管治下的巴勒斯坦历史、死海古卷、支撑拉比犹太教教义的口传文学的形成，以及施洗者约翰和耶稣基督的唯一无间断的资料来源。此外，他的个人生涯也以独特的方式体现了该时期东罗马帝国的重大主题或冲突：地方爱国主义与维护帝国秩序的主张之间的矛盾，希腊—罗马文明的诱惑与本土文化之间的矛盾，灵活的实用主义与忠实的宗派主义之间的矛盾，以及忠于阶级利益与忠于小集团利益之间的冲突等。

千百年来，因为这样那样的原因，约瑟夫斯吸引了读者大量的注意力。因为他最早"见证"耶稣，并亲眼目睹了犹太人被惩罚而失去圣殿，基督教徒曾对他尊重有加，而现在也许人们已经不太记得这个了。如今的犹太人也许不再因为害怕某事可能会被看作对民族和宗教的背叛而像从前那么沮丧惊恐。相反,人们现在对约瑟夫斯的兴趣来自其他方面:作为一名作家,他是让我们能够理解了不起的库姆兰考古发现的作家,又是对马萨达的岩石上曾经有过什么样的建筑、发生过什么事情有过十分详细的描述的人。所有这些相互缺乏关联的东西,一方面起到了让人们铭记作者的宝贵作用,同时又将作者从他生活的历史环境中分离开来,而还原作者的历史环境正是我希望做到的事情。他充满了变化和兴衰荣辱的一生,使他成为一个异常有意思的人。与此同时,在他所处的那样一个波谲云诡的世界中,人生的变化无常并不令人感到意外。巴勒斯坦犹太人曾被许多不同势力征服过,可想而知,他们不得不作出各种艰难的选择。

到1世纪为止,犹太人和希腊人的关系,甚至犹太人和罗马人的关系都已经历了一段漫长而复杂的历史过程。约瑟夫斯出生之前近400年,亚历山大大帝(Alexander the Great)及其马其顿军队就已经穿越了腓尼基、埃及(Egypt)和叙利亚(Syria)。甚至在那之前,这个地区就已经受到希腊人的影响。亚历山大死后,巴勒斯坦落入位于埃及的希腊托勒密王朝手中,之后又转到地处亚洲的塞琉古(Seleucid)国王的统治之下。尽管有点独特,巴勒斯坦仍然属于希腊化的东方世界的一部分。与此同时,犹太流散(Jewish Diaspora)状况加剧,许多希腊城邦都开始出现犹太社群。这意味着不论和谐与否,犹太人已与希腊人生活在一起。巴勒斯坦的犹大马卡比(Judas Maccabaeus)所领导的反抗塞琉古国王安条克四世(Antiocchus IV)埃彼芬尼斯(Epiphanes,公元前175—前165年)的起义之所以发生,不只是因为耶路撒冷圣殿设立了异教偶像和埃彼芬尼斯国王攻击了犹太教习俗,还因为犹太人中存在以大祭司伊阿森(Jason)及尔后又取而代之的、更为极端的梅内莱厄斯(Menelaus)为代表的希腊化集团。这次成功起义的结果就是巴勒斯坦在马卡比国王统治下的实质上的政治独立,但随独立本身而来的,并不是在耶路撒冷摒弃所有希腊事物,相反,形成了一种文化妥协:外在的希腊化作为既成事实被认可。不过,犹太教的核心受到了保护:圣殿崇拜及修习《圣经·旧约》(Torah)继续作为民族生活不可动摇的中心。犹大马卡比在另一方面也标志着一个转折点,他和其继承者们都曾派使节去罗马元老院,并带回犹太人与日益强大的西方人之间签订的和约。

哈希芒(Hasmonean)(马卡比)王朝的统治持续了一个世纪之久。哈希芒国王获得了大祭司的身份,变得越来越世俗化,越来越主张扩张主义。但由于公元前63年国家尚处于弱势时期,加上哈希芒兄弟之间的矛盾争执,耶路撒冷最终落入罗马在东方的征服者、"伟大的庞培"(Pompey the Great)手中,犹太历史由此开始了直接或间接地在罗马统治之下的新纪元。

有些人对此表示欢迎，据称一个犹太代表团曾在大马士革见过庞培，并请他来接管他们的国家。另外也有一些宗派团体，可能包括一些法利赛人在内，对此深恶痛绝，尤其对庞培闯入圣殿的至圣所（the Holy of Holies）一事。那时，完全不同的两种倾向已经形成：一种主张世界主义，对外界持开放态度；另一种倾向则是极端敌视外国统治和外来影响。

哈希芒王朝在庞培征服约20年之后又突然重现，正值尤里乌斯·恺撒（Julius Caesar）被刺、罗马自身的政治形势动荡不安之时。尤其是此后屋大维（Octavian）和安东尼（Antony）之间的战争，更是给巴勒斯坦一个新的政治集团——作为罗马附庸国王（client king）的希律王朝——留出了空间。尽管安东尼与希律及其父亲都有过交往，但屋大维成为奥古斯都（Augustus❶）后，他宽恕了他之前的敌人。希律因此能够在罗马人的协助下统治犹太地区，其统治时间和他在罗马的保护人的统治时期相差无几。公元前4年希律死去后，巴勒斯坦分裂为三个小王国，根据推论，经过几个阶段后，重新确立了罗马的直接统治，在朱迪亚，然后是加利利。

希律出生于一个皈依了犹太教的以土买（Idumaean❷）人家庭，他自称不仅爱罗马人（philorōmaios），也热爱希腊人。他对自己的希腊文化很自豪，这种自豪体现在他建立希腊城邦、捐助奥林匹克运动会等方面。他的这种做法不仅在非犹太教世界实行，也波及到巴勒斯坦内部，这使犹太人内部的分裂进一步加剧。希律曾和法利赛人、库姆兰教派和"第四哲学"的追随者有过激烈地争执。除此以外，也有其他有利于异见分子的因素，他们在希律治下开始活跃，并在以后的罗马人管治下继续发展，对后者起到了推波助澜的作用。

看来，尽管信仰坚定，也忠于犹太教规和信仰，但约瑟夫斯及其家族无疑属于能接受现实的开放派。尽管在短时间内被迫参与起义，但总的来说他是愿意接受罗马人统治的，而且肯定很熟悉希腊语言，愿与希腊人打成一片。他复杂多变的经历可以看成是在罗马统治下，这类杰出的犹太人身上表现出来的越来越多的矛盾和冲突的缩影。这种情形直到"大起义"❸将他们大多数人消灭（从肉体上）才得以改变。我们的作者与其他人不同之处主要在于他非凡的生存能力，我们可以不喜欢他的这种能力，却不能不为之而感到庆幸。

---

❶ 罗马第一代皇帝的尊称——译者注。
❷ 朱迪亚以南的一个地区。以土买人在历史上曾是以色列人的敌对者——译者注。
❸ 应该指公元135年的犹太起义——译者注。

II

因此,这本书是关于一个一度是政客、军人(功过难定),而最终也是最重要的身份却是作家的人。作为作家,他第一次写作的主题(以后会再回到该主题)是一场自己以不同身份亲历过的战争:公元66年犹太人反抗罗马人的战争;以及与这场战争密不可分的国内矛盾。在这期间,他曾经是一名战士,常常亲眼目睹或者至少没有远离发生的事件。他对于发生的事情反应强烈,尤其对叛乱者的过激行为深感遗憾。在战争尚未结束的时候,他与从前的敌人,对罗马帝国军队的指挥官父子建立了良好的关系。在韦斯巴芗和提图斯成为皇帝之后,这种庇护关系继续发展下去。

约瑟夫斯的作品提出了许多问题,所有的问题只有一个核心。这些问题促使我们质疑这种状况下发生的历史的价值,质疑实际发生的事情与文字记载之间的关系等。作者亲身参与了事件,这一点使他所陈述的事情一方面可能极具信息价值,另一方面事实又可能以某种方式被歪曲,这一点显而易见。但我们该如何解读被歪曲的内容的真正含义,或是如何读懂作者与主题之间错综复杂的相互作用呢?

我通过了解约瑟夫斯的同时代人及其态度来解读约瑟夫斯。既然约瑟夫斯的见证是关于这些人基本信息的资料来源,这个问题就变得加倍棘手。然而,研究这个问题的价值不仅仅在于理解作者个人,还在于理解当时的犹太群体和罗马人。

史学家对其写作主题的偏见所产生的效果,以及作者往往出于某种个人利益歪曲事实的各种手法等,尤其能激发人们研究其历史写作过程的兴趣。今天的历史编撰通常由专家来承担,可是古代人却认为,亲眼目睹或亲身经历过某事的人才最有资格描述那件事。波里比乌斯(Polybius)就曾怀疑,"如果有人对所讲述的内容不熟悉,怎么可能恰如其分地去盘诘关于一场战役、一次围城,或一场海战的情况呢?怎么可能去理解他讲述的故事细节呢?"沿袭修昔底德(Thucydides)开创的道路,撰写同时代的历史成为被人高度尊重的文体(有人认为,这种文体其实一直是历史写作的主要形式)。修昔底德所强调的目击证明的重要性,赋予了这种文体特殊的声望。约瑟夫斯本人也在《犹太战史》的"前言"中声称,最好的做法是跟他一样撰写近期发生的历史事件、展示新的素材,而不是像其他人那样,只将一些人们熟知的古代话题重新包装。结果是,政治史往往都由那些本身就参与其中的人撰写,或者至少是依赖以前的政客的陈述来编写。这里提到的仅是其中极少数人,如希罗多德(Herodotus)、修昔底德、波里比乌斯以及萨卢斯特(Sallust)等。同时,希腊、罗马的史学家们清楚地意识到历史学家的偏见所造成的危险,所以几乎没有一个史学家不声称自己陈述的是事实,绝无"情绪和偏见"❶,然而他们实际所为却与之大相径庭。修昔底德所达到的那种客观冷静,或看起来客观冷静的境界其实是很少见的。

一些现代历史,尤其是政治家们撰写的纪实或回忆录,多半也存在同样的危险,实质上的区别只是我们可以获得大量的、来源迥异的不同说法,这使读者更容易修正初始印象。总体而言,这些只是历史编撰中常见的主观性问题的极端例子,而再好的历史作品也在一定程度上存在这样那样的偏见,对于这一点,大多数人都不会反对。然而,这个界限到底该如何划定呢?本书关于约瑟夫斯的派性分析,探讨了真正的忠实与不负责任的偏见之间的模糊分界。此外,既然约瑟夫斯的《犹太战史》还受到另一种个人因素的影响,即他与罗马皇帝们的关系的影响,那么,一个相关的问题也会因此出现,即庇护者对他们所支持的文献可能产生的各种影响。

要分辨史学家们的偏见——那些出于他们个人立场和利益的观点和意见——就需要将他们看作是社会阶层的代言人,将他们的作品与其社会政治环境联系起来。我所感兴趣的是文化、政治和社会的相交点,因此本书不仅采用了某种单一的历史研究模式——这本书不是政治史、社会史或文学史——同时又分别与各部分相对应。本书讨论的重点和连接点是约瑟夫斯的个人品质及作品。这本书原本可能成为约瑟夫斯的传记,但为约瑟夫斯写传是不可能的,因为我们对他的个人生活知之甚少;即使仅是关于他的思想史,我们的了解也是支离破碎,而且往往只是凭空想象。然而,我们的确提供了一条传记线索。一方面是因为他是一个相当有趣的人,能够激发人们的好奇心和注意力;另一方面,如果专注研究一个我们至少还有些了解的犹太精英个体,显然可以更接近一个我们至今还几乎一无所知的世界。

我的研究主要放在约瑟夫斯的早年生活和早期作品上,因为关于他后期活动状况的信息几乎完全缺失。并且,无论如何,他的后期生活肯定不如前期那样具有重大意义和戏剧性。他晚年时期的文字与他的行为之间的密切联系已经断裂,然而,他的后期作品对本书仍然有帮助。这不仅指他用一种新形式讲述公元67年大事件的《自传》(部分自传体作品,尽管不同于现代的个人自传),也指公元1世纪20卷的《犹太古史》中一部分,甚至还包括

---

❶ lack of "*ira et studium*",拉丁文"愤怒和偏见"——译者注。

那部1世纪90年代中期出版的为犹太教辩护的论著《驳阿皮翁》。我对约瑟夫斯早期生涯的解读也影响了我对约瑟夫斯思想发展变化的认识：我认为，他的思想变化是相当有限的。

约瑟夫斯研究属于犹太史和希腊—罗马历史研究范畴。他的作品对福音时代的观照以及基督教将他的作品作为教会传统的一部分这个事实，赋予了他在基督教历史上的重要地位。事实上，上述各方面相互依赖的关系很快变得十分明朗。犹太人、希腊人、罗马人以及基督教徒的生活，在许多问题上都相互作用、互相影响。因此，正如我所说，1世纪时期的犹太人对希腊语言文化的影响一直有所反响，而且他们大部分时期要么生活在罗马帝国境内，要么和安息人一起，生活在帝国的阴影中。此外，正是犹太教和非犹太教因素的融合才打下了基督教成长的基础。说到罗马人，很显然，他们的帝国是各种不同民族的融合，在或多或少统一的希腊—罗马文化的外衣之下，包含了许多不同的地方文化，尤其是帝国东部的"希腊"地区。而在东部各族文化拼凑的板块中，犹太文化远非一个不起眼的部分。

事实上，我的目的是通过这个研究对罗马帝国的历史和文化有所观照。约瑟夫斯属于1世纪时期耶路撒冷的犹太精英阶层，除去自身固有的利益外，这个阶层与帝国其他地区的类似阶层的比较具有启迪性意义。这个阶层包含了许多地方王朝及其追随者、行省及城市的祭司、地方议会成员、公众事务捐助人及遍布整个帝国东部的大地主。其他阶层（文献证据较少）也显示出对类似精英阶层与统治势力之间的政治调合的关注，以及这种政治调合可能产生的好处。然而，犹太人有其特性，这种特性可以从他们特有的文化生活中总结出来。这种特性与一整套严苛的、牢不可破的宗教信仰密切相关，似乎比其他民族特性更富有生命力。对于上层社会来说，这种特性在一定程度上限制了希腊文化对他们的渗透，而对犹太下层人民的约束力则更大，因为有权势的人需要他们的忠诚。因此，我们没有发现东部其他任何省份曾有过可与犹太叛乱相比较的起义。正是通过比较犹太社会和其他地方社会的异同，我们揭示出帝国制度在地方层面推行中的方方面面。

然而，因为约瑟夫斯战后住在罗马写作，而从帝国政治的边缘转向了中心。他是一位重要的弗拉维王朝作家，是描述该王朝兴衰史的代表作家，他对罗马皇帝的阿谀奉承在很大程度上与时代的基调合拍。我在研究他如何讲述弗拉维王朝的历史和他及其庇护人之间的关系时再次关注到罗马问题，尽管这次思考的角度有很大不同。

与此同时，这个研究也涉及到1世纪时犹太教（Judaism）的特征，尽管不是完全将它作为信仰和宗教礼仪系统，而是作为一种社会和知识现象来研究。显然,约瑟夫斯不仅通过所提供的信息,而且通过他本人填补了我们关于犹太人的一个知识空白。通过他的早期生活,我们得以从内部视角了解巴勒斯坦上层祭司集团——一个开放的、灵活的然而严守宗教戒律的群体。这个群体于公元 70 年随着耶路撒冷圣殿的毁灭而不复存在。《福音书》(Gospels)和部分《塔木德经》(Talmud)对此提供的不同观点起到了互相印证的作用。此外,约瑟夫斯属于犹太流散群体,属于说希腊语的城市犹太人世界。犹太人流散群体遍布整个罗马帝国以及帝国之外的地区,包括亚历山大里亚、安条克、萨蒂斯(Sardis)等地的大规模犹太集居地,也包括罗马在内的无数较小的犹太居住区。这种犹太流散群体在亚历山大大帝东征之前已经长期存在,巴勒斯坦的犹太上层人士的个体和集体都一直与这个群体保持着联系。这个群体本身一定充满活力,以至在约瑟夫斯死去约 20 年后,还在若干个集居地爆发过反抗当地政府或罗马皇帝图拉真❶的起义。基督教也正是在这个群体中发展壮大的,但在这一点上,约瑟夫斯保持了沉默。有关公元 1 世纪下半叶犹太流散群体内部发展情况的资料极其匮乏,使下一个世纪"图拉真起义"(Trajanic revolt)的爆发看起来似乎毫无缘由。事实上,生活在这个历史时期的约瑟夫斯,成为我们可能获得有关信息的唯一的重要人物。从这个角度看,约瑟夫斯也十分重要。

我对约瑟夫斯作为两种犹太文化的代表人物的兴趣,源于想分辨他们身上的犹太因素和希腊因素的初衷,这是在约瑟夫斯之前的希腊—犹太文献作者、亚历山大里亚哲学家斐洛(Philo)研究中最重要的特征。这样做有时效果不错,但我现在不再如此确信这种系统研究的价值。因为当你研究某种思想在各阶层广为传播的时代,几乎不可能确定这种思想就是希腊思想或非希腊思想,除非可以辨识出某个确定作者的影响,比如斐洛作品中的柏拉图(Plato)影响等。当然,这种两极化的研究方法有时也是切实可行且有益的。这样一来,评价约瑟夫斯的教育就与解读他为何变成一个希腊作家有了相关性。此外,对于他用希腊文写作的决定,如果要评价他为此需要付出多大的努力来调整——当然还有他是否有能力在不用助手的情况下运用希腊语撰写历史著作,就必须把握他的语言背景。然而,我们常常发现自己是在质疑约瑟夫斯作品的形式和内容之间的关系,质疑他的历史著作的古典外壳的真正实质。比如书中他虚构的主要人物的演说词,或是用来表现抽象概念的希腊用语,诸如"自由"或者"机遇"等究竟掩盖了多少这些东西当时所包含的真正的非希腊特性。

---

❶ Trajan,公元 98—117 年——译者注。

说到约瑟夫斯作品中的非希腊因素，我不是指作者作为希腊作家还需要什么理由。尽管《犹太战史》显然无法跻身最伟大的希腊语历史著述之列，但无疑得到了充分的尊重。此外，迄今为止的研究表明，《犹太战史》能够对我们关于同类写作文体发展的认识作出突出、有益的贡献，这是帝国早期唯一幸存的、完整的"修昔底德式"战争史。正如我们从琉善（Lucian）的讽刺杂咏《怎样书写历史》(*How to Write History*)中得知，《犹太战史》代表了当时最著名的历史写作风格。而且，约瑟夫斯的《犹太战史》包含了一些希腊语历史作品中最典型的"悲剧"桥段，这种受到琉善讥讽的、自希腊化时期以来就流行的风格易于动情、伤感并且怪诞。再者，在居住在罗马并与罗马政治有关联的东方移民史学家的希腊语作品中，约瑟夫斯的《犹太战史》迄今为止最富可读性、最能打动人心。这些史学家及作品包括波里比乌斯、哈利卡那苏斯的狄俄尼索斯（Dionysius of Halicarnassus）及其《罗马古史》(*Roman Antiquities*)，以及阿皮翁（Appian）、阿里安（Arrian）、卡修斯迪奥（Cassius Dio）等。比起其他作家来，约瑟夫斯的作品更富有原创性，因为犹太人有关上帝在历史进程中的作用的观点，被他似乎有意识地引入传统的历史写作中。约瑟夫斯作品的文学手法本身不是我讨论的主题，但讨论约瑟夫斯作品离不开对其表达方式的研究。希望通过研究他的文学技巧，读者能对他作为历史学家的特质有所认识。

尽管不情愿，但我还是得花费一些笔墨来驳斥其他一些观点。不幸的是，约瑟夫斯研究文献中充满了对大小事物公认的观点和代代相传的假定，因而要明确一些论点通常必须要排除一些旧的观点。比如人们常说，作为一个将军，约瑟夫斯并不总是得到信任，因此总是信任作为作家的他也不明智。另一个既定的教条——这几乎得到一致认可——写作《犹太战史》是弗拉维皇室官方下达的历史编撰任务或宣传使命，因此是以罗马皇帝和罗马人的利益为核心的，于是只有在弗拉维皇室影响的框架中才可能解读约瑟夫斯书中的偏见。如果以其他方式解读，对约瑟夫斯的阐释就会偏重于一种人们确信无疑的观点，即犹太人反抗罗马人的战争事实上是救世主狂热（Messianic Frenzy）的表现，主要由宗教期盼升温所引发。因此，约瑟夫斯不仅被认为是在掩盖这个事实，并且在记叙事情发生的真相上完全误导了读者。凡此种种，使读者很难去关注约瑟夫斯对这场战争及他同胞们的真实描述，也很难在一个更为广阔的视阈中去考虑他如此表达的原因。

简言之，这就是我一直努力所做的事。在研究过程中我越来越清楚，无论约瑟夫斯所说的话是否有宗教意味，他都希望他所说过的大部分话能马上转变为政治现实。对于这一点，最显著的例子是他用"stásis"一词来阐释巴勒斯坦的骚乱，这个希腊词语的含义指的是"内部纷争"。我在解读约瑟夫斯时通常会从犹太战争的总体特征来看问题。事实证明，参照其他类似的革命，仅从政治上来分析这场战争，就能理解外在的起义和内在的社会矛盾之间错综复杂的关系。其字里行间强烈的宗教情感和1世纪时期犹太人熟悉的宗教术语，都不能改变这个事实。描述这个时期的巴勒斯坦，没有任何东西比将宗教与社会各方面的关系形成一个完整的概念更困难。不用说，宗教几乎渗透到生活的方方面面，但仔细阅读约瑟夫斯著作我们发现，宗教并非在任何情况下都是唯一活跃的因素，犹太人的行为同样受到其他本能的冲动与来自其他方面的影响。

第一章 家庭、教育和思想形成

约瑟夫斯的生活顺理成章地分为迥然不同的两部分。他生于公元37年(V 5)的耶路撒冷,公元66年犹太战争爆发之前,他唯一一次离开本土是外出担任使节,战争爆发时年约28岁。公元70年耶路撒冷沦陷后,他和提图斯一同去了罗马。在罗马,提图斯的父亲、当时的皇帝韦斯巴芗将他安排到自己的旧居去居住,还赐给他两大片朱迪亚的土地,以补偿他战争中的损失。约瑟夫斯在图密善时期仍然拥有这些土地,没有任何证据表明他回过家乡①。此后,约瑟夫斯一生中余下的约四分之一世纪的时间都住在罗马②。在此期间,约瑟夫斯不仅是罗马皇帝的被保护者和食客,也是犹太流散群体中的一个。我们所听到的、关于他与巴勒斯坦犹太人仅有的接触都是不友好的:巴勒斯坦犹太人很可能就属于对他在战争中的行为不断进行攻击的人群之一。③

约瑟夫斯作为犹太人,终其一生都专注于犹太教;但他也一度是个倾向于罗马的政客,成为作家后他又用希腊文写作。这样,他的思维就受制于各种不同的压力。然而毋庸置疑,来自耶路撒冷的影响超过任何别的影响。人的性格通常都是形成于他的成长环境和教育环境之中。约瑟夫斯在自己的文学生涯中对其根基并没有抵触情绪:他并没有打算彻底变成一个罗马人(尽管他拥有罗马公民身份)(V 423)或希腊人,以至于不再关心从前所关注的事情。在他的第一部著作《犹太战史》中,他甚至借着为自己编造的演说辞表达了他在有生之年将永远忠实于他的民族和民族传统的意愿。在他的下一部作品《犹太古史》中,他同样称犹太人为他的同胞(BJ 6.107;AJ 20.263)。斐洛曾在一封明显是向罗马皇帝盖乌斯(Gaius)申诉的信中赞扬

---

① 参见《自传》中关于罗马皇帝对约瑟夫斯的恩惠内容(V. 422-3,425,429)。
② 我们不清楚约瑟夫斯去世的时间。参见本书附录Ⅲ关于他晚期作品的时间确定问题。
③ 参见《自传》425 页。据格雷兹(Graetz)推测,公元1世纪90年代在罗马迎接拉比元老伽玛列(Gamaliel)及其三位同行拉比的"哲学家"正是约瑟夫斯(1877: p. 355)。参见 H. Volgelstein and P. Rieger, *Geschichte der Juden in Rom* (1896), vol.1:29。

犹太藩王(client king)阿格里巴一世(Agrippa I),说他曾说过:"热爱自己的祖国,接受本国的法律是所有人的天性"(*Leg.* 277)。也许约瑟夫斯只是在有意识地为这种值得赞颂的情感做宣传,但这样并不能减少他自愿选择这种身份所表达的意义。

我们因此要问,约瑟夫斯在耶路撒冷的那些年头究竟学到些什么?又成为了怎样的人?各种各样的证据将对此作出解答。首先是在其《自传》以及散落于其他著作中的引文,以及约瑟夫斯自己的简短评述。把他的话置于我们所了解的环境中,就可以尝试着确定约瑟夫斯及其家庭在耶路撒冷社会中的地位及其涵义。如果运用推理和想象,我们也许能相当成功地勾画出约瑟夫斯早期生活的情景。但是为了不让读者期望过大,我们必须强调,这种描述很可能流于肤浅而且不完整。尽管约瑟夫斯是我们所知的古典时期仅存的一部"自传"的作者,但事实就是如此。

约瑟夫斯的第四部作品(如果我们将现已失传的闪族语的《犹太战史》作为独立的作品计算在内的话。参见本书第七章)通常称为 *Vita*,即他的《自传》。不幸的是,对于我们的研究来说,这部作品名不副实。*Vita* 并不真正是现代意义上的自传,也不完全是古代意义上的"人生"(bios),即关于人的道德品质的记述④。书中内容大多是在反驳犹太战争约二十年后那些对约瑟夫斯的战争生涯的指控。有关公元66年中约六个月时间里发生的事情占据了书中大部分篇幅,书中仅有寥寥数语概括介绍了约瑟夫斯的家庭情况及他本人其他时期的生活,而这些部分也受到该书总体写作目的的影响。

事实上,没有证据证明约瑟夫斯曾经将此书命名为《自传》。这个作品似乎是作为《犹太古史》的附录而发表的,内容也是与《犹太古史》相关联的⑤。在该作品的手稿中,*Vita* 附于《犹太古史》之后⑥,该文献没有自己的序言,开篇就是一个连接词⑦。由此可见,这个文献并不需要任何其他的名称。此外,基督教史学家攸西比乌斯(Eusebius)在引用《自传》时,称其为《古代史》(*Antiquities*)(《教会史》*Church History*, 3.10),这个事例也说明当时这个

---

④ 比如大马士革的尼克洛斯(Nicolaus of Damascus)的《自传》(*Autobiography*)在很大程度上就是如此,尽管它也讨论政治问题。参见 Jacoby, *FGH* F136 及 IIA Comm., 288ff. 关于约瑟夫斯与尼克洛斯作品的比较,参见 G. Misch, *A History of Autobiography in Antiquity* (1949-1950), vol. I, pp. 315ff。

⑤ 关于《犹太古史》有两个版本的观点,参见本书附录III。

⑥ 参见 Niese, *Josephi Opera I* (1887), *praef.* V。尼斯认定,尽管没有提供任何证据,但《约瑟夫斯的生平》(*Life of Josephus*)是约瑟夫斯自己的书名。

⑦ 即连词 de。

文献没有别的名称⑧。《约瑟夫斯的生平》很可能是后来的版本添加的，因为对于《犹太古史》的许多读者来说，他们对《自传》的兴趣正在于它告诉了他们约瑟夫斯为何许人，而故事的其他部分则通常被人忽视。约瑟夫斯在《犹太古史》的末尾用一句话描述了这个文献："如果我简短地讲述一下我的身世，以及我生活中发生的事情也许不致惹人讨厌，多数人也不会觉得可笑。"⑨

然而，关于这个文献的性质，我们在研究中发现了更有价值的信息，约瑟夫斯的写作目的也由此浮现出来：他在为自己的名誉辩护。他的个人名誉和事业都曾遭到攻击。在讲述他的家庭时，他也在反驳对他的诋毁。其实，向政敌的家庭泼污水，在古代的相互抨击中是一种"derigueur"（必不可少的手法）。《自传》是直接针对某个文人对头的，那人不仅在政治上对他进行具体指控，而且还对他的生活进行了各种各样的常见的攻击⑩，而他的家庭无疑是被攻击的目标之一。

从《自传》中，我们对约瑟夫斯的主要敌人有了一定的了解。提比利亚的查士图（Justus of Tiberias）也是一位亲历过那次叛乱的犹太人，他攻击约瑟夫斯的主要罪名是不负责任的战争贩子，给他的同胞招致了毁灭性的灾难（参见本书边码第 153 页）。这一来，表明自己家庭出身的显赫，尤其是指出自己成长的犹太环境和教育以及早年对公益的关心等，对约瑟夫斯十分重要。同时，由于他用希腊文写作，如果目标读者和《犹太古史》一样，那《自传》也是写给希腊人看的，所以，他讲述自己的早期人生故事时，自然而然地带入了一些希腊模式。

这一点因此成为约瑟夫斯自述身世时的特征。《自传》的性质是论战性的（polemic），如果我们记住这个作品的性质，就不难理解我们读到的东西。在这个问题上，约瑟夫斯不可能试图明显地编造什么而不被戳穿。他告诉我们的东西尽管有限，但十分有价值，如果他没有被激怒而写作《自传》，我们对作者的了解会少很多。

即使从这样一本论战性的、倾向明显的文献中，我们也可以明白无误地了解到，约瑟夫斯出生于一个德高望重的家庭。约瑟夫斯开篇就针对那些诽谤他家庭背景的人说："我的家庭并非平凡之家，而是代代相传的祭司世

---

⑧ 据版本学传统，按尼斯所述，M 本和 W 本中，该文献前有一个不同的名称"关于约瑟夫斯、他的家庭及其民族"（On Josephus, his Family and his Nation）。10 世纪的图尔斯（Tours）版本也有相同名称，并且附有解释。没有理由要以 PRA 版本为依据。

⑨ AJ 20.266。尽管这句话可能是指他计划要著的一本书，后来又改变了主意（比如，迫于对他攻击的压力），但这句话用来解释《自传》恰如其分。相对更为复杂的那个理论，只有在相信这部著作有两个版本的情况下才有意义。

⑩ 参见 T. Rajak, "Justus of Tiberias", *CQ* 23 (1973), p. 357。

家"。对此他证实说,在朱迪亚,祭司是上流社会的一部分。他说:"我们的祭司身份就是我出身显赫的证据。"正如将要谈到的那样,约瑟夫斯的家庭背景在某种程度上是朱迪亚祭司统治制度的部分写照。即使犹太国家实际上很少存在纯粹的祭司统治制度——也许从未存在过,所有的证据也都表明,祭司阶层及其最高职位大祭司所拥有的显赫地位,是犹太社会长期的显著特征⑪。约瑟夫斯在将人们划分为祭司家庭出身和"俗家出身的人"(V 196—197)时,也理所当然地肯定了这一点。在前面提到的斐洛给阿格里巴一世的信中,斐洛写道,他的祖先中曾有国王(指哈希芒王朝),但大多数祖先同时也是祭司,而且后者的地位要显赫得多,因为与人相比,上帝更为伟大(Leg. 278)。从另一个似乎十分特殊的犹太环境库姆兰社会来看,库姆兰教派对成员中的祭司和俗人(laity)是区别对待的,祭司(无论这个教派对它的定义是什么)在集会时总是单独位于较为显著的地方(《社团守则》,Community Rule, 6)。

约瑟夫斯接下来声称,他属于祭司阶层总共 24 个级别的最高级(这个级别的祭司轮流主管圣殿事务),也就是(尽管没有明说)耶何雅立(Jeroiarib,《历代志上》24.7)的角色。接着,他作了重要性仅次于上述一点的声明。他说,他的家庭许多世纪以来都是历史上最显赫的犹太统治王朝的成员之一,而希律家族绝不是真正的犹太人,其辉煌不能与源于马卡比英雄的哈希芒王室相提并论。他写道:"此外,我从母亲家继承了王室血统"。接着展示家谱,称他父亲的祖父和"哈希芒众子中第一位担任大祭司的乔纳森(Jonathan)"之女结婚。批评家们抓住这个说法大做文章,将此作为约瑟夫斯话语中竟然出现最低级的自相矛盾的确凿证据⑫,但准确判断他话中的含义其实并不容易。他的"从母亲家"也许指他家中的女性祖宗,即他来自哈希芒王室的重曾祖母,他接下来同一句话中的"她"应该也是指这位祖宗。他说:"因为哈希芒的儿子们(她就是他们之中一人的孩子),长期任我国的大祭司和国王。⑬""母亲"这个词的这种特别用法可以在犹太文献中找到同样的例子。《密西纳》⑭(Mishnah)❶称,如果一位祭司想要娶另一位祭

---

⑪ 参见 F. Millar, "The background to the Maccabean revolution", JJS 29(1978), pp. 1-21 中的相关评论。
⑫ 参见如霍尔休(Hölscher)的评论, RE 9(1916), 1935。
⑬ 注意:是"ekgonos",即孩子(单数),而不是(如尼斯所说的)"eggonos",即后代。
⑭ Kidd. 4.4。但这似乎不是出于希腊习资料;参见 M. Radin, "The Predigree of Josephus", CPh 24(1929), pp. 193-6。他的分析比我更早。Cohen, Josephus in Galilee and Rome (1979), pp. 107-8, n. 33, 曾试图通过对约瑟夫斯作品中的家谱中其"母亲"一词的用法来反驳这个推测,结果并不成功。
❶ 犹太教的口传律法,构成《塔木德》(Talmud)的第一部分——译者注。

司的女儿,他必须查看她的四代血统。原文表述如下:"如果一个男人要想娶一位祭司世家的女人,他必须通过追溯她四位母亲的出身来查看她的家谱,这实际上涉及到八位母亲。"事实上,用"母亲"这个词来泛指女性亲属是社会人类学家们熟知的现象。约瑟夫斯在写这一段时心里想到的可能就是犹太人关于血统问题的传统法则,并用传统的概念来思考问题。

约瑟夫斯父亲的家族可以追溯到某个哈希芒公主。这个家庭对这个血统的意识明白无误地表现为几乎每一代都有人叫"马提亚"(Matthias)或"马塔提亚"(Mattathias)⑮。他们都是根据著名的马卡比同名祖先的名字取名的。约瑟夫斯的父亲和叔父都是这个名字。

约瑟夫斯所展示的、据称有据可查的父系家谱同样遭到现代诽谤者们的驳斥⑯,他们认为其中存在着绝不可能真实的内容。为了澄清这个问题,有必要深入其中一些细节。我认为我们可以澄清他的问题,尽管有些描述难以置信(improbable),但绝非完全没有可能(impossible);并且约瑟夫斯告诉我们的情况既然有可能发生,我们就没有权利去否定。根据约瑟夫斯的叙述,其父亲出生时,祖父应为 73 岁;其祖父出生时,曾祖父应该是 65 岁。这难道是不可能的事吗?约瑟夫斯告诉我们,他曾祖父的祖父西蒙·皮塞鲁(Simon Psellus)和哈希芒国王约翰·赫卡努斯(John Hyrcanus,公元前 135/4—前 104 年)是同时代的人,而西蒙的儿子娶了赫卡努斯叔父乔纳森之女为妻。换言之,那个女人和比他低一辈的人结婚。如果西蒙·皮塞鲁在赫卡努斯时期仍然健在而比国王年长得多,这完全是有可能的。也许乔纳森的女儿是他晚年所生,而西蒙·皮塞鲁的儿子却出生较早,如下图所示:

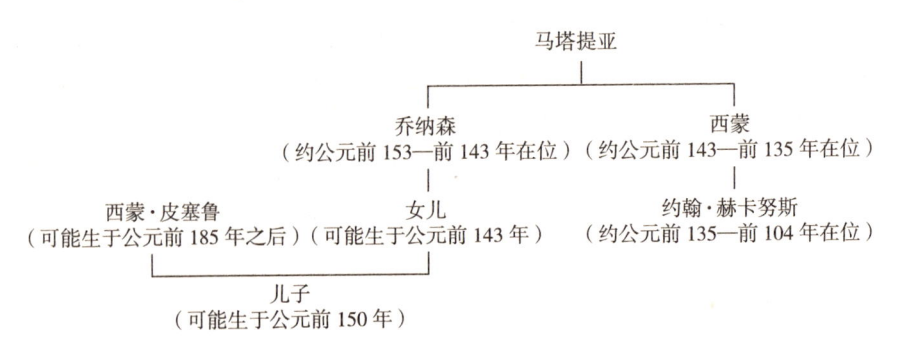

```
                        马塔提亚
                    ┌──────┴──────┐
                  乔纳森            西蒙
           (约公元前 153—前 143 年在位) (约公元前 143—前 135 年在位)
              │                         │
   西蒙·皮塞鲁         女儿          约翰·赫卡努斯
(可能生于公元前 185 年之后)(可能生于公元前 143 年)(约公元前 135—前 104 年在位)
           └────────┬────────┘
                   儿子
           (可能生于公元前 150 年)
```

---

⑮ 两种拼写形式都在同时使用。参见 *CIJ* 1240,1246,1276,1362 等。约瑟夫斯称马卡比的祖先为"马塔提亚"(Mattathias)(*AJ* 12.265)。

⑯ 参见 Schürer-Vermes-Millar vol. I, and Hölscher, loc. cit. (n12)。

相反，如果我们确定约瑟夫斯所说的"大祭司乔纳森"实际上是指后来的国王亚历山大·乔纳努斯（Alexander Jannaeus，公元前103—前76年在位）的话，因为他在自己的钱币上也称自己为"大祭司乔纳森"，那么我们会发现面临更大的困境，不得不产生各种各样的曲解⑰。同样，难以解释的是约瑟夫斯将这个乔纳森称作哈希芒王朝的第一任大祭司的问题。的确，在约瑟夫斯提供的资料上做文章毫无益处。至多如果愿意，我们可以认为这位历史学家由于疏忽而遗漏了一两代人⑱。即使这样也无关紧要。现在，约瑟夫斯将自己与遵循耶何雅立传统的哈希芒王朝同级别的祭司联系到了一起（《马卡比一书》，I Macc. 2:1;14:29），这一点立即引起了人们的怀疑：也许约瑟夫斯家族的祭司身份只是由于他与哈希芒王朝的关系，且这个身份是通过一个女人，即约瑟夫斯的哈希芒祖先、乔纳森的女儿传下来的。这种也许被视为毫无根据的猜测，似乎被《犹太古史》第16卷中的一段话意外地得到证实，而那段话显然是约瑟夫斯亲口说的（propria persona）⑲。在反驳希律的御用史官大马士革的尼克洛斯时约瑟夫斯说，不能责怪尼克洛斯对希律的一些过失缄口不言，因为这位史学家是为国王写作的。而他自己的立场却可能更为客观，"因为出身是哈希芒国王的近亲，并因此获得荣耀和祭司身份（AJ 16.187）"。他说，自己的祭司身份是传自家族的哈希芒祖先。严格地说，祭司身份只可能通过亚伦（Aaron）的子孙传下来⑳。然而我们必须承认，约瑟夫斯家族的男性的确担任过祭司，因为约瑟夫斯曾说，在战争中，他主动放弃了自己应该得到的什一税（tithes, V 80）。

约瑟夫斯在各种不同场合都谈及自己的祭司身份，并且总是强调这个身份的价值。他在《犹太战史》的"序言"中说："马提亚的儿子约瑟夫斯，来自耶路撒冷的祭司。"他在《驳阿皮翁》（他的最后一部著作）中写道："作为世传的祭司（CA 1.54），我翻译了源自《圣经》的《犹太古史》。"当然，在这两个

---

⑰ 参见胥尔和霍尔休等人对此的复杂的讨论。

⑱ J. Jeremias, *Jerusalem in the Time of Jesus*（English translation, 1969），p.214, n.212中持相同看法。

⑲ 很难说是他"亲口"所言。如霍尔休指出，大约是某个无名的犹太作者不经意地抄写。约瑟夫斯的所有资料来源都不能证实这种关系是正确的。

⑳ 《出埃及记》40.15;《民数记》16.40,18.1-20;《利未记》21.1ff; AJ 20.225-6。所有这些文献都表明，祭司身份不允许通过女人传下去。但有些奇特的现象值得注意：(1)亚历山大·乔纳斯的寡妇曾继位为女王，但她的儿子，赫卡努斯二世（Hyrcanus II）却成为大祭司；(2)一家族七个儿子都是大祭司，并且都不是以父亲的名字，而是以本人和几个看来是母亲的名字（Kimhit）而为人所知。参见 *TJ Meg*. 1.72a, *TJ Yoma* 3.47d and 5.42b; *TB Yoma* 47a, *Lev. Rabbah* 20.164a and J. Levy, *Wörterbuch über die Talmudim und Midraschim*, vol.4, 1924。约瑟夫斯记载了一位叫西蒙的大祭司卡米斯（Kamith）的儿子（AJ 18.34）和一位名为约瑟夫·卡米（Joseph Kami, 可能是 Kamith 的误拼）的大祭司。

例子中,约瑟夫斯都称自己为祭司符合他的写作目的,这样可以让非犹太读者觉得作者特别具有专门知识。在《驳阿皮翁》中,他将"圣书"和"祭司"两个希腊同源词(hiereus 和 hierōn)并列是有目的的。此外,约瑟夫斯在《自传》中再次谈到自己的祭司身份,以便与另外两名祭司平起平坐(V 198)。以上例子想要传达的都不是祭司的作用,而是大祭司的地位[21]。尽管强调其祭司身份对约瑟夫斯来说有宣传价值,但如果这个身份对他无足轻重他也不会这样做。除去他在上述章节中所有的局限性,这些资料都为一个祭司对自己在圣殿被毁之前的地位的确定提供了颇有价值甚至是独一无二的证据。

只有一次——但意义重大——约瑟夫斯对自己的祭司身份作了更多的阐释。他明白无误地指出,祭司身份必须有特殊的活动形式。当尤塔帕塔城堡失守后他决定向罗马人投降,在解释原因时他坚持说,他有释梦的本事,能够解释头脑中出现的有关犹太人和罗马人前途的幻象。而身为祭司的后代和祭司,他能够解读犹太《圣经》中的各种预言[22]。约瑟夫斯在这一段中诉说了他一生中最为艰难的时刻,而要使罗马人相信他的话谈何容易。事后看来,要对犹太人或其他人,甚至为自己的幸存和被罗马人接纳而辩护,比那一刻更为艰难。他自称为预言家,无疑是为了在罗马人面前为自己辩解,或用来解释自己的行为。这事除了发生在尤塔帕塔的特殊场合,其他地方都没有出现过。我们因此可以说,如果他在关于祭司的问题上有点装模作样,或至少存在夸大其词的成分,这里应该算一处。

从以斯拉(Ezra)时期以来,解释《圣经》都是那些犹太大会堂成员(Men of the Great Synagogue)、犹太法学家(Scribes)的职权[23],犹太传统中的祭司群体并不以阐释《圣经》著称;如果联想到这一点,我们的怀疑更深一层;我们甚至从未听到过祭司们自称与《圣经·旧约》之间有什么特殊的关系。公元66年,人们要求祭司出面支持那些不赞成中止罗马人在圣殿中进行祭祀活动的观点时(BJ 2.417),涉及到的问题也仅仅是圣殿祭礼的问题。只有在东方异教传统中,祭司才具有释梦和解释《圣经》的特殊本领[24],因此我

---

[21] 关于"大祭司"标签作为社会地位的标志,参见 Schürer, GJV, vol.2, pp.274-7. 耶雷米亚斯对胥尔观点的批评产生的影响不大(同本章注释18),第175-181页。

[22] BJ 3.352. 关于整个章节,参见本书边码第169-172、185-192页。

[23] J. Blenkinsopp, "Propheey and priesthood in Josephus", JJS 25(1974), pp.239-62 搜集了《圣经》时期、后"圣经"时代犹太教,尤其是爱撒尼教派(Essenes)中有关预言、祭司以及释经活动之间关系的有趣的例证,但那与约瑟夫斯声称的那种随意的关系并非一回事。

[24] 参见 A. D. Nock, Conversion 1933, pp.55, 89. 关于祭司掌管档案的职责,参见阿布迪拉的赫卡塔尤斯(Hecataeus of Abdera)传授知识的埃及祭司,Diod. I.46.7-8. 犹太教中也有类似记载,例如祭司议庭有权根据《圣经》法进行判决,参见《申命记》(17.9)和玛拉基对祭司的苛责,称人们"向他们寻求知识和矫正"的《玛拉基书》(2.7)。

们怀疑约瑟夫斯的犹太同胞真会认同他具有这种特殊才能。无论如何,在阐释约瑟夫斯的祭司身份的复杂问题上,严谨要求我们不要依赖这一点。

然而,约瑟夫斯强调他的祭司身份时一般都是真实的、认真的。他的确将自己与祭司阶层的上层视为一体,这个事实通过他对大祭司的态度和所有作品中对祭司制度的态度一目了然,这些态度比他对自己家庭背景细致的考据更能说明问题。他在作品中反复谈到犹太民族是一个由祭司领导的民族[25],并肯定这种制度的优越性:"有什么体制能比让上帝统治一切,将最重要的事务交到祭司的手中,让大祭司统领所有祭司的制度更好、更公正呢?(CA 2.185)"对约瑟夫斯来说,这一点并不抽象。他很少提出个人对政治问题的见解,但有一次他表达了他对哈希芒王朝制度的赞赏,因为那时国家的首领是大祭司[26]。他说:"过去指定给世袭的大祭司的王位如今成了普通人(指希律家族)的特权。"

当然,约瑟夫斯家族的尊贵地位是毋庸置疑的——除了那些企图诋毁他的人不以为然之外。约瑟夫斯在《犹太战史》中引用自己对犹太民众的长篇演说(5.419)时,提到自己"高贵的血统和长久以来显赫的家庭",似乎这是人人皆知的事实。如果事实并非如此,他岂不是在贻笑大方吗?按照对祭司及希望和祭司联姻的家庭的要求,他们的家族档案需要存放在公共档案管理处[27]。约瑟夫斯在《驳阿皮翁》中详细阐述了与祭司婚姻相关的严格条例,以及如果档案在战争中被毁,应该如何重新编写等。这也许意味着作者曾在家中听到过这样的讨论(CA 1.30—36)。

必须承认,约瑟夫斯在他人生某一时刻的所作所为似乎与他的祭司身份不符,但他与此段人生相关的特别辩护之多,足以说明他知道此事不是那么容易说清楚的。这一事件就是他与一个犹太女俘虏的第一次婚姻,那时他自己也是韦斯巴芗的囚犯,而犹太法律不允许祭司与俘虏或者

---

[25] 参见 H. Mantel, *Studies of the History of the Sanhedrin* 1961, pp.67-8。关于约瑟夫斯在《犹太古史》中有意抬高祭司地位问题,参见 H. W. Attridge, *The Interpretation of Biblical History in the Antiquities Judaicae of Flavius Josephus* (1976), pp.176-7, n.1。

[26] 在 AJ 14.41 中,犹太人向征服者庞培申诉,请求他用传统的祭司制度来取代哈希芒王朝。不同观点参见 J. C. H. Lebram, "Der Idealstaat der Juden", *Josephus-Studien* (1974), pp. 233-253。此文认为,约瑟夫斯在这里使用了异教的口吻来评价犹太制度,其最终源头是希腊化的犹太人。但他引用的狄奥多罗和斯特拉博的文本都难以为证。

[27] 见 *Sifrei Num*., Korah, 116; *M Midd*.5 等文献。在《以斯拉记》2.61-3(=《尼希米记》7.63-5)中,那些自称是祭司后代的家庭如果不能出示家谱,其祭司资格将被取消。参见 Jeremias, op. cit (n.18) pp. 213 ff; A. Büchler, *Family Purity and Family Impurity before A. D. 70*, (ed. Brodie and Rabbinowitz, 1956), p.68。

曾经做过俘虏的人结婚。约瑟夫斯先说那是韦斯巴芗的命令㉘，然后又肯定地说那个女人还是处女。显然想以此证明那个女人没有被强暴过，因为这正是制定那条法规的初衷㉙。后来他又继续说明，一得到自由，他就立刻与那个女人离婚。很清楚，他不厌其烦地反复说明，就是想以此证明自己的清白。

但祭司身份并不是全部。与希律时期和地方财政官时代突然崛起的大祭司相比㉚，约瑟夫斯家族的祭司身份实至名归、历史悠久。尽管哈希芒王朝最后时期声名狼藉，但朱迪亚地区对哈希芒王朝的敬意从未真正消失过。连希律在将哈希芒王朝的阿里斯托布鲁斯三世（Aristobulus Ⅲ）杀害并选人取而代之之前，也曾不得不任命他为大祭司（AJ 15.30ff,56—57）。总之，尽管约瑟夫斯家族并不在公元 70 年之前"轮流坐庄的大祭司"（BJ 4.148）家族之列，但也能和这个新贵族平起平坐，甚至地位更为优越；尤其是后者由于依赖于外部势力的支持，为表明立场而不得不频繁更换在任大祭司。约瑟夫斯在年轻时就已经当上了犹太叛军的指挥官，担任同样职务的许多人都来自大祭司家庭，而两位最高指挥官之一就是从前的大祭司。除非他和那些人的社会地位相当，否则无论约瑟夫斯多么能干，在证明他的能力之前是不可能被任命这个职位的。

很明显，"大祭司"的称号并非仅仅冠于那些实质上担任这个职务的个人。有些人认为，"大祭司"实际上是指包括上层祭司成员在内的社会群体。不管这个解释是否正确㉛，约瑟夫斯都一定属于这个社会群体。

约瑟夫斯谈到，他的父亲由于个人品质优秀，尤其是具有犹太人最为崇尚的公正的品格而受到耶路撒冷社会的特别赏识（V 7）。这一点完全可能是事实。特别强调这一点再次表明，约瑟夫斯秉持着那些被他视为传统的优良品质。况且，他的家庭地位需要足够的财富来支撑，尽管这个群体的成员不可能有大祭司染指圣殿基金的机会，但他们也许从哈希芒家族继承过一些财产。与在职祭司的区别在于，他们不需要把大量钱财花在贿赂地方财政官或人民身上㉜。他们所属的上层社会是以富裕著称的。正如希律圣

㉘ 参见 D. Daube, "Three legal notes on Josephus after his surrender", *Law Quarterly Review* 93(1977), pp.191-2。道博认为约瑟夫斯的那个婚姻不存在韦斯巴芗的命令。他使用了一个拉丁化的表述，源自普通的罗马婚礼。但在那时，约瑟夫斯的拉丁语水平不太可能那么好，也不太会按罗马法行婚。

㉙ 此处道博的分析正确。

㉚ 关于这些新贵族问题，参见 M. Stern, "Herod's policy and Jewish society at the end of the Second Temple Period", *Tarbiz*, 35(1966), pp.235ff（希伯来文）。

㉛ 对此看法，参见耶雷米亚斯（同本章注释18），第175-179 页。

㉜ 参见约瑟夫斯对尼布戴尤斯（Nebedaeus）的儿子亚拿尼亚（Ananias）的评论，AJ 20.205。

殿(Herodian Temple)——"他花在上面的费用超过了所有前人(AJ 15.396)"——凌驾于全城之上、由"美石和贡物装饰"(《路加福音》21.5)、富丽堂皇,因此,圣殿管事们的财富也给其他居民留下深刻印象。所有可用的原始资料在这一点上都展示了同样的画面。考古发现证实了文献记载的事实,那些利用裙带关系、残忍和腐败手段使老百姓苦不堪言的家族,将他们不正当的收益用于炫耀和享乐。

关于大祭司压迫百姓最有力、最丰富的例证是由一份肯定属于当时的文献——尽管其中夹杂了后来的文本——提供的。这是一份早期以官方名义提供的、一位名叫阿巴索尔(Abba Saul)的人的控诉书:

> 灾难降临于我呀,就因为拜图家族(the house of Baitos),
> 　　灾难降临于我呀,就因为他们的标枪长矛(或"邪恶语言")!
> 灾难降临于我呀,就因为翰宁家族(the house of Hanin)
> 　　灾难降临于我呀,就因为他们的流言蜚语(或"诽谤中伤")!
> 灾难降临于我呀,就因为卡特罗家族(the house of Katros),
> 　　灾难降临于我呀,就因为他们的苇管笔!
> 灾难降临于我呀,就因为以实玛利·本·腓亚比家族(the house of Ishmael ben Phiabi),
> 　　灾难降临于我呀,就因为他们的拳头!
> 因为他们是大祭司,他们的子孙是司库,
> 　　他们的女婿是圣殿管事,
> 而他们的仆人用棍子痛打百姓㉝。

根据约瑟夫斯提供的信息仔细重构的一份名单显示,在公元前37年至公元70年间,名单上的28位大祭司中,有八位出自受到控诉的第一个家族拜图家族,八位出自翰宁家族,还有三位出自腓亚比家族㉞。

在汲伦谷(Kedron Valley)发现的、公元前2世纪或前1世纪时期修建的希系家族(the watch of Hezir)全体祭司的巨大墓地给人印象深刻,很能说明问题。墓地的风格是奇特的东西方混合式:典型的希腊多利安(Doric)柱式纪念碑与东方带尖顶的侧平面纪念碑的混合。碑文使用希伯来文(当

㉝ Tos. Men. 13.21; TB Pes. 57a. Tosefta(又译《密西纳补篇》),是口传犹太法律典籍第二编——译者注,虽成文较早,但价值似较低。
㉞ 参见耶雷米亚斯的名单(同本章注释18),第377-378页(胥尔版本)。第四个家族尚未确定。

然这并不意味着这个家庭不懂希腊文),仅记载了埋葬在墓地里的人的名字、家族名称,以及所属的祭司分支等㉟。较早的一个研究试图在碑文中辨识拜图三个儿子的名字,但其结论目前遭到普遍否认,因为碑文中谈到了"约瑟的子孙"(sons of Joseph),而我们并不清楚拜图家族是否属于希系分支。然而这个联想仍然十分有趣,因为我们研究的都是典型的拜图家族或者与之近族通婚的翰宁家族的名字。这个墓碑在耶路撒冷一定是个标志性建筑,很难相信这个墓群属于一个没有记载的普通祭司家族㊱。与之邻近的、如今称为"撒加利亚墓"(Zachariah)和"押沙龙墓"(Absalom)的两个墓碑,一定也属于第二圣殿时期的家族,但没有迹象证明它们具体属于谁,或是否祭司墓㊲。约瑟夫斯曾提到过一个位于溪伦谷(Siloam Valley)的大祭司哈拿努(Ananus)的标志性墓地,这无疑是另一个类似的家族墓地:老哈拿努(塞特之子)是五个儿子的父亲,他所有的儿子后来都成了大祭司(*BJ* 5.506;*AJ* 20.197—198)。

近年在耶路撒冷古老的犹太区出土了一所烧毁房屋的底层遗址,该房屋有一道大门、四个房间、一个厨房和一间浴室。上面一层已经完全毁掉了,但这个房屋的建造规模显然很大。从中发现的物品包括小型香料瓶和许多大大小小的器皿。根据钱币上的年代判断,这所房子是在犹太起义后二到四年烧毁的。在其中一间屋子里发现了一个铁秤砣,上面用阿拉米语写着"巴·卡特拉——卡特拉之子"(Bar Katras-son of Katras)。这秤砣,或者这所房子都可能与控诉书中提到的第二个家族有关系。我们因此可以将这所烧毁的房屋看作一个典型的、上层社会大祭司的住所。亚拿尼亚(Ananias)的房子是在叛乱刚爆发时烧毁的㊳,在《约翰福音》中我们读到有关亚那(Annas)房屋中宽大的庭院及其管家的描写;大祭司该亚法(Caiaphas)的同样规模的房屋在两部福音书中都有记载。《路加福音》称(尽管可能不真实),这里曾经举行过一次特别的犹太公会会议㊴。

有关拜图的女儿、大祭司约书亚(Joshua)的遗孀玛莎(Martha)的道德

㉟ 这里埋葬着约瑟夫之子、俄备得(Obed)之孙以利亚撒(Eleazar)、翰尼亚(Haniah)、约以谢(Joezer)、犹大(Judah)、西门(Simon)和约哈难(Johanan);翰尼亚之子、希系家族(the watch of Hezir)僧侣约瑟夫和以利亚撒。

㊱ 关于这一点,完整的讨论参见 N. Avigad, *Ancient Monumenta in the Kedron Valley* (1954; Hebrew), pp.37ff(希伯来文)。

㊲ 参见 N. Avigad, *Jerusalem Revealed: Archaeaology in the Holy City*, 1968-1974(1975), p.18。

㊳ 参见 N. Avigad, *IEJ* 20, (1970), pp.6-7. Ananias' house: *BJ* 2.426。

㊴ 《约翰福音》18:16—亚那,《马太福音》26:57,《马可福音》14:53—该亚法。参阅耶雷米亚斯(同本章注释18),第96页。

故事清楚地谈及这种因家族财富所招致的丑闻。玛莎是耶路撒冷最富有的女人之一（其他传说同样指出这一点），在耶城被围攻期间，她不明白为什么钱买不到她所需要的东西而一再派仆人出去买面粉。最后她扔掉金银跑到街上，脚下粘着粪便，由于过度衰弱——猜想是那样——而死去（TB Gittin, 56a）。从前，她想去观看丈夫主持赎罪节（Day of Atonement）典礼——那一天所有人必须赤脚行走——让人将地毯从家里一直铺到圣殿大门口（Lam. R. I. 16. 47）。

圣殿的祭祀是这类家庭财富的主要来源。约瑟夫斯在耶路撒冷也拥有土地，这是他在另一个场合（V 422）无意中透露的。我们非常理解他理应认为这与他的背景和家庭不相干：首先，《圣经·旧约》强调，祭司不能成为土地的拥有者[40]，祭司的特权是来自其他方面；从另一角度说，《圣经》本身就包括了例外情况[41]，所以我们没有理由因为约瑟夫斯是地主而感到惊奇。非犹太教作家赫卡塔尤斯（Heataeus）断言，希腊—罗马时期，耶路撒冷的祭司比普通居民的土地配给更多，这种说法也许不太可靠[42]；但我们确切知道一名大约生活在公元 70 年之前的地主祭司，这就是巨富无比同时勤奋好学的以利亚撒·本·哈苏姆（Eleazar ben Harsum）。他的父亲留给他"国王之山"的 1 000 个小村落或农场，以及同样数目的船只——尽管所有的船最终都被毁了[43]。

我们还知道，土地的所有权，或者至少是大片土地的所有权，以及对广大受雇的劳工的控制[44]，本身就是耶路撒冷社会地位的根基之一。如果约瑟夫斯可以与国王及大祭司平起平坐，那么他也可以和拉比以利撒·本·赫卡努斯（Eliezer ben Hyrcanus）的父亲这类人平起平坐。拉比以利撒·本·赫卡努斯的父亲在其耶路撒冷城外的领地上拥有许多雇工。作为"耶路撒冷最了不起的人"之一，他可以邀请全城的知名人士参加他儿子的割礼[45]。其他相关的例子也许是纳卡迪蒙·本·葛利安（Nakdimon ben

---

[40] 《申命记》10.9, 12.12；《民数记》18：24。参阅斯特恩（M. Stern）（同本章注释 30），第 587 页。
[41] 斯特恩（同上）。
[42] Ap.（拉丁文 apud 的缩写，意为"在……作品中"，余同——译者注）狄奥多罗斯（Diodorus Siculus），40.3.7＝斯特恩《希腊与拉丁作家辞典》（Greek and Latin Authors），第 11 条，第 28 页。
[43] 也许是在第一次犹太起义中：参见 TJ Ta'an. 4.8; Lam. R. 2.2; TB Yoma 35b; Kidd. 49b。
[44] 如在一些福音书寓言中（如《马太福音》20. 1-16, 21. 33-43＝《路加福音》20. 9-18, 16. 1-8。参阅 S. Applebaum, Compendia etc. (n.30), p.659, 关于这些雇工地位的讨论，参阅注释 40，第 119-20 页。
[45] ARN a6, (Schechter, 15bf., Goldin 43f.); ARN b13, (Schechter, 15b-16a), Pirkei de Rabbi Eliezer 1-2, and Paralles.

Gorion)、本·卡尔巴·萨乌阿(ben Kalba Savua)和本·希系特·哈吉赛特(ben Zizit ha-Keset)三个有名的大富翁,他们三人的财产相加可以为全城提供生活必需的小麦、大麦、酒、油、盐和木柴达三年之久[46]。其中第一个富翁很可能就是《约翰福音》中提到的尼哥底母(Nicodemus),一个法利赛要人(《塔木德经》同样将他描写为有学问并且虔诚的人)。他曾问耶稣人怎样才能"再生",后来带了大量的没药和沉香去埋葬耶稣;然而在犹太起义后,人们发现他的女儿在粪便中拾麦粒[47]。第二个富翁有所极大的、房顶涂金的房子。据不同的说法,第三个富翁的名字取自其有摇曳流苏的坐垫或椅子——因为他的椅子与罗马贵族使用的一样。这些肯定只是巴勒斯坦一种常见的社会阶层中比较极端的例子。这种人都是家主(householder)(多半也是地主),奴仆成群,就像《福音书》中描述的那样[48],或者是那种稍晚时期被称为房主(house-owner)的人。在《塔木德经》文献中,这种人是律法辩论的中心话题[49]。这些人可以住在城市里,但显然他们都在乡下拥有房产。

在耶路撒冷社会,财富和学问的发展并非呈正相关,但约瑟夫斯强调说,他受到过完整的犹太教育,并且表现出色:"我与同胞兄弟马塔提亚(Mattathias)一起受双亲教育。进入到高级阶段,我被认为记忆和洞察力超群。当我还只是一个14岁的孩子时,所有人都称赞我爱读书,大祭司和城里的头面人物常常来访,从我这里了解一些更准确的律法相关知识(V 8ff)"。

约瑟夫斯讲述的一些受教育的细节,在犹太文献揭示的拉比的青年教育方法的各种评述中均有反映。约瑟夫斯接受的是传统教育,他似乎在暗示自己是由父母教育的,绝口不提外面的教师,只是说他和兄弟一起学习,接着谈他的成就。当然,孩子的教育首先是父母的责任的观点,可以直接追溯到《圣经·申命记》11章19节:"你们要教育自己的子女……。"巴比伦《塔木德》(*Kidd.* 29a)中有一段就是讲父亲对儿子的各种义务,其中之一即对孩子的教育,并且不仅男人承担,女人也应该承担。

如果说约瑟夫斯没有上过小学并不令人惊奇。学者西门·本·舍塔

---

[46] 关于这三人,更多的资料见 *TB Gittin* 56a ff,*Lam. R.* I.5.31, and *Eccl. R.* 7.12。

[47] 见《约翰福音》3.1,7.50,19.39。关于他的女儿,见 *TB Ket.* 66b; *Lam. R.* 1.16.48; *Mekhilta on Exodus* 19.1(在那里她的名字没有出现)。

[48] 例如《马太福音》24:43ff.=《路加福音》12.39ff.《马太福音》22.2-16 =《路加福音》14.17-20;《路加福音》12.39ff.关于地主,参阅 H. Kriessig, *Die sozialen Zusammenhange des judaischen Krieges* (1970), pp.19ff。

[49] 见索引,S. V. 家主(Baal Ha-bayit)这些证据都不能肯定和我们讨论的时代有关,但吉布森(G. S. Gibson)在其 *The Social Stratification of Jewish Palestine in the First Century of the Christian Era*(学位论文,未发表,伦敦,1975),第74-82页中,认为有一个似乎真实的例子与1世纪时期相关。

(Simon ben Shetah)(公元前1世纪初期国王亚历山大·乔纳努斯的内兄)就负责做儿童上学的公告;但《塔木德》中关于这一点简单却费解(与语境相当格格不入)的说法(50),并没有告诉我们多少关于西门时期的情况。传说耶路撒冷起初有学校,学校在各个地区的发展与约瑟夫斯父亲的朋友,也是他本人的朋友,大祭司、大学者约书亚·本·伽玛拉有关(*TB BB* 21a;*V* 204)。尽管有这些长期留在人们记忆中的标尺,我们仍然不能衡量这种教育到底有多么普及,是否所有阶层的人都乐意送孩子上学。在很多社会,贵族更愿意他们的孩子在家中接受教育。我们刚才提到的《塔木德》中讲述了关于约书亚·本·伽玛拉的改革及学校在巴勒斯坦的兴起,说明提倡学校教育的必要性。因为并非所有的父亲都有能力自己教育孩子,正如拉比阿吉巴(Rabbi Akiba)的名言:“教育儿子时要正确使用经文”(51)——这句话收入巴比伦《塔木德》的希伯来语和阿拉米语版本,可见其权威性——这似乎指出,由家长教育孩子还是当时理想的教育模式。

尽管《密西纳》和《塔木德》中关于教育的说法即使关联到1世纪70年代之前的个体,也有时代错误的可能性,但有理由认为,这些说法所表达的人们对教育的普遍态度和方式,并不是70年代之后突然产生的,而是传统和逐渐进化的产物。不管是在家或在学校接受教育,基础知识都是大同小异的。显而易见,首先需要熟记《圣经》,然后才是学习《圣经》所阐释的内容。在一种知识大多是口口相传的文化体系下,记忆训练受到高度重视。在《密西纳》(*Avot* 2.8)中,成长于70年代之前的耶路撒冷的拉比以利撒
(Rabbi Eliezer),被称赞为“像涂抹过的石灰池,滴水不漏”。据当时的说 28
法,“背诵100遍的人不能与背诵过101遍的人相提并论”(*TB Hag*. 9b),难怪约瑟夫斯将记忆力作为他最重要的两种天赋之一(52)。

但约瑟夫斯14岁就能为大祭司和城中头领们解决律法问题,他那时的能力显然已经不仅仅表现在记忆力上,而且还能够运用其智力——他的第二大资质——来分析复杂的问题。希腊语“philogrammaton”(热爱文法)也许会使人联系到他的希腊文学教育,但在此处显然没有什么特别的含义。这里所指的是一种传统的教育模式(*M Avot* 5.21),要求小孩从8岁就要开

---

(50) 西门·本·舍塔确定过三件事:“男人可以做婚约交易,小孩必须上学,玻璃器皿易受玷污。”*TJ Ket*.8.11。

(51) *TJ Pes*. 112a。关于《塔木德》中父亲教育儿子的若干责任,参阅 W. Morris, *The Jewish School: an Introduction to the History of Jewish Education* (1937), pp.21, 249, n.17。

(52) 当然,记忆力在希腊教育中也受到高度重视。关于法术大师阿波罗留斯(Apollonius of Tyana)的故事说,当他达到必须读书的年龄,“他表现出极强的记忆力和背诵能力”(Phiostr. *VA* 1.7)。

始读《圣经》,10 岁开始读《密西纳》,15 岁读《塔木德》(还有 18 岁结婚)。在约瑟夫斯时代,《密西纳》和《塔木德》都还未出现,但组成两种文献的口传资料已经在使用。这种教育模式在当时较为混乱的社会状况下也许关系不大,但其中对学问早成的认可,使人联想到约瑟夫斯称自己 14 岁时已经学识渊博的说法。我们还联想到另外一个非常相似的说法:"他们发现他在殿里,坐在教师中间,一面听,一面问。凡听见他的,都对他的理解力和应答惊奇不已"(《路加福音》2.46—47)。这里用来表达"理解力"的希腊语和约瑟夫斯用在自己身上的相同。关于 Ilui——"年轻的天才"——的现象在整个犹太文化历史中一直不少见。如 18 世纪时期维尔纳的著名拉比以利亚(Elijah, Gaon of Vilna),6 岁时就能无师自通地阅读《圣经》和《塔木德》,6 岁半时在维尔纳犹太大会堂(the Great Synagogue of Vilna)发表他父亲指导的学术演说;并且——通过测试——不需要任何帮助就能完成这个讲演[53]。在经典传记作品中也能找到有关早期智力超群的主题:如苏维托尼乌斯(Suetonius)对少年提图斯的见证,或者大马士革的尼克洛斯关于他自己的故事等[54]。但其中犹太人的例子更富有相关性,犹太青年被认为在同一领域与他们长辈的学识同样渊博,甚至比他们更有学问。

《塔木德》通常将拉比文化表现为犹太民族宗教文化生活的主流。从公元 70 年以来,巴勒斯坦有了许多宗教派别,很可能也有别的教育体系。库姆兰文献明确显示了他们建立的独立于其他主流派别的体制,这表明宗教派别差异已经鲜明到何种程度。这些差异包括:净化制度、圣殿祭祀、历书,以及关于知识、救赎、末世学等的不同见解。而宗派之间的共同之处仅在于对《圣经》和释经过程,以及蕴于其中、被他们所神圣化的犹太历史的同样尊重。很快我们就可以发现约瑟夫斯本人也证实了"高等教育"的多样性,而他描述的景象在形态上与《塔木德》描写的巴勒斯坦教育非常一致,足以让我们认定两者描绘的是同一件事情。此外,那时拉比圣贤(hakhamim)庇护下的教育机构已经达到历史上数量最多的状态——无论是广义还是狭义的男子住所(men's houses)里的聚会(正如一份公元前 2 世纪的训谕中拉比引用《密西纳》里的话所说:"让你的家成为智者的聚会之处。")(Avot 1.4)这些拉比文化的创造者和传承者,《密西纳》和《塔木德》的精神祖先,将被确认为法利赛

---

[53] 见 L. Ginzberg, *Students, Scholars and Saints* (1928), p.127。
[54] Jacoby, *FGH* 90. F1132.1.关于该主题,参见科恩(S. J. D. Cohen)(同本章注释 14),第 105 页注释 23。科恩举了一系列古代例证,但他认为约瑟夫斯不过是在重复希腊人中常见的现象。

人:关于这一点,学术界已经基本上没有异议⑤。或许那些拉比文献研究者们认为,他们在1世纪时期还不是一个组织健全的民族宗教教师和学者团体⑥。连约瑟夫斯也说,在人民中,法利赛人的追随者最多,法利赛观念在巴勒斯坦也占主导地位。据约瑟夫斯说,所有的祭祀——应该也包括圣殿祭祀在内——都是按照法利赛人的方式进行的(AJ 18.15,17;13.298)。《塔木德》相关章节谈到撒都该人(Sadducees)害怕法利赛人,并(自然地)列举了法利赛人关于大祭司和祭司的某些行为的更加高明之处⑤⑦,都显示出同样的结论。

同样值得记住的是,对法利赛人和撒都该人的研究,更多的是将两者结合,而不是分割开来。他们在行为作法上的差异,甚至对口传律法的地位的不同态度,不一定会在很大程度上妨害他们的共同基础⑧。此外,绝对的法利赛人或绝对的撒都该人也许都很少,而大多数人也许都还处于难以界定的中间地带,被那些偶然在某个时期影响较大的领袖人物左右。

看来我们最好认为约瑟夫斯的早期教育大致上是法利赛派的,至少这是他本人简短的叙述中所暗示的。在他《自传》中一处不经意的评论也许可以佐证这一点。一个四人代表团被派去调查约瑟夫斯作为加利利城指挥官

---

⑤ 关于这些圣贤到底是谁,参见 E. Urbach, "Class status and leadership in the world of the Palestinian Sages", *Proc. Isr. Acad of Sciences and Humanities*, 2, (1968)。关于将这些圣贤确定为法利赛人,可见 R. Travers Herford, *The Pharisees* (1924)第一章;另参照 E. Rivkin, "Definition The Pharisees, The Tannaitic Sources", *HUCA*. 40-1(1969-70)205 页以降(但他把问题复杂化了); R. Marcus, "The Pharisees in the light of Modern Scholarship" *Journal of Religion* 23(1952), p.152。

⑥ 我本人并不完全同意 J. Neusner, *The Rabbinic Traditions about the Pharisees before 70* (1971)中的过激观点。约瑟夫斯的资料在这方面有误导,一方面由于他习惯于将法利赛人描写为哲学宗派(见 36-37 页),另一方面他对巴勒斯坦社会中的法利赛人的描述很少。比如,他甚至从未提到过约翰南·本·撒该(Johanan ben Zakkai)的名字。但如果我们同意他们只是文化和社会领袖而不是政治领袖,那这就不会比发现修昔底德的历史中没有提到欧里庇得斯(Euripides)或阿里斯托芬(Aristophanes)更令人吃惊了。约瑟夫斯的确提到了一些在政治事件中举足轻重的拉比人物,比如撒马亚(Samaias)和波利奥(Pollio) (AJ 14,15),二者都是活跃的希律批评者,几乎确定是《塔木德》中提到的谢玛雅(Shemaiah)和亚维塔林(Avtalion);以及与犹太起义有关的西门·本·珈玛列(Simon b. Gamaliel)和以利撒·本·亚维克鲁斯(Eleazar b. Avkilus)。

⑦ 首先,大祭司应该将香灰撒在至圣殿内还是殿外:*Tos. Yoma* 1.8, *TB Yoma* 19b;其次,关于对参加红母牛祭祀的祭司洁净程度要求:*Tos. Parah* 3.8;参见:3.6;*M Parah* 3.5。关于撒都该人的妻子害怕法利赛人,见 *TB Niddah* 33b。然而,该文指出,《他拿经》(*Tannaim*)和《亚摩经》(*Amoraim*)中融入了一些撒都该的哈拉卡(Halakah)和哈加达(Aggadah)。("Tanna"指《密西纳》中的犹太法典教师;"Amora"指《塔木德》中出现的犹太法典教师;"Halakah"犹太法典中解释律法条款的部分;"Aggadah"犹太法典中解释律法以外其他经文的部分——译者注。)参见《圣经词典》(*Dict. De la Bible*), ed. L. Pirot, A. Robert, H. Gazelles and A. Feuillet, *Suppl.* 7(1966), pp.1022ff。

⑧ 参阅 G. Alon, "The attitude of the Pharisees to the Roman government and the house of Herod", *Scripta Hierosolymitana* 7(1961), pp.65-7。阿隆提出,在整个哈斯摩尼王朝时期,尽管时有抗爆发,但合作还是很常见的。

的所作所为，这个代表团包括三个法利赛人，而第四人则是一位出生于大祭司家庭的年轻人。约瑟夫斯这样描写这些人："他们虽然出身不同，但同样学识渊博。其中两人，约拿单(Jonathan)和亚那尼亚(Ananias)是法利赛派的俗家人(laymen)；第三人约亚撒(Joazar)出生于祭司家族，也是法利赛
31 人；最年轻的西门则出生于大祭司世家(59)。"他接下来又说，这些人和他一样，都是律法专家，后来又称这群人为他的"老师和同胞"(*V* 274)。他声称的与法利赛人之间的特殊关系(很可能没有包括最年轻的第四位成员)，如我们所见，不太可能始于我们将看到的、他同时探索三个犹太宗派之时，而是始于他后来最终决定站到法利赛人一边的时候(参见本书边码第27页)。那时，据他自己所说，他已经不再师从任何人了。因此，他此处所说的"老师"很可能是针对他受过的主要教育而言。有趣的是，从这群人中的第三位身上，我们看到了约瑟夫斯的影子——另一个祭司身份的法利赛人。

约书亚·本·伽玛拉(Joshua ben Gamala)是拉比文献所赞颂的学校的创始人，同时也是大祭司(参见本书边码第27页)。约瑟夫斯家族与他的友谊让我们得出同样的结论(尽管这不是最终证据)：虽然大祭司当中主要是撒都该人，但并非所有世袭的大祭司都必须选择撒都该教派，例如约西亚·本·伽玛拉就没有选自撒都该教派，这样的人还有一些(60)。在巴比伦《塔木德》中，我们读到一位大祭司、地主以利撒·本·哈索姆(Eleazer ben Harsom)。他除了研习《圣经·旧约》外，不关心任何别的事情——典型的法利赛人的特点。《密西纳》和《塔木德》提供的资料显示，大祭司所受的教育参差不齐——明文规定，在赎罪节前夕，如果大祭司本人有能力，他必须解释《圣经·但以理书》；如果他本人没有能力做到这一点，就应该由其他人代替他做这件事(61)。因此，即使约瑟夫斯的家人出入大祭司之列，也没有理由认为他们就属于撒都该教派。

32 据约瑟夫斯说，他19岁开始追随法利赛教派。他没有说明这样做的理由(*V* 12)，似乎这是理所应当的决定。而我们有理由认为，他最终还是依附于他成长过程中接受的思想观点。

---

(59) *V* 197。在 *BJ* 2.628 也列有代表团成员的名单(有微小差别)，但约瑟夫斯在那里并没有谈到他们的宗派，只是说他们都是优秀的演说家。

(60) 参见 J. Wellhausen, *Die Pharisäer und die Sadducäer* (1924), pp. 43ff; J. Le Moyne, *Les Sudducéens* (1972), pp. 21ff(尽管莱蒙认为约瑟夫斯家族是撒都该人)。关于祭司中有法利赛人的证据，也参见莱特斯通(J. Lightstone)关于法利赛人和撒都该人在洁净圣殿枝形烛台问题上分歧的讨论：*Christianity, Judaism and Grco-Roman Cults: Studies for Morton Smith at Sixty*, vol. 3 (1975), pp. 207-8。注意，约瑟夫斯从未说过撒都该人占大祭司的大部分。

(61) *M Yoma* 1.6。参阅 *M Hor*. 3.8：一个熟知律法的私生子的地位也高过一个无知的大祭司！

约瑟夫斯没有谈及他19岁之后进行过任何学习。他著作中表现出的犹太教知识和观念一定是在19岁之前获得的,尽管这些知识以后在犹太会堂和圣殿中得到重温。在前面提到的,他敦促耶路撒冷人民在罗马人加大围城攻势前放弃抵抗的演说中,我们可以看出他对《圣经》的熟悉程度,那也是约瑟夫斯开始写作《犹太古史》之前的知识储存。在演说中他举出《圣经》中的一系列实例,说明在以色列人不求助于暴力行动时,上帝如何介入以拯救以色列人。上述例子并不全是广为流传的《圣经》故事,如关于惩罚腓力士人(Philistines)盗走约柜的故事等。约瑟夫斯甚至记得亚述王西拿基立(Sennacherib)军队死于耶路撒冷城下的人数:185 000,以及亚伯拉罕(Abraham)的侍从人数。推测这些故事都出自他的记忆是因为他话语中的一个小错误:他在叙述中提到,西底家(Zedekiah)亲眼目睹了耶路撒冷的陷落。事实上,那位国王之前已经逃走,结果被巴比伦国王将眼睛挖出。而约瑟夫斯在《犹太古史》中按照《圣经》文本讲述这个故事时,这个错误没再出现。法老入侵巴勒斯坦,打算掳走撒拉(Sarah),但由于一个幻想[62],最终将她还给了亚伯拉罕;当约瑟夫斯讲述这个故事时,也许是无意之间,将《圣经》中的故事与关于该故事的一个传说混为一谈。所有这些事件也许都是约瑟夫斯自己将它们糅合在一起的,尽管记载上帝的伟大行为这个模式受人欢迎——《哈加达》的逾越节(Passover)文献中就有若干类似例子。

　　说到《犹太古史》,很少人会否认约瑟夫斯的观念总体上还是属于法利赛教派的;此处仅仅是提醒大家,在《哈拉卡》(律法阐释)和《哈加达》(律法之外的阐释)故事的许多细节上,约瑟夫斯和拉比们不谋而合[63]。尽管这两部书是约瑟夫斯之后的作品,但人们自然同意,那些后来成书的故事在约瑟夫斯时期已经广为流传。

---

[62] 参见 *BJ* 5.379-91,关于《圣经》中相关资料,见《撒姆耳记上》(5—6),《列王记下》(19.35),25.7-11;《创世纪》12.10-20;关于西底家,见 *AJ* 10.135-50。

[63] 关于《哈拉卡》(Karaite *halakah*, "Karaite" 仅指8世纪出现于中东,不接受犹太法学的教义或犹太法典,只信仰《圣经》的信徒。该词源自希伯来语"Karaim",意为"经文的追随者"——译者注。),资料比较研究,参见 M. Oliski, *Flavius Josephus und die Halacha*, Diss. Berlin(1855);参阅 M. Duschak,*Josephus Flavius und die Tradition*(1864)。当然,约瑟夫斯和拉比的故事有一些不同之处。参见 B. Revel, "Some anti-traditional laws of Josephus", *JQR* 14,1923,pp. 293-230 中提出的见解,比考虑约瑟夫斯熟知的《哈拉卡》故事到拉比时代已经失传的可能性,或是约瑟夫斯有意识在强调自己的个人观点也许更有价值。约瑟夫斯曾一再将一个特别的《圣经》律法条例"peshat"解释为该词的一般含义。这也许因为他忘记了这个条例的《哈拉卡》解释,或者他期待中的是非犹太教读者,所以不值得解释这个条例。后来的卡莱特人在他们的《哈拉卡》许多问题上都采取同样的手法。当然,不能排除约瑟夫斯在这些有限的例子中受到了撒都该人释经观点的影响。关于撒都该人与卡莱特人的直接关系,参见 S. Sandmel, *The First Christian Century in Judaism and Christianity* (1969),p. 94。

应该承认,约瑟夫斯为了配合他在《自传》中的观点,在写作时把自己描绘成法利赛人是符合他的写作目的的。在公元 70 年后,撒都该教派和艾赛尼教派都已经销声匿迹,而拉比约哈南·本·撒该(Rabban Johanan ben Zakkai at Yavneh)所进行的犹太教统一,是建立在法利赛教派基础上的[64]。可以这样说,如果你是法利赛人,就等于说你是值得尊重的犹太人。而在某种程度上,批评约瑟夫斯的人对他的评价正是——不值得尊重的犹太人。因此,约瑟夫斯那时的确有编造谎言的动机。最近有一项试图确认约瑟夫斯撒谎的研究展示,约瑟夫斯后期作品中有关法利赛人的观点与前期大相径庭,但这项研究并不成功[65]。我们承认,约瑟夫斯早期将法利赛人描述为一个政治团体,作为几种犹太哲学派别之一,在其描述中明显有不赞同的倾向。而他在《犹太古史》中对法利赛人的描述对他们更有利。他将他们描述为犹太教中力量最强大的势力,具有广泛的群众基础。但在此问题上,我们不能因为表述的不同就得出作者持不同态度的结论。首先,实际情况的确在变化,约瑟夫斯如实反映了这种变化;其次,他在《犹太战史》中也不总是对法利赛人怀有敌意(尤其见 *BJ* 2.166);最后,法利赛人在《犹太战史》中只是在一段作为"序言"的、关于公元 66 年之前的历史梗概中偶被提及。法利赛人由于与具体的重要政治事件相关被偶然提到是很自然的。但是我们有足够的理由认为,那段梗概大部分出自大马士革的尼克洛斯的历史著作,所以不能证明这是约瑟夫斯自己的观点。即使在 70 年代之前,他本人也很可能倾向于法利赛人,这样做也不是什么反传统的。

令人惊奇的是,约瑟夫斯并没有马上选择摆在眼前的路,即加入法利赛教派,而是在他体验了其他犹太教派之后才决定的。他说:"约 16 岁时,我决定亲自体验一下各种犹太宗派。正如我们常说,犹太宗派共有三个:首先是法利赛教派,其次是撒都该教派,第三是艾赛尼教派。我想,如果我对各派都有所了解,就可以选择其中最好的一派。因此我艰苦努力地磨练自己,亲历了三种教派"(*V* 10—11)。他接着又告诉我们,因为他发现这个体验还不够,所以又追随一个叫班努斯(Bannus)的人,为净化自己的灵魂,仅依靠自然食物生存、用冷水洗浴,在荒野中生活了三年。约瑟夫斯没有告诉我们他所说的"经历了"所有教派到底意味着什么,很可能是他从老师那里接受教导,学习每一教派解释《圣经》的原则及其生活规范。比如,和法利赛人在

---

[64] J. Neusner, *A Life of Rabban Johanan ben Zakkai* (1970), ch. 8.
[65] J. Neusner, following Morton Smith, "Josephus' Pharisees", *Ex Orbe Religionum, Studia Geo Widengren Oblata* (1972), vol.1, pp. 224-44.

一起,他也许聆听过约翰南·本·撒该和西门·本·伽玛列这两位著名的拉比权威的释经演说㊱。我们不清楚耶路撒冷有没有艾赛尼教派信徒,或者约瑟夫斯是否需要到其他地方去寻找他们。

约瑟夫斯关于亲身体验过不同教派的说法被认为是作者的又一个谎言:人们坚信,如果约瑟夫斯在16岁至19岁期间在荒野生活了三年,他不可能有时间参加他提到的其他活动㊲。然而这个评论逻辑上并不严密,因为我们甚至并不清楚所谓的"其他活动"到底是指什么㊳。进入库姆兰社团需要一年的考验期,需要两年才可以碰"社团饮料"(《社团守则第6条》)。但没有理由认为,两三个月时间不够用来学习每一教派的基本知识。约瑟夫斯很可以设计出一种适合他自己的学习方法,在满意地掌握了一种教派的核心内容后接着学习另一教派。约瑟夫斯说到自己如何"艰苦地"磨练自己的用语无疑有些夸张,然而这与约瑟夫斯写作《自传》的目的是要强调尤其要证明其道德品质完全吻合。但很清楚,这同样必须以事实为依据,否则纯粹编造谎言只会使他离目的更远。

据约瑟夫斯的描述,他寻求最佳哲学思想的有趣之处在于这样做符合传统模式;而该模式那时正重新活跃于罗马帝国的希腊文化而不是犹太文化中㊴。寻求最佳哲学思想可以有几种含义。这种追求常常以接受某种超自然的特殊关系,或择取通向某种超自然力量的道路而告终。殉道者查士丁(Justin Martyr)在对一位逍遥派(Peripatetic)哲学家、一位毕达哥拉斯(Pythagorean)哲学家和一位柏拉图哲学家(Platonist)的教诲感到极不满意后,做好准备接受基督教的最大考验,在一位老者的劝说下皈依了基督教〔《与犹太人特里丰的对话》第八章(*Dialogue with Trypho the Jew* 8)〕。这种追寻有时还会将人引入某种奇特的东方宗教㊵。同样,对不同的哲学思想及其提倡的生活方式应该有更为理性的阐释方式。公元2世纪那位伟

㊱ 见纽斯纳关于这两人的评论(op. cit. n. 64, p. 33ff)。关于公元70年之前耶路撒冷基本完整的法利赛学者名册见耶雷米亚斯(同本章注释18),第379-380页。名册还应加上拉比他尔芬(Tarfon)的名字,他是圣殿祭司,但直到圣殿被毁后才出名。见 *Jew. Enc.*, s. v. Tarfon。

㊲ *RE* 9(1916), 1936。G. Misch, *A History of Autobiography in Antiquity* (1949-1950), vol. 1, p. 325 等多份著述赞同这一观点。

㊳ 关于我们对法利赛人教育体制的了解,参见 J. Neusner, *Eliezer ben Hyrcanus: the Tradition and the Man* (1973), p. 295。

㊴ 更广泛的例证,见 A. D. Nock, "Conversion and Adolescence", *Essays in Religion and the Ancient World ed. Z. Stewart* (1972), vol. 1, p. 457。但诺克在这部分中并没有提到约瑟夫斯;参阅:*Conversion*(1933), pp. 102ff;Misch, loc. cit. (n. 67);N. Hyldahl, *Philosophie und Christentum* (1966), pp. 148-54。

㊵ 诺克强调这类人的存在。

大的罗马医生和医学著述家盖伦（Galen）就是一个例子。他14岁时和父亲一起去听斯多葛派、柏拉图派、逍遥派和伊壁鸠鲁派哲学家讲学，他认为马上加入任何派别都不是明智之举⑦。琉善妙趣横生的对话录《待售的哲学》（*Philosophies for Sale*）描述了一个"市场"，所有的人生哲理都在那里出售。这本书看起来好像是一部对这种表达事物的方式或从事这种事业的讽刺作品，而事实上可以肯定，为寻求最佳哲学思想而"四处求购"早已不是新鲜事了。约瑟夫斯将所有犹太教派的特征视为理性的、可阐释的哲学，以及他的超然的、批评性的方法——"我认为我可以选择最好的"——在严肃作家群中和盖伦最为接近。这一点可以理解，因为约瑟夫斯绝对无意将犹太教描绘成一种奇怪而神秘的东方宗教。他个人的"信仰转变"中没有包含启示或狂热的含义。这种追寻成为一种"topos"❶，一种文学模式的事实，绝不意味着叙述者本人不会去做这件事，人们可以"实践"任一模式。明白无误的是，约瑟夫斯是用希腊文化的眼光来衡量他这个时期的发展的。但如果要解释这一切，从描述的事件中去辨识真伪，对我们来说就困难多了。也许约瑟夫斯就是按照自己当时的真实想法写作的，因为到他着手写《自传》时已经习惯于将这三种犹太教派设想为三种和希腊哲学一样的派别。正如他本人在此处所说的，他已经多次讨论过这个问题，并且大多数时候（尽管不是所有时候）都以一种出人意料的方式来描述它们之间的差异，强调它们在命运和自由意志对抗问题上的分歧，明确指出法利赛人和斯多葛哲学在观点上的类似之处，即使这些明显不是犹太宗派之间仅有的差异（有一次他的确指出撒都该人不接受法利赛人口传律法的重大事实）⑫。他更愿意强调那些能与希腊读者找到契合点的、派别之间的区别特征，借机给犹太习俗套上希腊外衣，使这些犹太习俗更容易为希腊读者所理解。的确，希腊哲学派别之间在宇宙控制力问题上的分歧听起来如此耳熟能详，连塔西佗（Tacitus）（不用提及哲学派别的名称）也对此津津乐道⑬。此处重要问题是，到约瑟夫斯

---

⑦ *On the Diagnosis and Cure of the Soul's Passions* 8.
❶ "文学创作上的传统主题"——译者注。
⑫ *AJ* 13. 171ff, 18. 11-22, *BJ* 2. 119-66, *AJ* 13. 297-8。特拉弗斯・赫尔福德（R. Travers Herford）（同本章注释55）将发现法利赛人和撒都该人之间主要分歧在于他们对口传律法不同态度这一点归功于劳特巴赫（Lauterbach）（1913）。而约瑟夫斯最感兴趣的区别尽管不是那么重要，但似乎是真实的。见 E. Urbach, *The Sages, their Concepts and Beliefs* (transl. I. Abrahams, 1975), pp. 255-6。
⑬ Tac. *Ann.* 6. 22。见 W. Theiler, "Tacitus und die antike Schicksalslehre", *Phyllobolia fur p. Von der Muhll* (1946)。但 G. F. Moore, "Fate and Free Will in the Jewish Philosophies according to Josephus", *HThR* 22(1922), pp. 371-89 夸大其词，他声称约瑟夫斯严重误导他的读者，而其实没有必要将这些描述归给哲学上有倾向的希腊人、大马士革的尼古拉斯。布林肯索普（同本章注释23），第249页指出，希腊词"命运"已经进入希腊语《圣经》。

写作《自传》时,他已经很自然地把这些宗派当作学派了,因此,他如何选择宗教学派就如同他如何选择哲学学派一样了。

然而,约瑟夫斯转向希腊模式这一点也许还有更深的意义。他在16岁之后的确进入了一个更加宽广的精神世界,并且作出了一个选择,第一次没有沿着直接的道路前进。很明显,尽管很有才华,但他并不满足于仅仅继续其法利赛派教育;从《圣经》到那些以后将被编写成《密西纳》的材料,然后再学习《塔木德》,即希望成为拉比圣贤(sage)⑭。通常在1 000个研习《圣经》的学生中,会有100人继续学习《密西纳》,10人学习《塔木德》,而只有一人能成为准确回答律法问题的合格人选⑮。而约瑟夫斯所做的是为犹太教另辟蹊径,并从中寻求回报。我们可以理解他努力为自己开辟前程的必要性。当时在犹太教有众多教派和群体(三大宗派当然不是仅有的分支),这说明,其中的确存在个人自主选择的可能性,他们不可能全都只是世袭追随者。这个时期多元化社会的巴勒斯坦十分引人注目,也许和罗马人统治的东方其他地区也没有什么不同(尽管我们对巴勒斯坦了解更少)。正值青春期的约瑟夫斯这时也许有些困惑,就好似下个世纪的查士丁、琉善和盖伦所描写的那种心理状态。研究约瑟夫斯,重要的是要将他看作一种伟大文化和社会变革时期的产物,这种变革既存在于犹太文化中,又远不局限于此。

更加令人费解的是约瑟夫斯为何选择在荒野待上整整三年。这种行为似乎与后期的约瑟夫斯格格不入。他后来很少表现出对神秘事物的兴趣(也许除了他自诩的预言能力之外)。也许这是约瑟夫斯对他的隐退生活的时间之久、条件之艰苦夸大其词。更令人困扰的问题是,他和班努斯在一起的事实,不仅会使他与一种寻求净化的宗教社团联系到一起,比如库姆兰社团,而且与一群政治活动家联系到一起;而库姆兰人至少在战争最后阶段之前⑯似乎并没有卷入政治活动中。这可是约瑟夫斯在一部对谴责他煽动叛乱的人加以驳斥的书中不愿意提到的东西。关于人们在某位假先知、伪救世主,或者单纯的某头领启发之下退避于朱迪亚沙漠(或某山区)与随后发

---

⑭ 参阅 S. Rappaport, *Agada and Exegese bei Falvius Josephus* (1931), preface, p. 15。
⑮ *Midrash Rabbah, Ecclesiastes*, 7. 28 (Soncino Transl., p. 211)。
⑯ 关于库姆兰社团用河水净化之事,见《社团守则》第3条;《大马士革规例》(*Damascus Rule*)第10条。关于他们的政治态度,见 A. Dupont-Sommer, *The Jewish Sect of Qumran and the Essenes* (English translation, 1954), pp. 148-9。在马萨达发现库兰文献的事实引发了库姆兰社团对于叛乱的政治态度的争论。见 Y. Yadin, *Masada* (1966), pp. 173-4; G. F. Brandon, *Jesus and the Zealots* (1976), pp. 61-2, n. 4。

生的政治动乱之间的联系，在约瑟夫斯的作品中已得到确认⑦。诚然，也有例证表明，一些显然爱好和平的社团是为了寻求安宁而生活在那些地区的，他们脱离社会似乎不会导致什么政治行动。但有一个细节可能说明问题：约瑟夫斯的导师"班努斯"的名字被约瑟夫斯所记载，这说明其追随者的效忠是对他个人而言的，可能指望他很快给他们带来一些什么变化。相反，库姆兰社团没有教师或导师是有记载的。班努斯也许是一个类似术士丢大（Theudas the magician）的人物。丢大（约公元45年）曾游说一大群人跟随他去约旦河，他在那里声称，作为先知他将把河水分开。这人足以对总督法杜斯（Fadus）构成威胁，他派遣一队骑兵砍了丢大的头。尽管没人说丢大和班努斯一样有修行倾向，或追求过宗教纯洁，但隐退到约旦河的行为表明，他很可能做过类似的事。约瑟夫斯笔下的班努斯在别的任何资料中都没有记载；尽管我们无从查证，但有理由猜测，并不是所有跟随他的人都只怀有单纯的宗教目的。

但如果在约瑟夫斯的荒野同伴之中有类似革命的念头，约瑟夫斯的唯一应对就是完全否认这一点。

接下来我们发现，26岁的约瑟夫斯（也就是公元64年）作为外交协商支持者之一，加入了一个去罗马的代表团，就释放几位祭司的问题与罗马人商谈。关于这些祭司被捕的原因，约瑟夫斯是这样说的："在腓力斯（Felix）做朱迪亚的总督时，因一些小事拘押了一些祭司，他将这些祭司押往罗马向恺撒说明情况（V 13）。我知道这些人都是非常杰出的人。"

尽管我们听说过叛乱前几年有几个从朱迪亚去罗马的代表团，但在《犹太战史》或《犹太古史》第20卷记载的事件中，我们无法确认约瑟夫斯参与的是哪一次。就在约瑟夫斯出发前不久，耶路撒冷的10位重要公民——其中包括大祭司以实玛利·本·腓亚比和圣殿司库——去罗马为犹太人修建围墙的事而辩护，这堵围墙据称是为了隔断圣殿及阿格瑞帕新修的宫殿与罗马人的军营之间的视线而建造的（AJ 20.189—196）。约瑟夫斯告诉我们，其中两位圣殿官员在达到目的之后被尼禄皇帝的妻子波佩（Poppaea）扣为人质。塔西佗认为，波佩是一个什么都具备就是没有好品格的女人。想必双方达成了某种妥协，所以即便约瑟夫斯去罗马时他们还在那里，也不可能是约瑟夫斯将要营救的人；因为那些人是在非斯都（Festus）担任总督时出去的（公元60—62年），而不是在腓力斯时期（公元52—60年）；并且他们

---

⑦ BJ 2.261-2, 6.285ff, 7.438；AJ. 18.85-7, 20.97ff., 160, 167ff, 188。参阅《使徒行传》5.36, 21.38。M. Hengel, *die Zeloten* (1961), pp.235ff, 259ff 有关此问题的讨论。显然，消失于沙漠的最大好处是逃税。

是自愿的,而不是被绑去的。因为城中的暴乱,腓力斯遣送来自恺撒利亚(Caesarea)的犹太和希腊知名人士组成的代表团去罗马,或者(据约瑟夫斯的不同说法)这些犹太人是自愿在非斯都继任后去罗马控诉腓力斯的⑱。因为犹太人在这场争论中输了,也失去了公民权利,犹太代表团很可能会被扣押,但如果这个代表团中包括祭司在内就令人不解了。奇怪的是约瑟夫斯在《自传》之外从未提到过他这次出使。我们只能推测这个事件是一种常规行为,但这让我们确认——如果需要确认的话——这样的事情发生的频率比我们了解的更多。在其他案例中,也发生过犹太大祭司被捕的情况。叛乱前的最后几位总督执政时期,社会矛盾急剧恶化。几年前,总督古玛努(Cumanus)曾绑押一位大祭司和其他一些犹太人去罗马皇帝那里解释他们与撒马利亚人之间的争执(AJ 20.132, BJ 2.243),约瑟夫斯及其他一些人则在焦急地寻求补救措施。

不管约瑟夫斯的代表团多么微不足道,他也因此被推到耶路撒冷最重要人士的圈子内了,也就是那些他常常称之为"最有势力的"(dunatoi)"领袖人物",或者"杰出人物"(proechontes)的圈子内了。这些人我们也许可以称为"知名人士"(gnōrimoi)(我们想到的是当今中东地区那些著名人物),这一些人包括大批大祭司和其他显赫祭司,但不仅限于此。前面提到过,以实玛利·本·腓亚比的代表团包括10位重要人物,这些人的身份似乎与我们知道的稍晚时期在帝国其他地区出现的"dekaprōtoi"是一致的。不同的是,其他类似人物关心的多半是经济问题。和提比利亚一样,耶路撒冷也有10位重要人物作为民众代表和组织者⑲,但耶路撒冷的领导集团并不总是10人。通常由包括大祭司在内的、没有特定人数的代表团与总督谈判⑳。

罗马政府在朱迪亚或其他地方的统治都依赖一批愿意合作的地方贵族,他们负责调停老百姓和罗马政府之间的关系,为一任接一任的总督提供地方情况的信息。事实上,他们可以代替总督做许多事情。在犹太人中,大祭司就是这个群体的最高层,在这个时期,大祭司要么由总督任命,要么由

---

⑱ 相关事件见 BJ 2.270; AJ 20.182-4。参见 Schürer-Vermes-Millar, p.467, n.45; F. Millar, *The Emperor in the Roman World* (1977), pp.378-9,米勒的使团名册上可以加上约瑟夫斯的使团。

⑲ 参阅瑞洁克(同本章注释10),第347页。

⑳ 如:BJ 2.240(与撒马利亚人的争执);2.301(在总督弗洛鲁(Florus)抢劫圣殿财宝之后,他们出现在总督设在耶路撒冷的法庭上)。

某罗马官员或者藩属王任命㉛。

约瑟夫斯在这些人中确立了自己合适的地位。从结束教育到担任使团成员的六年间,约瑟夫斯一定专注于努力成为这些人中的一员。如果没有发生犹太叛乱,约瑟夫斯的命运究竟会如何呢?在他达到"长老"的资格时,有希望成为犹太公会(Sanhedrin)的成员吗?关于1世纪时期那个组织的性质和活动至今仍有许多未解之谜。但有几点可以肯定,并可以帮助我们落实约瑟夫斯与这个团体相关的一些事。希律曾压制过这个组织,但在总督制度下,这个组织无疑在继续发挥作用,尽管我们不清楚他们活动的规律和效率。在总督制之前,他们在法律方面的权利与后来的总督相似㉜;战争爆发时,犹太公会是该地区仅存的官方权力机构(V 62)。奇怪的是,约瑟夫斯在《犹太战史》中自叛乱之后再没有提及犹太公会。尽管埃米尔·胥尔(Emil Schürer)关于大祭司一直是犹太公会的领袖的观点并没有足够的资料支撑,并且他援引约瑟夫斯的话作为证据也肯定是不正确的,但是我们还是应该相信《福音书》中关于大祭司和其他祭司"通常"是权威人士的说法㉝。《圣经》中有相关佐证,就连《密西纳》也肯定那个团体的重要性。据《密西纳》称,审重大案件时,法庭必须包括祭司、利未人,或是能和他们通婚的、血统纯正的族人㉞。我们将看到重要公民和大祭司一起作为该团体的成员㉟,至于成员具体是怎样选出的,我们却不得而知。事实上,整个事情我们都不能确定。有些学者甚至认为有两三个犹太公会同时并存,但之间并没有不可调和的矛盾:某些时期,大祭司的主导地位与《塔木德》中把各种各样的法利赛学者当作最高领袖的情况是相符的㊱。将"宗教"与"政治"职

㉛ 总督任命:18.34-5,瓦勒利乌斯·格拉图斯(Valerius Gratus),任命以实玛利·本·腓亚比;叙利亚副将任命:AJ 18.26,丘纽(Quirinius)任命哈拿努(Ananus)为大祭司;AJ.18.95,维特里乌(Vitellius)任命哈拿努的儿子乔纳森(Jonathan)为大祭司。希律王任命:AJ 19.297,阿格里巴一世任命西门;19.313-6,阿格里巴一世任命哈拿努的儿子乔纳森;20.179,阿格里巴二世任命另一位以实玛利·本·腓亚比;20.213-4,阿格里巴二世任命伽玛列的儿子耶稣(Jesus)为大祭司。

㉜ Schürer, GJV, vol. 2, pp. 260-3.

㉝ 如《马太福音》26.57ff,《马可福音》15.1ff,《路加福音》22.66ff,《使徒传》5.22ff。所举的约瑟夫斯章节说明了同样的问题。AJ 20.251仅肯定了大祭司在希律及其儿子死后的总领导地位,这不足以作为犹太公会在该时期掌管大权,或者大祭司控制或领导犹太公会的证据。

㉞ M. Sanh. 4.2。犹太公会在总督制度下是否真正拥有最高法律裁判权当然还是一个激烈争论的问题。

㉟ 耶雷米亚斯(同本章注释18),第224页以后各处。

㊱ 尽管曼德尔(H. Mantel)在他的 Studies in the History of the Sanhedrin (1961)中坚持己见,但这个解答也太过牵强。此对比的观点见 Urbach, loc. cit. (n. 55), pff., esp. p. 51. n. 31。巴彻(W. Bacher)在 Hastings Dictionary of the Bible 的"犹太公会"(Sauhedriu)词条有出色的叙述。更全面的证据调查见 S. Hoeuig, The Great Sauhedrin (1953)。

责分离,再将它们赋予不同的团体似乎不可能。帝国早期地方议会的职能是管理地方法律事务,就犹太人来说,这意味着宗教法。就这方面的能力而言,公会中一些人比另一些人更适合这项工作。

与此同时,由于最高统治者是罗马人,所以犹太人统治阶级的注意力是外向的,或者说是朝向罗马当局的。正如我们即将谈到的诸如土匪行为或大规模冲突等,则要么由皇帝处理,要么由总督处理,在这一类问题上,犹太人施加的影响只能是间接的。这就是约瑟夫斯笔下描写得更多的是小团体显贵们的活动,而不是议会会议的缘由;或许也是约瑟夫斯在他的民族中声名显赫却并不是犹太公会成员的原因。

如果说约瑟夫斯在之前还没有意识到,那么他的罗马之行使他懂得了犹太统治阶级学会与希腊人和罗马人打交道的重要性。正如以后的几章更加清楚地表明,为了完成使命,他出发去罗马之前一定已经掌握了一些必要的语言和社交技能。大约就在这个时期,他开始观察、研究罗马帝国。在《犹太战史》中,约瑟夫斯让阿格里巴二世说的一番话,正是他观察、研究的结果。阿格里巴二世在《犹太战史》(2.358—387)里的演说概述了罗马帝国统治的各族的情况,以及帝国对属国的处理倾向等。对约瑟夫斯来说,超越民族看问题所带来的最初结果,就是坚信朱迪亚的命运是与罗马人紧紧联系在一起的。

在罗马帝国早期,许多志向远大的年轻演说家在他们的事业初期都参加过城邦派出的各类使团。他们可能陪伴年长而经验丰富的杰出人物、雄辩家或学者晋见地方总督或使节,或去另一城邦,或者觐见皇帝。普鲁塔克(Plutarch)在谈到雄辩术时也提到过使团。在希腊本土没有战争的年代,这是年轻人成名的途径之一。想想吧,普鲁塔克本人也曾作为使团成员去面见阿开亚(Achaea)总督,其父亲事后还教导他如何作汇报以尽可能赢得同僚的好感[37]。另一个更早的例子是,据说莱斯博斯岛(Lesbos)米蒂利尼(Mytilene)的一位诗人科林那戈拉斯(Crinagoras),在公元前1世纪40年代其20多岁时作为使团成员去见恺撒[38]。和普鲁塔克一样,他在成名之后也成为了大使。约瑟夫斯第一次去罗马沿袭了同样的模式。

然而,尽管上述那些希腊人或许多类似的人忙于在海外演练他们作为教育基础的雄辩术,并在旅途中扩大文化和社交圈子,听哲学家们演讲,甚

---

[37] 关于使团问题,见 H. Marrou, *Historie de l'Education dans l'Antiquité*, 1948, p. 294, n. 21, 22; C. p. Jones, *Plutarch and Rome*(1971), pp. 20-1, 37。

[38] 关于科林那戈拉斯,见《罗马帝国官员名录》第二版(*PIR²*), 1 580 页及该页提到的文献,另参 G. Bowersock, *Augustus and the Greek World*(1965), pp. 36-7。

至参加讲学等,但这样的知识背景总体上对约瑟夫斯来说还是陌生的。有教养的希腊人在罗马有庇护者或朋友,而约瑟夫斯及其成员得到的却是演员阿利图鲁斯(Aliturus)——一位下层人士(尽管是皇帝宠爱的人)——和波佩(尽管是皇后)的友好援助。作为"敬畏上帝之人",波佩对犹太人有好感(V16;AJ 20.195),但她曾扣押过以实玛利·本·腓亚比的事实,说明她对犹太人的支持也是有限的。希律家族在罗马有许多皇亲国戚,这些关系在上一代人中包括皇帝提比略的儿子德鲁苏斯(Drusus)⑧⑨,但他们似乎都没有对犹太人提供过任何帮助。这一点可以理解,因为阿格里巴二世与圣殿头目们刚刚发生过争执。

约瑟夫斯人生的第一阶段以罗马之行作为结束,但这个故事如果没提到旅途中发生的事情就不算完整。因为此事对他来说非同小可,差一点连性命都搭上。同时,这个故事也给我们一个机会,让我们重新回到开篇伊始就提出的问题上:将约瑟夫斯的《自传》作为了解作者生涯的资料存在着严重的局限性。这是一次海难,尽管这件事对作者很重要,但读者第一次读到时仍会对他提及此事感到惊奇,更不用说对他在《自传》有限的篇幅中如此生动细致地描写此事感到诧异了。约瑟夫斯告诉我们,大约600位乘客——这个数字相当惊人,尽管不是没有可能——如何被迫整夜游泳,最后被一艘昔勒尼(Cyrenaic)船救起⑨⓪。当时有关船只失事的消息比比皆是,当然,沉船事件在古代社会极为常见,也正因此,这类故事才会吸引读者,而将这样的事件放在传记或自传中可以给读者一些兴奋感。在斯维托尼乌斯的《罗马皇帝传》(Life)中,有关恺撒的船只失事后被海盗捕获的故事就是一例。有些评论家将保罗(Paul)与275位乘客的旅行和船只失事的故事作为传统主题,试图以此表明,尽管这个故事有足够的长度,采用第一人称叙事,加上许多海上航行的细节描写,但并不一定是真实事件⑨①。

约瑟夫斯关于船只失事的描述并没有为我们增加多少对他的了解,但这清楚地表明了他的写作倾向:在写有关他自己的故事时,他会选择传统主

---

⑧⑨ 关于波佩,见 E. M. Smallwood, *The alleged Jewish tendencies of Poppaea Sabina*, JThS 10(1959), pp. 329-35。除德鲁苏斯外,早期还包括克劳狄一世(Claudius)的母亲小安东尼娅(Antonia Minor)(AJ 18.143)。

⑨⓪ V 15;J. Rouge, *Recherches sur l'organisation du commerce en Mediterranee sous l'empire romain*(1969), p. 69。

⑨① 见 RE,第二系列,2,412,"施法特"(Schiffart)条目。参阅 D. Clay, "Sailing to Lampsacus. Diogenes of Oenoanda", new fragment 7, GRBS 14(1973), pp. 49-59 关于伊壁鸠鲁沉船的故事。关于保罗的故事,见 M. Dibelius, *Studies in the Acts if the Apostles* (English translation, 1956), p. 107。

题和事件。这一点同样提醒我们,重要的素材很有可能被略去。因此,我们不仅谈不上全面了解作者的历史背景和发展轨迹,而且必须承认,我们连一个完整的轮廓也没有。然而,通过对他的自述略加充实,我们对他的认识还是会有所加深的。

去罗马的约瑟夫斯具有耶路撒冷法利赛人的知识背景,他一定精通希伯来语和《圣经》。但我们不能忘记,他还没有什么机会去解决口译中所遇到的重大难题。他在罗马将是一个外来人,不过我们在下一章中可以看到,他并不缺乏可以帮助他在罗马站稳脚跟的技巧。

至此,我们已经看到后来会持续影响约瑟夫斯生活和写作的两大因素。这个时期的犹太教确实也可以通过同样的归向关系来加以总结。一方面,犹太人——即使身处封闭的朱迪亚地区——从亚历山大东征以来就是希腊化世界的一部分,所面临的环境在许多方面与希腊在东方领地的其他民族没有差别。另一方面,由于特殊的政治、社会和教育体制,犹太教总是有意识地展现出一种(或多种)不同的生活方式。因此,约瑟夫斯的青年时代在某些方面表现出典型的1世纪时期希腊—罗马社会的特征,比如他选择宗派并加入使团;而在其他方面又表现出明显的犹太特征,比如他的王室和祭司背景,吹嘘他父亲如何公正,比如强调其教育背景,对《圣经》的熟悉程度,法利赛信仰,以及在荒野修炼等的价值观。对比这两个因素我们看到,希腊—罗马特征似乎不及犹太特征那么显著。可以说,尽管表面现象有所不同,但这两方面的关系在他后来的生活中并没有发生大的改变。

第二章　约瑟夫斯时代耶路撒冷的希腊语言

在约瑟夫斯出使罗马时，肯定已经可以讲希腊语了，至少是勉强会了。因为如果巴勒斯坦有合适的人掌握了与罗马人交流的语言——我们会看到的确有这样的人——那么一个不会这种语言的人不太可能被选为使节。约瑟夫斯的母语无疑是阿拉米语和希伯来语（参见《附录Ⅰ》），这一点显而易见；我们所远不能确定的是，约瑟夫斯在早期对希腊语言和文化究竟熟悉到什么程度。耶路撒冷的环境是他之后所有发展的基础，如果要正确评价作者写作中遇到的困难和取得的成就，那么他接受过希腊语言文化教育这一点（不管达到什么程度），就与他的所有作品息息相关了。

人们常常提出这样的问题：巴勒斯坦犹太人究竟懂多少希腊语，懂多少希腊文化？答案五花八门。首先，《福音书》中让人费解的地方引发人们提出了这个问题，但同时也使回答这个问题受到限制，而约瑟夫斯的资料通常只能作为次要证据。把约瑟夫斯当作关注的焦点，不仅能加深我们对约瑟夫斯的理解，并且也可以从一个新的视角来观察问题的全貌。

对于学习希腊语言文化的情况，约瑟夫斯在《自传》中只字未提。然而，即使我们很想相信他的确没有受过任何相关教育，他的沉默也不能说明任何问题。他不谈这一点是预料之中的事。首先，约瑟夫斯仅提及他正规教育的主要阶段，而他的正规教育是犹太教育；其次，他写《自传》的目的在于强调他的犹太性，以支持他关于自己心里一直以民族利益为重的论点（参见本书边码 14 页）。正如我们看到的那样，把《自传》中没有提到的东西作为论据是错误的。

然而，在约瑟夫斯其他著作中可以读到很有趣的评论，这些评论对于我们的研究很有帮助。他在最后一部作品《驳阿皮翁》（写于 1 世纪 90 年代）中告诉我们，他在写作第一部希腊语著作《犹太战史》（写于 1 世纪 70 年代）时曾有过助手："当时我在罗马有闲暇，全书的梗概已成竹在胸。我找到一些人（synergoi）在希腊语方面协助我，开始着手叙述发生的事情。"但这一段话的意义显然并不确定。这些助手到底帮忙做什么？帮到什么程度？也许他们只帮助润色或检查写好的文稿？抑或整部《犹太战史》的形式和风格都主要是他们的手笔？从《犹太古史》中我们发现了一些蛛丝马迹。到这部巨著完成时（在《驳阿皮翁》之前），约瑟夫斯已经在罗马生活了20多年。但在这部著作的结尾，他仍然表现出对自己希腊语能力的不自信。他告诉我们，他一直在努力改进他的文学风格："一旦熟悉希腊文法之后，我便下苦功精通希腊文学和诗歌规则。"他在"序言"中也暗示过同样的情景，他说，对于将如此大量的素材"译成我们所不熟悉的外语"，他曾犹豫不决①。

当时用希腊文写作而声称自己语言能力不够的作者约瑟夫斯决非唯一一个。仅举一个例子：对于公元前151年罗马执政官、希腊文罗马史的作者波斯图米乌斯·阿尔比努斯（A. Postumius Albinus），老加图（the elder Cato）就曾指责他不该作类似声明——阿尔比努斯在他著作的"引言"中这样说："如果这部书写得不够流畅、高雅，任何人都不应责备他。"奥卢斯·戈利乌斯（Aulus Gellius）也告诉我们："因为我（戈利乌斯）出生于拉丁姆地区（Latium），所以用希腊文写作对我来说是陌生的"，并就所有文理不通之处请求原谅。对此，加图毫不留情地反驳道：谁也没有请这位历史学家写作，因此为自己写的东西请求原谅意义何在？然而事实却大相径庭：我们从西塞罗（Cicero）处得知，阿尔比努斯其实是一位"文学家，而且是十分雄辩的文学家"。波里比乌斯（Polybius）说他从小就饱受希腊教育、学习希腊语言，而且他还是在罗马传播希腊文化的主要人士之一。当然，这种交流发生在约瑟夫斯之前许多年，那时罗马人对希腊事物还极不信任。但这件事表明，在非希腊人的希腊文作品中，这种不承担责任的声明是有先例的。而约瑟夫斯对此也可能已有所知，尽管我们可以肯定他没有读过阿尔比努斯。约瑟夫斯也可能想起了狄俄尼修斯的《罗马古史》（Roman Antiquities），那是一部在某些形式上作为约瑟夫斯的《犹太古史》的先驱的作品。狄俄尼修斯在该书的"序言"中解释说，他在罗马生活了20年，"学会了罗马人的语言（dialekos）并且熟悉他们的文学（Grammatōn）②"。因此，约瑟夫斯有足够的理由极力强调而不是掩饰他在语言方面的不足。

然而，这个辩解设计得很周密，作为正式的结语，其突出的位置不允许我们仅仅将此解释为一种姿态而忽略。约瑟夫斯关于自己如何学习希腊语

---

① 相关约瑟夫斯文献，CA 1.50；AJ 20.263；1.7。《犹太战史》的文学成就应归功于出钱请来的作家，表达该观点的著述是 H. St. J. Thackevay, *Josephus, The Man and the Historian* (1929), pp.104-6。另见 62-3 页，注释 49 和附录Ⅱ。
② 关于阿尔比努斯（Albinus），见戈利乌斯（Gellius, *NA* 11.8.2）、西塞罗（*Brut.* 81）、波里比乌斯（*Polyb.*39.12）、狄俄尼修斯（*Dionysius of Halicarnassu*, 1.7.2）。

有明确的交代,因此要了解他的学习都涉及到一些什么活动并不难③。说到文法习得时,他提到阅读大量的文学作品;显然,他使用的是"文法"这个词的广义,即文学研究。亚历山大里亚的杰出学者阿利斯塔克(Aristarchus)的学生、论文《诗歌散文写作常识》(A General Familiarity with the diction of poets and prose writers)的作者狄俄尼修斯·特拉克斯(Dionysius Thrax)曾对"文法"一词下过定义,即"普遍熟悉韵文和散文的遣词用字"。就希腊语和拉丁语而言,其广义的学术界定至今仍然得到公认。的确如此,与约瑟夫斯几乎同时代的昆体良(Quintilian)曾抱怨说,在他的时代,"文法家"(Grammaticus)的活动范围扩展得太快,这方面的扩展是以牺牲修辞学家的活动为代价的。这个意义上的"文法"——阅读重要作家的作品并解读的能力——受过良好教育的人在受教育的过程中应该完全掌握,正如希律的史官、大马士革的尼克洛斯(Nicolaus of Damascus)告诉我们的那样。但这方面的知识并不是所有的人都掌握得很好。盖伦写道,一般来说,在罗马学哲学或医学的学生大都缺乏这种"希腊青年从受教育初期就接受的基础教育",因此他们很难从写作风格上分辨出他的真实作品和伪造作品之间的区别④。而约瑟夫斯所缺乏的也正是这种基础教育。

  人们很难解释同样是盖伦抛出的、关于犹太医生撒玛利亚的拉弗(Rafus of Samaria)的若干狂妄的评说(这些评说仅存于阿拉伯语中)。他生活的年代比约瑟夫斯晚半个世纪,并且出生于一个非犹太区;但和约瑟夫斯一样,他也移居罗马并且着手为希腊文学作贡献。在这个意义上,他的贡献不如约瑟夫斯:拉弗对自己书斋里有关希波克拉底的评论进行过概述。拉弗对他人的言论不分好坏一律认同的做法使盖伦十分诧异。盖伦说,这就是居住在"巴勒斯坦土地上"的结果,因为那人来罗马前对希腊文一窍不通;而和希腊人混居在一起却对他们的语言知之甚少真是丢人。盖伦自命

---

③ 尽管塞文斯特(J. Sevenster)在其 *Do You Know Greek?* (Suppl. 19 to Novem Testamentum 1968)第 66-71 页中长篇论述了这个问题,翻译这一段其实并没有任何特别困难的地方。R.J.H. Shutt, *Studies in Josephus* (1961), p.76 有些过分精确地强调说,约瑟夫斯的句子结构表明,他的文法学习是阅读的结果,而不是之前单独学习语法的结果。《犹太古史》和《梗概》的手稿中可见"(大量)韵文知识"及语词,这一点被塞文斯特排除在研究之外,而我认为,基于两个理由,这是合情合理的。首先是常识,一切韵文研习都是"文法"的重要组成部分(见苏埃托尼乌斯《论文法》第四章及后续注释中提到的其他文献);其次,可以想象约瑟夫斯会尽量避免发音类似的词靠得太近,以避免读起来拗口。

④ 关于狄奥尼修斯的陈述,见 RE 7.2(1912),1808。关于广义"文法"的含义,参阅西塞罗的 *de Orat.* 1.187、昆体良(*Inst.* 1.4.1-5); Philo, *On Intercourse with the Preliminary Studies*, p.148;参阅 M. L. Clarke, *Higher Education in the Ancient World* (1971), pp.23-28;关于昆体良论语法,见 *Inst.* 2.14,参阅Ⅰ.8.6;Nicolaus, *FGH* 90.132.1;Galen, *On His Own Books*, Kuhn 19, p.9。

不凡的侮辱话语也许是夸大其词,但他最后的评语连同拉弗所作之事的性质都向我们表明,与此相反,那位医生最终已经掌握了一些希腊口头语言。这一点将使他和约瑟夫斯的情况没有太大差异⑤。

盖伦的第一段话表明,学习希腊语的学生可以有很高的造诣:这不仅仅是简单的语言能力问题。毫无疑问,那些选择医学或哲学的学生能够自如地用希腊语表达思想⑥,可能约瑟夫斯也一样。此外,文法学习并不只适合青年学生,作家要创建自己的写作风格也要学习文法,想要精通古典用法更是如此。因此,比约瑟夫斯晚很多年的卡修斯·迪奥会读"一些希腊作品……以便使自己能雅典化(Atticize)⑦"。既然作家在很大程度上被看作模仿者(参见本书边码第 236 页),这样做并不令人惊奇。加上还要弥补自己教育上的不足,约瑟夫斯一定更希望像后来的迪奥一样,通过阅读经典作品得到同样的收获。

如果我们认定约瑟夫斯刚到罗马时希腊文还不够好,还需要花好几年的工夫才能弥补这个缺憾,也许在这一点上他永远不可能完美;那么,这就绝不是熟练掌握一门普通语言——无论是口头还是笔头——的问题了。紧接我们已经讨论过的部分,尽管约瑟夫斯的确对自己讲希腊语的能力进行过自我批评,但也不能让我们对他希腊语的流利程度表示怀疑。他说的是他的发音不够好,因为他的人民并不十分看重外语能力:"我们民族的传统妨碍我发音准确。因为他们并不欣赏那些会多国语言,并用优雅的习惯用语来装点自己言语的人。因为他们认为凡是自由人都有能力做到这一点,更别说那些想要拥有这种能力的奴隶了。他们认为智慧只属于那些准确掌握律法知识、能解读《圣经》的人。"此处,约瑟夫斯从更为广泛的犹太文化的大环境详细地解释了他语言方面的局限性。他所用的措辞是"发音";对他的陈述最直接的解读就是,他讲希腊语带有地方口音,这在罗马很惹人注目,也许还被人瞧不起。对于罗马帝国中这种现象,我们的确有些许证据可考⑧。

---

⑤ Rafus, *Corpus Medicorum Graecorum* 5.10.2.2, pp. 293, 413。阿拉伯文本由普法夫(F. Pfaff)翻译,他对拉弗的研究发现刊登于 *Herines* 第 47 期(1932),第 356—359 页。见 W. D. Smith, *The Hippocratic Tradition* (1979), p.164。斯特恩(M. Stern)提出拉弗可能是撒玛利亚会成员,盖伦不清楚其中的差异。
⑥ 参阅普鲁塔克(Plutarch)列举的理解拉丁文的含义和辨别其风格特征之间的区别(*Dem.* 2.3);他通过自学获得了第一种能力,但没有时间修习第二种能力。
⑦ 见 F. Millar, *A Study of Cassius Dio* (1964), p.41。
⑧ 关于讲希腊语和拉丁语,见 F. Millar, "Local cultures in the Roman Empire: Libyan, Punic and Latin in Roman Africa", *JRS* 57(1968), pp.126-7; J. P. V. D. Balsdon, *Romans and Aliens* (1979), pp.128-36。利夫席茨(B. Lifschitz)在 "Du nouveau sur l'helle'nieation des Juifs eu Palestine", *Euphrosyne, N. S* 第 4 期(1970),第 118 页提出,约瑟夫斯所用的 "prophora"一词可能是"风格"而不是"语音"的意思,但此说法缺乏说服力。

根据约瑟夫斯所说的关于犹太民族对外语的态度，可以解释他为什么从未"学习过"说或写希腊语。这说明他的希腊语是从生活环境中自然习得的，这一点从未被他看作是一种成就。

我们之所以这样理解约瑟夫斯的话也是有据可考的。首先，可以通过调查（约瑟夫斯之外）耶路撒冷不同环境中使用希腊语的迹象。此外，既然我们已经将约瑟夫斯划到法利赛人一类，就可以通过研究法利赛人对希腊语言文化的总体态度来了解这一点。如果可以因此而勾画出一些轮廓，我们就能更好地理解，投入人生中最好的年华，用希腊语写作历史对约瑟夫斯到底意味着什么。

在巴勒斯坦大范围内，希腊语使用迹象比比皆是，这一点与我们的主题具有相关性：这是一个小国，国民四处流动。因此，尽管在朱迪亚境内没有希腊城邦，朱迪亚地区的人们对希腊语口语也至少不会感到陌生。诚然，我们所掌握的关于1世纪时期语言状况的资料并不能充分证明这个观点，但种种迹象表明，希腊语言在那个时期已经大规模入侵⑨。在巴勒斯坦附近的城镇，即使某些地区的"希腊"人更愿意使用阿拉米语或其他东方语言⑩，希腊语无疑是官方语言。而生活在恺撒利亚或者塞希波利斯（Scythopolis）等地的犹太人与希腊人近在咫尺（即使不是友好相处），也一定学会了一些希腊语⑪。考古发现——尤其是从犹太会堂和贝特·舍阿里姆墓地（Beth She'arim necropolis）的碑铭、穆拉拜特河（Wadi Murabbaat）发现的用希腊文写的死海文献⑫——和下文将要讨论到的《塔木德》中的经文都表明，在公元2世纪，巴勒斯坦许多地区的犹太人用希腊语书写是一个普遍现象（从而假定他们也会说），我们必须通过推断来填补1世纪时期的情况，而现在死海古卷可以为我们提供一点帮助。库姆兰文库包括一些非《圣经》希腊语文本。从那里出土的《铜卷书》（Copper Scroll）中的希伯来方言里找到了四个希腊语外来词⑬。这说明，即使不是这些文献的实际作者，某些地方的一些希伯来语使用者也熟知希腊文。

然而，居住在耶路撒冷的犹太人不必学习或使用希腊语也能生活，这一

---

⑨ 见塞文斯特对该证据所作的很好的调查及评价（同本章注释3），第97-114页。
⑩ 关于这个问题，见 A. H. M. Jones, *The Greek City* (1940), pp. 288-295; V. Tcherikover, *Hellenistic Civilization and the Jews* (English translation, 1959), pp. 114-116; Sevenster, op. cit. (n.z), p. 98; *Schürer-Vermes-Millar-Black*, vol. 2, pp. 29-52。
⑪ 参阅 G. Mussies, *The Jewish People in the First Century*, *Compendia Rerum Iudaicarum ad Novum Testamentum*, 1部, 卷2, 1976, 第1057-1060页中的文章。
⑫ 关于这个考古发现及相关文献, 见塞文斯特（同本章注释3），第145-175页。
⑬ 见 Schürer-Vermes-Millar-Black, 第2卷, 第78页。

点在理论上是成立的，发生在别的城市的事不一定会对他们产生很大的影响。因此，我们关心的是希腊语言在这座城市本身的地位，是约瑟夫斯在耶路撒冷听到希腊语的可能性——不仅在街上能听人讲希腊语，而且在他可能进出的那些家庭中也能听到人讲希腊语。到约瑟夫斯出生的时期，希腊语以某种形式出现在耶路撒冷已经有300多年的历史。传说埃及的托勒密二世菲拉德尔菲（Ptolemy II Philadelphus）想要把《摩西五经》译为希腊文存放于他的图书馆中，于是授意耶路撒冷的大祭司安排72位来自巴勒斯坦的犹太圣贤来为他完成这项工作（《阿里斯提亚斯书信》*Letter of Aristeas*，32；46—50；121）。我们不能确定这个传说的真实性，但如果这些学者确有其人，至少其中有一些是来自这个国家首都的。公元前170年至前160年左右的马卡比起义，在一定程度上是围绕着耶路撒冷的犹太贵族阶层是否愿意接受希腊习俗，将耶城变为希腊"城邦"（polis）的争论而发生的[14]，但其间并没有提到希腊语言本身的问题。这很可能是因为在一定的范围内，希腊语已被广泛接受的缘故。哈希芒时代确立了一个犹太君主制政体，这个政权必须在希腊化环境中进行外交，因此需要召唤一些至少会一些实用希腊语的人为之服务[15]。

对于希腊化时期的犹太著作在耶路撒冷是否译为希腊语，或者作者是否用希腊语写作，我们知之更少。如果真有其事，那么读者都是些什么人呢？讲述耶路撒冷生活的著作《便西拉智训》（*Ecclesiastics*）的作者的孙子，也是该书的译者告诉我们，他曾在埃及居住（托勒密三世尤尔盖提斯统治后期，Ptolemy III Euergetes），他的译本显然是为生活在外国的犹太人准备的，他因此将自己排除在这类人之外。亚历山大里亚的克莱门特（Clement of Alexandria）和攸西比乌斯（Eusebius）都引用过的《圣经》历史改写本残篇的作者尤波勒姆斯（Eupolemus）也同样如此。学者们通常认为，这人与犹大·马卡比（Judas Maccabaeus）派往罗马使团的头领为同一人，但这种说法纯属猜测[16]。希腊文《马卡比二书》（II Maccabees）的作者、昔兰尼的伊阿森（Jason of Cyrene）即使没必要居住在耶路撒冷，也应该与耶路撒冷交往甚密，以便获取他所著历史故事的相关素材（II Macc. 1. 19—22）。最具相关性的是希腊文《以斯帖记》的结束语，该文声称，这卷书的希腊文是由住在耶路撒冷的某位托勒密之子莱西马科斯（Lysimachus）所翻译[17]；然而，我们

---

[14] 维克多·切里科夫（同本章注释10），第161页以后。
[15] 同样观点见刘易斯（D. M. Lewis）对塞文斯特的书评，*JThs* 20(1969)，p.584。
[16] Ben Sira, *Prologue*; Jacoby, *FGH* iiic. 723 及《马卡比一书》8. 17。
[17] 参阅：刘易斯（同本章注释15）。

不知道这是否包括在原文基础上自由添加的部分。译者的名字听起来像是亚历山大里亚人。其最后一部作品是唯一能引起疑问的作品,读起来最像纯正的希腊文,语言足够流畅,可以说是具有希腊化实质的作品,但不足以在此基础上得出任何结论。尽管在这个资料的基础上,马丁·亨格尔(Matin Hengel)勇敢地尝试着勾画出一幅被希腊化了的耶路撒冷犹太文化的景象[18],但事实上,有关希律之前耶路撒冷犹太人使用希腊语的证据太不充分,而任何形式的希腊文化渗入的迹象几乎没有。

公元前1世纪和公元1世纪时期,耶城有两大明显的希腊语来源地——希律的宫廷和流散的犹太人——两者在一定程度上有交集。在四位对朱迪亚地区负有一定责任的藩属王中,有三位重要人物:希律、(差不多半个世纪之后的)阿格里巴一世、阿格里巴二世都曾住在耶路撒冷。希律在耶路撒冷有座著名的宫殿,阿格里巴一世特别喜欢住在耶路撒冷;而阿格里巴二世正如我们看到的,扩建他在那里的宫殿还引起了不小的麻烦[19]。希律时期的官方语言是希腊语:希律的钱币上只有希腊文字。他们的子孙被送去罗马接受教育[20],那也是一种策略的表现。这个家族与亚历山大里亚显赫的犹太人联姻的事实说明,他们之间可以自如地运用希腊语言交谈[21],而且国王住在耶路撒冷还意味着有大批宫廷人员及其直系亲属生活在这里。很显然,在第一位希律王时期,这个圈内已有部分家族爬上了高位,并且在以后的国王手下继续显赫。这些家族中有些是说希腊语的犹太家族,例如希律的事务总管亚里克(Alexas),其子西尔基亚(Helcias)是阿格里巴一世的伙伴;西尔基亚的儿子尤里乌斯·亚基老(Julius Archelaus)是一个"精通希腊文化"之士,约瑟夫斯曾卖给他一部《犹太战史》(CA 1.51)。这个家族每一代人都和希律家族有姻亲[22]。这些人并非外国人,所以不可能与耶路撒冷的其他上层社会

---

[18] *Judaism and Hellenism* (English edition, 1974), pp.58-169.
[19] BJ 1.402等;AJ 19.331;39。关于希律在耶路撒冷,参阅 E. Bickerman, "Les Hérodiens", RB 47(1938), p.196。
[20] AJ 16.6:希律的儿子;18.143:阿格里巴一世;19.360:阿格里巴二世。
[21] 如:阿格里巴二世的姐姐贝蕾尼丝(Berenice)和犹太首席行政官亚历山大(Alexander the Alabarch,哲学家斐洛的兄弟)之子、提比利乌斯·尤里乌斯·亚历山大(Tiberius Julius Alexander)之兄马库斯·尤里乌斯·亚历山大(Marcus Julius Alexander)结婚,玛丽安(Mariamne)的第二任丈夫是犹太首席行政官迪米特里(Demetrius the Alabarch),显然是一名亚历山大里亚的犹太显贵。关于希律家族,见 M. Stern, "Herod's policy and Jewish society at the end of the Second Temple Period", *Tarbiz* 35(1966), pp.235ff(希伯来文);M. Stern, *The Jewish People* (n.11), pp.600-12.
[22] 亚里克与希律的女儿萨乐米(Salome)结婚(BJ 1.566, AJ 17.9-10);亚里克·西尔基亚(基本可以肯定是前者之子)与希律孙女赛普勒斯(Cyprus)结婚(AJ 18.138),而尤里乌斯·亚基老(Julius Archelaus)则娶了阿格里巴一世的女儿玛丽安(AJ 19.355;20.140)。

人士完全不相往来,他们与大祭司和犹太公会成员必然有联系。

即使王宫中的非犹太成员也不可能完全与世隔绝,我们有两个小证据可以证明这一点。公元66年叛乱爆发之际,当加卢斯(Cestius Gallus)❶正准备向耶路撒冷进发时,阿格里巴派了名叫伯基乌斯(Borcius)和斐布斯(Phoebus)的两个人与犹太人谈判,约瑟夫斯称这两人为犹太人所熟知的阿格里巴的朋友(不幸的是,他们之间的关系对他俩毫无用处:第一位被犹太暴民所杀,第二位被打伤。BJ 2.524-526)。此外,韦斯巴芗特别挑选了一个罗马军团护民官尼卡诺(Nicanor)去尤塔帕塔劝降约瑟夫斯,因为他是约瑟夫斯的朋友。后来约瑟夫斯为了劝说犹太人投降,执行绕城墙巡视这一讨厌的差事并因此而受伤时,这人也陪伴在他的身边。据说他那时已经是提图斯的朋友了,而成为提图斯的朋友应该是发生在不久之前的事(BJ 3.346; 5.261)。那位尼卡诺是犹太人的可能性几乎不存在,但如果他不是本地人,不太可能在公元67年就和约瑟夫斯已经彼此熟悉。他有可能是一支步兵后备大队的指挥官,很可能是阿格里巴的部下,或者至少是那位藩属王的随从。

我们知道有一些显赫的流散犹太家族与希律家族联姻。同样,耶路撒冷也有从亚历山大里亚返回的犹太居民。我们知道,至少有一个亚历山大里亚的犹太家族在耶路撒冷定居,并从这个家族出了若干大祭司,该家族一直是撒都该教派的中坚分子,这就是波伊图家族(Boethus)㉓。他们不可能忘记希腊语。这个家庭的一位女子,波伊图的女儿玛莎(Martha)与伽玛拉(Gamala)之子、约瑟夫斯的朋友大祭司约书亚(Joshua son of Gamala)结婚。她在耶城被围攻期间变得一贫如洗㉔。

与前面提到的几种现象相比,另一点的影响面也许更大,这就是耶路撒冷城中的犹太会堂。这些犹太会堂属于各个不同居住区的犹太人,其中应该包括那些说希腊语的犹太人。看起来,一些犹太会堂既要为少数当地居民服务,也要为那些在"三大朝圣节"㉕(Three Foot Festivals)❷赶来的朝圣

---

❶ 罗马派出的叙利亚省督——译者注。
㉓ 见斯特恩已引文章(同本章注释5),第246-247页。有关这个家族的亚历山大里亚背景有 AJ 15.320 为证。其他被认为是来自亚历山大里亚的大祭司家族包括:腓比亚家族(Phiabi)(斯特恩)、亚南尼亚家族(Ananias),见 Safrai, *Pilgrimage at the Time of the Second Temple*(1965), p.60(希伯来文)。
㉔ 这桩婚姻成了轰动一时的事件。因为严格地说,玛莎作为寡妇是不允许嫁给大祭司的。见 Jeremias, *Jerusalem*, p.156,关于妇女问题,参阅本书第24页。
㉕ 见撒弗莱已引文章多处;参见 J. Juste, *Les Juifs dans l'empire Romain* (1914), vol.1, p.357对该书的简述及注释2。前《塔木德》时代朝圣的经典权威文献见斐洛 *Spec. Leg.* 1. 68-9; Josephus, *BJ* 6.421-20。
❷ 包括"逾越节"、"五旬节"和"结茅节"——译者注。

者服务。《使徒行传》(6：1ff)讲述了早期基督教中的"希腊主义"(Hellenists)和"希伯来主义"(Hebrews)教徒之间关于日常分配的纠纷。司提反(Stephen)就是被叫去解决争端的人之一。这是一个非常有价值的证据,证明耶路撒冷曾有一大群犹太人,他们因说希腊语而区别于其他犹太人。毫无疑问,争执的双方都是地地道道的犹太人。那些"希伯来主义"犹太人可能部分来自自由民(Freedmen)❶会堂,关于这批人我们很快会谈到：他们包括昔兰尼人(Cyrenians)和亚历山大里亚人(Alexandrians),以及后来攻击司提反的、来自西里西亚(Cilicia)和亚细亚(Asia)的犹太人㉖。

现有一块存放在一个犹太会堂(并附有浴室和旅馆)里的碑铭,这是由一位叫西奥多托斯(Theodotus)的犹太会堂事务长(*archisynagogus*)私人修建的,还包括附近的浴场和旅店(自他"祖先"开始,由他完成);他是犹太会堂事务长韦提努(Vettenus)的儿子,也是另一位犹太会堂事务长的孙子。这些碑铭完全是用希腊语写成㉗。这个家庭中的罗马名字"韦提努"说明,这家与罗马有一定的关系——深究这层关系的性质没有意义㉘——这种关系与这碑文本身所用语言指向一致,说明这个家族说希腊语比说希伯来语或阿拉米语更早。这块碑铭普遍认为建立于公元1世纪时期。

在耶路撒冷有铭刻的骨灰瓮上有一些刻有希腊语铭文,它们属于那些来自希腊世界的犹太人。其中典型的例子就是"大门的建造者"、亚历山大里亚的尼卡诺家族的墓地。在希腊语铭文之后有简短的阿拉米语铭文,仅

---

❶ 指区别于奴隶身份的人——译者注。

㉖ 关于"希腊主义"犹太人,参阅《使徒行传》9.29(仅有的其他一例)。对"希腊主义者"和"希伯来主义者"之间的区别究竟是什么,学者之间对此长期有争议：见 C. D. F. Moule, "Once More Who were the Hellenists?", *Expository Time* 70(1959), pp. 100-2. 对此的总结。有三点很清楚：1. "希腊主义者"是犹太人的一部分；2. 希伯来人不能被定义为"不会希腊语的人"；3. "Hebrews"一词有不同含义。有时,但不在这里,就是指犹太人。最具说服力的解释即"Hellenists"指那些母语是希腊语的人,而"Hebrews"则指那些母语是某种闪语的人。穆尔提出,"Hellenists"用希腊语祷告；西蒙(M. Simon)则认为,他们的生活习俗是希腊式的(*Stephen and the Hellenists*, 1956)。不能确定司提反自己和与他一同去解决争端的仲裁者是否是"Hellenist"。

㉗ SEG 8.170 = CIJ 1401。关于这个碑刻和犹太会堂的文献很多。参见弗雷(Frey)和 SEG 提及的作品和 M. Schwabe 在〔*The Book of Jerusalem*, vol. 1(1956), p. 362,希伯来文〕讲述的故事和撒弗莱已引文献(同本章注释 23),第 64 页。

㉘ 已知韦提努〔以及韦提埃努(Vettienus)和韦提尤(Vettienius)〕是罗马名字中的第二名字,即族名。见 W. Schulze, *Zur Geschichte lateinscher Eigennamen*(1904), p. 101, 及 CIL 6.8052, 2.8658, 9.4157,我们发现,其中有一大家意大利自由民都叫这个名字。许多人赞同莱纳赫(Reinach)的看法,认为西奥多托斯的父亲或祖父一定是个自由民,之前曾沦为庞培的奴隶。这个犹太会堂被认为和《使徒行传》(6)中那个利百地拿犹太会堂是同一地方。关于"犹太会堂事务长"一职,见 Schürer, *GJV* 2.509-12。但是,鉴于约瑟夫斯讲到弗洛鲁在耶路撒冷处决拥有骑士身份的犹太人(*BJ* 2.308),可以认为城里除了自由民之外,还有拥有罗马名字的犹太人。

记载了一家之主的名字和出生地。有理由认为，碑文中提到的"大门"，正是《塔木德》中记载的、那些由尼卡诺从亚历山大里亚带来并奇迹般从海难中幸存的大门㉙。如此说来，这个家族的创始人尼卡诺应该生活在希律王朝早期㉚。

但耶路撒冷的本地人也有可能在亲人的骨灰瓮上草草写上他们的希腊文名字，其中有一些好像是石工写的，更多的则太过粗糙，不像是工匠所为。这些希腊语碑文通常仅有名字而已㉛，与阿拉米语的碑文相比，希腊语碑文比例太高，不太可能都属于那些非土生土长的耶路撒冷人。对此，弗雷（Frey）的计算（他承认不太完整且有些过时）足以作为大概的指南：数字表明，希腊语碑文或双语碑文几乎与阿拉米语碑文或希伯来语碑文的数量持平。近期发现的、主要出自汲伦谷（Kedron Valley）的碑文几乎全部是希腊语碑文或双语碑文㉜。那时将名字刻在墓碑上的人不一定是说希腊语的人，正如英国人刻的拉丁语墓碑不一定属于说拉丁语的人一样，用拉丁语只是因为和崇拜与学习有关。使用希腊语的风气说明这种语言一定对一些相关的人的生活有某种意义，即使希腊语对他们来说只是一种并非人人都能完全理解的、高贵的语言。这些幸存的墓地无疑都属于那些相对比较富裕的人，他们才有钱维持家族墓地，买得起经久耐用的骨灰瓮㉝。我们因此可以确定，至少在那些社会人群中，希腊语不会是陌生的语言，而普通百姓的情况是否类似我们不得而知；幸运的是，这一点与约瑟夫斯的相关度并不高。

至此我们已经确定，希腊语的确是部分耶路撒冷犹太人的语言；这些犹太人在社区生活中发挥一定的作用，并与其他犹太人有关系；一些本土犹太人至少书写有限的希腊文。有说希腊语的犹太人生活在耶路撒冷，并不一定就能造成希腊语在耶路撒冷的传播；相反，他们也可能逐渐遗忘了他们的

㉙ *SEG* 8.200=*CIJ* 1256. *M. Yoma* 3.10,《巴莱塔》（Baraita，指未被收入《密西纳》的部分解经文献——译者注）中的一篇文献（*TB Yoma* 38a）；*Tos. Yom.* 2.4；*TJ Yoma* 3.8. 关于该文献，见弗雷和施瓦布已引文献（同本章注释27）。弗雷（Frey）认为，碑文中提到的"门"指的是墓地本身的门。这种说法不具有说服力。

㉚ 有关其他确定或可能与散居犹太人相关的碑铭，见塞文斯特已引文献（同本章注释3），第145-148页。

㉛ 见 N. Avigad, *Necropolis* 已引文献（见注释27），第331页。

㉜ 塞文斯特，第146页。该数字为78∶97。最新发现：见 B. Lifschitz, "Jérusalem sons la domination romaine", *Aufstieg und Niedergang*, 8.2(1977), pp.457-8。

㉝ 拥有壮观的家族墓地肯定是地位的象征。例如：耶路撒冷的议员和富翁亚里马太的约瑟夫（Joseph of Arimathea）将耶稣葬在他新修的墓地里（《马太福音》27.57-60,《马可福音》15.43-7）。

希腊语言，或者他们的语言状况可能就这样一直持续下去。能保证希腊语及其吸引力经久不衰的原因是，希腊语是犹太人居住地区主流文化使用的语言，尤其是在罗马人到来之前，希腊语早已成为统治朱迪亚地区的强大势力的工具而在那里长期存在。因此，在罗马时期，要和总督对话必须懂希腊语。我们将看到，在一定程度上，这是鼓励巴勒斯坦的犹太人学习希腊文化的重要因素。

关于这个问题，1 世纪 70 年代之后的证据尤为珍贵。尽管在这个时期之后巴勒斯坦希腊语的使用率有所提高，尽管耶路撒冷此后不再是宗教文化中心，我们发现，拉比文献的讨论仍然可以帮助我们观察犹太人对希腊语和希腊文化的复杂态度。如果情况有一个逐步演变的过程，那么对晚些时期的研究自然应该对早期情况的了解有所帮助。

围绕在拉比周围的希腊世界给他们提出了一个问题：《密西纳》、《托斯夫塔》(*Tosefta*，又译作《密西纳补篇》) 及两部《塔木德》中引用的话语都表明：拉比们一方面认可掌握希腊语对一些人有用甚至有必要；但另一方面，这样一来人们跟希腊人和罗马人的交流变得容易，因而学会希腊语可能引起的不良后果以及希腊文化危险的诱惑力又让他们感到极大的不安。这清楚地表明，拥有希腊知识具有政治含义。传说在朱迪亚与罗马敌对时期曾经禁止教授希腊语。在《巴比伦塔木德》中，这样的禁令与两个民族之间最早的正式接触——耶路撒冷被庞培围攻，以及公元前 63 年随同这次战争爆发的内战事件 (*TB Sotah* 59b; *Menahot* 64b; *Baba Kamma* 82b) 相关；另一次在《密西纳》中提到的禁令则可能发生在"提图斯战争" (war of Titus, 第一次犹太起义) 或者"奎图斯平叛战争"期间，即图拉真 (Trajan) 时期的骚乱。确切地理解要依赖文本上下文㉞。他们没有任何理由编造这种无中生有的谎言，所以，即使我们可能认为有实质性禁止的说法太不确定或者不切实际，但这些内容也一定反映出巴勒斯坦人在危机时刻的真实情绪。第一次叛乱或"哈德良起义" (Hadrianic revolt) 时期的钱币上都只有希伯来语，这说明，使用或者禁用某种语言，本身就可能是一种政治姿态。

当然，如果的确有过官方禁令，这些禁令也不可能有深远的影响或效力，希腊语还是继续被使用。《塔木德》学者自己好像也有些困惑，他们也在质疑这些禁令到底是怎么回事。他们提出了一些可能的解释，这些解释不

㉞ *M Sotah* 9.14。通常根据剑桥手稿 (Cambridge manuscript) 理解为"奎图斯"，因为之前的一句话提到"韦斯巴芗战争"，所以这里应该是指另一场战争。有关禁令的论据见 Fischel, *Enc. Jud.* (1972), vol. 7, pp. 884ff。

像是在对早期情况完全无知的情况下作出的。《耶路撒冷塔木德》引用了一段 2 到 3 世纪的拉比的话㉟，引文坚持认为，禁用希腊语只是为了防备卖国贼和告密者。也就是说，禁止的范围是有限的：人们之所以仍然可以叫他们的女儿学习希腊语，就是因为希腊语对女性只是摆设而已，但公众生活则要避开希腊语。同时，《托斯夫塔》一篇释经文（在《巴比伦塔木德》中再次出现㊱）的理解却相反，认为正因为希腊语在政府范围内是必不可少的，所以使用希腊语是合乎情理的。因此，长老（Patriarch）拉班·伽玛列（Rabban Gamaliel，犹太公会和巴勒斯坦犹太人的领袖）家允许教学希腊语，"因为他们与统治阶级有关系。"

人们试图从《巴比伦塔木德》的同一段中找出另一个区别特征，这就是学习希腊语言和学习"希腊智慧"之间的区别。提出这种区别的逻辑似乎在于，既然希腊语的使用在巴勒斯坦显然从未被摒弃，那么要禁止的一定是"希腊智慧"。这个说法在具体的论说环境中并没有解决问题，因为它完全忽略了"希腊智慧"和作为口语的希腊语言之间潜在的一致性㊲，这种解释也与拉班·伽玛列的例子截然不同，因为那段文字明白无误地点出巴勒斯坦有人在研究"希腊智慧"㊳。但无论如何这种分析仍然很有意思，因为它指出了有关巴勒斯坦的另一个重要的方面，即不管有时会如何不受欢迎或有什么政治风险，讲希腊语都是一种生活现实；但真正引起争论的是希腊思想的渗透；而希腊思想侵蚀的可能性首先要通过希腊语教学的途径来达成：因为日常用语甚至不用专门学习，在生活环境中就可以学会，所以正规教育的目的应该是追求更高层次的知识，而这种知识可以使人远离犹太教。在一段广为人知的问答中㊴，拉比将《圣经·旧约》作为希腊文学的对立面，强调了人们对此的担忧："拉比以实玛利姐姐的儿子本·达玛（Ben Dama）问拉比以实玛利：'像我这样精通全部《圣经·旧约》的人可以学习希腊智慧吗？'拉比以实玛利用《约书亚记》中的一行诗（1.8）回答他：'你要昼思夜想'。'去找一个既不是白昼也不是黑夜的时间学习希腊智慧吧。'"此处肯

㉟ *TJ Peah* 1.1；*Shabbat* 6.1；*Sotah* 9.15。据称引自拉比约哈南的话（ben Nappaha）。
㊱ *Tos. Sotah* 15.8；*TB Sotah* 49b（在措词上稍有不同）。
㊲ 那段文字里说，一个希腊智慧的饱学老者给他们讲授希腊智慧。这很难理解为这位老者对他们使用诡辩术（sophistry）（因为他实实在在的在规劝他们），也不能理解为在传授希腊文化和思想。
㊳ 在巴勒斯坦传统中也可能是"被传授"而非"研习"，参见 E. E. Hallewy, "Concerning the ban on Greek wisdom", *Tarbiz* 41(1972), pp.269-75（希伯来文）。据说有 500 名学生学希腊文，另外 500 名学希伯来文，但这个数字听起来有点公式化。
㊴ *Tos. Avodah Zarah* 1.20，p.461；*TB Menahot* 99b。见哈列维已引文献，有对其确切含义的探讨。

定了两种生活方式和思想体系从根本上水火不相容。

在有关最著名的叛教者以利沙·本·阿布亚(Elisha ben Avuyah)的故事里,有一段叙述展示了与"希腊智慧"扯上关系后的后果。以利沙·本·阿布亚是1世纪70年代之前在受人尊敬的父母教育下长大的。关于他叛教的原因有各种各样的说法,其中一个说法就是他对希腊文化过于热心。他被视为"Aher"——"另类",人们说他"希腊歌曲从不离口"。⑩

以利沙是一个例外。在3世纪时期,奥利根(Origen)仍然可以说犹太人对希腊文学知识了解甚少(Contra Cels. 2.34)。扫罗·列伯曼(Saul Lieberman)有关犹太巴勒斯坦的希腊化的杰出著作⑪很容易被误读:不需要也不应该认为,这本书展示了虔诚的犹太人习惯于潜心研读希腊文学或逻辑学。事实上,列伯曼对列举拉比文献中的希腊词语和希腊论述方式非常谨慎。他在第一本书中试图辨识出少数居住在希腊化城邦、视野开阔并且同时精通两种文化的与众不同的拉比,并列出他们的名字⑫。在这本有关"希腊化"的著作中,他不但坚持认为拉比和希腊学者之间在方法论上的雷同也许只是巧合,而且承认这样的事情可能仅是一种文化渗入另一种文化的普遍现象,其中许多现象都是整个地中海地区在某个特定时刻所共有的⑬。通过一些拉比所展示的知识以及以利沙的故事,我们能确定无疑的是,在巴勒斯坦,只要愿意,就可以买到或读到希腊作者的书;除了来自社会和官方压力的阻碍之外,没有什么可以阻止那些想学希腊语的人。

以利沙的希腊思想可能是1世纪70年代后才形成的。我们看到过70年代之前耶路撒冷有同样的态度同样的可能性存在吗?无疑,约瑟夫斯的情况表明,对于他,以及70年代之后的若干代犹太人,学习希腊语至关重要,它有助于建立朱迪亚和罗马之间的良好关系。正如拉比描述后来的犹太人一样,对约瑟夫斯来说,在他熟悉的希腊语言和欠缺的希腊文学知识之间还存在鸿沟,这个鸿沟直到他去了罗马才开始填补。不同之处在于,与稍

---

⑩ 此处的关键应该是他所唱的是希腊歌,而不仅仅是唱歌而已。参见松奇诺(Soucino)译文100页相关注释。其他的解释包括:这个人叛教是由于尝试神秘主义的思考。见 Enc. Jud.,以利沙·本·阿布亚词条。

⑪ Greek in Jewish Palestine (1942)和 Hellenism in Jewish Palestine (1950)。

⑫ 尤其是 The Greek of the Rabbis, pp.15-29;参阅 Lieberman, "How much Greek in Jewish Palestine", Studies and Texts, Philip W. Lown Institute of Advanced Judaic Studies, vol.1, (1963), pp.123-42 的结论。拉比作为一个整体,对希腊世界的了解仅仅达到不致有明显误解的程度——多过异教世界对犹太人的了解。

⑬ 特别是第19页,26页后及37页、99页。

晚时期巴勒斯坦其他希腊化程度更高的城邦相比，1世纪时期耶路撒冷人想学习希腊文化会更困难一些。在约瑟夫斯时代的耶路撒冷，某些希腊书籍应该可以买到，因为我们已经发现那里存在着潜在的读者，但严肃的学者和能够传授高深希腊文化知识的人即使有，也不会很多。大马士革的尼克洛斯游历颇丰，多半为了完成希律的使命，可能没有接触过什么耶路撒冷的犹太人㊹。有人推测，希律拥有一个庞大的希腊文图书馆㊺，但没有证据支持这种猜测。而认为尼克洛斯装点自己散文的典故都来自于他主人的图书馆，这种说法显然不合情理㊻，尼克洛斯是从巴勒斯坦以外的地方来投奔希律的，这一点本身就说明了问题。人们会因此猜想，希律宫廷的希腊化文化水平总体上不会很高。阿格里巴二世的秘书，也许还是史官的查士图很以自己的希腊语演说能力自豪，但约瑟夫斯提到他的这种特长本身就说明，这样的才能在他所处的社会圈子中并不是理所当然的。至于查士图的文学作为，没有证据证明他成果丰硕㊼。

不管这个评价是否正确，我们都没有理由相信，约瑟夫斯在耶路撒冷时期就被那些崇拜希腊文学的小团体所吸引。我认为，我们应该假设到，他去罗马之前从未读过任何古典希腊作品的可能性，而在他生活中的下一阶段才有足够的时间来做这件事。

对约瑟夫斯在《犹太战史》中提到的参与写作的助手问题，我们现在有了更加清楚地认识。他离开耶路撒冷之前并没有具备用希腊文写作《犹太战史》的能力。同时我们将发现，在他与希腊人和罗马人亲密接触差不多8年之后——在罗马监狱、与提图斯一起在亚历山大里亚、与围攻耶路撒冷的罗马军队一起、最后在罗马生活了五年——直到公元75年后才发表这部著作（见195页；CA 1.48—50）。既然他告诉我们，他当俘虏期间就开始为将来写历史打腹稿，为此他肯定也做过其他方面的准备。如果他已经会说希腊语，那他的工作不至于艰苦得难以忍受，何况他还要花时间先用他的母语写战争纪实。因此如果认为，他最终动笔写作希腊语《犹太战史》时还没有至少可与其助手们顺利沟通的能力，并在内容和写作风格的形成方面起主导作用，那就太草率了。完成这项写作要求他自学，还需要一些勇气，但并

㊹ 关于他的旅行，见 AJ 12.126-7、16.18-20；29-58、16.299、333、17.54、219。
㊺ Otto, RE Supply. 2, p. 105 持相同观点。Schalit, könig Herodes (1969), p. 413; B. Z. Wacholder, Nicolaus of Damascus (1962), appx. 均持相同观点。
㊻ 瓦克霍尔德通过列出所有尼克洛斯可能读过的作品的方式重构该图书馆。
㊼ 关于查士丁的口才，见 V 40；关于他的作品，见 T. Rajak, "Justus of Tiberias", CQ 23 (1973), 第三、四、五部分。

非不可能办到。我们不想剥夺其助手的全部功劳,但他们更有可能不是一些花钱雇用的人,而是一些朋友或熟人——约瑟夫斯曾在不同的写作时期给他们看过部分手稿⑱。这就解释了他为什么会对他受到的帮助如此衷心感激(尽管没有提到名字)。此外,阿格里巴寄给他的 62 封信中有两封被《自传》所引用,并确定地提到(V 364—366)他将分发、传阅部分未完成的手稿之事。就此例而言,阅稿人的主要目的似乎正是为了帮忙看稿,其他情况下则是为了欣赏文风。想想西塞罗吧,他收到朋友阿提库斯(Atticus)写的一篇有关执政官制度问题的简述,这对这位演说家是至关重要的,于是他也把自己一篇更加精心写作的文章寄给一位叫科森尼乌斯(Cossinius)的人(此人后来将这篇文章给阿提库斯看过),并说自己还要再改改才敢把这篇文章寄给阿提库斯本人,最后还请求著名学者波西多尼乌斯(Posidonius)对该文章进一步润色(*Att*. 2. 1. 1—2)。像这样,最终的作品也许会经历多人之手,得到许多相互帮助。然而,一定有某位作者最终对全书的形式和内容负责。再想想小普林尼(Younger Pliny),他告诉我们,作家们习惯邀请朋友来听他朗读作品,以便收集建设性意见,并作修改。而他在这方面走得更远,连演讲稿也如法炮制(*Ep*. 7. 17)。

完全可以放心地将约瑟夫斯的书从第一部开始就看成是他自己的作品⑲,并且将他和别的古代作家一视同仁,消除所有关于他早期写作雇用枪手的那些千奇百怪的想法。

说约瑟夫斯是巴勒斯坦希腊化的产物没有错:他居住在罗马并在那里成为一位希腊语作家,那是他在耶路撒冷开始成为亲罗马政客后的人生道路的最后一站。希腊文化对巴勒斯坦犹太人那种尽管遥远却持续不断地诱惑,最终引导他走上用希腊语写作的道路。正是由于生长在一个对希腊语并不陌生的环境,他才能很快学会用这种语言来写作历史。

与此同时,约瑟夫斯和受希腊语教育的非犹太人之间总是存在着差异,这种差异主要不在于基本的语言能力上,而在于文化差异上。他在晚期仍然发现有必要确定自己与希腊文化的关系,这一点本身就表现出他们之间的差距。正如他所说,他来自一个只完全认可自己的律法思维的民族。他在朱迪亚的大多数朋友也许并不赞同他所走的危险的道路,而他本人并不

---

⑱ 参阅 G. Schmidt, *de Falvii Josephi elocutione observationes criticae*, vol. 1 (Diss. Göttingen; Leipzig,1893), p.26。

⑲《犹太古史》中没有提到助手问题。而萨克雷(Thackeray)却认为正是在这部著作中,通过分析写作风格的差异,可以发现约瑟夫斯使用助手的痕迹。若果真如此,那么这些助手在《犹太战史》中的作用也应该更重要。关于这些自相矛盾的说法,参见本书《附录Ⅱ》。

像亚里士多德在小亚细亚遇到的那位犹太人,他绝不希望自己"从灵魂深处成为希腊人"㊿。

㊿ 见 CA 1.180,引自 Claearchus of Soli=Stevn, *Greek and Latin Authors* etc(see p.49,n.5), vol.1(1974), no.15。

第三章 约瑟夫斯阐释分裂的根源

约瑟夫斯于公元 64 年赴罗马的使命本身是成功的,此外,他还带回罗马皇后波佩赠送给他的许多礼物。对此他无疑非常满意,但好景不长,很快他发现自己的同胞正要揭竿起义,与罗马人对抗(V 17)。

波佩于公元 65 年去世,尸体做成了木乃伊(Tac. Ann. 16.6)。因此,约瑟夫斯回到耶路撒冷的时间(公元 66 年中期)也许远不像他在《犹太战史》中所说的那样,紧接在这些事件之后(BJ 2.315)。公元 66 年中期叛乱已经开始了,但在《自传》叙述这个事件的总结部分中,我们几乎找不到准确的时间指引。但既然弗洛鲁(Gessius Florus)激怒犹太民众的时间似乎是在公元 65 年的逾越节(BJ 2.280),那么约瑟夫斯的叙述基本上是真实的:他到达时,耶路撒冷与罗马的决裂已经迫在眉睫。

关于罗马总督格西乌斯·弗洛鲁在公元 64 年至 66 年期间所作出的一系列贪婪而残酷的决策,约瑟夫斯描述得绘声绘色(见本书边码 72—75 页)。这些事件给忠于罗马政府的犹太精英们带来的冲击使约瑟夫斯感到的痛苦不亚于处决犹太人或十字架刑事件。犹太上层的地位变得岌岌可危,弗洛鲁对他们的斡旋不屑一顾,使他们失去了此前犹存的对自己民众的控制力。对于这一点,约瑟夫斯有过详细地阐述。因为犹太统治者与罗马人之间的协作关系是约瑟夫斯学习管理的基本框架,现在这个框架显然已经崩塌,其被破坏的程度将很快让约瑟夫斯目瞪口呆。他描述的叛乱前的种种事件,实际上应该看作是他对当时跌宕起伏的政治关系的阐释。

当然,约瑟夫斯先在《犹太战史》,继而又在《犹太古史》中讲述的巴勒斯坦在地方总督管理时期的故事,都是从事后的角度出发的,稍后我们会发现这些历史叙事的写作背景。尽管我们不能肯定约瑟夫斯的讲述是否准确地反映了自己在战前或战争期间的真实立场,但故事的确是建立在他亲身经历的基础之上的,很可能是他亲眼目睹而留下的印象(prima facie)。而我们的研究表明,事实的确如此。首先,看看他对叛乱起源的解释。《犹太古史》所讲述的内容即使夹杂在其他材料中,对《犹太战史》也是一种补充。差异的确存在,但并非相互矛盾。通常,《犹太古史》的叙述更为详尽。可以看出,约瑟夫斯在写作《犹太古史》时又作了一些新的研究。认为约瑟夫斯在《犹太古史》中对地方总督时期有了全新的阐释,这种观点是站不住脚的①。

约瑟夫斯确信地方总督(早期也被称为行政长官)有好有坏,在希律王朝时期——从朱迪亚的接班人亚基老(Archelaus)下台之后到犹太叛乱之间的60年间——他发现,即使勉强过得去的地方总督也屈指可数。他并不是在批评,也不是不能接受地方总督制度。好的地方总督能将当地治理得井井有条,能牢牢控制住各种犹太内部的不满分子——土匪、暴力宗教极端分子、有大批民众追随的先知及其他诸如此类的人物;好的地方总督绝不会干涉圣殿和祭祀等事务,并确保手下人或在很多方面与犹太人亦邻亦敌的本地叙利亚—希腊人不会冒犯犹太宗教。罗马后备军团的大部分成员都是由这样的叙利亚—希腊人组成的②。但最重要的是,这些总督将权责交付给镇上的大祭司和"显贵"(见本书边码40页),并不与他们发生任何冲突。约瑟夫斯从未系统地阐释过这些观点,而是将他们蕴含于他讲述的历史故事之中。约瑟夫斯讲述这些故事时表现出口传文学的特征,想必是年长的同僚们从更年长的人那里道听途说而来的。而约瑟夫斯本人的记忆不会超过相关时期的四分之一时段。同时,他头脑中有关地方总督职责的概念,形成了一整套他独特的研究方法中不可置疑的一部分。

事实上,对于公元6年至地方总督彼拉特到任的公元26年之间的地方总督问题,约瑟夫斯可能找不到任何参考资料。他在《犹太战史》中甚至没有提到这些人的名字,而在《犹太古史》中也仅仅是提到名字而已。除了提到瓦勒里乌斯·格兰图斯(Valerius Gratus)对大祭司的任免,再没有其他内容。

人们牢牢记住了彼拉特的名字,这是因为在他执政的10年中发生过四次叛乱,其中三次都为约瑟夫斯所知。但即使关于彼拉特,约瑟夫斯的资料也是支离破碎的。至于第四次冲突,只有他同时代的斐洛(Philo)曾对此有

---

① 关于后事之见的说法,参阅 D. M. Rhodes, *Israel in Revolution* (1976), p. 164。科恩(S. J. D. Cohen)曾试图在约瑟夫斯的后期作品中寻找一种"新的护教理论",见 *Josephus in Galilee and Rome* (1979), pp. 154-9。但正如科恩自己承认的,他关于约瑟夫斯在《犹太古史》中对地方总督的批评比之前更严厉的说法,在阿尔比歇斯的例子上并不适用。他同时还夸大了约瑟夫斯在《犹太战史》中对腓利斯的仁慈的描述(见 *BJ* 2.270),并错误地认为《犹太古史》忽略了法杜斯对犹太习俗表示的尊重(见 *AJ* 20.13ff,其原因正是因为约瑟夫斯清楚这种尊重不应当归功于那位地方总督,而应当归功于克劳狄乌斯的缘故)。

② 见 Schürer-Vermes-Millar,第1卷,第363-364页。

过描述③。也许我们还可以把耶稣受难(Crucifixion)作为第五次骚乱,但约瑟夫斯对此全然不知。至于《犹太古史》中那段有关耶稣的话,整段可能都是基督教会后来加进去的,并且对那次事件本身几乎未加任何评论(AJ 18. 62—64,参阅本书边码第 131 页注释 73)。人们认为,彼拉特时期发生的种种骚乱都是同一个简单的原因造成的,即地方总督蔑视犹太人的宗教感情。约瑟夫斯没有特别解释彼拉特的行为动机。总的看来,对于犹太人面对彼拉特的挑衅所作出的反应,史学家持同情态度。但约瑟夫斯对彼拉特的愤怒程度还比不上对其几位继任者,他们不仅有辱犹太律法,而且还在犹太上层社会捍卫自己的律法时对他们进行侮辱。而彼拉特的故事没有涉及大祭司和贵族阶层,所涉及的只是普通犹太民众而已,每次与彼拉特对峙的都是普通老百姓。此外,前者冒犯的也许只是那些宗教极端分子。彼拉特将军队转移到耶路撒冷冬季营地,部队转移时打着他们的军旗,旗帜上有罗马皇帝的半身像。对此,约瑟夫斯的一种说法是,犹太律法完全禁止制作偶像;而另一说法是不允许任何偶像进入圣城。这种模棱两可的说法无疑表明作者自己对此也并不确定。彼拉特在恺撒利亚圆形剧场受到民众围攻,据说他们的狂热给约瑟夫斯留下了深刻的印象(像约瑟夫斯这种护教倾向如此明显的作者,这样的描写很常见),彼拉特妥协了——约瑟夫斯认为这是一种令人满意的解决方法(BJ 2.169—174;AJ 18.55—59)。

　　第二次冲突的结果更为不幸。彼拉特在建造为圣殿提供水源的工程中动用了圣殿的祭祀基金,这一事件导致了部分在恺撒利亚圆形剧场与彼拉特对峙并恶语咒骂的犹太民众和旁观者的死亡(BJ 2.175;AJ 18.62)。

　　罗马地方总督在朱迪亚掌管所有执法大权④,除了皇帝之外,任何人无权过问他们在辖区内的执法;但在危急时刻,邻近的、更大的叙利亚行省总督(legate)会出面干预⑤。叙利亚总督拥有执政官资历,比地方总督的地位更显赫,也更罗马化。他们通常愿意与犹太上层保持一种更为良好的信任关系。维特里乌斯(L. Vitelius)召回彼拉特,让他在提比略面前陈述自己的所作所为。对此,约瑟夫斯用赞许的口吻转述说,维特里乌斯同意"在我们的律法指导下",归还犹太人自己处理大祭司事务的权利(AJ 18.93)。如果需要证据表明这一结果给约瑟夫斯留下了深刻的印象,那么证据可以从以

---

③ Philo, *Legatio* 38. 299-306; L. Maier, "The episode of the golden Roman shields at Jerusalem", *HThR* 42(1969), pp.109-21.

④ A. H. M. Jones, "Procurators and perfects in the early principate", *Studies of Roman Government and Law*(1960), pp.117-25.

⑤ 见 Schürer-Vermes-Millar,第 1 卷,第 360 页。

下事实中找到：他曾在《犹太古史》中描述过这种权利的让渡，就和第二次描述一样，他表示总督很受犹太人的欢迎(AJ 15.404)。而维特里乌斯的姿态也算是对犹太贵族的回馈。盖乌斯(Gaius,即卡里古拉,Caligula)曾坚持要将自己的塑像放进圣殿供人们敬拜，因而在公元 40 年引发了一场犹太叛乱。对于此事，有一个事态的发展令史学家约瑟夫斯相当欣然。总督彼特隆纽斯(Petronius)经过与犹太贵族和民众的反复交流，在因盖乌斯之死而意外挽救了危局之前，就决定不服从盖尤斯的命令。斐洛的观点与此大相径庭，当年他曾作为去罗马请愿的亚历山大里亚犹太使团成员亲身参与过此事。他认为，彼特隆纽斯从一开始就显得首鼠两端，派人去请大祭司和地方法官之前总是支吾搪塞。很不寻常的是，据称彼特隆纽斯本人要么因为早年的热情，要么因为担任小亚细亚和叙利亚总督的关系成为了犹太教专家。犹太使团对他施加的影响也起了作用，但并不是关键的作用⑥。

在希律藩属王阿格里巴一世短暂的统治之后，首位地方总督是克劳狄乌斯委派的法杜斯(Caspius Fadus,公元 44—46 年)。约瑟夫斯赞扬他肃清了国内的土匪，在《犹太古史》中他的形象也还算差强人意；因为当他建议罗马人重新管理大祭司事务而大祭司对此提出异议时，他至少还和叙利亚总督共同允许犹太人派使团面见克劳狄乌斯，使团最终获得一封对犹太人的主张有利的信函(BJ 2.220;AJ 20.6—9)。

约瑟夫斯有理由对以后两年的情况感到满意。叛教者亚历山大里亚的犹太人提比利乌斯·尤里乌斯·亚历山大担任了地方总督，在此期间，没有人干涉当地的宗教习俗，社会秩序安定。即使约瑟夫斯对那人的叛教行为不以为然(BJ 2.220;AJ 20.100—104)，这毕竟也是好事。事实上，这个时期显然是一段特别困难、特别不安定的时期：严重的饥荒(参阅《使徒行传》11.29—30)、犹太叛乱者被十字架刑处死，但约瑟夫斯并不认为这个时期是引起叛乱的关键时期。一方面因为他明显对该时期一无所知；另一方面更为重要，因为他认为总督能控制住局面：惩治那些应该受到惩治的犹太人，又没有与犹太良民为敌。

但接下来五任地方总督的时代(公元 48—66 年)却不能视为平静的时代，约瑟夫斯严厉谴责了其中的三位。其中，他花在古玛努斯(Ventidius Camanus)身上的笔墨最多，无论是《犹太古史》还是《犹太战史》(BJ 2.

---

⑥ BJ 2.192-204; AJ 18.261-83; Philo, *Legatio* 209-53, see especially 210-17, 245; 参阅 F. Millar, *The Emperor in the Roman world* (1977), p.377。约瑟夫斯似乎没有读过斐洛的这段文字，因为如果他读过，他至少会在《犹太古史》中提到这位罗马行政官的犹太教倾向。

223—246；AJ 20.105—136），这也许是因为该时期的希律藩属王阿格里巴二世（周边地区的统治者）的缘故。阿格里巴二世曾参与对克劳狄乌斯施加压力、要求将古玛努斯送上法庭的事件，并且阿格里巴二世与约瑟夫斯关系密切（AJ 20.135）。和彼拉特时代一样，约瑟夫斯向我们陈述了一系列危机事件。古玛努斯控制局面的能力甚至还不如彼拉特，这里我们再次看到地方总督由于一个更能干的叙利亚总督的干预而下台，这一次的总督名叫乌米蒂乌斯·夸德拉图斯（Ummidius Quadratus），因为他把这事上报给了皇帝。约瑟夫斯在此讲述了犹太领袖们的情况，他们焦虑不安地努力向双方施加影响：一方面让地方总督意识到当地头脑发热的人们只有在看到那些反对他们宗教的人受到惩罚后，才能得到安抚；另一方面，他们又用警告和论证试图抑制犹太人的怒气（BJ 2.233,237；AJ 20.119,121,123）。据约瑟夫斯说，那时仍可以期待妥协的发生。第一次冲突的起因是一个叙利亚士兵的下流动作，结果导致了大批犹太人死于一场骚乱；而第二次冲突是因军队烧毁一卷律法书而起，结果是古玛努斯让步，处死了一名有罪的士兵。约瑟夫斯说，当时犹太人的反响就好像他们的国家陷入水深火热一般。这样的措辞表明，他对那些虔诚同胞的同情有限。第三次事件是两大不稳定派别——撒马利亚人和加利利的犹太人——之间的武装冲突，这起事件最为重大。正是这一次，大祭司和贵族们一方面敦促加利利的犹太人保持克制，同时又敦促罗马人出来主持公道。夸德拉图斯处死了18名犹太武装分子的事实似乎并没有让约瑟夫斯感到不快，相反，让他感到满意的是大祭司和贵族们在罗马得到克劳狄乌斯的好评。最后，撒马利亚人被处死，古玛努斯下台，一名罗马士兵被处以荷马式刑法（Homeric punishment）——在被处死前，被拖着绕耶路撒冷城墙一周。

据约瑟夫斯所说，古玛努斯的继承者腓力斯（Antonius Felix），是克劳狄乌斯为富不仁的管账先生帕拉斯（Pallas）的兄弟，是个臭名昭著的自由民。塔西佗说，腓力斯与古玛努斯分别在撒马利亚和加利利同时担任地方总督。我们很难相信塔西佗的这个说法，而否认约瑟夫斯层次清晰、意义清楚的表述⑦。腓力斯时期土匪大为猖獗——我们后面还要进一步讨论这一现象，但约瑟夫斯并没有完全否定这一届政府，也没有像塔西佗那样对腓力斯深恶痛绝。有意思的是，我们仅在《犹太古史》中看到大祭司乔纳森曾要求撤销那位自由民的地方总督职务。这表明罗马皇帝和犹太官员之间存在着非常良好的关系；只是乔纳森做得有些过火，他不断地"鸡蛋里挑骨头"，

---

⑦ Tac. Ann. 12.54. 见 Schürer-Vermes-Millar，第 1 卷，第 459-460 页注释 15。

要腓力斯改进管理。《犹太古史》中同一段说,刺杀大祭司的犹太"刺客"(sicarii)是受地方总督的唆使的(*BJ* 2.247—270;*AJ* 20.160—181)。

约瑟夫斯没有因为匪患猖獗、政治暗杀、好斗的先知,或腓力斯任期内的其他引发叛乱的事件而谴责腓力斯;此处他再次以那种不带情感、甚至有点认同的口吻谈到,腓力斯带领一支庞大的军队攻击一个人格魅力超凡的领袖人物及其追随者,他们也许都手无寸铁。

恺撒利亚曾是希律大帝希腊化政策的根据地,此时成了罗马人统治朱迪亚地区的首府。大约就在此时,这里的犹太人和希腊人之间发生了争斗。几年后,这次争斗将成为大叛乱的主因之一。此类对整个帝国具有普遍影响的争斗⑧,腓力斯的解决办法就是直接将军队指向犹太人。正是在《犹太战史》中,约瑟夫斯对此作了非常中肯的评述。他认为那些士兵大多是从本土征集而来,因此他们多数是犹太人的宿敌。难怪他们不仅杀犹太人,还大规模地抢劫掠夺,这让人忍无可忍。终于,这位地方总督接受了犹太温和派的请求撤出了军队,这多少挽救了他的形象(《犹太古史》)。无疑,后者正是那些犹太官员,他们之前尝试过各种办法,但没能成功遏制他们混乱的同胞。遵循迄今为止已经建立起来的模式,冲突双方的代表都被送往罗马(《犹太古史》)。《犹太古史》以满腹牢骚的语言结束了这位地方总督的故事,约瑟夫斯说,随后犹太人反抗腓力斯的上诉都一一失败,原因是他得到了他的兄弟佩拉斯的庇护。总的来说,约瑟夫斯认为犹太贵族与罗马人之间的鸿沟更宽了。

除了围剿过许多"土匪",《犹太战史》对腓力斯的继任非斯都(Porcius Festus)的情况几乎没什么记载,而《犹太古史》则提到他曾攻击一位没提及姓名的救世论布道者,造成此人及其追随者的死亡。阿格里巴一世在其宫殿旁建起一座房子,从那里可以俯瞰圣殿,而犹太人修起一道墙来遮挡那座引起争议的房子。腓力斯逼迫犹太人向阿格里巴妥协,并试图拆掉他们的墙。在不成功的情况之下,腓力斯的确曾批准耶路撒冷的名流派一个10人使团去面见尼禄,对那位犹太藩属王提出抗议(*BJ* 2.271;*AJ* 20.185—196)。因此,约瑟夫斯才讲到犹太领袖们再次遇到了麻烦,他们必须竭尽全力才能对局势施加一点影响,这次尤其如此,因为他们少见地与他们的天然盟友希律家族不和。

非斯都正是那位将圣保罗送去罗马审判的地方总督,约瑟夫斯并没有提到这一点,这件事对当时的非基督教徒来说可能没有留下什么印象(《使

---

⑧ 犹太人与希腊化本土非犹太教徒关系恶劣是东方希腊城邦的痼疾。

徒行传》24—26)。

最后两任地方总督被描写为十恶不赦的坏人，这应该是意料之中的事，因为他们正好在大叛乱之前在位。也许这个看法至少部分属于马后炮(post eventum)。《犹太战史》对阿尔比努斯的勾画使我们难以准确地发现他与前任相比到底改变了什么，更不用说他为什么作这些改变。对他普遍的指责是公开掠夺和苛捐杂税——可我们不清楚指的都是些什么样的赋税。然而，与《犹太古史》中那些说法更为一致的重要的陈述，与我们的主题具有高度的相关性。那就是，阿尔比努斯对持不同政见者出手太软，将许多人放出了牢笼(据说是以此获取赎金)，并纵容他们成群结队四处游荡、抢掠财物。有一个叫做亚那尼亚斯之子耶稣(Jesus son of Anaias)的悲世论者，被阿尔比努斯鞭打和审问之后获得释放。据说有两大新的发展趋势要归咎于这种政策：一是极具现代意味的对大祭司的手下施行政治绑架；二是贵族之间的派系斗争，出现了大祭司手下的暴徒对普通祭司施暴的现象⑨。为了保持风格统一，《犹太古史》在其他五花八门的资料中加入了有关大祭司任免的信息。约瑟夫斯在这一章节后中止了地方总督话题，转而叙述大祭司历史(AJ 20.224)。

这个停顿很及时，因为下面一个地方总督的故事将约瑟夫斯的讲述推向了最高潮。这个地方总督之坏，与之相比，阿尔比努斯简直像个圣人。值得注意的是，塔西佗好像也谴责过此人(Hist. 5.10)。约瑟夫斯的措辞再一次让我们无法确定格西乌斯·弗洛鲁施政的实际性质。约瑟夫斯再次提到和土匪勾结的事，而他有关弗洛鲁的掠夺和残暴的措辞十分夸张——"他刮光了整个城市，毁掉了整个国家。"此处无疑主要指的是他从圣殿金库中拿走 17 他连得(Talents)财宝之事。据弗洛鲁的说法，这是作为管理费用，而按照现代人的说法，这是一种为了追回拖欠贡金的合法方式。但他的贪婪一定已经到了可笑的地步，因为这个事件引发了一波颇具讽刺意味的反响——一些鲁莽的犹太人竟然以他的名义挨个募捐。《犹太战史》中说，弗洛鲁声明，任何想做强盗的人都可以得到赦免，这说法几乎让人难以置信。但那是约瑟夫斯的感受，无疑也是其伙伴和同时代的人的感受。针对反叛者的斗争如今显然因为缺少任何军方力量的支持而逐渐衰退。约瑟夫斯在《犹太古史》的结尾处总结道，弗洛鲁迫使犹太人与罗马宣战——这是约瑟夫斯关于这个话题的最后一句话。这句话应该放在他所描述的整个事件链

---

⑨ BJ 2.272-6; AJ 20.197-215。其中最残暴的是大祭司亚拿尼亚。参阅本书边码第 125 页注释 57。

中来分析,而不是一个独立的因果关系。这不会比修昔底德那措辞相似、备受争议的断言更富有爆炸性。修昔底德曾说,雅典在斯巴达心中注入了对它日益强大的恐惧心理,"迫使"它的敌人发动了伯罗奔尼撒战争(Peloponnesian War)(1.23.6)。然而,在约瑟夫斯看来,那场战争本来在最后时刻也还有避免的可能,其导因就是弗洛鲁无力控制犹太人中的混乱局面,并且激怒了那些本来希望做他同盟的人才导致了之后的结果。

在《犹太战史》中,约瑟夫斯对直接导致公元66年叛乱的一系列事件的描写十分生动详尽(BJ 2.284—555)。尼禄向恺撒利亚争执双方发出诏书,将城市的控制权交到希腊人手中,这挑起两派在一座犹太会堂边上的希腊建筑旁的新一轮对峙。弗洛鲁仗着军事威慑,擅用圣殿财富:他的士兵在耶路撒冷横冲直撞、乱砍乱杀。他驳回了犹太领袖们的辩解,并且找借口鞭打或处死那些有着罗马公民身份、被约瑟夫斯称之有着骑士地位(也许不太准确)的犹太人。贝蕾尼丝王后赤着脚哀求弗洛鲁,犹太大祭司和长老们在弗洛鲁面前撕衣服❶,也在犹太人的极端分子面前撕衣服恳求。两支步兵大队(估计每支1 000或2 000人)在耶路撒冷冲向人群。犹太人捣毁了耶路撒冷罗马驻军的军营安东尼亚堡的门廊。应各方请求,叙利亚总督加卢斯(Cestius Gallus)派一名军团军官以他的名义展开调查,并在出发前到圣殿祈祷以示敬意。人民要求犹太领袖们派使团去见尼禄,期望弹劾弗洛鲁(派遣使团并不是他们本来应有的权利)。阿格里巴二世极力劝和,发表了著名的长篇演说。这场演说论述了罗马人的强大和犹太人的弱势。人们暂时听从了他的劝告,但很快又将他赶出了城。一伙年轻的祭司不顾大祭司和长老们的极力呼吁,拒绝在圣殿以罗马皇帝的名义作常规祭祀。长老们和阿格里巴一同请来叙利亚总督加卢斯控制群众。至此,内战在耶城拉开帷幕,接下来的一系列事件的发展一发不可收拾。叛乱者包围了一个罗马军营,犹太人在应诺不杀罗马人的条件下将守军全部俘虏,然而除指挥官一人,其他人被全部杀死。他们允许他以行割礼代替死亡。无疑,这种甚嚣尘上的骚乱氛围也使希腊人大胆起来,他们在叙利亚许多希腊城邦及亚历山大里亚扑向犹太人,这又使得巴勒斯坦的犹太人更生恨意。这时,加卢斯带来了第12军团和从安条克调集来的增援部队。然而,尽管他带领军队轻而易举地从斯科普斯山(Mount Scopus)的营地向南进发,准备进攻圣殿,但一次突然的、至今仍然无法解释的撤退,导致了罗马人在伯和仑(beth-horon)的失败。伯和仑是朱迪亚山地的一个陡峭的隘口,这里因发生过许多重大的军

---

❶ 犹太人表示极度悲愤的方式——译者注。

事转折而著称，其中尤为著名的是犹大·马卡比(Judas Maccabaeus)战胜叙安(Seron)的战役。撤退的原因可能是由于给养问题和冬天快要来临。

接下来，加卢斯离开了朱迪亚。在约瑟夫斯看来，他的回撤是问题的关键："如果他再坚持围攻一阵，可能很快就会拿下这座城池。⑩"

当然，叛乱就此继续下去。一些贵族在此前已经离去，但现在许多显赫的犹太人也离开了耶路撒冷，这座城市"就好像一艘正在下沉的船一样"。剩下那些亲罗马派被强迫或说服去协助叛乱者，对此他们无可奈何。在这种状况下，几乎用不着什么劝说，约瑟夫斯也是这些人中的一员。很快，他们将自己的经验、财物都送给反叛者，以换得一时业已丧失的权威，让自己的生命能延长片刻（某些情况下可能会长一些）。约瑟夫斯很快就会成为反叛的加利利城的指挥官，而担任这个备受争议的职务，将使他长时期声名狼藉⑪。

约瑟夫斯叙述弗洛鲁任期内接二连三发生的事件，揭示了犹太叛乱前夕的一系列前因，这与修昔底德关于波提狄亚(Potidaea)以及埃皮达诺斯(Epidammus)的章节如出一辙。鉴于约瑟夫斯对事件解说的详细程度，他关于战前最后阶段的叙述应该是可信的。

作为史学家，约瑟夫斯所处的地位相当有利，因为他对这次危机的了解在很大程度上出自一个目击者的立场。即使有时他本人不在场，他也可以通过目击者的证言了解情况，王后贝蕾尼丝可能就是一位这样的目击者。在约瑟夫斯写作《犹太战史》的大多数时间里，她可能都和提图斯一起住在罗马，约瑟夫斯不可能见不到她，因为她与帝廷及其兄长阿格里巴二世都有联系。他们为他提供了罗马帝廷有关其他方面的资料⑫。目击证言有着自身的问题，但古人——包括约瑟夫斯——很清楚，目击证言也有不可否认的有利因素⑬。约瑟夫斯了解所发生的事件，作为一种解读，他对事件本身叙

---

⑩ BJ 2.539。参阅 2.334，他认为加卢斯应该能够更早进入耶路撒冷以控制住局面。关于这次撤退的军事问题，见 B. Bar-Kochva, "Seron and Gallus at Beith Horon", PEQ 107(1976), pp.13-21；M. Gichon, "Cestius Gallus' campaign in Judaea", PEQ(1981), pp. 361-2。

⑪ 参阅第 128-130 页（从不同的视角分析）。

⑫ 有理由接受狄奥(Dio)的说法，他认为贝蕾尼丝作为提图斯的情人和他在罗马住在一起，直到韦斯巴芗于公元 79 年去世前她第一次被遣返。J. Crook, ' Titus and Berenice;', AJPh 72(1951), pp. 62-75。关于阿格里巴给约瑟夫斯提供写作素材，见 V 362-6；BJ 2.335，文献表明，阿格里巴本人仅在战争晚期才从亚历山大里亚回到巴勒斯坦。

⑬ 约瑟夫斯的陈述见 BJ 1.1, 3, 18；V 358, 361；CA 1.46。关于约瑟夫斯之前的人，见 Polybius 3.4. 13, 12. 25、27, 20. 12. 8；约瑟夫斯之后的人，见 Lucian, How to Write History, 29, 47。参见 G. Avenarius, Lukians Schrift zur Geschichtsschreibung (1954), pp. 73-7；G. Nenci, "Il motivo dell' autopsia nella storiografia greca", Studi Classici e Orientali 3(1953), pp. 14-46。也见《路加福音》1.2。

述得非常清楚。偶尔加入的议论,大意是某一群体中的任何个人,其不同的行为都有可能在任何阶段将战争的可能性消弭于萌芽状态。

在约瑟夫斯看来,最大的不幸是后期多数地方总督都很无能,但有些事情犹太人不应该抓住不放。阿格里巴在对犹太民众发表的长篇劝诫演说中也承认了那些地方总督的邪恶之处。我们将看到,这篇演说在很大程度上表达了约瑟夫斯本人的情感。但阿格里巴指出,不允许有人利用这一点将老百姓推入叛乱之中;他明确地说,地方总督的位置是流动的,而罗马皇帝不会支持他们的错误行为。他认为罗马的统治者不应该为地方总督的错误行为负责,因为他不可能与这个庞大帝国的每一个角落随时保持联系。为配合这篇劝告词,约瑟夫斯自己也亲笔书写了一篇,除了盖尤斯外,他在文中没有批评任何别的皇帝;就连他熟知其毛病的尼禄,约瑟夫斯也认为他与弗洛鲁的勾当没有关系。尽管《犹太古史》肯定,尼禄颁布的诏书对恺撒利亚犹太人不利而引发了战争;但同时又声称,那封诏书是在他那位曾受贿的秘书劝说之下颁布的。这种说法成了尼禄的免罪牌⑭——只要皇帝没被牵涉在内,事情总会有回转的余地。我们在研究的文字部分中的确发现,约瑟夫斯很强调来自上方的干预。不管怎样,他本人也曾作为派去罗马寻求上方干预的使团成员之一。约瑟夫斯认为,罗马皇帝通常会对骚动形势"捂盖子"(即使他无力改变局面)。关于这一点,约瑟夫斯也许说得对,因为犹太叛乱爆发那一刻,正值尼禄在公元65年陷入了一场大阴谋,最终失去了与罗马事务的联系,而事实上那时他正在希腊寻欢作乐⑮。

我们与约瑟夫斯的一致之处还不止于此。哪怕一个在时间和空间上都非常遥远的局外人也很清楚,使朱迪亚叛乱成为现实的因素有许多(参见第四章),但就近观察的约瑟夫斯即使偶尔眼花缭乱,他所处的位置对抓住今天已经模糊不清的史实特征也十分有利。正是因为约瑟夫斯的缘故,我们才如此熟悉那些邪恶、堕落的地方总督的嘴脸,以及那些到处求人的调和派大祭司的形象。我们几乎会不假思索地认同他的解读所传达的基本观点,但人们通常不会承认他分析的力度与价值。如果我们稍加认真思考,无论我们是否同意约瑟夫斯为罗马皇帝开脱或痛斥宗教狂热者,我们都不得不接受他的观点——当时的执政无能是致使危机突发的最重要因素,因为他

---

⑭ 关于尼禄的邪恶,见 *BJ* 2.250-1, *AJ* 20.153ff。关于诏书和希腊秘书的故事,见 *AJ* 20.183-4。Cohen, op. cit. (n.1), p.158 关于尼禄因为偏袒那些贿赂过他的希腊人而受谴责的说法是误导读者。

⑮ 关于古今类似的叛乱,见 S. L. Dyson, "Native revolts in the Roman Empire", *Historia* 20 (1971), p.273。

对此事的性质了解得如此透彻,反响又如此强烈⑯。应该公正地说,鉴于犹太极端分子的秉性,这个因素将一个可能变成了事实。与此同时,约瑟夫斯的局限性也暴露出来:比起他自己的阶级——犹太贵族——的错误,他更愿意公开抨击罗马地方总督的错误。我们需要纠正他此处的错误,但正如我们所看到并即将继续看到的那样,约瑟夫斯在自己的作品中也开始纠正自己的观点。

---

⑯ 见 P. Gay, *Style in History* (1974), p. 198:我不想否认——我又怎能否认?——史学家的心理定位或私密情感常常蒙蔽他们的双眼,或者让他们不自觉地歪曲事实;但我认为,对过去发生的事情,这些情绪也可以让史学家比那些心理准备太差、过于冷漠……的史学家认识得更清楚。激情是史学家最致命的弱点,但有时也会成为他最有价值的财富。

第四章　约瑟夫斯阐释犹太叛乱

过去和现在的解读者都自然会想到这一连串事件中潜在的原因,当然相比之下,现代人对此更为关注①。既然约瑟夫斯认为朱迪亚和罗马之间完全可以和平共处,他就可能极不情愿透过具体的事件去分析任何别的重要原因。总体来说,这就是其笔下对犹太战争的解读。就我们看到的内容而言,他对战争的分析认为,犹太人和罗马人的关系因为坏总督的缘故而破裂;又因为犹太人内部各种罪犯和极端分子为其一己私利或出于自身的疯狂,将这种裂痕进一步扩大。各种革命派头目使老百姓误入歧途,拿起了武器,而现任政府对此的放任自流使战争成为可能。这个时期社会上存在的分裂主义和相互敌视的情绪,成为革命生长的土壤。就这样,约瑟夫斯通过对事件的叙述对这段历史进行了有限的解读。约瑟夫斯的解读中所蕴含的社会意义、政治意义常常被读者所忽略,此处我将尝试更加充分地展示这种意义的存在。

除此以外还有一层意义。尽管这次叛乱也许不需要过多的解释,但笃信宗教的犹太人对圣殿在历史上再次被毁的确需要一个解释,这个事件引起的反响在整个《犹太战史》中经久不息。约瑟夫斯的理论在形式上是希腊化的,而骨子里却是犹太人的。他关注的是上帝对世界的旨意和对所有民族命运的安排,其中心思想即罪与罚的关系。在这方面投入的学术关注已经太多,因为约瑟夫斯的著作一直以来都是神学家的乐土。然而,即使在这个方面,他的思想也常常令人费解,只有跳出孤立的立场才能真正读懂他的思想。约瑟夫斯最令人震惊、也相当大胆的地方,正是他用犹太人特有的理论来解释形式上完全希腊化的政治史,让两种方式同时并存。这种方法在某种程度上预示了他的下一部著作《犹太古史》的真正内涵。《犹太古史》在外部形式上也仿效了希腊传统史学,而实质上却表现了犹太文化中的上帝观和天命观。

---

① A. D. Mimigliano, "Some observations on causes of war in ancient historiography", *Studies in Historiography* (1966), pp. 112-26.

约瑟夫斯对叛乱的各种不同解释按一定顺序出现,很说明问题。人们突然明白一个重要的问题:他的观点自然是他在巴勒斯坦犹太社会中的地位的产物,代表了血腥内战中对立两派中一派的观点,而他的观点只有在叛乱之后才能完全形成;相比之下,来自罗马的影响就要肤浅得多。他只有在1世纪70年代之后才有必要去理解圣殿倒塌的意义,但这个意义大多与战前的事件密切相关。既然我们对事件的了解都依赖于约瑟夫斯的解释,那么我们首先得对他洗耳恭听,然后再用现代的眼光来对发生的事情及约瑟夫斯在其间的作用进行评判。

约瑟夫斯常常喜欢直接阐明自己的观点。的确,有人可能会批评他往往因过分拘泥于这种方式反而弱化了其观点本身。正如他自己也曾不止一次地说过,他是一个很情绪化的作者,早期就曾为自己表达个人观点进行过辩护。他承认这不符合历史学常规,但他辩解说,他必须要表明自己的思想感情,"双方的行为我都将忠实地讲述,但我将在讲述中加上自己对事件的看法,给自己留下表达个人情感,为国家的悲剧而感叹的空间②"。请注意,他在这里坚持认为,强烈的情感不会影响他讲述事实并且只讲事实的原则。这就是他在"序言"中表现出的情感。尽管约瑟夫斯这段文字所用的表达方式有不少常见的惯用要素,但上述引文无疑属于那些我们不得不认真研究的特殊句子。尽管在一定程度上,希腊史书"序言"的部分形式和内容都会遵循固定的模式,但人们还是期待大多数希腊史学家在特定的写作框架中重点概括一下书中的内容③。也许除了《自传》外,约瑟夫斯所有著作的"序言"都写得鲜明有趣,值得重视。

古代作家对历史事件发表个人意见最重要的手段,就是借书中重要人物之口发表演说。即使像修昔底德那样严谨的作者,不管出于什么用意,也会运用演说手法,并且多数时候并不是在真实地转述,甚至也不是对某个场合真实发生过的演说的重构,而是借此分析各种政治立场或归纳总结人类事务④。

---

② BJ 1.9. 参阅 V 19,他在那一段里从哀叹的情绪中走出来议论说,史学的规则要求回归叙事。林德纳(H. Lindner)认为约瑟夫斯的说法符合《旧约》悲哀的语境,*Die Geschichtsauffassung des Flavius Josephus im Bellum Judaicum*(1972), pp. 132-41. 同时参阅 V 566。

③ 参见詹森(T. Janson)对希腊文本和拉丁文本"序言"的富有启迪的评论:*Latin Prose Prefaces*(1964), pp. 64-7. 厄尔(D. Earl)在 *Prologue form in ancient historiography*, *Aufstieg und Niedergang der Römischen Welt*, (ed. H. Temporini and W. Haase) I. 2 (1972), pp. 842-56 的前半部分提供了例证。

④ 论演说,参见 G. Avenarius, *Lukians Schrift zur Geschichtsschreibung*(1956), pp. 149ff; F. W. Walbank, *Speeches in Greek Historians*(选自第三次迈尔斯纪念讲座); T. P. Wiseman, *Clio's Cosmetics*(1979), pp. 28-30; (P. A. Stadter, *The Speeches in Thucydides*(1963)。

对此，约瑟夫斯在原则上没有什么不同——演说是他表达自身思想的一种工具⑤，但他要表达的思想类型和性质与其他史学家大相径庭：他的思想包含情感与偏见。尤其明显的是，他演说辞的绝大部分内容都在表达出自同一基本立场的、相互关联的情感。在现有的古代史学家中，约瑟夫斯与众不同之处在于他让他本人发表了三次演说⑥，这个事实本身就能说明问题。同样具有启迪意义的是，在《犹太战史》中的八次重大演说中，除了他本人的两次外，有三次的演说者都是他的政治同盟：大祭司约书亚、哈拿努、阿格里巴二世；另有两次的演说者是罗马皇帝提图斯。所有这些人物无一例外的都是约瑟夫斯的代言人，或部分代言人。只有连续的两段演说属于那位著名的马萨达犹太叛军领袖以利亚撒·本·亚伊尔（Eleazar ben Yaïr）。正如我们即将看到的，即便是这位，此刻也是约瑟夫斯的代言人⑦。约瑟夫斯这样做也许还是在沿袭古代作家的传统，塔西佗就是其中值得关注的典型——他会让被打败的敌人口中发出振奋人心的，甚至是反罗马的言论⑧。具有讽刺意味的是，以利亚撒的演说成了《犹太战史》中最著名的演说，约瑟夫斯大概会对这个奇怪的现象感到高兴，他自己的演说中就充满有点做作的悖论和反讽。

并不是说这两段演说与事件发生的场景格格不入，只不过稍后的希腊思想论和史书中的演说辞都把必须合时宜当作最重要的前提⑨。约瑟夫斯撰写的每一篇演说，在特定的历史环境中都有实际意图，每一篇的大部分内容都是令人信服的；如果此人在当时发表演说——即使事实上并没有真正发生过，其演说内容也会和约瑟夫斯的杜撰得相差无几。约瑟夫斯在并未牵强附会的前提下，非常成功地在不同的演说中重复了自己的观点。其结果是，许多——如果不是全部的话——表达约瑟夫斯个人观点的文字都出现在演说之中。

约瑟夫斯对叛乱者的叙述，比其他任何部分都更多地、反复地表达了他的个人情绪。他认为叛乱者应该对叛乱负主要责任，我们不可能不注意到这一点。在《犹太战史》最后一卷，全书的高潮马萨达城堡陷落之前，他先讲

---

⑤ 林德纳对此有所强调（已引文献，同本章注释 2，第 18 页以后），但对修昔底德作品中演说的作用，论述过于简单化。

⑥ 最具可比性的是色诺芬，尤其是他的《远征记》(*Anabasis*)，第 3 卷。

⑦ 参阅 Vidal-Naquet, "Flavius Josèphe et Masada", *Revue Historique*, 260 (1978), pp. 3-21。见原文 83 页对此文后半部分的讨论。

⑧ 见 H. Fuchs, *Des geistige Widerstand gegen Rom in der antiken Welt* (1938), pp. 15ff; R. Syme, *Tacitus* (1958), pp. 528-9。

⑨ 见昆体良论李维（Livy）(1.1.101)；参阅埃文纳里尤斯（已引文献，同本章注释 4）；P. Scheller, *De hellenistica historiae conscribendae arte* (1911), pp. 51-2。

述了守城叛军的家世,随后话锋一转,开始详述每一个叛军头目和团体的恶行。他说,"不知为什么,那个时期的所有邪恶都在犹太人中产生了,没有什么罪行没发生过(BJ 7.259)",他一一列举了那些罪行,并总结道,无论行恶者最终受到什么惩罚,都不能与被害者的痛苦相比。尽管他的谴责有具体的事实,但谴责本身却是泛指的、无特定对象的,当然更是激烈的:我们听到了无法无天、凶残、诽谤、阴谋、滥杀无辜、破坏友情亲情、兽性等词,以及各种野蛮粗暴甚至违反犹太饮食法规的行径。约瑟夫斯的攻击在一定程度上沿袭了希腊人侮辱漫骂的文风,对各派叛军的憎恶之情溢于言表。

《犹太战史》"序言"的另一特点是,作者允诺,他将在其中一卷描述"独裁者对同胞的残忍行径",并将此与罗马人的仁慈相对比(BJ 1.27)。这个话题在第四卷展开,约瑟夫斯在此后的叙述中感情色彩更加浓厚,反应也越来越强烈。对于这一点不难理解,因为那时,加利利人已经被征服,叛乱团伙都转移到了耶路撒冷,并且开始接管这座城市。可以理解,约瑟夫斯似乎经历了对他们带来的恐怖统治那种深恶痛绝的感受(BJ 4.135ff;见原文132页以降)。

《犹太战史》此后的内容都被这种愤怒之情所主导。约瑟夫斯在讲述这些犹太人对自己的同胞所施的暴行时,其谴责变得愈加频繁而严厉。他痛悼被害的大祭司哈拿努,称他是一个"伟大的人",是温和派最后的希望⑩;痛悼他的朋友约西亚·本·伽玛拉,以及被屠杀的 12 000 名出身名门的年轻人;谴责耶路撒冷城中其他许多"有势力"的人受到的无情攻击(BJ 4.35)。他有个观点在《犹太战史》中比其他任何评判都重复得更多——这些罪大恶极的行为一定是主要原因——即叛乱者要比罗马人对耶路撒冷的伤害大得多(BJ 2.10、3.297、4.397、558、5.28、362、6.122—124)。这个说法让人震惊。鉴于罗马人的残忍(见 3.303—305、329、336—369,5.450.1等),这个说法有些夸张,但我们可以相信其具有一定的真实性,而不要坚持将此仅解释为一个变节者对罗马人的谄媚之词。

约瑟夫斯利用第四章的演说辞(162—192,239—269)对叛乱者发出了比他亲口说出的话更为严厉的谴责。对于即将被杀害的哈拿努来说,叛乱者是杀人凶手、独裁者、无恶不作的恶棍;对于约西亚·本·伽玛拉来说,他们是地痞流氓、社会渣滓、无可救药的疯子和罪犯。因为这些演说中的情感与约瑟夫斯本人在其他地方说的话如出一辙,可以认为,它们代表了约瑟夫斯本人的感情。这些演说也确实符合当时的情形,与耶路撒冷发生的一切

---

⑩ 这与他通常对哈拿努的评价明显矛盾,见本书边码第 151 页注释 17。

直接密切相关。

第六卷中(99—112)，约瑟夫斯在耶路撒冷的城墙上向犹太民众，尤其是叛军首领吉斯卡拉的约翰发表演说。因为他毕竟是位祭司，所以在演说中他压抑了对最近发生的、他认为可怕至极的事件——圣殿被玷污之事——的极度厌恶之情。在作者的另一次演说中(说到这一点时采用的是间接引语)(5.362—374)，他曾用罗马人的行为来进行对比，这种对比不再令我们感到陌生和惊奇。更加离奇的是，连马萨达的犹太首领以利亚撒·本·亚伊尔(Eleazar ben Yaïr)也被用来作其代言人，表达了如此不真实的观点——他甚至令人难以信服地承认说，他及其下属都作了"教唆他人犯罪的人"(7.330)。我们已经知道，这绝对是约瑟夫斯自己的观点，表达了他自己的思想。

所有这些谴责包含三个中心论点：叛乱者残酷而暴力；他们罪孽深重；而身为热爱自由的人，却矛盾地分裂人民、独裁大众、强迫人民遵守他们的秩序。最后一条控诉对《犹太战史》总的观点来说至关重要。我们可以从中推论出大多数犹太人并不是真正想要造反，但这个推断再次因为约瑟夫斯试图讨好罗马人而被人们拒绝接受，不过这一点也自然是出于约瑟夫斯亲眼所见。本书后面一章我们将发现，约瑟夫斯的论点与罗马人无关。

约瑟夫斯的分析并不过于草率。即使他的确认为正是一小撮狂热分子使得战争延续下去(如 BJ 5.53)，但也不代表他自始至终把他们塑造为叛乱的唯一支持者。尽管他常常表示，在战争后期"人民"普遍对极端分子不再认同，但前期的情况却不是这样。当时他欣然承认，那些主战派身后有着支持他们的大众，当两派之间为了耶路撒冷的控制权而开战时，南区的主战分子超过了北区的主和派人数。约瑟夫斯有时猜想当时的民众中包括一些中间派，他们有可能倒向任何一边；而正是那些叛乱者的极端做法和像哈拿努这样的"温和派"的劝说，才逐渐将这部分人争取到了和平事业的阵营中来(BJ 2.320、422ff, 4.158ff)。

在危机中，任何中间派都会选择倒向两个极端派中的任何一派，不然就会被毁灭，正如修昔底德有关科尔库拉(Corcyra)内战的经典描述一样(3.82.8)。也正如修昔底德所知，两个极端派之间不可能存在任何交集，因此在第二圣殿时期的"光明之子"与"黑暗之子"之间没有任何妥协的余地。在约瑟夫斯看来，对这一点简单的解释就是狂热分子(广义)的行为越来越出格。

约瑟夫斯有时称叛乱者为"土匪"(Lēstai)，他在几个地方还用过"archilēstai"(土匪头子)这个词，人们对于他使用这些词汇的认识普遍是错误的。他们认为,这些词对约瑟夫斯来说仅仅是辱骂之词,只要他高兴,什么时候都可以用在叛乱者身上;而事实上,他对这些词汇的使用要严谨得多。我们只在属于反驳性质的《自传》中才发现他用"Lēstai"来普遍形容叛乱者⑪,而在《犹太战史》的前部分,这个词汇仅指那些在乡村实施暴力抢劫的土匪团伙(无论其真实目的),即最后几任地方总督时期在乡村流窜的那些强盗⑫、那些众所周知的"sicarii"(匕首党)。那些人在战争初期占领了马萨达,然后又在北城区与主和派对峙,从而帮了圣殿中的反叛者(BJ 2.425, 433)。在约瑟夫斯对那位给他在加利利制造过大麻烦,他憎恶之极的叛军头目约翰·吉斯卡拉的带诽谤性的勾画中,"Lēstai"这个标签与若干个不同的诽谤性词汇一同出现(BJ 2.587)。称这个例子为特例并不为过,而这个词在其他场合所涉及的行为都是对该活动的准确描述。但即便这样,这个词似乎还有不真实之处,因为土匪团伙应该指那些纯粹抢劫而没有别的目的的罪犯。如果这样理解的话,尽管约瑟夫斯的用词在技术层面并没有错,但他的沉默也非常清楚地表明,他完全没耐心对那些人的所作所为进行辩护,不像想为他们的行为开脱罪责。当然,在整个古代社会,土匪就是居民和有产者的敌人,即使罗马政府也不是总能阻止他们在帝国境内的活动。希腊、罗马作家大多是公民和有产者,因此从现存的文献中很难评价这种犯罪行为包含的社会成分⑬。尽管约瑟夫斯曾短暂地和叛乱者共同战斗过,但和其他地方上流社会的感觉一样,他对受压迫者和无产者的认同感并不比他们更多。

  土匪是一个极端的例子。约瑟夫斯通常没有认识到(而不带偏见的评论者必须认识到),大多数造反者都怀着来自自己阶层人们的不同程度的苦情,至少部分人是受到一种向往的驱使——也许这种向往并不清晰,还常常有关救世主,但他们的向往并不缺乏实际内容——即向往一个更美好的社会(见原文 139 页)。对于以对付政敌为特征的整个反抗运动的实质,约瑟

---

⑪ 参见 H. Kreissig,*Die sozialen Zu sammenhänge des jüdäischen Krieges*(1970),p.137;D. M. Rhoads,*Israel in Revolution*(1976)appendix 收录的参考文献。

⑫ *BJ* 2.235、253(有一个人的活动时期超过 50 年),264-5。

⑬ 关于土匪是一种原始抗议方式的看法,见 Hobsbawm, E. J.,*Bandits*(1969);与霍布斯鲍姆有关土匪的观察极其相似,但时代更晚一些的是关于罗马帝国的土匪特征。其中最为简洁明了的陈述见于 M. Hengel,*Die Zeloten*(1961),pp.24-35。R. McMullen,*Enemies of the Roman Order*(1967),第六章及附录 B 中低估了这种社会成分。见默里(O. Murray)的评论,*JRS* 59(1969),p.264。似乎没有理由将约瑟夫斯所用的"土匪"(Brigands)一词与罗马法律上对"强盗"(Robber)和"人民公敌"(public enemies)之间的区别联系到一起(例如,《法学汇编》(*Dig*).49.15.4〕。犹太战争是一场全面战争,为韦斯巴芗和提图斯带来了一场凯旋。关于加利利的土匪,参阅本书边码 132 和 144 页。

夫斯表现得缺乏容忍和理解。

我们需要把约瑟夫斯对不同叛乱者团伙的行为的记录与他对这些行为内在性质的评论区别开来。他所记录的他们的行为——外在的历史,尽管不总是我们所希望的那样完整,却也是前后一致,很少含糊其辞;而他有关这些行为内在性质的论述却存在较为严重的问题。约瑟夫斯常常通过对叛乱或者一些叛乱者的描述来清楚地表明自己的立场。他不至于为此而掩盖反叛者中不同派别的出现及其不同特征,我们不应该夸大约瑟夫斯对反叛者的歪曲。我们不能根据约瑟夫斯的证据而不加怀疑地追溯战前任何一年、任何一派的"连续不断"的历史。原因主要在于那些派别流动性太强、组织太松散,并没有"连续不断"的历史可追寻⑭。我们只能把一部分责任归咎于约瑟夫斯对教条的厌恶。他并不像那些喜欢猜测的现代学者让我们认为的那样令人失望。

约瑟夫斯谈到叛乱者时最常用的词语一般都来自希腊政治词汇,诸如"内战的煽动者"、"革命者",以及称呼叛乱头目为"独裁者"等⑮,希腊读者很自然会把这些词看成贬义词。它们包含了一个政治对立面的政治立场——应该是一个犹太国家内部的政敌,因为叛乱者最先正是在他们当中而不是在整个罗马帝国境内进行叛乱和革命的。但我不想对这些词汇评论太多,因为约瑟夫斯选用这些词汇而不是其他词汇的部分原因,可能是它们碰巧出现在他的脑海里,又刚好适合希腊史的风格;在阿拉米语中不太可能找到基本对应的词语,而约瑟夫斯在战争期间实际会用什么名称来谈论反叛者,我们则不得而知。

"奋锐党"(Zealots)这个名称本身已经说明问题,但这个名称所指的对象实际上是有限的。尽管今天我们为了方便起见喜欢将这个名称作为一个通用的标签(此书也难免如此),但约瑟夫斯却总是小心而准确地把这个名称用于某些特定的团体,在战争的最后阶段尤其如此。在谈到人们追捧一位野心勃勃但仅昙花一现的犹太领袖梅纳罕(Menahem)时,他曾经用过这个名称。以后一次是在约瑟夫斯控制了加利利的局势后,用该名称形容那些急于要继续战斗的人们。但这个名称很快就固定用来指某一特别的团

---

⑭ 亨格尔的已引文献在这个问题上的看法也许过于呆板。Morton Smith, "Zealots and Sicarii, their origins and relations", *HThR* 44(1971), pp. 10-15 对此作了部分纠正。M. Borg, "The currency of the term 'Zealot'", *JThSt* 22(1971), pp. 504-12 正确地指出,作为反抗团体的名称,公元 66 年之前没有使用过"奋锐党"一词。

⑮ 例如 *BJ* 2.274、330、407、410、422、425、442、652 等。参见 Hengel p. 43 and n. 8。S. Applebaum, "The Zealots: the case for reevaluation", *JRS* 61(1971), pp. 13-6 没有讨论这个名称。

伙,即吉斯卡拉的约翰那一伙人,他们占领了耶路撒冷,放以土买人(Idumaean)入城,以圣殿为据点与控制了南城区的主和派大祭司哈拿努及其手下对抗(BJ 2.444、651,4.161—162,224ff.、514、538—544、556ff.)。之后这个团伙最早的头领之一以利撒·本·西门(Eleazar ben Simon)带着他的人从这伙人中分裂出来,似乎也随之带走了这个名称,"奋锐党"一名称从此和他及其同伙联系在了一起。这伙人好像主要由下层祭司组成⑯。

正当我们开始分析"奋锐党"的原因和出处时,约瑟夫斯让我们陷入了困境。然而,即使在约瑟夫斯自己的作品中,我们也能发现一些支离破碎的迹象,它们足以让我们信服,其间包含的思想性和宗教信条比我们了解得更多。现代学者不得不借助非常庞大的历史重建来了解这一点。他们从自己对《圣经》中的狂热分子原型菲尼亚斯(Phineas)的理解出发,继续往前去探究约瑟夫斯时代那些可能是同一类的人物。约瑟夫斯只在激烈反击对自己的攻击时用过"奋锐党"这个名称。他说,过去被冠以此称号的人主要是因为他们追求美好事物的热情,而"那些人"(叛乱者——译者注)因为自己的行为而"不辱此名"。这些人无恶不作,甚至效仿历史记载中的恶行,却将赞誉对德行怀有巨大热情的人的名称据为己有。这要么是对他们所伤害的人的嘲讽,要么就是他们的确认为罪大恶极本身就是美德⑰。

约瑟夫斯关于革命者的灵感,最详细也最有趣的讨论与公元6年朱迪亚发生的反人口普查的事件有关,他似乎把这事件作为持不同政见者运动的起点。《犹太战史》中这个故事很简短:加利利人犹大攻击向罗马人纳贡的同胞,因为纳贡就意味着接受了人世间的主人,而在此之前他们的主人只有上帝。他创建了与其他三种犹太哲学(约瑟夫斯在此处解释了这三种哲学)不同的"第四哲学"(Fourth Philosophy)。他描写的犹大是一个来自高兰尼提斯的伽玛拉(Gamala in Gaulanitis)的人,他的同伴名叫撒多克(Saddok),是个法利赛人。约瑟夫斯在《犹太古史》中还添加了一些该团伙的信教细节:他们仇恨人口普查,认为那是奴役的象征;他们热爱自由,视死如归;除此以外,他们一般接受法利赛主义⑱。但我们从此再没有直接听见

---

⑯ BJ 5.1ff,250、358、528,6.92、148。参见 M. Stern, *World History of the Jewish People*, vol.8, p.297。斯特恩认为,以利亚撒从一开始就是"奋锐党"的领袖,而约瑟则独自行动。

⑰ BJ 7.268-70;参见:4.161。第二圣殿时期没有与《民数记》(25.11-13)或马卡比起义者(《马卡比一书》)中的"狂热分子"(zeal)菲尼亚斯(Phineas)有明显联系的文本。希伯来语的同义词"Kannaim"在拉比文学中曾用于指围城战中的反叛者:参见阿普尔鲍姆已引文献(同本章注释15)。

⑱ BJ 2.118;AJ 18.23。在《犹太古史》和《犹太战史》中并没有如法默(W. R. Farmer)在其 *Maccabees, Zealots amd Josephus* (1958)中所察觉的那种严重的自相矛盾之处。

作者对这个令人难忘的"第四哲学"作过更多的解释，也没有告诉我们公元6年那些造反派的学说与66年的叛乱者的学说之间究竟有什么关系，这使他有关"第四哲学"的信息价值大打折扣。据他观察，首先，来自家族的持不同政见者接二连三产生，66年达到高潮并演变为行动，但区别于那些"奋锐党"。约瑟夫斯通过以利亚撒·本·亚伊尔在马萨达的第二次演说指出，马萨达城堡的守卫者们充满激情，决心除上帝之外不接受任何人为主人——与他形容的"第四哲学"的信条相同；而马萨达失守时以利亚撒为自杀所陈述的理由，则体现了他阐释"第四哲学"的特征时所提到的视死如归的精神(BJ 7.323、341ff)。

约瑟夫斯将守城将士称为"sicarii"(匕首党)，也用同一称呼指那些在巴勒斯坦叛乱之后逃往埃及和昔兰尼(Cyrene)，并在那里煽动骚乱的人。那些在亚历山大里亚的人则受到赞扬，因为他们为了"不称罗马皇帝为主人"而勇敢地忍受酷刑；他们自封的使命就是劝告其他犹太人只将上帝视为主人，而把罗马人看作自己的同等人。此处我们再次看到了"第四哲学"看问题的方法，以及我们在研究其精神继承者中所发现的显著迹象，通过这种方法，我们可以把支离破碎的现象拼合起来。然而，我们探索性的对应识别并不能确认事实。

尽管那位臭名昭著的犹太叛军首领西门·巴·乔拉(Simon bar Giora)曾经和马萨达的叛军在一起，但好像从未被看作是"sicarii"的一员。不管是因为他很快再次离开那里去山里建立根据地，还是因为思想意识的分歧，我们均不得而知[19]。

此外，我们怀疑"第四哲学"的说法为约瑟夫斯个人自创，因为这样一来，这个新的团体就和他喜欢称为三大哲学体系的派别扯上了关系。那些宗派不可能这样看待自己，也没有理由认为第四派别的人会这样看待自己。认为他们所提出的信条就是一种意在与其他三大宗派对立的新的犹太教派，这一点也令人怀疑[20]；所有一切看起来都好像是约瑟夫斯为了那些希腊读者的缘故而图示的东西，因此我们完全不知道那些罗马人的敌人怎样看待自己在犹太宗教中的位置。

约瑟夫斯借以利亚撒·本·亚伊尔之口发表的演说的确显示，作者至少承认叛乱者的胆量，但演说并没有进一步表明他们思想方法的特征。两

---

[19] BJ 4.503-8。关于所有这些问题，参见亨格尔已引文献(同本章注释13)，第二至四章及斯特恩已引文献(同本章注释16)，第271-283页。

[20] 见本书第一章边码第36页相关内容。参阅亨格尔(第79-86页)。

次演说的主旨都是讨论自杀的美德,直接用意在于与作者本人在尤塔帕塔的演说相对照,约瑟夫斯在那次演说中提出了完全相反的观点(*BJ* 7.341—348,3.362—382)。这两次演说尽管没有连在一起,但却构成一对。这使我们联想到著名的希腊和罗马史学家那些成对的演说,萨卢斯特(Sallust)的《喀提林阴谋》(*Catiline*)结尾处关于死刑的激烈辩论就是一例。在某些方面,作为约瑟夫斯榜样的狄俄尼索斯的《罗马古代史》中就有许多演说对,而约瑟夫斯作品中的演说对则是一种装饰。至于它的特殊作用,看起来是用来表现约瑟夫斯自己的行为至少和那些英雄们的行为一样有道理,一样值得尊重(此处的确涉及到为他自己辩护的成分)。此外,如我们已经讨论过的,马萨达演说也是表现作者自己思想的工具。

没有其他任何人像约瑟夫斯那样撰写希腊历史,但他的心态并非在各方面都和别人不一样。后来的拉比文学对犹太教中存在的启示思潮的避而不谈就可与约瑟夫斯的心态相比拟,我很想在此称他为"原拉比犹太主义者"(proto-rabbinic)。而非理性的大众思想总体上不包含在希腊—罗马史学范畴之内[21]。除此以外,这些观点事实上还具有危险的政治内涵,约瑟夫斯因此有足够的理由避免提及属于另一个世界的思想和幻想。

约瑟夫斯把一种叛军首领形容为假先知、术士和骗子,而这样的人常常被他称为"土匪"的同伙。有趣的是,尽管"假先知"一词没有出现在《圣经》中,却是希腊化时期的犹太教中流行起来的词语。约瑟夫斯所知道的那些民众导师实际上本身并不是假救世主,而是某种道德教义或救世学说的传播者。但对于约瑟夫斯来说,他们就是那群事先煽风点火,继而又火上浇油引起暴动的乌合之众的一部分。然而,他们与那些反叛头领不是一路人,那些头领从未称自己为"先知"[22]。

约瑟夫斯笔下还有一些这类小角色。约瑟夫斯在题外话(digression,这是其叙述方式的一大特色)中再次将重拳对准他的敌人(*BJ* 6.285ff)。在《犹太战史》中最关键的地方,他为这个时期的先知作了个小结。与此巧合的是,圣殿失陷时,有 6 000 普通民众(如果约瑟夫斯的数字可靠的话)和圣殿一起被毁灭,其中包括因为听从"假先知"蛊惑而躲进圣殿的妇女、儿

---

[21] 参见 A. D. Momigliano, "Popular religious beliefs and late Roman historians", *Essays in Ancient and Modern Historiography*(1977),尤其是第 140-145 页。

[22] *BJ* 4.85 中吉斯卡拉的约翰被描写为一位"goēs"(术士),这是使用"goēs"一词的引申意义,仅指"骗子"或"无赖"。布林肯索普(J. Blenkinsopp)在"Prophecy and priesthood in Josephus", *JJS* 25(1974), pp. 239-62 中没有谈到约瑟夫斯在用语上的区别,关于这一点,参见亨格尔已引文献(第 235-239 页)。对于"假先知"的问题,参见 J. Reiling, "The use of 'Pseudoprophetes' in the Septuagint", *Philo and Josephus*, *NT* 13(1971), pp. 147-56。

童。假先知告诉他们，他们的上帝将向他们显示"得救的见证"。这个事件太令人震惊，约瑟夫斯不由地评论说，当时许多假先知给民众提供不真实的希望，而人们也乐意相信他们。他恰如其分地指出，这种情况往往发生在最困难的时期。按他的说法，除此以外，那些"独裁者"无耻地利用这些人，企图阻止人们逃离叛军阵营。约瑟夫斯用这种方法描写叛乱者，将其中的宗教成分与政治成分区分开来，目的在于同时贬低两者。

对于约瑟夫斯自己来说，这两者毫无区别。出人意外的，也许可以说有损作者的判断的，是对当时认为变化即将来临的预言表示蔑视时，他表现出高度的选择性。比如有关耶路撒冷的厄运和毁灭的预言就受到他的青睐，而在同一段题外话中，他接下来谈到对他来说意义非凡的凶兆。人们对这些预示着圣殿毁灭的兆头要么错误理解，要么不予重视。这是一系列奇怪的事物：一颗恒星、一颗流星、一头用来祭祀的母牛生产、自动开启的门、战车在空中交战、内殿中的神秘声音等，都在圣殿毁灭不久之前出现。一个叫耶稣的农民在战争前4年就开始不分昼夜地预言来世，他的声音在节日期间变得更大。尽管他一再为此遭受地方总督的鞭打，却连续预言达7年之久，直到这个古怪而勇敢的人一天偶然被罗马人的石弩射出的石弹杀害为止。因此，约瑟夫斯下结论说，我们看到上帝的确在关照人，给他们指路；一旦人们按他所指的路走，就将直接被引向救赎。

奇怪的是，约瑟夫斯花了不少笔墨讲述这个奇特的小插曲，并在此后又讲了两个预言。鉴于这一点，说他完全不认可广为流传的迷信说法——宗教中不太体面的一面——是大错特错的。从另一方面来说，他这样做，实际上是借阐述对这些事物的看法来达到他在犹太教内部的政治目的。他只接受那些没有站错队的先知。的确如此，这个故事在此出现的唯一目的就是与那些被"奋锐党"人利用的虚假预言作对比，就好像约瑟夫斯不允许他的敌人占领哪怕是一寸土地——就连这种对他来说有些靠不住的领域也一样。这一点有时看来略具讽刺，但决不能说这是他表现犹太教最重要真理的方式——最重要的真理即神本身，以及《圣经·旧约》的历史和律法部分。

综上所述，无论约瑟夫斯如何掩饰，他始终将叛乱者们看作他的政治敌人。如果一个人正在与另一方打内战，或者像他那样经历了一场内战，是不会考虑对方的优点的。

在约瑟夫斯关于犹太战争的著述中，"stasis"——即"内战"这一概念具有突出的地位，而没有什么比这更明确地表明，约瑟夫斯将自己作为阐述工具的定位。为了理解圣城和圣殿毁灭的意义，他一再提出：它们是因为

"stasis"的缘故而被摧毁的。在这个标题词和这种解释中,我们发现了组合在一起的几个不同的成分。首先,"stasis"作为造成战争的原因可能存在两个不同的层面;其次,领头的不总是同一些派别。有时自相残杀是最主要的罪行,从宗教的层面看,自相残杀到头来总会招致惩罚。尽管这个道德主题在希腊和罗马思想中并不陌生,但正是由于约瑟夫斯始终如一地强调这个主题,将它看作连续的历史进程的一部分,是历史进程中同一模式的许多范例中的一个,这就使他在希腊、罗马史学家中独树一帜。详细分析之前,我们最好探究一下约瑟夫斯的"stasis"概念作为一种政治现象表达的究竟是什么意思。他在《犹太战史》的"序言"中说,在本书中,除了其他内容,他还要阐释内战是如何毁灭了耶路撒冷,以及(提图斯可以作证)犹太"独裁者"是如何迫使本不情愿的罗马人动手烧毁了圣殿——"是内战摧毁了它(我的国家),犹太独裁者迫使罗马人伸出不情愿的手点火焚烧了圣殿。推翻耶路撒冷的罗马皇帝提图斯本人可以为此作证。"他的意思似乎并不仅是从宗教的层面作出解释——反叛者的行为迫使罗马人成为上帝惩罚的代理人,还提到了更为实实在在的东西:"奋锐党"的狂热,在自己最神圣的地方进行的困兽之斗,顽固地拒绝屈服,让罗马人别无选择,只好发动猛攻,摧毁圣殿。此处,对作者所称的"奋锐党"的"stasis"行为的准确含义不甚明了,意思大概是对罗马人作战招致了犹太人内部对领导人的反抗。但可以肯定,他讨论的是,在犹太内部状况和这场灾难之间除了有神学联系之外,还有某种政治联系。

这个重要的"stasis"概念约瑟夫斯在其他地方还用过多次,意思更为明确一些。他不止一次地用这个词——很合理地——指在大祭司哈拿努被杀害之后、韦斯巴芗向耶路撒冷进发之前出现的反叛者各派别之间的冲突。在《犹太古史》第十八章第八节,约瑟夫斯在评论反叛开始阶段的事件,并展望今后的情况时谈到了未来会出现的不同派别之间的争斗,"内战、杀害同胞,以及毁灭性的互相残杀"将是他们拼命争斗的结果。他还细致分析了吉斯卡拉的约翰与其他"奋锐党"人分道扬镳的原因。约瑟夫斯意识到这种分裂即将带来的悲剧结果,认为"stasis"将继战争和"独裁"之后,成为使人民饱受苦难的第三大根源。顺着这个"stasis"的历史进程约瑟夫斯谈到,面对罗马人的攻城车,人们如何抛开"stasis"第一次联合起来。但联合很快就破裂了:"即使罗马人的营地已经扎在城墙边上,内战也未平息。"然而,我们很快发现,后来三大派再次更为长久地联合起来(BJ 4.397,5.255、278)。如此一来,约瑟夫斯之前关于"stasis"使耶路撒冷沦陷,以及正是与罗马人交战引起"stasis"的说法并没有得到证实。

约瑟夫斯一般称叛乱者为"stasiastai"（持不同政见者），他常常使用该词的这一词义，显然想以此表明，叛乱者正在进行一场反对其他爱好和平的人民大众的斗争。而间或与之连用的 nēoterizontes——创新者或革命者——证实，约瑟夫斯认为他们反对已经建立的内部秩序。对他来说，"stasis"这个词也有这个含义，我们对这一点尤其感兴趣。重要的一例发生在加利利被征服之后，他指出，那时，"stasis"首先在乡村的主和派与主战派之间爆发，接着在耶路撒冷的两派之间爆发（BJ 4.128—134）。在一段受修昔底德影响的文字中他描述道，一旦罗马人的进攻稍有间隙，犹太人就开始互相攻击。他描述这种"stasis"的语言带有修辞色彩，但并非不真实。他说，"stasis"使朋友反目、骨肉分离，尤其使年轻人（冲动的）与长者（谨慎的）不和，两派之间的差别就在于他们对于战争的态度。约瑟夫斯对于战争造成的人与人之间痛苦分离的戏剧性描写，以及他对年轻人和年长者分裂的强调，也许还是因为修昔底德的影响[23]。这样的描写使他无法考虑两派之间普遍存在的社会差异问题，正如我们在其他地方发现的一样，这种社会差异无疑是存在的，只是约瑟夫斯认为这是理所当然的事而没有特别指出。

在《犹太古史》(20.179ff；见原文 125 页)中，约瑟夫斯有一次用"stasis"一词描写不同阶层之间公开的经济斗争。他指出，以实玛利·本·腓亚比（腓力斯执政时期）担任大祭司的时期是一个里程碑。因为在那期间，大祭司和普通祭司及大众领袖之间爆发了仇恨，每一派都有自己的暴徒。当大祭司派自己的奴隶去征收禾场"什一税"时，一些普通祭司因此饥饿而死。

任何人也不能说约瑟夫斯在《犹太战史》中使用"stasis"一词是特指穷人与富人之间的冲突，但事实是，这种冲突在这部著作中的确扮演了重要角色。此外，许多希腊作家理所当然地认为，一个城市中主要的差别就是穷人与富人之间的差别。这种思想让我们猜想，约瑟夫斯坚持认为"stasis"对犹太民族受到的伤害负有重大责任时，脑海中也存在这种想法[24]。他在叛乱者故事中谈到过，早期的"sicarii"（匕首党）把所有的亲罗马人士都视为敌人，然后描述了一次重大的社会冲突，其间，亲罗马的有产阶级财产被夺走，房屋被烧毁[25]。尽管那时他没有用"stasis"一词，但毫无疑问，他的确在谈论"stasis"。在同一长篇大论的后半部分，在同样没有使用这个词的情况下，约瑟夫斯提到，这个时期是民众大分裂时期，在此期间"那些有权势者压迫

---

[23] 见修昔底德 2.8, 20.2, 21.2 以及（强调亚西比德的年轻）5.43.2, 6.17, 18.6。
[24] 关于这个双重含义，参见本书边码第 118 页以降相关内容。
[25] BJ 7.254-5；参见 P. A. Brunt, "Josephus on social conflicts in Judaea", *Klio* 59, 1 (1977), p.15。

民众,而民众则渴望推翻那些当权者;前者想要独裁,后者则采用暴力夺走有钱人的财产"。这样,尽管我们不想对约瑟夫斯相当不确定的"stasis"概念进行过于宽泛的讨论,但对于这个词的主要用法的调查至少可以让我们明白,在作者眼中,犹太起义即是一场对外战争,也是一场内战(或数场内战)。

约瑟夫斯不喜欢毁灭财产的做法,不过尽管他有宗派偏见,但从他所言判断,这一点也还不是"stasis"最令他震惊的地方,他对"stasis"最严厉的谴责都具有宗教色彩。杀戮的罪过,尤其是亵渎上帝的圣殿之罪,是他最为强调的部分:的确,民族分裂的确切性质与这段文字并无相关性。首先是不知悔改地犯下罪过,接着是上帝不再庇护犹太人,接下来就是上帝的惩罚,这个过程既是第一圣殿时期的先知预言,也是第一圣殿毁灭之后先知的预言㉖。当约瑟夫斯说到罗马人作为上帝惩罚犹太人的工具时,很清楚,他在将罗马人与过去的亚述人(Assyrians)作比较㉗。他在耶路撒冷城墙边恳求被围攻的犹太人放弃抵抗时他想说服他们,声称正是他们邪恶的行为正导致他们沦为奴隶。他从公元前63年哈希芒王朝的赫卡努斯和阿里斯托布鲁斯之间的内战说起,列举了一系列不同的内部冲突。引人注目的是,"stasis"被看作与其他各种宗教罪孽等同。因为他接下来又列出了许多其他罪过:"因为你们也犯了其他隐秘的罪过,我是指偷盗、叛逆和通奸、竞相强奸杀人,创出异想天开的邪恶行径,而圣殿则成了所有这些罪恶的仓库。"此处先知预言的传统一目了然,尤其是圣殿的玷污,这是最登峰造极的罪恶。其中显然回响着从前的先知以西结对圣殿内进行的那些令人厌恶之极的勾当大声谴责的声音。

约瑟夫斯曾在两处明确提到古老的预言传统。他提到,眼前的战争正在让有关耶路撒冷发生内讧后将沦陷,圣殿将被毁灭的著名古老预言成为现实(BJ 4.388ff.,6.109ff)。和其他地方一样,约瑟夫斯在此处引用古老的预言,要确定他引用的具体是哪一卷《圣经》文本或非《圣经》文本毫无意义。比如说,这个时候我们想到的,是若干世纪之后的《圣经》解读中(但无疑是出于早期的)记载的话(拉比说)"和平是伟大的。因为如果以色列人即使进行偶像崇拜,但民众之间却相安无事,上帝(赞颂上帝)如是说,'我没有统治他们'……但如果他们的心分裂了,又是怎么写的?'他们的心分裂了;

㉖ 如《耶利米书》4-6;21.11ff,26;《以西结书》12-18;《何西阿书》4-13;《弥迦书》3。关于该主题在《马卡比二书》中的重要性,参见 V. Nikiprowetsky, "La mort d'Eléazar fils de Jaïre", *Hommages à Anré Dupont-Sommer* (1971), p.471, n.2。

㉗ BJ 5.404ff。关于约瑟夫斯的《圣经》引文,参见本书边码第32页。

现在他们必须要为他们的罪恶付出代价。'"(Hos. 10.2)㉘。就这段话的目的而言,"stasis"不是一般的罪,而是弥天大罪。

他认为,内讧是叛乱者造成的。通过将内讧纳入不守律法的邪恶行径,约瑟夫斯进一步强化了该罪恶的程度。对于他来说,叛乱者和在罪恶之地所多玛(Sodom)被上帝毁灭的一代并无二致(BJ 5.566)。他的政治分析进入了更为深层的结构。

上帝曾说:"倘如你们拒绝我的律例,不遵行我一切的诫命,背弃我的圣约,我就要这样对待你们:我要把突然的惊惧、痨病和热病强加于你们,使你们眼睛昏花、心力衰竭。你们撒种却不得收获,因为仇敌要来吃尽田地的出产。我要向你们翻脸,使你们败在仇敌手下。恨恶你们的人必将追赶你们,让你们即使无人追赶,也要逃跑。"在这些可怕的诅咒之后,接下来是加倍的警告:"倘若你们还不肯听从我,还要反抗我,我就要为你们的罪加七倍惩罚你们。我要你们吃自己儿女的肉……我要使你们的城邑变为废墟,使你们的圣所变为荒场;我再也不闻你们祭品的香气。我要使你们的土地变为荒野,就连占领这些土地的敌人,也要因此诧异。我要把你们赶散到列国,还要拿刀箭追赶你们。你们的土地将成为荒野,城邑将变为碎石瓦砾。"㉙大多数威胁之词如今在耶路撒冷都成为了事实,细节部分似乎也很一致——甚至据说在耶路撒冷被围攻期间,一位母亲烹食了自己的孩子(BJ 6.201—213)。对于一位熟知《旧约》的人来说——也许对任何有宗教思想的人都一样——第一反应将会去追寻造成大灾难的罪孽。无论是将罪过归到亚当的原罪(original sin)(正如一些启示文学那样),或是归到近期对上帝的冒犯,归咎于群体或是归咎于个人,在公元70年耶路撒冷被毁之后的所有犹太文学中,这都是一个常见主题,而约瑟夫斯的阐释最为完整。约瑟夫斯不是那种在自己作品中大谈特谈自己过失的人,他对于这个问题的处理是将罪过都归咎于他同胞中的某一部分人。

也许他同时代的作品《巴录启示录》(Baruch Apocalypse)的作者也采取了这种有选择性的阐述方式,他以自己特有的隐蔽手法,描述圣殿被毁之后大祭司将钥匙扔回天堂,承认他们不是好保管人。在这幅震撼的场景中,这篇启示录的作者(以在第一圣殿被毁后被掳往巴比伦的耶利米的名义写的)好像为约瑟夫斯的描写提供了一个借鉴,他们描写的大祭司的作用就相当于约瑟夫斯笔下的叛乱者的作用。的确,《巴录启示录二书》(II Baruch)

㉘ 拉比文献《创世纪注释》(Genesis Rabbah)38.6。此处的"拉比"指的是公元2世纪晚期的拉比犹大·哈-纳西(Judah ha-Nasi)。
㉙ 《利未记》26.15—33;比较《申命记》28,马卡比时期的《但以理书》重新提及(9.11—14)。

的作者被认为带有反祭司的宗派偏见,巴录提到的人民是一个整体的次数要多得多,正如另一部更有影响的启示《以斯拉四书》一样。启示文学作者采用隐晦的写作手法,这在约瑟夫斯史书中绝对见不到,但他们对于深奥的神秘事件的推测,尽管听众可能仅限于少数追随者,却是源于犹太传统的虔诚观。这一点与约瑟夫斯并没有多大区别㉚。

当然,通过忏悔可以避免罪孽带来的惩罚,或按照圣约(Covenant),在惩罚之后通过悔过或赎罪可以最终达到上帝和人类之间的和解。这个模式归于巴录名下的另一篇非启示文献的主题,这篇文献收入到希腊文《圣经》(Greek Septuagint)的《次经》(Apocryphal books)中,人们认为这篇文献写于约瑟夫斯时期。它用人们早已熟知的方式,清晰地描写了人民对上帝的冒犯——不遵守律法——以及上帝对他们的惩罚。其细节证实,作者的灵感出自同一源头:"全天下没有任何地方发生过像耶路撒冷那样的事,因此'摩西律法'中的预言将变为现实,我们要吃自己孩子的肉,一个人吃自己的儿子,另一个吃自己的女儿。上帝将我们的国家交到周围所有的王国手中,我们的土地会成为一片荒土;在上帝把我们流散到的那些国家中,我们的名字会成为笑柄。"集体受难作为民族罪孽的代价,是一种犹太传统中根深蒂固的思想,这种思想在1世纪时期仍然很普及。总的来说,惩罚是该时期犹太人感兴趣的一个主题:他们从《圣经》中,可能也从希腊传统中吸取了一种可怕的迷恋感,专注于那些冒犯神灵,尤其是冒犯了专门迫害特选民族的神而患病的各种令人毛骨悚然的死亡形式。斐洛在一篇论文中对罪人的诅咒进行了概述,其中就包括对食人(cannibalism),还有对疾病的详细描述。邪恶的个人,无论是异教徒还是那些徒有其表的犹太人,都会遭遇可怕的下场,通常都和肉体被虫吞噬有关。在《马卡比二书》、斐洛和约瑟夫斯的作品,以及《使徒行传》中对此都有所描述,如安条克四世、希律大帝、阿格里巴、埃及地方行政长官阿维里乌斯·弗拉库斯(Avillius Flaccus)、阿皮翁、利比亚总督卡图卢斯(Catullus)(《犹太战史》以他之死而结束)等人的故事。

㉚ 关于这些主题,参见 M. Simon, *Verus Israel* (1964), pp. 19-24。关于圣殿之匙,见《巴录启示录二书》10, 18。这个形象在拉比文学中反复出现,参见西门已引文献。《巴录启示录二书》保存于叙利亚,《以斯拉四书》(*IV Ezra*) 主要语言为拉丁文。参阅查尔斯(R. H. Charles)的译文与评论 *Apocrypha and Pseudepigrapha of the Old Testament* (1913)。关于《巴录启示录二书》,同时参考博加特(P. Bogaert)的译本 *Sources Chretiennes* (1969)。关于启示性定义,参见 J. Barr, "Jewish apocalyptic in recent scholarly study", *Bull. John Ryl. Lib.* 58 (1975-1976), pp. 9-35。有趣的是,仅存的完整的《巴录启示录二书》手稿"Ambrosian"(《圣盎博罗斯修会版》)同样包含 *BJ* 6(耶路撒冷的陷落),书名却是《马卡比五书》(*V Macc.*,参见 Bogaert, pp. 34-36, 161-2)。

基督教作家拉克唐提乌斯（Lactantius）后来沿用这个主题，把它用于那些迫害基督教徒的人身上㉛。因此，要搞清楚惩罚的含义并不难，而"赎罪"这个概念就比较难理解，尤其是1世纪70年代之后的"赎罪"概念。人们认为，圣殿的毁灭给犹太教带来了真正的危机，因为人们通过祭祀而免除自己罪过的机会没有了，怎样赎罪成了一个难题。据说，启示文学以快刀斩乱麻的方式来解决这个问题，期待着一个新纪元很快来临，那时整个世界和人类的状况将得到改变㉜。难以赎罪的问题也可以用来解释约瑟夫斯的《犹太战史》的一个有意思的特征：这本书谈了许多罪与罚的问题，却很少谈及悔过与和解的问题。但毫无疑问，约瑟夫斯并没有违反惯常的模式。在描写内战者占领了圣殿、饥荒正逼近人们的时刻，约瑟夫斯加入了一段措词强烈的祈祷词。他仍然坚信，即使在那个时刻，如果人们祭祀上帝，能让上帝息怒，这座城市就仍然有救。作者本人在城墙边的长篇演说更加确定了这一点，他说："对那些承认罪过并知悔改的人，神一定会谅解的（5.19,415）。"不管是长久以来就犯有的还是新近才犯的罪行，都必须通过认罪和悔过来赎罪，因为约瑟夫斯相信，这两种罪行犹太人都犯过㉝。

相比之下，约瑟夫斯更多是把关于罪孽的话题引向另一个令人惊异的方向，即将犹太人的罪过与罗马人的清白、犹太人的残酷与罗马人的怜悯心、犹太人对神灵的亵渎与罗马人为保住圣殿所作的努力进行比较。这种比较是犹太历史上的重大主题，与巴录（Baruch）和以斯拉启示录中愤怒的声讨形成了鲜明的对比。在巴录和以斯拉（Ezra）启示录中，胜利的压迫者的不公道，加剧了被上帝抛弃的失败者的痛苦（《巴录二书》11；《以斯拉四书》5）。然而，约瑟夫斯书中有关罗马人道德的主题，似乎更多是为了修辞的作用而不是为了神学的意义；这个问题没有孤立地出现，而总是作为参照点来表明犹太人罪孽之深重。这也为一个更为重大的教义提供了连接点：即将权力转到罗马人一方是上帝的安排。上帝或神——或命运女神、或天数、或天命、抑或运气之神——决定，罗马人必须是胜利者㉞，正如在《但以

㉛ 《巴录启示录》2,3-6；斐洛（de praem. et poen）尤其是第143-146页；《马卡比二书》9；BJ 1.656-7；AJ 17.168-79；《使徒行传》12.23；斐洛《驳弗拉库斯》（Flacc. 91）；CA 2.143-4；BJ 7.451-3。内斯特尔（W. Nestle）在"Legenden vom Tod Gottesverächter", Archiv für Religionswissenschaft, 32-3(1935-6), pp.246-9中引用了一些这样的希腊化犹太人例证。他认为，这个论题有着希腊背景。拉杜库（D. J. Ladouceur）在其"The death of Herod the Great", CPh 76(1981), pp.25-34提供了有意义的信息。

㉜ J. Neusner, "Judaism in a time of crisis: four responses to the destruction of the Second Temple", Judaism 21(1972), pp.313-23=Early Rabbinic Judaism(1975), pp.34-49.

㉝ 关于历史罪孽：BJ 5.398；关于新罪行：BJ 5.404ff, 413；7.34,264。

㉞ 参见林德纳已引文献（同本章注释5），第42-48页。

理书》(Daniel,7—11)和《以斯拉四书》(10—13)里的幻象中,上帝安排强大的王国一个接一个此兴彼衰一样。韦斯巴芗是上帝选中的代理人,而提图斯则受到神的特别庇护(《犹太战史》3.6,404;4.622;5.2,60;6.314)。为了达到传递这个思想的目的,约瑟夫斯将具体的罗马人的胜利和犹太人的灾难进行了排列。他认为,犹太人是缺乏理性的[35],耶路撒冷城和圣殿的毁灭只是这个叙述模式的一部分(《犹太战史》4.104,6.267)。

约瑟夫斯用了许多例子来阐释这个观点。在一些描写中神已经被激怒,为着犹太人违背与他的圣约而打压他们;在另一些例子中,这个打压过程被表现为一种残酷的命运,并且这种命运没有迹象表明会有任何转机。后者与罪与罚的轮回观点完全一致(也和约瑟夫斯对叛乱作的政治分析完全一致)。如果没有任何东西能够改变上天的裁决,那任何民族和个人的行为如何都无关紧要了。然而,如果认为上帝无所不在、无所不知,而人应该为自身行为负责的话,那么上帝与人之间则必须通过某种形式达成和解;而这两人前提在犹太教中都是不可避免的,因此,这种和解已经以某种形式达成。约瑟夫斯认为,法利赛人采取了一种妥协的态度(《犹太战史》2.162—3;《犹太古史》13.172,18.13)。据称是出自第一代拉比的言论(《他拿经》)表明,他们似乎从法利赛人那里继承到一种内在的意识,认为人需要有解决问题的能力;而之后的拉比则具有解决更为复杂问题的素质[36]。令人惊奇的是,以我们的眼光看来,约瑟夫斯在他历史故事的附录中表明,他本人的观点与他归结法利赛人的观点完全一致。他说:"他们认为,行为正义与否主要取决于人,但命运之神会在人的每一次行动中从旁参与。"我们发现此处又是一例被忽视的、表明约瑟夫斯从一开始就是法利赛人的证据。

在希腊思想家中,斯多葛学派以一种相对更深奥、更实用的方式努力调和命运与自由意志之间的矛盾[37],而约瑟夫斯就从在某种程度上已成为当时通用语言的斯多葛派哲学术语中寻求表达方式。他所采用的术语

---

[35] 罗马人的胜利:BJ 3.293,6.411-12;犹太人的失败:4.297-8、573,5.39,343、572,6.371、399,7.33。

[36] M. Avot 3.16 据称为拉比阿吉巴的言论最为著名,尽管乌尔巴赫(E. Urbach)在其 *Sages, their Concepts and Beliefs*(英文翻译,1975),p.257 中对此有完全不同的解读。参见乌尔巴赫(11章)对不断变化的拉比之争的解读,其中 268 页和 284 页有对约瑟夫斯有关法利赛人言论的正面评价。与之相对的是摩尔(G.F. Moor)在"Fate and free will in the Jewish philosophies according to Josephus", *HThR* 22(1929), pp.371-89 中的评论。他认为,约瑟夫斯的言论是从斯多葛派哲学的角度对法利赛主义的曲解。H. W. Attidge, *The interpretation of Biblical History in the Antiquitates Judaicae of Flavius Josephus* (1972), pp.154-5. 注释 2 中的观点与我的观点相似。

[37] 李斯特(J. Rist)在其 *Stoic Philosophy*(1969)第七章中对此有清晰的阐释。

"heimarmene"(命中注定的事)和描述上帝天命的词"pronoia"(预见),都出自斯多葛学派。事实上,两个术语都早已被斐洛借用于犹太教神学理论㊳。斐洛甚至还写了一本书(这本书如今仅留下一些残篇),书名就叫《论天命》(On Providence)。从约瑟夫斯的著作中我们没有发现斯多葛派哲学对他影响至深,他只是试图用希腊人能够理解的术语来阐释自己的信条。的确,"heimarmen"一词并不是用来表示一种抽象神力的名称,而是谈论上帝安排世界的一种方式㊴。这种歧义,正合作者的心意,也正是后来奥古斯丁(Augustine)所指责的(他用意思相同的拉丁术语表达):"毫无疑问,人类王国是建立在神命基础之上的。如果有人将王国的建立归功于'命运'——他用那个词指上帝的意志和力量——的话,我们让他保留自己的信仰,但他必须纠正他的语言……因为人们听到'命运'这个词时,它在日常用语中的含义只会让他们联想到星宿位置对人命运的影响。"(《上帝之城》5.1)(Civ. Dei)。

对于约瑟夫斯来说,幸运的是,希腊人对主神影响历史进程的思维模式已经习惯:这种表达方式可以追溯到希罗多德(Herodotus)那里㊵。此外,约瑟夫斯希望自己的信条不仅能打动狭小的犹太群体,而且在世界也有号召力。这种想法常常奇特地通过罗马将军们的口,明白无误地表达出来,而且更具有一神教色彩(《犹太战史》3.144、484、494、4.366、370、626、6.38—41、411)。

说到约瑟夫斯所使用的与罗马实力的壮大有关联的"tyche"("命运"或"机缘")的概念,无疑,约瑟夫斯是在利用——也许是有意识地利用——另一位罗马之强盛的评论者波里比乌斯的模式。对波里比乌斯来说,"tyche"是阐释罗马势力崛起最重要的工具(尽管他的历史著作多数时候关注的是阐释事件的理性因素)。也许令人惊奇,波里比乌斯常常将"命运"解释为一种对错误行为进行惩罚的力量;此外,他还认为"上帝"是一个可以替代"tyche"的术语。波里比乌斯比约瑟夫斯更关注方法和一致性,他解释道:

㊳ 关于斐洛相信"相对自由意志"的说法,参见 D. Winston, "Freedom and determinism in Philo of Alexandria", *Studia Philonica* 3(1974-5), pp.47-70。

㊴ 未完稿的《萨克雷-马库斯词典》(*Thackerary-Marcus Lexicon*, 1955)对约瑟夫斯文中的犹太教与非犹太教的含义作了清楚的区分。同时参见 G. Stahlin, "Das Schicksal im Neuen Testament und bei Josephus", *Josephus-Studien: Festschrift fur Otto Michel* (1974), pp.319-43。阿特里奇(Attridge)已引文献(本章注释36),第 154-155 页有一个有趣的发现,《犹太古史》中,上帝会关怀世人(pronoia)的态度成为主导,而欠缺人情味的术语消失了。

㊵ 参见 J. L. Myres, *Herodotus*(1953), pp.521f; H. Lloyd-Jones, *The Justice of Zeus*(1971), p.64; G. Lachenaud, *Mythologies, religion et philosophie de l'histoire dans Herodote* (1973), pp.193-209。

"对于那些凡人难以或者不可理喻的事物……，人们无奈时有理由将其解释为上帝或命运之神的缘故[41]。"然而接下来，波里比乌斯对可以用这种方式来解释的事物范围作了极其严格的界定，他提出的所有范例都与自然现象有关。他说，"我认为，对于那些有可能发现其缘由的事物，我们不应该将他们解释为神的原因。"总而言之，波里比乌斯与约瑟夫斯的相似之处仅在于表象而已。约瑟夫斯对超自然裁决力量这一主题是如此强调，绝不可能仅仅将那种力量解释为事物发生的次要缘由。波里比乌斯将这样的解释用于不同的场合，与之相反，对于约瑟夫斯来说，这个原因所适用的对象总是相同的，即按照犹太人确立已久的生活方式而生活的以色列人。

约瑟夫斯娴熟地运用这种阐释，并将此不加区别地与多种不同传统联系起来，这种手法具有创造性的成分。人们倾向于将此说成是文学技巧，约瑟夫斯似乎并没有因为这种阐释所隐含的不一致性而感到不安。他有时声称强国的兴衰起落是事物自然规律的循环过程，而这种过程，正如我们前面已提到的，常常突出表现了惩罚犹太人罪过的意图。

对于约瑟夫斯这样如此注重简单的表面效应的作家，我们没必要在每一点上都去追究他的真实意图。也许正因为他并不一开始就熟悉希腊—罗马史学，以至于他会在不同时期过于注重仿效这样或那样的传统，而不是在形式和内容之间追求某种协调一致的解决办法。然而我们不能忘记的是，约瑟夫斯时代的希腊史学家大多较为平庸；即使约瑟夫斯有时会把波里比乌斯作为典范，但大多数他与之竞争和效仿的作家的作品如今都已经失传，而可以肯定的是，他们的水平都远在他之下[42]。

通过研究我们认为，如果下结论说《犹太战史》中的思想缺乏一致性是不公平的。书中一些有关原因和决定论的矛盾之处，可以用这方面很难找到问题的答案来解释。约瑟夫斯尝试调和犹太人的上帝主宰历史观认为政治事件的逻辑性对历史进程影响更大的希腊传统观念，这显示出了他的某种勇气。而以后的基督教史学家面临同样的问题时则采取了回避的方式，他们对已有的非基督教的史学形式采取了敬而远之的态度。虽然约瑟夫斯在某些领域的影响力不小，但在这一点上，他们并未照搬约瑟夫斯的模式[43]。

---

[41] 波里比乌斯 36.17；其他参考资料和讨论，参见 F. W. Walbank, *Historical Commentary on Polybius* vol.1(1957), pp.16-26。

[42] 关于约瑟夫斯熟悉同时代的史学写作主流特征，参阅 *BJ* 1.6-9, 13-16。

[43] 参见 A. D. Momigliano "Pagan and Christian historiography in the fourth century A. D.", *The Conflict between Paganism and Christianity in the Fourth Century* (1963), pp.79-94 = *Essays etc.* (n.21), pp.107-19。莫米格利亚诺间接谈及约瑟夫斯，但并未对基本的观点差异展开讨论。另见 R. P. Milburn, *Early Christian Interpretations of History* (1954, ch.4)。

约瑟夫斯努力想要应对的某些问题将成为历史长河中长期难以解决的问题，但我们也许可以认为，为了在他所处时代的背景下理解他字里行间的那些潜意识的主观臆断是最有参考价值的。约瑟夫斯作为犹太人的意识并没有缺失，然而，即使他的一些关于神学的言论，也是站在从前犹太统治阶级的特殊立场上发表的。那个阶级随时都愿意与罗马政府达成谅解，尽管他们与平民百姓之间仍然存在着某种内在的宗教共识，他们也随时准备与大众分道扬镳。很自然，他会将耶路撒冷的毁灭大多归咎于普通犹太大众的错误行为，《犹太战史》的神学氛围被转向了政治方面。此外，由于约瑟夫斯的政治阶层（及其与流散文化之间的强大的关联）在一定程度上追求融入希腊文化（参见第三章），以及与罗马政府之间的谅解，他在一部包含重大犹太主题，却通过希腊化的透镜来审视问题的希腊—罗马风格的史书中如此阐释犹太民族的失败，并非不合时宜。

第五章　犹太叛乱的组织结构

那些最早讲述第一次犹太叛乱之类动荡事件的人,多半都怀有个人目的。后来的历史学家也许都认为自己的写作是"客观公正的"(sine ira et studio),然而他们依据的却是当时那些带有个人色彩的史料;最为常见的是,连立场基本中立的资料也找不到。如果说约瑟夫斯的作品的确展现了一种绝无仅有的高度参与性,那么,与之俱来的还有他所刻画的矛盾冲突的尖锐性与激烈性,以及他身处其中的重要性。总的来说,这次犹太起义的历史纪录并没有什么特别与众不同的东西。然而,如今将作者鄙视为铁杆派系分子而不予接受已成为一种习惯;近来,人们对能否从他所叙述的事件中发现真正的历史事实这一点,表现得近乎绝望。

其中部分原因也许是由于人们对他的期望过高。事实上,他为我们提供的是关于这次起义的唯一的证据。塔西佗的《历史》中的相关内容大多已经遗失,剩下的只有第二卷和第五卷中少数几处引文,一段附带提及的、关于犹太人起源的开场白,接下来直接跳到提图斯开始攻城的第四章。自传作家苏维托尼乌斯对弗拉维王朝韦斯巴芗和提图斯在朱迪亚的命运有过一些评论,此外还有公元3世纪历史学家卡修斯·迪奥在关于围攻耶路撒冷事件的一段摘要中的四个相关段落。这里提到的每位作者在细节叙述上与约瑟夫斯都有出入,可见其资料至少有部分并非来自约瑟夫斯。但总的来说,这些细节描写都还没有达到让我们完全信任的程度,对约瑟夫斯也并未构成真正的威胁。除此以外,还有起义者发行的钱币,虽然具有宝贵的研究价值却让人费解。《塔木德》中有一些相关的逸闻趣事,但它们以晦涩著称。考古研究在许多地方都证实了约瑟夫斯有关地形的描述——当然,尤其是马萨达——考古研究也揭示了一些罗马人的行动踪迹,但不可能期待有更多的证据①。约瑟夫斯在该史学领域近似垄断的地位给我们的研究带来了

---

① Tac. *Hist.* 2.4, 5.1-13; Suet. *Vesp.* 4.5-6, 5.6, 6.3, 8.1; *Tit.* 4.3, 5.2; Dio, *Ep.* 35.4-7, 9.2. 塔西佗在耶路撒冷被困的人数问题上与约瑟夫斯有分歧,但尽管有这一点以(转下页)

一定的困难,但我们不能因此忽视这个事实,即约瑟夫斯的确在许多不同的方面满足了我们的需求。

由于约瑟夫斯在这场冲突中所扮演的角色而表现出的主观立场,在某些方面对我们来说是积极有利的。首先,因为他身临其境,无疑可以对某些事物观察得细致入微;其次,如果他的著作中包含强烈的偏见,那么偏见本身就很有意思,也可以为我们提供信息:由于他既在讲述事件,又在评论事件,而其著作本身通过文学媒介成为了两者的延伸。革命时期的思想观念在他充满激情的解读中回响。通过约瑟夫斯,我们得以知晓事件参与者中的一个群体对事件过程的反响[②]:他们最恨的是那些造反的同胞,正是他们对罗马人的反抗,以及对上帝犯下的罪孽导致了耶路撒冷的毁灭。

然而我们必须确认,我们研究的并非作者——尤其是这样一个常常具有独一无二地位的作者——所展现的、个人的、或许有些古怪的观点。他本可以构建出一幢复杂的大厦,通过指责他人来为自己的行为辩护;通过将事件描述成犹太历史上一件声名狼藉的事件,来洗脱自己与起义的干系。凭借运气或上帝的恩赐(约瑟夫斯自己也不能确定到底是什么)(*BJ* 3.391),他在战争中幸存下来,并且在战争结束时处于相当有利的状态。这些事情结束的方式众所周知:在加利利指挥战斗6个月后,他守卫的堡垒尤塔帕塔失陷;他打算投降,但遭到同伴们的强力制止;他反对他们集体自杀,最终没有遵守被迫与他们签订的自杀契约;他投降了罗马人,并预言韦斯巴芗会很快皇袍加身。当其预言成为现实后,约瑟夫斯立刻从囚犯摇身一变成为皇宫的座上宾,并伴随征服者攻打耶路撒冷的同伴。他在罗马就职并安顿下来,罗马人成为他的保护人。约瑟夫斯从而成为一个帮助从前的敌人并因此而领取报酬的人,他的观点完全可能取决于他在帝国首都宫廷内所处的位置。起义失败后,也正是在罗马,他开始撰写历史著作。有人可能认为,

---

(接上页)及其他两处小分歧,塔西佗的著述是唯一**可能**完全基于约瑟夫斯叙述的作品。关于他们之间的分歧,参见 M. Stern, *Greek and Roman Authors on the Jews and Judaism*, vol. 2(1980), p.3。关于考古研究,参见 Y. Yadin, *Masada: Herod's Fortress and the Zealots' Last Stand* (1966);可能成为证据的还有艾萨克(B. H. Isaac)和罗尔(I. Roll)的"A milestone of A.D.69 from Judaea", *JRS* 46(1978), pp.15-19 中关于罗马战后道路修建的叙述。苏维托尼乌斯称罗马行政长官弗洛鲁是死于非命(与塔西佗的说法不一样),称韦斯巴芗受伤的部位是在膝盖,而不是约瑟夫斯所说的在脚上。迪奥(Dio)说巴比伦的犹太人的确参与了暴乱,有罗马士兵逃向犹太人(并非不可能),并称提图斯也受了伤。关于钱币,参见本章边码139-140 和142 页。关于《塔木德》资料,参见本章边码132-133 和135-136 页。

② 特别参见85 页以降。关于作者与主题之间的类似性,参见 C. Hill on Clarendon, "Lord Clarendon and the Puritan Revolution", *Puritanism and Revolution*(1958), pp.199ff。

由于他的特殊情况，也许他不能成为一个可以超越自身心理影响的目击证人。

但约瑟夫斯是不是在所有重要方面都那么与众不同呢？毋庸置疑的是，他描写自己在战争初期有朋友也有同盟：有时他会与其中一些人意见不合，但他并不是一个孤家寡人。他描写一些犹太名流和他一样采取了温和的立场，其中著名的有大祭司哈拿努和约瑟夫斯家的朋友约西亚·本·加玛拉——和约瑟夫斯不同的是，他们两人都是死于自己的信仰，或者说他们不如约瑟夫斯识时务（见本书边码第82页）。这段叙述与其他对战争期间犹太政治的详尽、清晰地讲述融为一体，如果我们觉得这段叙述合情合理——这当然是基于我们对人类行为和政治事件逻辑的认识——我们必须承认这并不是一派谎言：任何有着正常思维的作家都无法编造出这样一个周密的谎言。也许只有将约瑟夫斯看作是叛徒的前提下，才可能将其想象成一个撒得出如此弥天大谎的作者。事实上，我们的情况并非完全那么悲观，我们不需要做出严酷的选择，既不需要或多或少轻信约瑟夫斯而照搬他讲的故事，也不需要对他持全盘否定的态度③。作为史学家，约瑟夫斯提供的叙述即使没有别的优点，至少完整而详细；从他对相关事实的分析中，我们可以看到完整而真实的画面。以约瑟夫斯的故事为基础来重构历史，再用它来支持或解释约瑟夫斯，我们似乎进入了一种循环论证之中；但如果约瑟夫斯所提供的不是为证明某种观点的严谨论证，而只是一种将多维拼图凑在一起的设想，那就不存在逻辑上的问题了。

我们发现，约瑟夫斯关于反叛的叙述有三个重要主题：第一，暴动的根源。他追溯了罗马人管理的失误、反叛者的放肆，以及犹太统治阶层履行调停职能时表现出的无能等。他把犹太统治阶层在政治效率方面的低下及其忽冷忽热的态度归咎于犹太两派过于固执己见，而没有归咎于调停者。尽管如此，他至少承认后者的确有弱点。第二，尽管《犹太战史》在形式上是围绕着罗马—犹太关系展开的，并且的确包括了许多罗马战役的叙述，但书中最突出、最生动的部分还是作者对内部问题的关注；更有甚者，他之后的《自传》关于这次战争的所有讨论几乎都与犹太各派系之争有关，罗马人的确已

---

③ 科恩(S. J. D. Cohen)在他最近的著作 *Josephus in Galilee and Rome*(1979), p.181 中就持这一态度，但他最终设法从约瑟夫斯的作品中获得了大量信息。关于更为极端的观点（对科恩的批评）见莫林(H. R. Moehring), *JJS* 31, 2, 1980, pp.140-2. 最极端的观点见 Y. Baer, "Jerusalem in the times of the Great Revolt", *Zion* 36(1971), pp.127-90; 37(1972), p.120(希伯来文，英文摘要)。关于叛徒与说谎者之间的关系，参见 P. Fornado, *Flavio Giuseppe, Tacito e l'impero*(1980), p.7.

经不在他的视线之中了。第三,他常用的希腊词语"stasis"已表明,并且他也清楚地展示了犹太人分化为两派的事实④。

当然,约瑟夫斯并没有低估自己民族反抗罗马人的能量。比如,就他的立场而言,他对马萨达英雄的描述表现了出乎意料的热情(见本书第八章边码第219—221页),但《犹太战史》中最富有活力的成分和阐释的重点还是"奋锐党"(广义)与其他犹太人之间的冲突。他描写了两种截然不同的现象:叛乱一开始就引发内战,在公元66年秋季到70年春季的三年半中⑤,这两种战争同时发生;有时以这种战争为主,有时又以另一种战争为主。此外,矛盾冲突实质上存在于两个方面,战争初期,包括约瑟夫斯在内的、即将成为核心集团的活动也说明了这一点。和其他革命一样,当战争继续下去时,内战的形式发生了变化。内战的制造者及其追随者之间产生了无休止的派系冲突;这种冲突在70年代的耶路撒冷占了主导地位,约瑟夫斯称之为"三方战争"(*BJ* 5.2)。但这个发展形势并没有使约瑟夫斯忽视这个事实,即叛乱者中存在着一定程度的共同的根本利益。

犹太统治阶级的衰亡(这是约瑟夫斯的第一个主题,即使他本人的宗派立场不允许他如此表述)是反叛与内战的连接点。由于他们没有如人们所期待的那样履行诺言,极大削弱了他们对民众的控制力;接着,反抗罗马人的战争爆发,驱使人们拿起武器,诉诸暴力;接下来,这些武器很可能就势转过来对准那些更加无处不见的,而且往往是更可恨的同胞中的敌人(参见 *BJ* 7.255)。

这是约瑟夫斯引导我们得出的解释。我们可以先从稍广阔一些的社会视角来思考巴勒斯坦社会内部犹太上层人物的命运;然后再通过仔细分析战争的起始,以及那些很快——尽管不是马上——导致犹太上层集团土崩瓦解的各种事件来评价这种解释。

我们也许需要更为严密的定义。我们所谈论的上层集团,是一个自马卡比起义后200多年来,在个性和与外界关系方面一直易于变化的阶层。我们已经提到,在约瑟夫斯时代,这个集团的成员大多是希律王朝庇护的对象,也是希律对其前代哈希芒王朝敌意的产物,但部分根源延伸得更久远。正如约瑟夫斯所称,吹嘘自己的哈希芒王室出身对他有利⑥。此外,尽管人员组成会有所改变,但朱迪亚社会(如果加利利不算的话)的权力结构,至少

---

④ 关于这些主题的讨论,见本书第四章相关内容。
⑤ 关于日期问题,参见 *BJ* 2.528、555、5.277、302:派系联合,罗马人摧毁耶路撒冷第一道城墙。
⑥ 参见本书边码21页。有关约瑟夫斯身世的相关内容,参见本书边码15页。

从哈希芒王朝统治后期,即公元前 100 年左右以来一直比较稳定。朱迪亚社会一直存在着一个松散的、关系并不十分紧密的集团。这个集团的核心成员首先是显赫的大祭司家庭和其他一些有钱的祭司,其次是与他们有关系的大地主、宫廷官员等;他们支持同时也受益于那些君王⑦。同样,我们正是要在哈希芒王朝时代去寻找这一新集团形成的根源。新集团的形成使得各种不同人群不认可上层社会,尽管当时他们的社会和政治势力正处于上升期。当时在犹太社会中明显出现了一群不同的特权人物,他们逐渐比那些正式的、实质上的掌权者获得了更多的拥戴。对此我此处不作深入讨论。

从约瑟夫斯的派系选择中,我们窥探到一些 1 世纪时期犹太教分裂和多元的状况⑧:人数不一、自给自足的各种群体拥有自己的权威人士,也许还拥有独立的阶层结构,拥有有意避开其他群体的封闭的生活方式;拥有对犹太宗教,尤其是对《圣经·旧约》的隐秘诠释等。在这方面我们目前了解得最多的是库姆兰派(Qumran sect),他们称自己为"yahad",即社团(community)。这个宗派的特殊之处在于他们不接受耶路撒冷圣殿和大祭司,而以自己的祭司和想象的圣殿来取代前者。他们使用自己的历书,创造出了独特的"末世学"。库姆兰派并非一个祭司小团体,因为这个社团中既有男人又有女人,只有部分人是单身。事实上他们是一个完整的、另类的社会。该社团的图书馆既有社团文献,也有广为流传的《圣经》、《次经》和伪经作品⑨。与此相同,耶稣基督的教义基础为犹太教,但却从中演化出一套独特的伦理表达方式,拒绝犹太旧秩序下的政治和精神权威。"耶稣来到圣殿,祭司长和一些犹太人前来质问他:'你凭什么在这里捣乱呢?是谁授权你这样做的?'耶稣回答道:'我也有问题要问你们。你们回答我,我才答复你们。约翰的洗礼是照上帝的旨意还是照人的意思呢?'"(《马太福音》21:23—27;《马可福音》11:27—33;《路加福音》20:1—8)。此外,值得记住的是,约瑟夫斯描述过的犹太主要的宗派(haireseis)也都有着他们自己的培训课程和入

---

⑦ 参见 M. Stern, "The Jewish People in the First Century", *Compendia Rerum Iudaicarum*. vol. 2(1976), p. 566。

⑧ 本书边码第 37 页。另参见 R. A. Kraft, "The multiform Jewish heritage of early Christianity", *Studies for Morton Smith*, ed. J. Neusner, vol. 3(1975), pp. 188-99。也可参见 P. Vidal-Naquet, *Flavius Josephe ou du bon usage de la trahison* (1977), pp. 72ff., 106ff. 其中作者奇怪地尝试以这种犹太教多元现象来解释叛乱中犹太反叛者中的分裂现象。

⑨ 关于该社团的婚姻与独身问题,参见 Schürer-Vermes-Millar-Black, 第 2 卷,第 570(尤其是注释 55)、578 页。关于该社团的藏书,见 J. A. Fitzmeyer, *The Dead Sea Scrolls: Major Publications and Tools for Study* (1975)按来源和类别列出了已出版的文献,并附有书目。

会程序；我们也别忘记，像他本人那样有着优越的社会关系的青年，也曾认为有必要经历所有宗派的训练，因为不同的教育体系会产生不同的价值观体系。

我们发现早期的拉比文献提及与该时期相关的"havurah"，或是"朋友联盟"。从理论上看，所有犹太人，只要发誓履行某些义务，严格遵守仪式性要求，尤其是与饮食洁净仪式、缴纳什一税有关的规矩，都可以成为其成员。不管这样的联盟采用什么样的具体形式（有时这种形式不过是要求追随某种家庭行为而已），至少在他们的心目中，联盟成员或"朋友"（haverim）与社区的其他人——他们称之为"amei ha-aretz"（本国人）的人——是有所区别的。似乎犹太家庭也一度因为成员间的差异而分裂，这个问题即使属于早期历史，以上内容还是很有依据的。谈到细节，我们在《密西纳》及《托斯夫塔》相对应的篇章中发现了与成员行为有关的、复杂的待遇差别和规则，但这些东西极有可能与1世纪70年代前的情况没有什么关系。同样，我们也很难接受这种加入联盟的仪式要分不同阶段进行的观点。这个观点往往用来解释文献中出现的自相矛盾之处⑩。关于这些问题的疑问在此处无关紧要。"havurah"也许是一种法利赛机构，尽管有些人连这个观点也表示怀疑⑪。不管是否如此，值得注意的是，法利赛人的确有些与众不同。他们的名称"perushim"也确是源于他们的分隔状态，这个名称意为"分隔开的男人"。有观察者敏锐地指出，不管这种"分隔"是指与其同胞分隔，还是与不洁净隔离，其实际的社会隔离效果都是一样的⑫。

这种犹太民族内部的多元现象可以追溯到很久以前，早期的原动力可能来自哈希芒（马卡比）王朝。哈希芒王朝起源于革命，其政权很快得到巩

---

⑩ 参见 J. Neusner, "The Fellwoship (Haburah) in the Second Jewish Commonwealth", *HThR* 53(1960), pp.125-42；关于文献中的矛盾说法，见131页，注释46。关于"havurah"的一般概念，参见 J. Neusner, *The Idea of Purity in Ancient Judaism* (1973), pp.64-71。参见 A. Oppenheimer, *The Am Ha-aretz* (1977), ch.4。关于该社团文献，参见 S. Lieberman, "The discipline in the so-called Dead Sea Manual of Discipline", *JBL* 71(1952), pp.199-206=*Texts and Studies* (1974), pp.200-7。意思为宗教团体成员的"*hbr*"也可以用于其他不同的语境，如哈特拉（Hatra）非犹太人中的成员等。J. Teixidor, *The Pagan God* (1977), p.6, n.8。

⑪ E. Rivkin, *The Hidden Revolution* (1978), pp.162ff.

⑫ 参见 Schürer-Vermes-Millar-Black，第2卷，第396页。福音书暗示，到那时，被称为"犹太法学家"（Scribe）的个体差不多与法利赛人已经融为了一体。Jeremias, *Jerusalem in the Time of Jesus* (1969), pp.233-45持同样观点。但也有一些人持不同观点，认为由于法学家们强调学习律法，所以和其他的法利赛人还是不同，如比克曼（E. Bickerman）在 *The Jews, their History, Culture and Religion*, ed. L. Finkelstein(1949), p.49 中称他们为"intelligentsia"（知识阶层）。也参见 J. Neusner, *Early Rabbinic Judaism* (1975)。

固。该王朝经历了希腊化,越来越不得人心,王室成员因为自称大祭司而铸成大错⑬。几乎可以肯定,库姆兰派想象中的社团开创者"公义教师"(Teacher of Righteous)的头号敌人"邪恶祭司"(Wicked Priest),就是一名哈希芒王朝的统治者,并且可能就是指哈希芒王朝早期的统治者之一、大祭司乔纳森(Jonathan,公元前153—前152年)⑭。一些人将法利赛人追溯到马卡比战争中的"hasidim"(正义之人、圣人)⑮。如果说这种说法有太多猜测的成分,至少有一点很明显,法利赛集团是在反对约翰·赫卡努斯(John Hyrcanus,公元前135—前104年)的过程中逐渐形成的。他们主要是针对他占据大祭司这一位置而反对他⑯。有趣的是,赫卡努斯似乎为了巩固他的影响力而宣称自己具有先知的能力⑰。亚历山大·詹纳尤斯统治时期(公元前103—前176年)爆发了一次大的内战,约瑟夫斯把这次战争归咎于国王和法利赛人领袖西门·本·谢塔(Simon ben Shetah)。尽管那时追随法利赛派的人显然已经很多⑱,但就宗教意义来说,他们的宗派性及分裂倾向显然延续着。亚历山大的遗孀萨乐米·亚历山德拉王后不得不和他们和平共处。但在希律王长时期的统治中(公元前35—前34年),一种新的模式建立起来:希律以一种不同的方式削弱大祭司的地位。他不是通过自己占据其位置的方式,而是通过任免大祭司来达到他的目的。尽管国王尝试过对法利赛人表示种种敬意,但出于某种原因,法利赛人仍然拒绝接受他⑲。王室转而到处散布流言,说一个艾赛尼教派的先知在希律还是孩童时就看出他将来要做国王;对这个所谓的艾赛尼先知的吹捧使人怀疑,希律王室也

---

⑬ 然而,莫顿·史密斯有关他们起源的解释完全是从意识形态角度出发:参见 Morton Smith, "The Dead Sea sect in relation to ancient Judaism", *NTS* 7(1961), pp.347-60,他认为宗派分裂(Schism)是允许世俗政权凌驾于法律之上的自然结果。对于莱文(L. I. Levine)近期从政治的角度对此的解读,参见其文章 "The political struggle between Pharisees and Sadducees in the Hasmonean Period", in A. Oppenheimer, U. Rappaport, M. Stern(eds.), *Jerusalem in the Second Temple Period: Abraham Schalit Memorial Volume*(Jerusalem, 1980;希伯来文加英文注释),第 61-83 页。

⑭ 参见 G. Vermes, *The Dead Sea Scrolls: Qumran in Perspective*(1977), pp.142-56(带书目)。

⑮ 里夫金已引文献(同本章注释11)。

⑯ *AJ* 13.288-98。拉比文献不能确认是约翰·赫卡努斯还是亚历山大·詹纳尤斯(Alexander Janneus)第一个与法利赛人决裂。阿隆(G. Allon)试探性地根据该文献不接受约瑟夫斯的说法:参见其文章 "The attitude of the Pharisees to the Roman government and the House of Herod", *Scripta Hierosolyitana* 7(1961), pp. 53-78 = *The Jews, Judaism and the Classical World: Studies in Jewish History in the Times of the Second Temple and Talmud*〔翻译:亚伯拉罕(I. Abrahams)1976〕, pp.18-47。

⑰ *AJ* 13.282-3; *BJ*. 1.68-9。拉比文献则说他在圣殿中接收到来自上天的启示。

⑱ 根据人数判断,他们可以继续有组织地对抗亚历山大:约瑟夫斯称在一次6年战争中,5 000犹太人被杀(*AJ*.13.376)。

⑲ *AJ* 15.368-70, 17.42-51;参见阿隆已引文献(注释16)。

遇到了什么麻烦(AJ.15.373—379)。最终,希律王之死引发了暴力骚乱,从许多方面来看,这些骚乱都是大反叛的前奏。爱西加斯之子犹大(Judas son of Ezekias)的活动也始于这段骚乱期,这人十有八九和具有起义倾向的、被称为"第四哲学"的创始人犹大是同一个人(参见本书边码第115页)。

如果我们现在就试图解释犹太人的多元主义,而追溯它的发展轨迹的话(或者发展中的一些要点),那么可以将它看作是在文化与政治的压力下产生的一种现象。首先,当时希腊文化是围绕在犹太人身边不可抗拒的力量,这股力量在起始阶段由于巨大的文化差异而极富挑战性;接着是罗马帝国的征服,以及随之而来的副产物———一个附庸王室的出现。这种情况下很可能孳生出"复合社会"。这种社会的形成一方面由于外来思想和新机制的吸引力和压迫力;另一方面,在这样的情况下,通常会有一些不同背景的新人口随之混杂进来。这样的社会从结构上来说就是多元的,存在着不同的价值体系。新价值体系的形成需要时间,然而到了一定的时期,对老的政治当权者的挑战势必兴起,因为旧势力的建立并没有得到广泛的尊重和认可[20]。

按马克斯·韦伯(Max Weber)的说法,富有魅力的领袖人物在这样动荡的过渡时期会迅速成长起来[21]。韦伯对个人魅力与传统的或者"官僚的"制度所决定的政权形式进行了有价值的对比[22]。这样的领袖人物尤其在巴勒斯坦犹太地区层出不穷,因为那里有着典型的、能够确定产生这种权威的宗教号召力。我们有足够的证据证明,那个时期的确存在着这样的领袖人物。我们发现的是,在传统的犹太精英圈子之外传达独特的教义,明显需要通过诋毁当权者名声从而让自己得到认可的人。不可否认,耶稣的所作所为在某些方面符合这样的描述。我们发现库姆兰社团中那位身影模糊的"公义教师",以一种类似的方式,对顽固不化的旧以色列提出了教义革新。

---

[20] 人类学家专注于研究受较为复杂的社会影响的、相对简单的社会形式。我们不希望把希腊化之前的中东,尤其是巴勒斯坦称为原始社会,但这种模式在某些方面似乎可以借鉴。参见 A.R.Radcliffe-Brown, *Structure and Function in Primitive Society* (1952), p.202ff. 关于威望对于重要政权必不可少这一点,参见 P.Veyne, *La Pain et le Cirque* (1976), pp.110-15。

[21] 参见 *Economy and Society*, (G.Roth, C.Wittich, 1968), pp.241-54; IV-57。韦伯(Weber)的观点尽管有问题,但对我们仍然有帮助,关于这一点,参见 P.Worsley, *The Trumpet Shall Sound* (1968)的"序言"部分。韦伯有关"制度化的个人魅力"观点中前后矛盾的地方,与我们这里讨论的问题无关。

[22] 参见 N.Cohn, "Medieval Millenarism: its bearing on the comparative study of millenarian movements", in S.L.Thruppled, *Millenial Dreams in Action: Comparative Studies in Society and History*, supply. 2(1962), pp.32-43。

他和他的群体所受到的"邪恶祭司"的迫害,形成了这个宗派对诸如《哈巴谷书》(Habakkuk)之类书籍独特阐释的核心㉓。通过文献记载,"公义教师"在这个宗派的数代人中保留着鲜活的形象。与此同时,可以肯定,库姆兰古卷揭示的这个社团组织,几乎没有给"公义教师"可能的继承者、某位杰出的精神领袖留出任何执掌权力的可能性,除非那人是这个宗派的大祭司:他们对那位"教师"(Teacher)的忠诚可能是他们表达怀念的主要形式。无论如何有一点很清楚,耶稣与库姆兰两个例子都说明,人们是通过将宗教教义置于精心设计的、对来世充满期盼的气氛之中使之得以强化的㉔。此外,这两个例子都说明,宗教教义在很大程度上都是以典型的犹太风格来交流的:即通过对《圣经》的阐释或见证,抑或引用经文来完成这种交流。不同的是,那位"教师"是真正在阐释《摩西律法》,而耶稣大多数时候却在否定《摩西律法》。

类似前面提到的那两位人物,魅力领袖最显著的特征即他们的影响力仅限于某个有限的圈子之内,似乎很难超越那个圈子。如果不是死海的考古发现,我们对"公义教师"一无所知;同样,如果依赖约瑟夫斯,我们对耶稣也几乎一无所知㉕。对于某些人最重要的东西,对另外一些人来说几乎不值一提。

如果说库姆兰派只回首一位伟大的宗师,那么法利赛人则有许多宗师——假设我们认为拉比文献中的"圣贤"(Sages)即法利赛"教师"的推测是正确的话(见本书第一章注释 62)。也许在拉比犹太教出现(公元 70 年后)之前,没有人会厚颜无耻地宣称自己能精确解读早期权威们的言论㉖。但如果没有将某种权威的论断归功于某个个体的习惯做法,就不可能有整个拉比文献形成的过程。《密西纳》中最著名的论文集是《阿伯特》(Avot),即《先贤篇》(Fathers)。其中前四篇收集了公元前 200 年到公元 200 年(或这之前不久)间的道德规诫。这些规诫显然都出自有名有姓者,都是他们在对其信徒们发表演说时的言论。在一段时期内,大约从公元前 2 世纪中叶开始,拉比的教师们组成五对进行辩论,每对两个成员在争论中都站在对立的立场:在一个口传律法的基本内容通过辩论形式得以发展的阶段,这样的

㉓ *Commentary on Habakkuk*。英文版参见 G. Vermes, *The Dead Sea Scrolls in English* (1965), pp. 235-42。

㉔ 关于耶稣与"公义教师"的相似之处,参见 G. Vermes, "Jewish studies and New Testament interpretation", *JJS* 31.1, 1980, p. 11。

㉕ 参见:维达尔拉奎特已引文献(与本章注释 8 同),第 72 页以后。,106 页以后。

㉖ 见 J. Neusner, *The Rabbinic Traditions about the Pharisees before* 70, 1-3(1971),尤其是第 143-179 页。

二元结构看来的确很合理。尽管这些人物被描写为古犹太最高法院(Sanhedrin)的头目㉗,但在他们获得任何形式上的权力之前,他们的道德权威肯定早已确立。先贤们去世之后,随着他们道德权威的增长,他们言论的权威性也在下一代人心中得到强化。此外,在早期的(如果不是更早的话)拉比犹太教文献中㉘,摩西本人已经成为人们认为值得传播的所有教义的最高、最权威的来源,也因此为以后的权威论述提供了一个无可非议的支持。研究圣贤思想的乌尔巴赫(E. Urbach)将他们描述为与古代以色列先知地位相等的人。和他们一样,先知们的特殊活动也不要求任何官方职务作保障。这一点在诸如第一批拉比教师中最伟大的希勒尔(Hillel)等人讲述的故事中恰如其分地表现出来:"有一次当圣贤们进入耶利哥(Jericho)谷阿攸(Guryo)的一所房子,他们听到天上传来一个声音说:'这里有一人是名副其实的圣灵,但其他人不是。'于是他们都看着希勒尔。㉙"

在乌尔巴赫看来,圣贤是靠智慧而非个人魅力来领导人们。他这样说是因为他仅用了"魅力"(charisma)这个词的较为狭隘的含义,而不是我们这里所理解的词义。近来,宗教历史学家颇为关注用"charisma"这个词指那些被认为与神有直接联系的人——那些奇迹创造者(miracle-workers)、巫师和给人治病的人。公元1世纪的犹太教也包含许多这种特殊现象的例子。最近有人作画,生动地描述了两位奇怪的人,他们的名气显然使他们在通常敌视他们的拉比传统中留下了一些痕迹。其中一人是"画圆圈者"霍尼(Honi the Circle Maker)。画中的他与上帝如此亲近,甚至可以胁迫上帝制造雨水,并且不达目的绝不动摇;另一位是汉尼拿·本·多萨(Hanina ben Dosa),他在全神贯注祈祷时被毒蛇咬了一口,然而他却安然无恙㉚。

被约瑟夫斯称为"第四哲学"的反罗马运动,按照他的说法,运动始于法利赛的一个支派。他对这个支派发展的阐释,建立在该支派一个接一个的领袖人物命运的基础之上,这几乎等同于大祭司或法利赛教师的传承。不同的是,这个支派领袖地位的承袭都发生在一个家族内部。创始人伽玛拉的犹大(Judas of Gamala, or Gaulanitis),也许与约瑟夫斯笔下的"土匪埃

㉗ 根据《密西纳》Hagigah 2.2。
㉘ 纽斯纳已引文献(与本章注释12.26同),第84-85页。纽斯纳的 From Politics to Piety (1979),第六章以简洁的文字解释了他认为摩西的权威论述源于稍晚的雅弗尼(Yavne)的原因。
㉙ 见 E. E. Urbach, The Sages: their Concepts and Beliefs (transl. I. Abrahams; 1975), pp. 564-76。关于希勒尔:Tos. Sotah 13.3;TPSot. 9.13, 24a;TBSot. 48b。参见纽斯纳已引文献(同本章注释28),第13页。
㉚ 参见 Vevmes, Jesus the Jew (1973), pp. 65-78 中的参考资料和关于资料来源的讨论。

西加斯之子犹大"(Judas, son of the bandit Hezekiah)是同一个人,其父亲及其同伙都被年轻的希律王所杀。这位父亲一定已经具有相当的号召力,因为犹太最高法庭就是以谋杀此人为罪名审判希律的㉛。据称犹大本人的追随者众多,尤其是年轻人。他的儿子詹姆斯和西蒙,在罗马皇帝克劳狄乌斯一世和行政长官提比利乌斯·尤里乌斯·亚历山大时期被审判,并以十字架刑处死(AJ. 20. 102)。他另一个名气更响的儿子梅纳罕(Menahem),在公元66年被杀害之前曾是"匕首党"(sicarii)的头目。他被有趣地描写为"sophistes"(律法教师),在一群忠实信徒的武装护卫之下衣着华丽、狂妄自大地出现在圣殿参加宗教庆典㉜。

将爆发反罗马的叛乱简单归咎于一群具有影响力的个体的行为没有问题。在叛乱初期,第二圣殿时期那些制度外的领袖人物的活动与公元66年的事件之间的联系是间接的。我认为他们之间的联系,在于他们让人们习惯于无视或挑战他们的领导人。当叛乱演变为革命时,那些强大的非官方领袖的作用就清晰可见了。也许,梅纳罕成为其中之一并非偶然㉝。

战争在耶路撒冷和恺撒利亚两座核心城市发生。和其他战争一样,这场战争的到来似乎纯属偶然。它的起因都是一些本身并无特别之处的冲突。对于这一点,约瑟夫斯也有评论(BJ. 2. 285)。恺撒利亚的犹太人寻求支持的诉求被皇帝驳回,这使得那里的犹太人和希腊人之间的矛盾升级,再加上弗洛鲁逮捕了当地一些有名望的犹太人(参见本书边码第73页以降)。接着,耶路撒冷对此作出的同情反应,被弗洛鲁的一次也许不相干,但却特别不合时宜的做法转变为一次爆炸性行动——弗洛鲁从圣殿金库中拿走了17他连得(talents)黄金去支付帝国的某些费用,还调来大批军队给这一行动撑腰。犹太领袖们试图为闹事者求情,后来又不愿合作供出闹事者,从而使弗洛鲁大为光火。弗洛鲁的态度可能使犹太人抱成了团,但随着双方对峙持续下去,犹太各团体在如何应对行政长官的态度上产生了明显分歧,他们之间的鸿沟越来越大:在罗马军队留下了几具尸体向城北逃窜之后,民众

㉛ AJ 14. 158ff; BJ 2. 56, 118; AJ 17. 271-2, 18. 2-10, 23。M. Hengel, *Die Zeloten* (1961), pp. 336-40。M. Stern, "Sicarii and Zealots",选自 *World History of the Jewish People* vol. 8, *Society and Religion in the Second Temple Period* (1977), pp. 266-71。E. M. Smallwood, *The Jews under Roman Rule* (1976), p. 153, n. 40 中基于年代的反对意见并不影响此处身份的确定,尤其是并没有证据证明伽玛拉的犹大是在公元6年被杀的。

㉜ BJ 2. 433-40, 444-8。在444页,他的支持者被称为"zēlotai",即"狂热派";这个词语在此处并非用作专业术语,很清楚,并不是用来指"奋锐党"。

㉝ 维达尔拉奎特称这样的首领为"rois chauds"(热血领袖)(而一般的统治者是"rois froids",即"冷血领袖")已引文献(与本章注释8同),第87-95页。

被激怒了，下决心反抗，而犹太领导人则将民众越来越绝望的情绪引向卑躬屈膝的请求。他们的意见分歧中，一个不大却很关键的问题是，他们是否应该对第二批到来的罗马军队表示欢迎。弗洛鲁命令军队从恺撒利亚开来，对犹太人的欢迎却视而不见；很明显，犹太人的欢迎遭到了罗马人的羞辱都如时发生。煽动者鼓动反抗弗洛鲁的时机到来了，而拥有骑兵作后盾的罗马军队再次攻击民众的时刻也到来了。然而，当弗洛鲁因为他的军事指挥总部和圣殿之间的门廊遭到严重损毁而烦恼继而撤出耶路撒冷时，犹太领袖们承诺维护社会秩序。只是在当时已十分狂躁的民众的压力之下，他们才愿意考虑仅有的一种行动方式，就是在弗洛鲁背后用语言批评他：他们先是给叙利亚总督写了一封信（另一封信是贝蕾尼丝王后写的），然后在与总督的代表会晤时表达了这种批评。但当民众要求上书罗马皇帝本人时，弗洛鲁忍无可忍了，他在一次表示安抚的和平演说中强硬要求民众保持克制。

这是约瑟夫斯清晰描述的故事。我们在故事中发现，在政治行为模式和反对罗马挑衅中始终保持统一战线的问题上，这群人有着迥然不同的观念。或者说在那些令人不安的日子里，早已存在的分歧变得愈加严重。诚然，约瑟夫斯的确说过，民众建议派代表去见尼禄的目的，是为了通过谴责弗洛鲁一人来表明他们没有造反的用心，但他对这番动机的解释也有可以怀疑的地方（只是动机，而没有实际发生）。很明显，犹太民众的怒火已经被煽动起来了。此外，阿格里巴国王泪流满面地劝诫人们说，他们如此轻率的行为正把自己推入与罗马人的战争之中，这番话只会给事件火上浇油。更有甚者，他尽职尽责地征收了一次拖欠的贡品，公开表露了与罗马人情感，这座城市因此愤怒地将他驱逐出境。与此对抗，他派遣官员和显贵去面见此刻身在恺撒利亚的弗洛鲁，以帮助这位总督从乡村征收拖欠贡品。显然他得到了对方的支持。

事实上，构成对罗马宣战的行为，是拒绝在圣殿里继续以罗马皇帝的名义进行一日两次的常规祭祀。大祭司、权贵以及祭祀权威们曾强烈反对此举，坚持祭祀不能停止[34]。正如约瑟夫斯指出的那样，尽管在这个问题上的争论多多少少还算有序，但可想而知，这件事直接引起了犹太两派的对峙。反叛者将根据地设在城南和圣殿，敌对的一方则占领了城北。正是在这次对峙中，亚拿尼亚的房子、阿格里巴和贝蕾尼丝的宫殿，以及藏有债权人契

---

[34] *BJ* 2.409；参见 2.197；*CA* 2.77；Philo, *Leg.* 157。根据约瑟夫斯而不是斐洛的说法（斐洛在这一点上可能有错），祭祀的费用是犹太人自己出的。关于此类祭祀符合犹太传统（法利赛—拉比传统）的表述，参见 C. Roth, "The debate on the loyal sacrifices, A. D. 66", *HThR* 53(1960), pp.93-7。

约的档案等都被蓄意地付之一炬。按约瑟夫斯的说法,穷人把矛头指向了那些富有的人(BJ.2.426—427)。

罗马的压力加剧了这道裂痕,但如果没有原因就不会有裂痕,在约瑟夫斯看来,这是犹太社会固有的特征。他理所当然地认为,大祭司和其他重要人物与普通老百姓的行为不会一样。显然,这个区别与我们称之为上层社会——正如他所说,他们拥有的财产使得他们更希望和平——和下层社会的区别一致。深入探讨这个问题有些冒险,一方面缺乏证据,另一方面很难界定什么是合适的范畴。有些人认为,在古代,社会地位的差异比阶级差异更明显㉟。但他们也承认,至少从笼统含义上,按上层阶级和下层阶级的划分来描述社会是不可避免的。我们如何从马克思(Marx)那里找到一个适用于那个时代的概念,也是一个既棘手又有趣的问题㊱。不管怎样,就目前而言,我们已经很清楚也足够认识到的一点是,古典时期希腊内部和罗马属巴勒斯坦内部激烈的争执,有太多不仅发生在重要和次要公民之间,而且发生在富人和穷人、有产者和无产者之间。尽管亚里士多德和约瑟夫斯在各方面大相径庭,但他们对这一点都非常清楚㊲(其他著者就更不必说了)。

我们在第一章中已经对耶路撒冷的富裕阶层作了一个简单描述(见边码第 22—26 页)。即使对这样的人,我们也有许多想要了解但也许永远也不可能知道的东西。比如,富人的大宅究竟有多大？穷人对此的认识——多半是我们从福音书的寓言中所得知的——通常比较模糊。再说,我们不清楚大地主大多住在城里、外地,还是一般住在他的某处宅邸里㊳。帝国各处发现过几份跨越约 400 年的残存的土地登记册。基于此所作的定量研究表明,不管在哪里,大面积的土地财产都掌握在富人的手中:不仅最大和最小的土地拥有者之间差异巨大,而且每一份列表中最大的一份地产在总地产面积中所占的比例也高得惊人。尽管看起来东部比西部有更多的小土地

㉟ 参见 M. I. Finley, *Ancient Economy* (1973), ch. 2;同时参见 S. C. Humphreys *Anthropology and the Greeks* (1978), pp. 73-5。

㊱ 关于对马克思主义的不同应用,参见 J-P. Vernant *Mythand Society in the Ancient Greece* (1980),第 1 章(transl. J. Lloyd); G. E. M. de Ste. Croix, "Karl Marx and the history of Classical antiquity", *Arethusa* 8 (1978), pp. 7-42。E. M. & N. Wood, *Class Ideology and Ancient Political Theory* (1978), pp. 41-64 和 R. A. Padgug, "Classes and society in ancien Greece", *Arethusa* 8 (1975),尤其是 97—100 页,混淆地使用"地产主"(estate)这一术语来指代一个尚未完全成型的阶级。

㊲ 参见克鲁瓦已引文献(与本章注释 36 同),第 23-25 页; R. MacMullen, *Roman Social Relations* (1974), ch. 4;韦尔南已引文献(与本章注释 36 同),第 12-13 页。

㊳ 麦克马伦强调的一种现象,已引文献(同上),第 5、15、20-21、23 等页。

拥有者幸存下来，但两地的差异也许微乎其微㊴。在此，研究者们至少避开了主观的、对文字资料有限的认识。但这些解读是否对认识公元1世纪时期巴勒斯坦富裕的土地拥有者有帮助却十分令人怀疑。

要了解其他几乎没有留下任何文字记载的人就更难了。对于一般农民的地位我们一无所知。不知他们中大多数人是不是独立的农民或佃农，或必须去市场等候工作机会的雇佣劳动力，或者甚至是罗马帝国东部一些行省中常见的那些债务奴隶，正如《马太福音》的寓言故事中那些与妻儿一块被卖掉的、不幸的债务人一样㊵。我们无法估量"什一税"和其他税对个体生存的影响，不知道穷人到底有多穷。考古研究也许有帮助，但对这个地区居住模式的调查几乎还是空白，并且这种研究也不能回答所有问题。目前在朱迪亚、撒马利亚以及加利利西部，的确有一些有趣的证据表明该地区曾存在大型集聚村落和设有防护的农场。这些村落和农场有时与重要的墓葬群相关联，这些发现可以告诉我们关于土地主人的一些情况。尽管如此，这些发现却不能确定那些附属于这些集聚村落的农民状况㊶。此外，更重要的是，反抗罗马统治的起义源于城市，我们需要了解的是穷苦的乡下人与城镇的关系。至于城镇，值得注意的是，据约瑟夫斯记载，他在叛乱期间观察到其他地区也发生了类似耶路撒冷的社会分裂。不过，耶路撒冷（必须是我们讨论的焦点）在某些方面是个特例。因为耶路撒冷的宗教崇拜从大卫时期起就是朱迪亚地区的共同财富。这个地区建有特别发达的道路交通体系，供农民们节假日和其他时间使用。在这里，农村和城市一定有一种特别

120

㊴ 参见 R. P. Duncan-Jones, "Some configurations of landholding in the Roman Empire", in M. I. Finley (ed.), *Studies in Roman Property*(1976), pp. 7-33。

㊵ 参见《马太福音》18. 23-35 中关于欠债仆人的故事。关于一般的债务奴隶，参见 W. E. Heitland, *Agricola*(1921), pp. 209ff;麦克马伦已引文献（同本章注释 37），第 31、51-52 页等;P. Garnsey, "Non-slave labour in the Roman world", *Cambridge Philological Society*, Supply. vol. 6, ed. Garnsey (1980), p. 30 and n. 11。关于付酬劳动力，参见《马太福音》20. 1-16 中关于葡萄园的寓言故事。克里塞戈(H. Kriessig)赞同克劳斯纳(Klausner)，反对达尔曼(Dalman)，认为巴勒斯坦最重要的是小自由农民，其次是佃农;但除了福音书之外，我们所用的资料证据大都是公元 70 年之后的。关于这一点，参见 *Die sozialen Zusammenhänge des judäischen Krieges*(1970), pp. 19ff;早些时候发表的篇幅更短的文章 "Die landwirtschaftliche Situation in Palästina vor dem judäischen Krieg", *Acta Antiqua* 17 (1969), pp. 223-54。《密西纳》、《托斯夫塔》和巴克巴文献（均属 1 世纪 70 年代之后）中出现的各种各样的租赁人似乎都属于社会富有阶层。关于术语，参见阿普尔鲍姆(Applebaum)已引文献(注释 7)第 659-660 页。关于加利利，参见 S. Freyne, *Galilee from Alexander the Great to Hadrian, 333 B. C. E: a study of Second Temple Judaism*(1980), pp. 165-6。

㊶ 参见 Applebaum, "Judaea as a Roman Province", in H. Temporini, W. Haase (eds.), *Aufstieg und Niedergang der Romischen Welt*, 2, 7(1977), pp. 365-6。

99

密切的关系㊷。

不管我们有多少的不确定,可以肯定的是,如果不作某种尝试性的经济评论,我们就会茫然不知所措。我们从意识形态的多元性以及社会地位转变的视角解读了犹太社会的演变,然而约瑟夫斯的两分法描述具有非常明显的经济特征❶。如果我们的确是在讨论被卡尔·波拉尼(Karl Polanyi)描述为"内嵌在社会之中"的经济模式,那么,这两种研究模式也许并不像我们讨论近代历史时那样相互对立㊸。阶级仇视并非总是单纯的经济问题,也应从宗教和社会的角度来理解。如果传统的政治精英在其权威和特权日趋没落之时依附于政治势力(在罗马统治的大框架内),通过增长财产、压迫穷人,使积怨日深,那么,这两种过程同样会导致革命。

解读穷人和富人的冲突不可缺少的信息,是之前一段时期经济变化的走势。一直是富人越来越富,而穷人越来越穷吗?或者像常常发生的那样,在革命前通常是经济上升期,社会下层的期望值也随之攀升,但随着期望的落空人们开始变得愤怒?并入罗马帝国——不管是行省(比如自公元前63年起的朱迪亚和加利利)还是附庸国(如从公元前37年至公元6年的朱迪亚,而加利利的时间更久)——所导致的对当地状况长期的影响和扭曲是问题的一部分。法律地位的改变本身并不是大问题,但随之而来的可能是新人员的涌入和新的外部联系网络的形成。一个附庸国国王,如果他富有活力并且有抱负,可能会比帝国直接统治更能改变一个地区的社会经济生活㊹。

尽管不多,但仍有迹象表明,第二种解读模式更为准确。伴随着多少有些寄生虫般的圣殿和王宫,耶路撒冷得到不断发展,这是公元前1世纪和公元1世纪的一个显著特征。整个地区的城镇也在附庸国国王——也有少部分行政监管的功劳——的促进之下发展起来。在城市发展方面,希律在其他非犹太地区比在犹太地区实施的扶助力度更大。但在犹太及周边地区,除在耶路撒冷的大型工程之外,他修建了恺撒利亚港口及城市,建立了耶利戈城北约旦河流域的法萨利斯(Phasaelis)和撒马利亚的军事基地塞巴斯提

㊷ 关于社会分裂,参见 V.32;关于加达拉(Gadara),参见 BJ 4.414。关于进入耶路撒冷的通道,参见 M. Har-El, "Jerusalem and Judaea: roads and fortifications", in Biblical Archaeologist 44,1(1981), pp.8-19。

❶ 即用穷人、富人之分来描述社会的经济特征的方法——译者注。

㊸ 主要参见汉弗莱已引文献(同本章注释35),第31页以后。

㊹ 关于把这种改变减小到最低程度的一次有趣的尝试,参见 C.R. Whittaker, "Rural labour in three Roman provinces", in Cambridge Philological Society, Supply. vol. 6, ed. Garnsey, pp.73-99。

(Sebaste)。其继承人之一的希律·菲利普(Herod Philip)在加利利海北岸的村庄贝斯塞达(Bethsaida)的基础上,修建了朱利亚斯城(Julias),并且在约旦河的一处源头建立了一个新基地恺撒利亚潘尼亚斯(Caesarea Panias)。另一位继承者希律·安提帕斯(Herod Antipas)则建起了第一座犹太人占大多数的城市提比利亚(Tiberias)。据说,在罗马管辖的巴勒斯坦西部,新兴的城镇密度远远高于其他行省㊺。建筑工程及公共设施,不管是由地方富豪还是王室金库出资,一定都有赖于周边乡村的劳动力。古代城市从某种意义上来说都是消费城市,然而,城市通过开辟市场促进消费,最终证明对农业腹地是有利的。因为古代农业腹地的存在都是为满足地方的需求㊻。约瑟夫斯证实,1世纪时期的巴勒斯坦土地肥沃、人口众多。他提到城镇星罗棋布,连最小村庄的人口也超过15 000人(也许夸大其词);他还指出,在加利利204个居民区中,有些生活质量很高㊼。耶路撒冷及其圣殿也许吸干了周边农村的产出,但它们本身也是一种特别的资产。他们通过每人每年两德拉克马(drachma)的圣殿税的形式,从世界各地的犹太人那里吸入大量财富,还有"什一税"、礼品,以及常年不断的朝圣者㊽。

至今我们仍然不确定,希律王长时期的统治——无疑对罗马统治下的巴勒斯坦的发展至关重要——对老百姓只是略有所取,还是残酷压榨?我们没有足够的证据能证实其中任何一种情况㊾。如果在他死后造反的那些人要求减税或者减轻义务,这就说明过重的赋税已经引起了仇恨,但不能证明是无法忍受的。起义被镇压之后,人们对希律的抱怨——包括那些似乎是来自上层社会对他的口诛笔伐——是他使国家变得穷困,大大降低了百姓的地位等——但这些人的愤怒之情属于不同的问题(BJ 2.4)。

这个时期,朱迪亚和加利利好像进口了各种各样的工业品,尤其是东方的

㊺ 参见 M. Broshi, "The population of the western Palestine in the Roman-Byzantine period", *BASOR* 236(1979), pp.3-10。关于朱迪亚-撒马利亚境内新设行政单位的管理意义,参见 A. H. M. Jones, "The urbanisation of Palestine", *JRS* 21(1931), pp.78-85。

㊻ 参见 K. Hopkins, "Economic growth and towns in Classical antiquity", in P. Abrams, E. A. Wrigley (eds.), *Towns in Societies*(1978), pp.35-77。与此相反,宏大的标志性建筑工程对经济意义不大的观点,见 N. J. Pounds, "The urbanization of the Classical World", *Association of American Geographers, Annals* 59(1969), pp.135-57。

㊼ 关于卡布龙(Chabulon)建造的提尔(Tyre)风格的房屋,参见 *BJ* 3.42-55; *V* 235; *BJ* 2.504。

㊽ 有大量证据证明人们的确付了这笔费用;而关于如何执行"什一税"规则却不甚明了。参见耶雷米亚斯已引文献(同本章注释12),第134-138页。

㊾ 认为略有所取的观点,参见 A. H. M. Jones, *The Herods of Judaea*(1938), pp.86-8,他指出,希律曾两次减少土地税,并且指出,他的商品税很可能对上层阶级不利。认为残酷压榨的观点,参见 J. Klausner, *World History of the Jewish People*, vol.7, *The Herodian Period*(1961), ch.5;阿普尔鲍姆已引文献(同本章注释7),665页。

奢侈品，也出口了一些精选的特产——如橄榄油、椰枣以及香料等在公开市场出售的物品(50)。由于进出口所涉及的数额都很小，所以把贸易作为一个专门的类别来讨论没有意义(51)。尽管如此，我们必须承认，新建的恺撒利亚港使进出口变得更加便利，而在不久前，犹太人已经失去了对恺撒利亚港的前身——比它小得多的约帕港——的控制(52)。在这个方面，希律的作为是有益的。

接下来的几十年中，我们也没有理由假设在此期间发生了一次持续的、导致大起义的经济危机。土匪猖獗，但其原因是多方面的：政府软弱无能、人口转移、社会及其价值观的快速变化、城市化进程等。农业歉收则只起到使情况更加恶化的作用。没有参与起义的地区也有土匪出没，特别是特拉克尼(Trachonitis)，那里的土匪活动已持续很久，他们甚至将食品、牲畜藏匿于隐秘之处或是洞穴之中(53)。此外，由于约瑟夫斯认为匪帮与暴动之间关系密切，所以他往往强调革命之前的盗匪，我们不必接受他的这种曲解。
124 有人曾提出一个有意思的推测：那时犹太人对土地的要求变得愈益强烈，到了公元 66 年，这种对土地的渴望已经变得不可遏制。而庞培从犹太人手中夺走了海岸地区和约旦河流域，农场及整个村庄被大庄园吞并等，都对此负有责任。这种推测认为，战争前后关于土地问题的纷争主要是对边际土地的争夺(54)。然而这种理论的前提在于，此前曾有大量独立务农的犹太人，因为对于佃农来说，土地的主人是谁对他们可能没有什么区别。此外，即使是自由农民，也不一定因为名义上的政权更迭而被剥夺土地的所有权。

因此，尤其是在乡村，非但不是逐渐变穷，反而有理由推测其经济普遍增长并更加繁荣。这种状况最初对社会各个阶层都有利，但这样的利益分布注定不均衡。因此到了后期，当下层社会逐渐增大的期望值超越了现实的可能性，一些短期的经济危机又给他们带来真正的困境时，冲突自然变得尖锐。显

---

(50) S. Zeitlin, *Rise and Fall of the Judaeaen State*, vol. 2(1967), pp. 266-80，对我们了解朱迪亚的农业与制造业出口情况有所帮助，他把两者的地位拔得太高。阿普尔鲍姆对此也有论述已引文献(同本章注释 7)，第 667-680 页。

(51) 参见芬利已引文献(同本章注释 35)，第 5 章，但他同时认为，进出口涉及种类繁多这一点应该有所重视。霍普金斯观点相同已引文献(同本章注释 46)。

(52) 庞培把约帕港从犹太人手中夺走，后被希律重新占领。

(53) 关于匪患的先决条件，参见 E. J. Hobsbawm, *Primitive Rebels* (1959), pp. 23-6 etc; *Bandits*(1981), pp. 22-9。罗马皇帝卡里古拉(Caligula)将自己的塑像放进圣殿，约瑟夫斯借那些就此事向罗马总督提出抗议的犹太人之口，说明了未播种、歉收、未缴的贡赋以及民众因此沦为土匪之间的联系。离开热爱的土地本身就证明他们感到很大的不满，参见 *AJ* 18.274。关于特拉克尼，参见 *AJ* 15.346-8(本人这部分资料来源于艾萨克一篇尚未发表的文章)。

(54) 关于这个观点，参见阿普尔鲍姆已引文献(同本章注释 50)，第 660、691 页及其已引文献(同本章注释 41)，第 360-361、378-385 页。

而易见,在克劳狄乌斯一世和尼禄统治之前,巴勒斯坦的确存在贫困状况。但要解释约瑟夫斯所描述的社会革命,我们用不着表明巴勒斯坦比其他地区更贫困,或者贫困持续得更久。约瑟夫斯笔下的"穷人"都只是不富裕而已,然而,即使穷人并非一直都处在绝望的境地,但贫富差异也肯定是明显的。

阐释这个观点的目的在于透过表象看到更深层的东西,但绝不是想要忽视这个事实:即战前的20年内,巴勒斯坦的确出现过一些真正的经济问题。就在弗洛鲁担任地方总督之前,希律圣殿最后的一些建筑也已完工,一万八千多工人失业(AJ 20.219ff);即使我们把约瑟夫斯所说的数量缩小(像他书中的其他数字一样,这个数字也可能有误),这个事件存在本身也是有意义的。他所添加的信息——"人民"敦促克劳狄乌斯指派来管理圣殿的阿格里巴二世加高门廊,以提供更多的工作机会。阿格里巴二世对此作出了积极回应——这一点同样有价值。在克劳狄乌斯统治的早期,这个地区发生了自公元前25年以来从未见过的严重的饥荒。希律对此作出了令人印象深刻的积极反应,他从国外调集来了救灾物品[55]。克劳狄乌斯时期的饥荒可能发生在公元47到49年,但在以后20年内好像还发生过一次严重饥荒。在约瑟夫斯的《犹太古史》的"摩西传"中,有一段奇怪的文字提到"这次"战争之前不久的一次饥荒,发生的年代正值以实玛利担任大祭司时期。作者提到这个事件是为了表现以实玛利的虔诚:当时正是逾越节,所以送到圣殿的面团他们一口也没碰过。我们知道以实玛利·本·腓亚比在公元60年左右的尼禄统治时期任大祭司,因此约瑟夫斯可能把这次饥荒与他提到过的克劳狄乌斯饥荒弄混了[56];但无论是何时发生的,我们都不能不注意到这次饥荒给约瑟夫斯留下了深刻的印象。大祭司们因为此事被指责为贪婪,很久之后,约瑟夫斯还认为应该为他们辩护。这一点尤其特别,但并不令人诧异,因为正如我们从约瑟夫斯其他的文字中得知,以实玛利·本·腓亚比的大祭司任职时期,正好发生了两例祭司死于饥饿的事件中的第一例:地位卑微的乡村祭司由于某些大祭司强行从麦场上征收"什一税"而饿死[57]。

---

[55] AJ 20.51,101;《使徒行传》11.28-30。关于希律饥荒:AJ 15-299-316。

[56] AJ 3.320-2。同样,大祭司名单中还有位置加上另一位以实玛利,从理论上来说这种可能性是存在的。K.S. Gapp, "The Universal famine under Claudius", HThR 28(1935), pp. 261, n.11 仍有意义。

[57] AJ 20.181;参见206—207页中描述的1世纪60年代发生在亚拿尼亚身上的同样的行为和同样的结果。无论是大祭司们从第一次或者第二次"什一税"(应该送往耶路撒冷的)中索取祭司的份额,还是坚持不按后来制定的律法规定,认为所有的"什一税"都要送往耶路撒冷,我们都不得而知。而有些证据证明,这个时期出现了第二种情况;总之,圣殿司库或者大祭司要求挪用收益都是不合法的。有趣的是,约瑟夫斯并没有试图为此作出解释。关于相关律法(halakah),参见 A. Oppenheimer, "Terumot and Ma'aserot", in Enc. Jud. 15, p. 1027 相关词条及其 The Am Ha-aretz(1977)第2章,尤见第35-42页。

最难界定但也许最有意义的,是一些关于尼禄疯狂开支、玩忽职守而给整个帝国带来危机的暗示。罗马城也许是坏皇帝的第一个牺牲品(塔西佗《历史》4.74.2),但绝不是最后一个。我们的文献显示,各行省都受到过影响⑱。

埃及的纸草文献显示,这个时期收税极其困难并且缺乏常规性:乡村人口由于不堪重税而减少,而收税官不愿去收税。赋税也许并没有加重,但行省的支付能力有所下降,而税官的短缺就更加紧迫⑲。

至于巴勒斯坦的犹太人的生活状况似乎与约瑟夫斯叙述的情况不符。我们有足够的理由相信,他们正分化为两大阵营,部分是由于穷人的贫困,但更多的是由于富人的为富不仁所造成的。一旦双方形成对峙,就会发生内战,这与离我们更近的、也更为历史学家们所熟知的其他革命的发展模式和轨迹惊人的一致。而这种情况与外部战争的关系尤其密切,因为革命者自始至终都卷入其中。而罗马人的作战缺乏力度,这就使内讧得以愈演愈烈⑳,谁也不指望在那些所谓的革命之后还会出现统一的进程。的确,有关"革命"的定义、分类、比较等都还在激烈辩论之中㉑,但今天的约瑟夫斯的读者多半会认为他所描述的事件是符合革命模式的。许多学者都注意到,这些事件与当代有关革命的、较为持久而成功的研究之一——克兰·布林顿(Crane Brinton)的革命学研究——所提出的模式高度一致㉒。战争爆发之前,社会冲突、无能的政府以及经济危机等业已存在。革命者对最初的步骤并不清楚,但在政府试图从不想付钱的老百姓那里强行征税的事件发生之后,"令人震惊的、越来越清晰透明的场景"拉开了序幕。那些不喜欢革命

---

⑱ 参见 B. H. Warmington, *Nero: Legend and Reality* (1969), pp. 68-70。

⑲ 参见 H. I. Bell, "The economic crisis in Egypt unde Nero", *JRS* 28 (1938), pp. 1-8; Bell in *CAH* 10 (1952), pp. 314-15 und L. Wallace, *Taxationin Roman Egypt* (1938), pp. 346ff。但是麦克马伦已引文献(同注释 37), 36ff 认为情况并没有很大变化,即状况持续很糟糕。*Philo, Spec. Leg.* 3, pp. 159-62 中讲述的关于收税官严刑拷打没有缴税的人,以及他们为了不被折磨而自杀的可怕故事,年代很难确定。

⑳ 见原文 138 页。关于外部战争和革命之间的关系,参见 W. Laqueur, "Revolution", in *International Encyclopedia of the Social Sciences*, vol. 14, p. 501。

㉑ N. Stone, *The Causes of the English Revolution 1529-1642* (1972), 第 1 章讨论了这次辩论。

㉒ C. Brinton, *The Anatomy of Revolution* (1938)。关于历史事件的典型顺序分析, L. p. Edwards, *The Natural Hisotry of Revolutions* (1927); G. S. Pettee, *The Process of Revolution* (1938) 都有不同的分析。关于以犹太起义为例,见 C. Roth, "The Jewish Revolt against Rome", *Commentary* 27 (1959), pp. 513-22。U. Rappaport, "*Kathedra*" for the Study of the Land of Israel and its Inhabitants 8 (1978), pp. 42-6 (希伯来文)中的文章 "Remarks on the causes of the Great Revolt" 中对此有过论述,但其观点并不为人们所接受。

的人倾向于将最初的动乱解释为一小撮无法无天的家伙策划的阴谋,另一些人却认为是自发的群众起义。革命最初涉及各个阶层,领导者是名门望族的温和派,但是"革命,像农神萨图恩(Saturn)一样吞噬了他的儿女"[63];顽固不化的激进派和极端派坚持认为温和派背叛了革命,于是最终从他们手中夺走了权力。就好比法国的吉伦特派(Girondins),也许被认为是被迫参加革命行动的温和派,他们本身并不喜欢这种极端的行为。政府控制本身就是温和派软弱的结果。极端派夺权之日也就是危机开始之时。抢夺财产,激烈争吵,街头打斗等都相继出现。那时,普通人可能会退出,而一小部分人则成为首领——即那些注重实际但对预言之火鬼迷心窍的人——的忠实追随者。革命法庭和审判团带来了恐怖统治,但这个具有宗教狂热极端形式特征的时期通常很短,接着便开始了激进的首领之间的争权夺利。

在犹太起义的事件中我们可以看出,罗马政府一开始就扮演了旧体制的角色。而在其他方面,正如我们所看到的,几乎每一处都可用革命原型来阐释。约瑟夫斯故事的历史逻辑要获得信誉还有很长的路要走,至少有关主要事件和行动的故事会是这样。因为,尽管评论历史肯定不能像福斯特(E. M. Forster)评论诗歌那样,认为"如果前后一致就是真的",但我们还是可以作一些有限的断言:如果我们在文本内部没有发现质疑历史叙述的根据,那么在缺乏外部证据的情况之下,我们至少应该先相信文本本身。此外,尽管与其他革命模式的比较不能证明什么(更不用说能作为未知事实的补充),但是这种比较的确可以帮助我们对约瑟夫斯所讲的故事作出评价。我们也许能指望一位19世纪法国史学家对这样的事件有敏感的直觉。1867年,德伦伯格(Dérenbourg)就曾清楚地表达了这样的观点——他说:"这种党派形成的历程应该是真实的,因为它符合起义的规律和法则。这些起义在发展壮大的过程中酝酿成了革命,却并没有扼杀摇篮里的党派。"(法文原文:"cette succession dans l'avènement des partis doit être vraie parce qu'elle est aussi conforme à la nature des choses et à la loi qui préside à toutes les insurrections, qui, n'étant pas étouffées à leur naissance, grandissent et se transforment en révolutions.")[64]

像约瑟夫斯这样的"温和派",在起义初期会参与其中并不令人意外。

---

[63] 布林顿引自法国温和派人士维格尼奥德(Vergniaud)。
[64] 参见 The Use and Abuse of History (1975),第3章中 M. I. Finley, "Generalizations in Ancient History"; P. Gay, Style in History (1974), p.191 中引用的福斯特(Forster)的话。同时参见 J. Derebourg, Essai sur l'histoire et la géographie de la Palestine (1967), p.264。

阿格里巴及其追随者坚定的亲罗马立场（即使他的姐姐并不那么坚定）是一回事，而犹太上层中的其他成员所受到的限制和承受的压力又是另一回事。据说，所有上层人物都反对停止罗马在圣殿的祭祀。约瑟夫斯称，在那个时期，所有知名人士，大祭司、法利赛要人等都极力倡导和平，这一点很可信⑥。然而，作为虔诚的犹太教徒，弗洛鲁的行为无疑让他们非常不安，因为他们是圣殿的卫士，有责任保护圣殿。他们最终比皇室随员们更多地参与起义，不管是主动参与还是被动卷入，而大多数皇室成员却远离起义，他们在阿格里巴的宫殿被烧毁后躲进了希律宫殿避难（BJ 2.431）。

　　上层社会中其余的成员也开始四分五裂。第一批显贵和祭司开始设法逃离，有一些人成了愤怒、残暴的起义者的牺牲品。比如大祭司亚拿尼亚（Ananias），他并非现任大祭司，但非常富有。就是因为这人曾经派人去打谷场强征"什一税"⑥，他的专横行为已经成为大祭司傲慢无理的象征。敌对双方愈行愈远，皇室成员当然可以受到阿格里巴的保护，并且指望通过他获得罗马的青睐；但也有一些像哈拿努（Ananus）、约瑟夫斯、西门·本·迦玛列（Simon of Gamaliel）和伽玛拉之子约书亚（Joshua son of Gamala）这样的人还留在那里。这一定与他们的犹豫不决，尚存希望，以及宗教归属感等有关。可以想象，希腊人在巴勒斯坦内外城攻击犹太人，这些令人不安的消息激发了这些人的爱国情感⑥。因此，这部分人由于天性所致而接近政治上的温和派⑧。但他们没有"中间道路"可走：在分裂（stasis）初期，由于"中间路线"行不通，因此在条件允许的情况下，人们寻求妥协的结果不过是从一方转到另一方，所以这些温和派们的第一选择就是他们真正相信的和平事业。于是当罗马使节加卢斯（Cestius Gallus）带着大部队从叙利亚赶来的

---

⑥ 罗斯已引文献（同注释34）。法利赛人可能分裂，但很清楚，圣殿被毁后最重要的精神领袖约哈拿·本·撒该（Johanan ben Zakkai）并没有参与叛乱。他与罗马人达成协议，逃出了耶路撒冷。据说他也预言过韦斯巴芗将要做皇帝，其预言方式令人不禁联想到约瑟夫斯的预言。关于这一点，参见本书英文版第188页以降。西门·本·迦玛列是这代人中希勒尔（Hillel——公元1世纪初的耶路撒冷犹太教《圣经》注释家）家族的代表人物，显然也是犹太最高法统的领袖。据约瑟夫斯所说，他后来与大祭司哈拿努和约书亚一起试图阻止占领圣殿的"奋锐党"人的行动。

⑥ BJ 2.429,441。关于"打谷场事件"，参见本书边码125页注释57。

⑥ 冲突本身是普遍的，但与罗马人的紧张关系和犹太人内部的紧张关系使局势更为严重，严重的局势反过来使本已紧张的关系更为紧张。关于这一点，参见 U. Rappaport, "The Relations between Jews and ono-Jews and the Great War against Rome", *Tarbiz* 17(1978), pp.1-14（希伯来文附简短的英文概要）。

⑧ 他们的观点被表现得较温和；正如科恩（J. D. Cohen）已引文献（同本章注释3），第186页，注释9所说，作者没有使用希腊文"metrios"（最接近的英文单词为"moderate"）来表现他们，但这并不足以说明他们不属于温和派。关于温和派，参见 D. M. Rhoads, *Israel in Revolution*(1976), pp.150-8 中的相关言论。

时刻，包括哈拿努在内的一群人还差人给他送信，表示愿意给他打开城门。但加卢斯对他们的提议置之不理，这令他们大失所望，不得不躲在家中以逃避叛乱者的报复行为。就这样，起初是他们决定要维持现状，继而是恐惧将他们短时期推向另一个极端，即叛乱者的行列。加卢斯突如其来地从耶路撒冷撤军（参见本书边码第 74 页）是主要影响当时形势的外在因素，因为（用布林顿的话说）这使当时形势"戏剧化地浓缩和提炼"，它使起义和革命同时运转起来。

社会分类的结构总会有例外。上流社会中的理想主义者并不少见，他们往往都是些年轻人，被杀害的大祭司亚拿尼亚之子以利亚撒（Eleazar）似乎就属于这一类人。这个以利亚撒先是提议中止为罗马人祭祀，他也是普通祭司反对大祭司的坚决支持者。就是这人，早期在此城带领主战方攻击主和方，暗杀起义领袖梅纳罕，以及背信弃义地屠杀梅蒂利乌斯（Metilius）手下的驻守部队[69]。但他只是例外，并不对约瑟夫斯的概括造成影响。

约瑟夫斯并没有明确告诉我们，犹太"现有体制"的组成部分——不仅他自己，甚至还包括一些大祭司家庭的成员——是如何设法被接受为起义首领的。然而，对于这一事态发展并不难理解[70]，至少这些人没有当逃兵。在起义者眼里，他们拥有的一点宝贵之处就是他们的政治经验[71]。他们的财产也不会坏事，尽管奋锐党似乎并不缺少资源，因为约瑟夫斯指出，以利亚撒·本·西门（Eleazar ben Simon）手中掌握着公共财产和部分罗马人抢夺的财物。他还说，尽管如此，这位奋锐党成员并没有被认可而成为正式领导者。这就是说，对他们来说，足以让民众认可的领袖人物比财物更难得。可以理解，即使上流社会大体上被认为不可信，但其中一些成员应该还是具有作为首领的号召力的，尤其是在可怕的危难时刻。"温和派"已准备好打出最后一张牌。起义中有大祭司首领这只是表面现象，我们不能据此就认为约瑟夫斯之前夸大了民众之间存在的分歧。

10 个新近指定的起义组织者中肯定有三人出身于大祭司家庭，也许是四人（BJ 2.562—568），还有一个则是约瑟夫斯，其余五人的背景我们一无所知。其中有一个比利亚人尼格（Niger the Peraean）也许是纯正的革命者，这人在耶路撒冷城外与加卢斯对峙时已经名声在外。然而，后来"奋锐党"

---

[69] BJ 2.409-10, 450ff. 关于大屠杀，参见本书边码第 74 页。以利亚撒是斯莫尔伍德试图找到大祭司在反罗马活动中发挥重要作用的证据的关键。参见 E. M. Smallwood, "High Priests and politics in Roman Palestine", *JThS* 13(1962), pp.14ff.

[70] 尽管科恩对此有过解释，已引文献（同本章注释 3），187-188 页。

[71] 参见罗斯已引文献（同本章注释 62），517 页。

人屠杀犹太贵族时,他成为了他们的牺牲品(BJ 2.520、4.359—363)。年长的大祭司哈拿努是两个总指挥官之一,负责守城;另一位是约瑟夫·本·葛利安(Joseph ben Gorion)。几乎可以肯定,那位被描写为出身高贵、地位显赫、成就杰出的葛利安就是他的儿子,他也将很快被奋锐党人杀害。当然,一些人有些时代错位地认为,约瑟夫是一名"城市资产阶级分子"⑫。

很难确定这些不情愿的革命者会有多么投入,或多么有效地干革命。约瑟夫斯在对哈拿努的赞美之辞中写道:"和平是他的真正目的。他知道罗马势力不可阻挡,但是当他被迫准备进入战争状态时,他尽可能保证,如果无法达成协议,那么至少应该表现出英雄本色。"如果他的立场果真如此的话,那也值得尊重,这是令人信服的溢美之词。另一方面,人们从约瑟夫斯的赞美之词中也发现一种自我辩护,所以倾向于认为哈拿努的经历和约瑟夫斯自己的情况一样,也有阴暗的一面⑬。他有一段文字记录了他在加利利指挥起义的详细情况,不过,那段文字解读起来也并非没有问题。与哈拿努的情感立场具有可比性的,是另一位在地位上仅次于他的大祭司伽玛拉之子约书亚(Joshua son of Gamala)。但有关约书亚的描述,是一段约书亚反驳对他卖国罪指控的演说,因此那段文字肯定存在疑点。另外,此处有一个令人吃惊的描述,也许是为了显示其真实性——显然也是想显示他在尤塔帕塔的行为的真实性,因为那段文字看起来同样像是在无意识地自我评价——约瑟夫斯让约书亚在演说中说,一旦投入战斗,与其被罗马人俘虏,他宁愿选择高贵地死去(BJ 4.249—250)。

无论情况如何,这种脆弱的联盟并不稳固。那段"革命早期的双重领导权时期,尤其是在'温和派'并不真正相信那些夸夸其谈的情况之下"(布林顿)注定是不稳定的。公元67年年中,加利利叛乱的结束将一个人带到了耶路撒冷,这人就是当时已经成为叛乱者强有力领导人的吉斯卡拉的约翰

---

⑫ 为德里布戈言论已引文献(同本章注释64),第270页。
⑬ BJ 4.320。我不完全相信AJ 20.199-203中关于哈拿努的自相矛盾的结论。约瑟夫斯在那里描述他是一个勇敢而无情的人,认为他对策划耶稣的兄弟雅各(James)通过犹太法庭的审判而被处以死刑负有责任。整个关于雅各的故事是基督教后来插补进去的可能性很大——但理由可能不是胥尔认为的那样,因为奥利根(Origen)关于约瑟夫斯的这个话题曾有不同的记忆,而只是单纯因为约瑟夫斯的说法与他之前的看法惊人地大相径庭(在约瑟夫斯没有转录某一资料来源的情况下),并因为其说法中严厉批评了撒都该人和犹太法庭。此外,关于雅各的那一节,似乎假定读者已经知道那位"被称为耶稣的人",因此任何(有许多)赞成约瑟夫斯关于耶稣的这部分("testimonium flavianum",即著名的"弗拉维见证")是后来加进去的人,会很难认同对雅各的这段记述。然而,近来除胥尔外(Schürer-Vermes-Millar, vol.1, p.430, n.1),怀疑约瑟夫斯关于雅各的文字是后来加进去的观点已不太流行。

(John of Gischala)。来自乡村的独立群体和个人来到此地,他们对于妥协毫无兴趣(BJ 4.135ff)。那里的情况也许让他们对任何官方的领导人不再信任。此外,关于战争与和平的问题现在再次摆到了桌面上。在朱迪亚被占领之前投降显然是一个提议,在城镇和乡村,主战派和主和派就此争论不休,这是耶路撒冷之外的内战最为激烈的时期。现在进入城中的这些人常常被约瑟夫斯称为"土匪头子"和"强盗",也许因为这些人对有钱人的态度比耶路撒冷的造反派怀有更多的敌意。社会危难和农业歉收对农村的影响一定更糟,因为那些乡村相对而言比较落后,并且不存在真正的城市无产者。然而,地主多半都住在城镇(参见本书边码第 119 页),在那里,他们有可能被攻击。在加利利骚乱期间,约翰是做橄榄油投机生意的,考虑到这点,一些人将他形容为富商[74]。但匪徒常常会转向做生意,他们必须要接触"更广阔的经济世界"[75],约翰的资金可能就来自于抢劫。很难说公元 1 世纪时期巴勒斯坦会有多少真正的商人,更不用说大商人。他在加利利与约瑟夫斯的关系和在耶路撒冷与西门的关系,也许会让我们对他比对其他起义头领要多几分尊敬,但这些关系也许同样是出于政治需要(见本书边码第 160—165 页)。

这些人急速地涌入这座城市,导致了旧的统治阶级大规模毁灭,并且导致了权力机构被系统性地接管。这两种情况在约瑟夫斯的《犹太战史》第四卷第一部分中都有完整的记录。此时发生的事情开始看起来像一场革命[76]。有着王室血统或者出身名门望族的人被逮捕,如果被该家族报复的可能较大,他们就杀害被抓的人,杀人的罪行也会被掩盖。新的大祭司通过抽签方式在某一特定的祭司家族中产生,这样一来,那些通常填补大祭司空缺的家族(这些家族此时也已经陷入内讧)对此职务的诉求就被有意忽视,这有利于那些出身并非显贵和没有名气的个人(BJ 4.147ff)。最后一位新任大祭司是一个名叫平卡斯·本·萨姆尔(Pinchas ben Samuel)的村夫,约瑟夫斯按照阿拉米语的拼法叫他"凡尼"(Phanni)。根据《塔木德》经文,这人本是一名石匠。约瑟夫斯拒绝承认他,并尖刻而愤怒地称他为"粗鲁的乡巴佬"和"无知的笨蛋",这点与《塔木德》的描述截然相反,而这一反差可以给我们带来很多信息。《塔木德》似乎有意淡化了平卡斯的卑微出

---

[74] H. Hoehner, *Herod Antipas* (1969), p. 71 持同样观点;也参见 M. Stern, *Encyclopedia Judaica Year Book* (1973), p.148 中的辞条"奋锐党人"(Zealots)。
[75] 霍布斯鲍姆的《匪帮》(1981),第 85 页。
[76] 参见罗斯已引文献(同本章注释 62),519 页以后。同时参见 Roth, "The constitution of the Jewish republic of 66-70", *JJS* 9(1964), pp.314-19;但此处他有些夸大革命"政府"常规的运转。

身,也没提到此人没有文化或者缺乏高贵气质。早期的章节对他贫穷之说进行过全面反驳,可能并不真实,但主旨相当清楚:在那段文字中,他被描写为古犹太最高法庭执行主席纳西(Nasi)家族的女婿。然而,更多的情况下,资料仅告诉我们,与他共事的祭司看见这人在开采石头,由于他们知道惯常大祭司应该是富有的,所以他们将他的采石场装满"金币"(golden dinarii)。如果这个故事不是对大祭司及其贪得无厌的讽刺,那么它至少传达了一个信息,即对于一个原本贫穷的人来说,担任大祭司职务原则上不存在不可逾越的障碍⑦。这些与约瑟夫斯截然相反的描述清楚地显示了这位史学家的偏见⑱。

  作为官方领袖的哈拿努夺回了部分控制权。他在民众中赢得了一些支持,因而孤立了圣殿中的战争贩子,于是奋锐党人谴责他为"卖国贼"。按约瑟夫斯的说法,带头谴责的就是约翰,在这之前他似乎还一直与官方合作,就和往常一样,很难从约瑟夫斯明显恶毒的字面上判断约翰的真正动机(参见原文161页)。但随之而来的事情很清楚:奋锐党人召来了以土买人(Idumaeans)军队,他们以犹太人亲戚和圣殿保卫者的身份进入耶路撒冷,准备和罗马人较量。但他们很快就明白,自己被拽入了一场内战之中。主和派毫无顾忌,试图说服他们反对其奋锐党同胞;然而,因为某种原因,他们与民众组成的主战派更具认同感⑲。当约翰说服两位祭司控告哈拿努计划背叛起义时,约瑟夫斯幸运地躲过了一劫:两位祭司中有一位就是中止为罗马人祭祀的西门的儿子以利亚撒(见本书边码第129页)。不管这个指控有没有根据,这个怀疑还是可以理解的。而约书亚·本·伽玛拉的竭力辩护既没能从怒火中烧的、疯狂的以土买人手中拯救哈拿努,还搭上了自己的性命。接下来,大批"年轻贵族"被奋锐党人逮捕、拷打,并建立了我们可以称之为"反犹太法庭"(counter-Sanhedrin)的70人法庭,还对一名富有的公民进行了公审(BJ 4.305—325,326—333,334—344)。约瑟夫斯还提到了其他一些他认为荒唐可笑的审判。在这些案子中,尽管被告被法庭宣判无罪,

---

⑦ *Tos. Yoma* 1.6(女婿);*Midrash Rabbah, Leviticus* 26.9;*Tanhuma* 48a;*Yalkut* 1.63;参见德里布戈已引文献(同本章注释64),第269页及注释2。

⑱ 然而令人奇怪的是,他的观点往往被人们无条件接受,值得注意的例外(并不令人意外)有 J. Klausner, *History of the Second Temple* (Jerusalem, 1952, 希伯来文), vol. 5, pp. 207-9。这个问题让人联想到西顿(Sidon)(或者其他资料中错误地指为"提尔")的王位与王权,如何由亚历山大大帝的朋友海菲斯提恩(Hephaistion)赠与一位待在一个汲水槽中、衣衫褴褛名叫阿布达隆尼姆斯(Abdalonymus)的穷人的故事(Diod. 17.74 等)。

⑲ 也许因为他们都是穷人。他们在大约200年前被迫成为犹太人(*AJ* 13.257-8, 15.254ff),但现在好像不再怀有憎恨心理了。

但他还是很快就被处决掉,尸体被抛入了圣殿下面的山谷中,法官们也被人用刀背击打。有意思的是,约瑟夫斯将这个受害者描写为"热爱自由的人"(lover of liberty),这与他赞美哈拿努酷爱自由、拥护民主如出一辙。此处他似乎反映了这个时期的意识形态的矛盾:既然"自由"是这场起义的口号,那么起义的反对者当然应该把这个口号据为己有,然后再用自己的方式来解释它⑧。

如果是这样的话,这个解释并没有能说服原先那些热爱自由的人。就在这个时期,比利亚人尼格和约瑟夫之子葛利安也被处死,而人们也再没见过西门·本·迦玛列(BJ 4.355—365)。以土买人或者部分以土买人开始后悔卷入了内战,并撤离了耶路撒冷⑧。之后,对具有"美德和好出身"者的迫害更加变本加厉——用约瑟夫斯的话来说,革命者们似乎下决心,"对所有有影响的人斩草除根"。平民百姓没有受到迫害(BJ 4.357、365)。这是一个真正的恐怖统治时期,类似于法国大革命中的雅各宾派专政。这个时期,能买通卫兵的犹太人纷纷逃走,而真正受苦最深的是那些没钱行贿的穷人(BJ 4.378,397)。人们试图逃走的行为当然说明他们并不赞同奋锐党人的做法。极端行为越肆无忌惮,就有越多的普通百姓对革命失去了同情。

然而此刻,我们见证了革命党自身的分裂——约瑟夫斯称之为"内战中的内战"。这既是根本立场分歧造成的后果,也是这个时期奋锐党对首都具有不受限制的控制权后,紧张局势逐渐积累的后果⑧。约瑟夫斯主要详细讲述了各方对约翰独裁的怨恨。来自马萨达要塞的在当地打劫的一些暴徒"Sicarii"(匕首党——暗杀党)的到来也对此火上浇油(参见本书边码第84页)。还有那个西门·巴·吉欧拉(Simon bar Giora),他是曾被哈拿努从朱迪亚驱逐出境的一个格拉森人(Gerasene)。他先是去了马萨达,然后去了山里。此时他在以土买加入了匕首党,在短时期内甚至把一些贵族争取到他的一边。他们在穷途末路时想当然地认为,如果他能以乡村为基地建立起一个强大的政权,也许能制止城墙内的奋锐党人的疯狂行为;这也许是约瑟夫斯夸大了的一种疯狂,但这样的情绪在革命的"危机阶段"通常让参与

---

⑧ 关于革命的"自由",参见本书英文版第139页。关于约瑟夫斯喜欢这类"反向辩论",即将革命者的论点用来反对他们自己,参见 D. M. Rhoads, *Israel in Revolution: a Political History Based on the Writings of Josephus*(1976), pp.166-7。

⑧ 正如约瑟夫斯漫不经心地评论说,既然一些以土买人后来还出现过,就不可能全离开了。

⑧ 正如 Applebaum, "The Zealots: the case for revaluation", *JRS* 61(1971), pp.163-6 中所认定的那样。

者难以自控㊳。西门在城墙外站稳脚跟后,是波伊图之子大祭司马提亚(Matthias, son of Boethus)接受了他——其结果却是马提亚在亲眼目睹自己的三个儿子被这位忘恩负义的被保护者杀害后死去(BJ 4.574—576)。此时,以利亚撒·本·西门脱离奋锐党,自称对此深恶痛绝;他起初同样也获得过一些重要人物的支持,其中包括两位贵族(BJ 5.5)。

此时,部分因为极端派中已经形成的三方矛盾,但显然也由于极端仇富心理所驱使,约翰及其同伙焚烧了耶路撒冷大部分的玉米和其他农产品,因而大大削弱了耶路撒冷此后抵御围攻的能力。与革命的这个阶段相匹配的是阶级斗争最尖锐的表现形式。对于约瑟夫斯来说,这种肆无忌惮的行为简直不可理喻㊹。各种权威资料——塔西佗的《历史》以及拉比文献,尽管后者有关这次起义的文字本身并不多——对此事件都有记载。可见这个失去理性的行为引起了多大的恐慌。在相关拉比文献中,尽管有关细节几乎被删减到幼稚可笑的地步——通常都是如此——但基本的情节还是保留下来:我们前面所提到的耶路撒冷的三位巨头,他们每人都拥有一种重要物资,他们的储存可以保证耶路撒冷 21 年的供给。资料结尾说,某些公民想与罗马达成妥协,但暴民们(biryonim)拒绝了他们的要求,烧掉了所有的粮食。我们应该注意到,这段记载和约瑟夫斯一样,都表现了对革命者行为的不赞同(参见本书第一章,注释第 45、46)。

这次毁灭粮食的行为造成了可怕的饥荒,约瑟夫斯在不同的段落中对此作了生动的描述。此外,吉斯卡拉的约翰和奋锐党人此时已经肆无忌惮,他们扒倒富人的房子,抹上香水、穿上女人的衣服(甚至涂抹睫毛)满街乱串,似乎在拙劣地模仿从前的居住者的行为。约瑟夫斯有些戏谑地将这座城市比作一所妓院,但他说,眼前的情景比起妓院来要血腥得多(BJ 4.560—5)。

西门·巴·吉欧拉一进城,铲除上层阶级的动力似乎更强了——如果之前还没到极致的话。西门被认为是所有激进派头领中最偏激的,这个认识来自对他释放奴隶和囚犯的部分思想动机的合理推测。约瑟夫斯在之后的叙述中描述了他非凡的领导能力,称他的同伙们对他如此仰慕敬畏,以至于他一声令下,他们就会心甘情愿地献上自己的生命(5.309)。不管是以利亚撒占据圣殿,将约翰排挤到外院,让西门短时期参与占据大半个城市,还

㊳ O. Michel, "Studien zu Josephus: Simon bar Giora", NTS 14(1968), pp. 402-8,尤其是第 403 页。

㊹ 罗斯已引文献(同本章注释 62)。与约瑟夫斯一样,他也不能理解,他猜想是出于某种宗教动机——目的可能是想通过表现信仰来赢得神的青睐。其实完全没有解释的必要。

是他之后的失败,抑或是最终两大派的联合,都几乎没有改变耶路撒冷社会的基本矛盾。革命者对待从前的上等人仍然是以无情报复为主(5.433),但不再那么恣意妄为。约瑟夫斯的父母虽然也被关进了监狱,但至少在一个时期内没有受到伤害,如果作者的话可信,他的母亲甚至可以和卫兵交谈(545—547)。

在饥荒蔓延时,任何拥有谷物的人都成了通缉犯。但是据约瑟夫斯的观察,即使在饥荒最严重的时候,穷人和富人之间仍然存在差距:穷人也许会因为粮食问题而遭到拷问,而有钱有势者却会因此被经收买的告密者指控为阴谋造反或逃亡(5.439、527—530、567,6.112ff)。但不管怎样,包括大祭司在内的上流社会成员一有机会就会逃亡。而只要他们之前没有抵抗,罗马人都欢迎他们。一般来说,罗马人会给他们自由,并且承诺归还他们的财产。有些人被遣送去了戈弗纳(Gophna),但约瑟夫斯保证说,那是为他们的安全考虑(5.422,6.115)。我们不能排除这种可能性,即约瑟夫斯的干预在一定程度上帮助一些逃亡的个人获得了优惠待遇。不过,大约有2000人却因为财富而遭到了可怕的厄运,而这些财富本可以挽救他们的性命:这些人将金币吞进肚子,想在逃亡成功之后再取出来,但他们的行为被一些叙利亚人和阿拉伯人发现了,当场就将他们开膛破肚。在约瑟夫斯看来,这是最可怖的战争暴行,但他小心翼翼地以免将提图斯牵扯进来(5.548—552)。一些本想逃亡的人因此不敢再有所行动。尽管提图斯告诫过部下,但此类残暴的事情还是偶有发生,约瑟夫斯还记录下一系列发生在此前和此后的逃亡事件,并列出每次事件中的主要成员姓名。而对于穷人,如果他们到城外寻找食物被罗马军队抓住,只要稍有反抗,就会被直接以十字架刑处死[85]。他还注意到,在耶路撒冷城中,富人们死后通常会被埋葬,而穷人则不然。

可以推测,双方都有大量民众没有参与,或者不再积极参与叛乱和内战。留在耶路撒冷并不一定是坚持反叛的表示,此时的耶路撒冷人口中还包括新逃到那里避难的人。因此,也许约瑟夫斯有充分理由将耶路撒冷居民(dēmos)与这个时期的叛乱者(stasiastai)明确区分开来,这种区别确实相当有利于证明他的论点——叛乱是少数疯狂的人(那些约旦河对岸过来的人——BJ 6.201)所为。不过,罗马人的特殊待遇仅仅给予有钱有势者,并没有扩大到全体普通百姓(dēmos),因为两大社会阶层面对罗马扮演了不

---

[85] BJ 5.447。十字架刑最初用来惩罚奴隶,后来用来惩罚下等人。关于这一点,参见 P. Garnsey, *Social Status and Legal Privilege in the Roman Empire*(1970), pp.126-7.

同的角色,所以罗马人采用的是宽恕逃亡者,惩罚交战者的政策。从根本上来说,这种观点是站得住脚的。其结果是,就在这座城市面临毁灭之时,情况又恢复了原状:有钱人重新赢得了他们与罗马人的和谐关系,而穷人则再次成了牺牲品。

对一座正在被围攻的城市中的革命,这样强有力的描写是很难反驳的。约瑟夫斯将革命发展的每一步组织进对罗马军事行动进展的客观描述中:当城内三方矛盾激化,冲突一触即发的时候,提图斯及其四个罗马军团已经在耶路撒冷城外安营扎寨,城内各方只好暂时联合起来;提图斯巨大的土木工程完工之时,城内也正好是恐怖和饥荒最严重的时期;当提图斯决定围着耶路撒冷城墙再建造一道自己的城墙并在三天之内完工时,西门杀害了波伊图之子大祭司马提亚,而2 000名犹太人也被叙利亚人开膛破肚。饥荒的严重程度无情得与日俱增,逃亡者也加快了步伐,而那时正值罗马摧毁了安东尼要塞(Antonia fortress),修建了一条通往圣殿的道路并焚烧了圣殿的门廊。在圣殿被大火焚烧,耶城北部被袭击的最终阶段,仍然有关于逃亡者的记录。在北城被占,耶城全城笼罩在熊熊大火之中后,内部的骚乱总算停止了。

很明显,约瑟夫斯在展示这两个截然不同的主题时有其文学目的:他意识到,自己特殊的地位让他对两个完全不同的世界都有非同一般的叙述权,因此他设计了一种与之相适应的叙事方式。他对被困犹太人的命运浮沉的关注是多方面的。强烈的情感倾向并没有妨碍他对事物真相的观察,尤其是观察饥荒造成的心理作用。不管他的信息主要来自逃亡者之口,还是来自在城墙上巡视时的亲眼目睹(他对城里居民喊话离得太近,还被叛乱者扔石头打昏过 BJ 5.541—7),显然都是比较真实准确的。他甚至还知道犹太士兵给罗马攻城器械起的绰号(5.272,299),这些叙述使历史故事变得饶有趣味。约瑟夫斯在讲述犹太人的故事时,还非常合理地突出了犹太社会政治秩序的崩溃。我们已经对他的思想轨迹进行了分析,并且可以毫不犹豫地将其讲述方式归为一种政治手段。

同样不容置疑的是,革命者的行动具有明显的社会和政治形态,并且一定具有社会和政治的目的,尽管这些目的并不清晰,定义也不明确。很少有头领——更别说那些跟随者了——在开始骚乱时就明白自己的期待是什么。在这个事例中,古代社会普遍缺乏有意识的革命思想体系的事实,以及注意力被转向与罗马人的战争这一具体情况,使得叛乱时的混乱和模糊性更加突出。据文中所表达出来的政治目的推测,他们采用了希腊世界的标准模式——要求废除债务(想毁掉档案中债权人的契约)和重新分配土地

（约瑟夫斯对此没有评论）⑧⑥。一条被多次证实了的口号是"自由"，这一点也被钱币上的标志和约瑟夫斯的文字反复证实过了⑧⑦。具备神学思想的约瑟夫斯的评论家们（大多数评论家都是）从末世学的角度来解读这一点，并提到了世界末日将出现的预言。但是，即使在这个圈子内，通过认真思考反叛者的行为，一些更为公正的观点也同意，他们梦想的那种"自由"在他们想要使其成为现实的任何时候，一定包含被压迫者得到实质上的解放这样的重要成分。末世文学中表现出来的对压迫的反抗与此具有可比性⑧⑧。我们也可以说，奋锐党人（广义的）不管有多虔诚，他们与约瑟夫斯一样，也都是政治动物（political animals）。

这并不是否认，冲突双方的行为态度都具有与政治无法分割的强烈的宗教成分，这对于犹太人来说可以预料，就连约瑟夫斯也没有掩盖其存在的事实。叛乱者们与其政敌一样（只是更加强烈、更加执著），将自己看作维护圣殿纯洁，以及在诸如遵守安息日和饮食洁净规定方面的卫道士⑧⑨。叛乱第一年和第二年的钱币上记载了这个传奇，"耶路撒冷是圣洁的"（Jerusalem is holy）及"圣城耶路撒冷"（Jerusalem the holy）⑨⓪。这些叛乱者的先驱对形象化的表现，尤其是在圣地出现的塑像，比其他任何犹太教徒怀有更大的敌意⑨①。

正如我们已经注意到的，预言与先知首领同样具有影响力（见本书边码第 90 页）。然而，被一致认可的观点——即犹太起义实质上是一次千禧年运动，其追随者们期待可以马上获得拯救——并不像想象的那么有价值，除非有明显证据表明，公元 1 世纪时期是千禧年思想表现异常丰富的时代⑨②。初步看来，我们倾向于认为，对于可能引发某种热切期盼和自发的、缺乏引

---

⑧⑥ 关于这些政治理想在公元前 4 世纪的希腊出现，参见 M. M. Austin and P. Vidal－Naquet, *Economic and Social History of Ancient Greece: An Introduction*（transl and rev. Austin, 1977），pp. 138-40。关于这个知识领域，约瑟夫斯应该不很熟悉。

⑧⑦ L. Kadman, "The Coins of the Jewish War, 66-73", *Corpus Nummorum Palestinesium*, vol. 3 (1960) 中收集的种类是目前最为完整的。同时参见 C. Roth, "The historical implication of the coins of the First Revolt", *IEJ* 12 (1962), pp. 33-46。

⑧⑧ 邦姆巴赫（G. Baumbach）在其文章中对马丁·亨格尔的强调作了可喜的纠正 "Das Freiheitsverständnis in der zelotischen Bewegung", *Das Ferneund Nahe Wort*, no. 105, *Beihefte zur Zeitschrift für die Alttestamentli-che Wissenschaft, Festsohrife L. Rost* (1967), pp. 11-18 [另收录于 *ThLZ* 92 (1967), 257 页以后]。

⑧⑨ M. Hengel, *DieZeloten* (1961), pp. 229-234.

⑨⓪ *Jerushalem Kdosha* and *Jerushalayim Hakdosha*。参见 Kadman, pp. 96-8, 124-8, 152。

⑨① 亨格尔已引文献（同本章注释89）。

⑨② 亨格尔强调这个方面，第 235-370 页。其中一种推测为科恩已引文献（同本章注释22）提出："有证据证明，奋锐党运动的确是千禧年运动……他们狂热地认定某超自然的救世主即将来临。"

导的末世焦虑的挫折感来说，连贯的政治行动是一种变通的宣泄渠道，或者说是一种取代这种焦虑的发展形式。这算不上什么普遍规律，但不论过去还是现在都有大量实例支持这种观点[93]。我们在这里谈的是强大的期待救世主热情：毫无疑问，如果情绪过于紧张，即使在最世俗的抗议者中也能发现某种对于未来的、带有一些宗教色彩的普遍的热望，在以《圣经》为社会意识中心的社会就更是如此。正如克里斯托夫·希尔(Christopher Hill)所说那样，"任何对《圣经》的研读都会让人想到世界末日"[94]。

除此以外，从整体上看，弥赛亚主义在犹太起义中的表现并不突出。无论多么富有感召力的起义首领，都没能和近一个世纪后领导第二次犹太起义的巴克巴(Bar Kochba)一样，自称或是被人们认为是救世主。他们也不像"施洗约翰"(John the Baptist)那样，看起来像未来救世主的先知。人们相信，约瑟夫斯一直以来都压制、隐瞒或者误解了这次运动的此类动力，他反对这种运动，希望它被人们所遗忘。我们的确已经发现，一旦涉及他的敌人，人们就认为他的表述有失公允，不过看来他的错误事实上并没有那么严重。除掉党派偏见和禀性使然的因素外，我们仍然可以认同他并不相信起义的主要因素是对千禧年的期盼这一观点。

我们并没有足够的理由不相信约瑟夫斯。有时他自己的话也自相矛盾，当他谈到战争爆发之前在犹太人中流传的预言时评论道："最能煽动他们参战的原因是一个意义不明的神谕，在圣书中也有此记载，说是在某个时刻，他们国家会出一个世界统治者。"然而，对这个句子中的程度副词"最"的理解，无疑是相对于我们前面已经讨论过的其他预言而言的：对于他来说，这不是战争的主要原因，而只是一系列特别言论中最有影响力的说法。在这个例子中，这个预言并非完全属于救世主理论[95]。之前围绕着西门·巴·吉欧拉的个人崇拜已经很多，还有早些时候的梅纳罕(Menahem)。一些人认为，超凡的个人魅力和君王式的姿态与自称为救世主差不多，但其间却有决定性的差别[96]。其次，"第四哲学"(the fourth philosophy)和

---

[93] E.J. Hobsbawm, *Primitive Rebels*(1959)第4章；沃斯利已引文献(同本章注释21)，231页以后。

[94] C. Hill, *The World Turned Upside Down*(1972, 1975 repr.), p. 95. 不可否认，由于宗教内涵，犹太起义在罗马帝国内显得与众不同。关于这一点，参见 S. Dyson, "Native revolts in the Roman empire", *Historia* 20(1971), p. 273.

[95] 他将这个预言用于韦斯巴芗，参见本书第八章相关内容。

[96] 如斯特恩(M. Stern)对亨格尔的评论 *JRS* 52(1962), p. 259. 关于西门的个人魅力，参见斯特恩在已引文献(同本章注释22)，p. 284 更为详细的描述。斯特恩在那段评论中没有强调救世主理论。克里塞戈已引文献(同本章注释40)，103、132-133、141页对救世主解读批评有加。

"sicarii"(匕首党)相信上帝主宰一切,这可以解释为人类普遍的思想,而不是某个民族特有的理想,不是对末世的暗指,也不是指代"天国"⑨。然而,如果这就是那种教义的含义,约瑟夫斯表达起来就不会有困难。最明确也最重要的证据是——这个证据并非来自约瑟夫斯——在起义第四年发行的铜币背面的口号。第二年和第三年发行的铜币上刻有"锡安山的自由"(the freedom of Zion)的字样;而在第四年的铜币背面保留了一些犹太的标志,但上面的文字却变为"(为了)锡安山的救赎"(for or "of the redemption of Zion")。人们将这一改变与该时期叛乱头领之间的派性斗争,尤其是与那位很有号召力的西门·巴·吉欧拉处于支配地位的情况联系到一起⑱。但值得注意的是,西门或其他任何可能的救世主人物都没有出现在钱币上。研究要充分利用在不同的钱币上发现的不同的表现形式,并且不仅限于考虑第四年钱币上的口号,还应考虑另一面上的日期:这是救赎的第四年。这种"救赎"一定是指什么已经在进行之中的事情:不是希望得到拯救,而只是新的政治体制的名称而已。

我们综合现存资料后得到的印象是,那些人的信仰中很可能包含对迟早到来的救世主的期待。但在公元66年到73年期间,人们的心思却主要在别的事情上,他们希望在为一个新的、可怕的世界作打算之前,为自己在目前这个世界里争取到一个更好的命运。

的确,用希腊文撰写的希腊风格的战争史尤其重视政治、军事形势,我们必须考虑到这一点;但与此同时,我们也要承认在这位史学家的作品中,形式并没有完全左右内容。我们也要充分重视这位与发生事件同时代的作家对历史的描述。

如果本身就是1世纪犹太人的约瑟夫斯能够脚踏实地专注于描写眼前发生的事件,那么他反对和诋毁的人同样也可以这样做。当皇帝堕落、帝国处于危机之中时,并不一定只是梦想家和空想家才会决定造反。如果人们相信上帝会奖赏公义之人,那只能算是信仰,而不是弥赛亚主义⑲。事实

---

⑰ 亨格尔还是这个观点最彻底、最独特,也最具影响力的反对者,第308-314页。
⑱ B. Kanael, "The historical background of the coins year four of the redemption of Zion", *BASOR* 129(1953), pp.18-20. 关于这种钱币为已经大为贬值的舍客勒的临时版的说法的争论,参见 A. Kindler, "Numismatic remarks on Jewish minting at the end of the Second Temple Period" in A. Oppenheimer, U. Rappaport and M. Stern (eds.) *Jerusalem in the Second Temple Period: Abraham Schalit Memorial Volume* (1980, 希伯来文附英文综述), pp.271-8。
⑲ 参见 W.R. Farmer, *Maccabees, Zealots and Josephus* (1956), pp.175-80. 但我们没必要接受法默的马卡比和奋锐党有直接关系的理论。

上,强大的军队可能被长期游击战逼入绝境。在我们的记忆中,马卡比起义中朱达斯(Judas)的成功表现了一种新的并不全是愚蠢的尝试⑩,试图在犹太统治阶级不得罗马人待见的情况下去消灭他们,更不是什么办不到的事。然而在这个事件中,第一个目标彻底失败,罗马人获得了胜利,这使得第二个目标——即内部的目标——的成功化为乌有。更重要的是,毁于一旦的不仅仅是腐败的大祭司制度,连圣殿本身也被付之一炬,从此再没有任何圣殿出现。这次革命行动对历史进程的影响之巨大无法估量,超出了任何人的想象。而关于这次革命,最终将由一位幸存的旧贵族来盖棺论定。

下一章里,我们将回头仔细审视这位幸存者约瑟夫斯个人在叛乱中的作用。

---

⑩ 在这个有限的范围内,法默的关系说还是有价值的。

第六章　约瑟夫斯与加利利内战

约瑟夫斯的能力超乎寻常。最令人感到惊奇的是他在《自传》中对自己的描述：通常他会骑在马背上，急速穿梭于下加利利的城市乡村之间，后面还总跟着一群携带武器的加利利人。他从没有详加说明这些所谓的"加利利人"是些什么人。不过他的描写无疑暗示，其追随者囊括了本地区的精英人物①。相反，他的敌人，即来自吉斯卡拉的约翰，其背后的势力则被称为"土匪"。其实，当约瑟夫斯首次在该地区出现时，那些拥护他的人与约翰及其他本地领袖的追随者们并无差别，都是一些贫穷、易怒、打家劫舍的人。对于当地人来说，这些人全都是敌人，不管是犹太人还是希腊人。约瑟夫斯在《自传》开始部分就对这些人有所描述。他无法解除他们的武装，只得把他们纠集在自己周围，作他的雇佣兵（参见本书边码第158页）。众所周知，地方政府官员或军队指挥官，特别是那些实力弱小的人常常会和土匪团伙勾结，并从中获益②，然而这里所发生的一切更有过之而无不及。对约瑟夫斯来说，发现自己手下是一群野蛮人，一群无家可归的农民和愤怒的村民，除了感觉怪异外，他心中的惊恐之情也可想而知。他不但不习惯这样的追随者，而且作为一个耶路撒冷人，他对加利利人的习俗③和当地错综复杂的争斗环境也非常不适应。

一定不要忘记，当初耶路撒冷是在没有与其他城市商议的情况下对罗马宣战的。所以，当约瑟夫斯到达加利利时，他并不清楚这个地区的其他犹太民众是否会同意起义。如果同意，那么由谁来领导，同盟是谁，甚至敌人

---

① S. J. D. Cohen, *Josephus in Rome and Galilee*(1979), pp. 206-214 认为，这些追随者大多是来自下加利利的犹太农民，数量一直不多；关于约瑟夫斯的武装中的土匪，见上文第212页。然而科恩在区分约瑟夫斯所描述的普通民众和土匪的界限时，有时过于轻信。
② 参见 E. J. Hobsbawm, *Bandits*(1981), pp. 89-95。
③ G. Vermes, *Jesus the Jew*(1973), pp. 42-57 中曾提到加利利人和朱迪亚的犹太人之间的分歧。

是谁都搞不清④。对约瑟夫斯来说，不管未来形势如何发展⑤，他都必须坚持耶路撒冷对加利利的控制。如果牢记以下三点，我们对约瑟夫斯的窘境就可以更加清楚：第一，鉴于本地罗马统治者的撤换（尽管并不彻底）和对于未来情况的不确定，国内大量的争论和对抗蜂拥而来。战或不战的问题成为争论的一个新的焦点，而且之前的争论也围绕这个中心重新爆发。第二，尽管他以前的地位和态度人所共知，但他现在必须展示出一个起义组织者的形象，并且要与那些潜在的、可能伸出援手的人搞好关系。然而，鉴于他的出身背景和信仰，想要一直维持这样一种形象几乎不太可能。为了确定他的可靠性，约瑟夫斯的一举一动都会受到真正的叛乱坚定分子的监视。最后一点，他在本地区有联盟和关系网，比如与藩王阿格里巴的官员及其随从的关系；又比如，与那些有钱有势之人的关系等⑥。由于他们没有受到耶路撒冷事件的压力，并且其中一些人仍然可以得到阿格里巴的军事和外交保护，所以他们基本不会接受约瑟夫斯等人认为"战争爆发已经不可逆转"的看法。其实，约瑟夫斯完全可以理解他们，但他的宽厚却使自己易于受到各方的抨击，因此他会发现自己和他们处于极其尴尬的对立面。

这样一来，尽管约瑟夫斯也许由于他个人品质的原因而不能轻易地获取别人的信任，但这绝不是他困难的主要根源。在其他辖区，比如在以土买（Idumaea）、佩里尔（Peraea）（在约旦河对面），以及朱迪亚（Judaea）的一些地区也可能有类似的冲突。但对于那些地区的情况我们几乎一无所知⑦。约瑟夫斯在《犹太战史》中对这段时期的描述主要是围绕加利利，这不仅是因为作者居住在这里，也因为在创作《犹太战史》之初，他已经背负了为自己讲述的故事辩护的重压⑧。另一个原因是，事态的发展证明加利利具有重大意义，韦斯巴芗是从这里开始对整个国家的征服，而且，耶路撒冷战争之

---

④ 注意：S. Applebaum, *Prolegomena to the Study of the Second Jewish Revolt(A.D. 132-5)* (1976), pp.22-5 中指出，公元 132—135 年期间，加利利在大多数时间都身于巴克巴起义之外。

⑤ 不管还有没有阻止叛乱的可能——约瑟夫斯在《自传》中多次声称是有可能的。

⑥ 《自传》(33—34)提到，提比利亚的四大富豪坚定地支持和平，也支持该城效忠阿格里巴二世。《自传》(65)提到，约瑟夫斯被迫指挥这些人毁坏希律王的宫殿；作为阿格里巴的下属，他似乎曾经还和贾西姆(Jacimus)的儿子菲利普(Philip)有某种关系，约瑟夫斯曾对其功绩有过详细介绍(V 46ff., 179ff.)；参见科恩已引文献（同本章注释 1），第 160-168 页对相关故事的叙述。可能比较重要的还有，约瑟夫斯似乎试图找回那些被一名做监工的托勒密(Ptolemy)人偷盗的财物，V 126ff，参见本书边码第 163 页。

⑦ 我们只知道，位于朱迪亚西北角的塔姆那(Thamna)的首领、艾赛尼教派教徒约翰(John the Essene)在很早一次对阿斯卡隆(Ascalon)的莽撞攻击行动中丧生(BJ 3.9ff)。韦斯巴芗在公元 68 年春天攻陷这片地区时不可能遭遇太多的抵抗(BJ 4.444ff.)。

⑧ 关于战争结束后对他的指责：参见本书边码第 150 页；V 416,423。

前为期最长的抵抗也发生在这里。此外,《自传》中也仅涉及这一地区。我们只知道约瑟夫斯受到过指责,不过其他生存下来的起义发起者也可能曾受到类似的对待。

毋庸置疑的是,约瑟夫斯的确设法活了下来,而且后来活得很滋润。为此,围绕着他的行为举止,人们一直争议不断:直到图密善执政时期,人们对他的口头抨击也未停止。事过约 20 年后,双方的口水战似乎达到了高峰(V 429)。部分争论源于他对加利利内战时期的第二次描述,这段描述占据了《自传》的大部分篇幅。而其写作目的,如我们所知,是为了驳斥对他的书面攻击。对约瑟夫斯最为众所周知的指责来自提比利亚的查士图,一个当地的政治家。这人曾经在某个时期向阿格里巴二世寻求过庇护,而且战后成了他的秘书和类似史学家之类的人。查士图有理由憎恨约瑟夫斯,因为约瑟夫斯对他和他父亲的入狱负有责任⑨。透过约瑟夫斯的记述,我们有可能了解一些他被抨击的内容。

然而,关于约瑟夫斯的两部史学著作之间的文学关联,我们却不能得出一个准确的结论,并且猜测也无济于事。但我们有必要作一个简单可行的假说(working hypothesis)。这个假说必须包含以下几个事实:首先,一目了然又合情合理的是,《自传》中的大量资料并没有出现在《犹太战史》中。其次,这两部作品中的叙述有一些差异。它们虽然都是按照时间顺序来叙述事件和细节,但《自传》对很多事件(不是所有)的叙述看上去更准确。看来约瑟夫斯后来得以或者是被迫修正了他的第一部作品。然而,尽管每个故事在叙述时都带有自身的片面性,但《自传》的表述更具延续性。因为作者对其中用于辩护的事件的探讨较为深入、持久(下文会讨论矛盾问题所在)。鉴于所有这些特点,两份叙述都有着各自的长处。当然,我们也可以深入分析其中的偏见,不过目前的研究迫切需要解释《自传》与《犹太战史》之间的差异。人们可以提出各种假设,或者再把这些假设综合起来进行推测。一个极端的、尚未证实的观点认为,约瑟夫斯存有自公元 67 年以来的一份记录或者一些旧笔记。虽然不能肯定他写《犹太战史》是否用到过这些资料,但他写《自传》时一定用过。还有一种观点认为,当他事后回忆时,他必须更专注地回想已经发生的事情,也因此作出了更为准确的判断。或者说,他通过讨论和阅读,从朋友或敌人口中了解到了真相。最后一个严酷的

---

⑨ 有关查士图的生平及其作品,T. Rajak, "Justus of Tiberias", *CQ* 23(1973), pp. 344-68 一文中有所解释;关于他被囚事件:V 175。查士图的姐(妹)夫被激进分子谋杀,而且他的兄弟被加利利武装分子剁手;他可能认为,约瑟夫斯作为加利利内战的组织者,对他家庭发生的这些不幸负有责任(V 177, 186)。

观点是:他一直洞悉真相,但他在某部作品中对真相进行了一系列篡改。第一个假设已经不止一次地被详细、深入地推导,但没有得出任何结论⑩。最后一种观点很难辨别,因为这两种叙述版本对许多事情的不同表述看起来并非出于什么动机。我们可以选择接受一些折中的看法,而且也能得到常识的支持⑪。对这类观点有利的是,从《自传》中部分内容的晦涩和前后不一致中可以看出,约瑟夫斯多年来曾对这些被讨论的内容有过反复的思考;这也表明,约瑟夫斯知道他的读者熟悉他所提到的那些事件。

鉴于当时大量的派系纷争、观点分歧及内部斗争,当然还有犹太人最终失败这个事实,对加利利之战的争议和重新解读数量之多完全可以理解。在耶路撒冷撕开的裂缝在加利利进一步加大了。最初由于主战主和的分歧而分立的三个主要派别最终都出现了内部分裂:在劝和失败后,支持罗马的阿格里巴一派分裂为以菲利普(Philip)和瓦鲁斯(Varus)为首的不共戴天的两派;而中间派,或者叫做"不情愿的战争贩子"一派的争吵,则发生在约瑟夫斯和查士图之间。他们的身份、矛盾心理和未来的道路都极其相似,甚至他俩的社会背景都一样。我们注意到,查士图和他父亲坐牢期间,约瑟夫斯还亲自给他们送过晚餐,并告诉他们叛乱的情况,他的所作所为表现出他们具有共同的思想基础⑫。其实有不少武装分子当初也是追随约瑟夫斯的,而另外一些人却很快转而投靠来自吉斯卡拉的约翰。经历了这一切之后,犹太人和希腊人(事实上,后者主要是说希腊语的叙利亚人)在一些城市的中心地区打起了拉锯战。乡村和城市陷入冲突,大批的犹太农民开始向一些异教徒居住的中心区进攻,连提比利亚这个主要是犹太人聚集的城市也受到了攻击,大概是因为城里的公共建筑看起来都很希腊化的原因⑬。督员(overseer)瓦鲁斯(Varus)叛变,策划反对其藩王阿格里巴,并对恺撒利亚和加利利海东部的巴比伦犹太人集居地特拉克尼(Trachonitis)(V 48ff.)发

---

⑩ 由拉奎尔(R. Laqueur)在 *Der jüdische Historiker Flavius Josephus*(1920),第三章和第四章中提出。M. Gelzer, "Die Vita des Josephus", *Hermes* 80(1952), pp. 67-90 把拉奎尔听说的正式的引证文献变成了一种"笔记"(hypomnēma),称其是那位史学家的初稿。科恩已引文献(同本章注释 1),第 80-83 页提出,约瑟夫斯在两本书的写作中都用过这种"笔记",但在《自传》中修改得不多。这迎合了一些明显反对早期理论的观点,但是"笔记"作为一种工具现在已失去意义。认为早期的核心内容在《自传》中应该清晰可辨的观点似乎有点离奇。

⑪ 关于约瑟夫斯也许得到一些新的启示的可能性,参见 H. Luther, *Josephus und Justus von Tiberias*(Halle, 1910), p. 15。关于某人对自己军事活动的回忆录里出错,参见 J. P. V. D. Balsdon, *JRS* 45(1955), p. 161 中中肯的评论,其中温斯顿·丘吉尔(Winston Churchill)的文章被援引为例。

⑫ 瑞洁克已引文献(同本章注释 9),第 353 页。

⑬ V 26, 99, 375, 381ff;关于提比利亚的特点,见瑞洁克已引文献(同上),第一部分。

起攻击。那些毗邻的城市也经常发生兵戎相见的情况——比如提比利亚和赛佛里斯的对抗（双方都宣称自己是本地区的首府）；提比利亚和塔里卡埃的对抗（两者均为湖滨城市）；还有提比利亚和塞希波利斯地区的对抗。在这些城市内部，主战派和主和派陷入冲突，而那些中间派则不断转变立场⑭。当地的匪首和武力雄厚的人喜欢哪个派别，就把自己及其部队依附于哪个派别。比如，某个名叫耶稣的土匪首领控制了阿卡周围区域，并曾把800部属交给塞希波利斯的亲罗马派调遣（V 105）。

两个阶级泾渭分明的状况在耶路撒冷并不明显，因为在这里，阶级内部的分歧同样严重，但阶级成分还是可以看得出来。耶路撒冷档案馆和希律王宫殿被毁的事件在加利利已有先兆。此处藩王希律位于提比利亚的宫殿被焚烧，宫殿内的财产被洗劫一空。这笔财产后来落入约瑟夫斯手中，使他陷入非常尴尬的处境。阿格里巴的行政长官菲利普（或者他妻子）因企图把财产带出国境遇到埋伏而被捕，约瑟夫斯又一次极不情愿地被牵扯进去。我们也许可以把试图杀害约瑟夫斯的一些——如果不是全部——行为也归于阶级仇恨的缘故（见本书边码第162—163页）。

用于发泄这一切敌意的方法极其残忍：当时，把疑犯和私敌的一只手或一双手砍掉的惩罚手段，在所有派别中似乎都极为常见。那些暴动分子和约瑟夫斯一样，可以随意使用这个方法。而且据记载，这样的行为甚至用不着感到过意不去（V 171ff., 177）。

那么，约瑟夫斯想竭力维护其权威的行为也就不足为奇了。他宣称他的主要目的是维护其管辖地区的治安，无论他掩盖了什么，或者试图掩盖什么，这种说法至少在他对反罗马战争态度上的意义是不容置疑的（V 38）。他与阿格里巴军队派遣的小分队的小冲突看起来似乎只是一件无关紧要的事。所以仅凭借加利利战役这个证据，很难判断约瑟夫斯参与起义的真实意图⑮。

在《自传》中仍然继续的、让他感到痛苦万分的争吵，就是他和那些政治色彩相同，我们称之为上层阶级温和派成员——这样称呼他们是因为找不到更好的说法——的争吵。我们已经对巴勒斯坦犹太社会和叛乱的根源有了足够的了解，足以理解这些根源对起义早期的重要性，再也不会认为它们是约瑟夫斯为了自我辩白而虚构的内容（关于这个论断，参见本书边码第

---

⑭ 关于城市内部问题，参见 V 37, 97-8, 42, 162；关于内战，参见 V 32-6, 125, 155, 185-6, 353。
⑮ 这并没有阻止学者们尝试分析：关于这次辩论有趣的历史梗概，参见科恩书中第一章。最近的观点倾向于认为约瑟夫斯的目的在于避免打斗，不过科恩试图推翻这个说法。

106页）。那次争吵以及随着战争开始以来发生的种种事件，可以解释他为什么一直强调，在这一切动荡波折中，他尽可能地远离暴力行为，并且从来不曾煽动过叛乱。他承认——其实也很难抵赖——曾被派遣扮演过起义的组织者和所谓"将军"的角色，但是他否认对此有任何热情。他竟然声称以前的做法如果不是在耍两面派，至少是在玩某种随时可转变的策略——我们永远不会知道这种说法有多真实。其实更有趣的是，他希望我们相信这种说法绝对真实。

但事实上，《自传》是围绕着一个更为具体的争论展开的。一个偶然事件引起了约瑟夫斯极大的不安。这种不安超过了他政治生涯中任何别的经历，甚至超过他在尤塔帕塔的战败和欺骗。关于那次战败，他在《犹太战史》中已经毫无羞耻感地作过详尽描述，显然没有必要在他的第二次自我辩护中又一次回到那个情景中去（V 412；见本书边码第 167 页以降）。这个偶然事件是：耶路撒冷的权威们，要求免去约瑟夫斯的加利利军事指挥官的职务。指控他——对此他自然否定——的重点是他的无能。从他在不同时刻背诵式地详述一系列事件时的附带声明中我们可以猜想，牵扯到的其他指控还包括报复、腐败、独裁（暴政）和不虔诚等⑯。被自己同僚排斥的耻辱是很难被遗忘的。西门·本·伽玛列（Simon ben Gamaliel），一个名望颇高的人，是免去约瑟夫斯职务的主要提议人；但西门的名气如此之大，以至于约瑟夫斯认为，即使承认对手高贵的出身和卓越的学术能力自己也不会有什么损失。哈拿努和约书亚·本·伽玛拉这两个大祭司据说不太同意这个决定，但最终不得不妥协。他们这一派（stasis）——也是约瑟夫斯自己那一派——中的其他人也卷入了此次事件。耶路撒冷的市民大会（Koinon）的决议——显然是某种临时召集的民众大会——结果似乎对约瑟夫斯不利，在这个事情上他也许有点意含糊其辞。四人被派来解除他的将军职位，随行的还有一个由 1 000 名武装人员组成的护卫队。这四人之中有三人和他一样是法利赛人，另一人来自大祭司的家庭，而这三个法利赛人中有个名叫约阿扎（Joazar）的人与约瑟夫斯的背景十分相似，也是出身于祭司上层阶级，明显区别于另外那两个民粹派（dēmoti-

---

⑯ V 79-83, 100, 260-1, 293ff。我们也注意到，约瑟夫斯通过强调自己温和、诚实、仁慈，并且正确理解本宗教主旨以驳斥这些指控：100, 102-103, 110-111, 159, 265, 275, 321, 329-330, 379-380, 385 页以后。H. Drexler, "Untersuchungen zu Josephus und zur Geschichte des judischen Aufstandes 66-70", *Klio* 19(1925), pp. 277-312 的第二部分讨论了这些争议。A. Schalit, "Josephus und Justus", *Klio* 26(1933), pp. 67-95 同样提到这个问题。

koi)的法利赛人⑰。

在叙述事变时,约瑟夫斯竭尽所能挽救自己的名誉。他说,整个事件完全是吉斯卡拉的约翰——一个和他有着个人恩怨的、激进的革命分子教唆策划的。而据他在《犹太战史》中的说法,那些耶路撒冷的当权者们响应对他的弹劾则是出于对他的嫉妒。《自传》中说,礼品曾经转手,有证据证明哈拿努有接受贿赂的嫌疑。然而,即使再详尽的辩护也掩盖不了他被定罪和耶路撒冷采纳了对他免职提议的事实。使团接到命令捕杀他,很多特使被派出去寻求加利利各个城邦的协助(V 203)。《自传》很大篇幅事实上都与使团的行动及其策划者兼同谋的约翰有关,但是接下来的情况却让我们忍俊不禁,约瑟夫斯和他的追随者们不仅躲过了各种精心策划的围捕,并且拖垮了那些特使,还设陷阱将他们抓获,然后坚决要求复职。约瑟夫斯和来自耶路撒冷的特使面对面的对抗,是他的叙述中最激动人心的部分。他一再提及他的加利利追随者们对他两肋插刀的忠诚(尽管他们的品行不怎么样),以此说明他之所以不能离开本地的原因。他患病的父亲一封令人怜悯的来信,增加了约瑟夫斯自我辩解的可信度。父亲来信恳求他返家。这说明,约瑟夫斯绝对有离开的动机,如果他继续留下来,只能是出于他想帮助别人的意愿(V 207,244,250)。他以梦的形式表达了一个关键的观点,梦降临时,他在阿索吉斯平原(Asochis)(靠近赛佛里斯,离今天的拿撒勒不远)的指挥所里。梦里有个声音告诉他,他在获得成功和幸福之前将不得不和罗马人作战。这种开脱罪责的方式与在尤塔帕塔见到的幻象的描述非常相似,采用这种方式展开叙述极其省事(尽管不足以完全令人信服)。约瑟夫斯写《自传》有两个目的:一是解释为什么他在已被正式剥夺指挥权之后还不放弃他的职位;二是为他对反罗马战争可能显得过度热忱的形象辩护⑱,他声称,这样做是因为必须执行上级的指令。

整个《自传》的大意表明,它面向的读者群是那些与约瑟夫斯的政治心态基本相同的人。这一点看起来无可争辩。但令人尴尬的是,他把这部作品作为附录发表在篇幅大得多的《犹太古史》的后面,因而也就正式面向了

---

⑰ BJ 2.626ff.;V 189-202。关于特使(参见本书边码第 31 页)。应注意的是,约瑟夫斯在此处赞扬了西门,虽然西门曾对他不利,而对于哈拿努他没有任何褒或贬的评论。综合这两个事实可以看出,认为约瑟夫斯由于此事对哈拿努非常不满,从而将态度从《犹太战史》中的奉承转变为《犹太古史》中的苛责,这种观点不大可信。而且,无论如何,这个假设的成立需要一个前提,就是当他写《犹太战史》时,他还并不知晓哈拿努的背叛。而《犹太古史》中的评价也许是基督教篡改或插补的部分。

⑱ V 208-10。关于阿索吉斯平原和尤塔帕塔城幻象的对比,参见科恩已引文献(同本章注释1),第 160 页、注释 188。

异教徒读者群(参见本书边码第 228 页)。他希望能通过让人们熟悉犹太人的传统和制度的方式而达成双方的和解。我们不必被这个显而易见的矛盾所困扰。最好的解决办法,是假设在约瑟夫斯的头脑中,始终存在两类他期望的读者。当然,他希望影响并打动那些有学问的异教公众,然而这类读者并非对他没有威胁,也并非完全可靠。很多现代学术型的作家在自己作品的写作意图上也存在类似的矛盾心理。《犹太古史》矛盾的写作意图是一个复杂的问题。对于《自传》来说,这仅意味着我们在相信书中提供的证据这一点上不必多虑。可以认为,作者心目中的读者是那些与公元 66—67 年所发生的事件密切相关的人,大多是(虽然不必排除其他)犹太人,而且在很大程度上是那些与作者本人身份类似的犹太人。他们曾经受到那些批评约瑟夫斯的人的影响,他必须要以此来正视听,堵住评论者的嘴。

约瑟夫斯一个著名的对手是提比利亚的查士图(参见本书边码第 146 页)。但重要的是我们必须意识到:一、约瑟夫斯不必仅仅回应查士图一人;二、认为他的全部辩论都与查士图的见解相关完全是个臆断[19]。他在第一次提到查士图对相关事件的叙述时只是顺便提及,当时是把查士图作为一个活跃的政治人物附带介绍给读者。而再次提到查士图已是很久之后的事了。如果我们仔细看看《自传》中接近尾声那段针对查士图的、完全可以称之为"题外话"的内容就清楚了[20]。这段开头部分的论述似乎表明,约瑟夫斯直到此时才把注意力转移到对查士图的控诉上来。他说:"我的写作已经进入到这样一个阶段,我想写一些话,给那个对一系列事件编造出自己说法的查士图,以及那些声称在讲述历史的其他人。"查士图指责约瑟夫斯对提比利亚暴动负有责任,这说法被回敬给了他自己。当狂热行为变得比以往任何时候都更加为人不齿时,这两个前中间派分子之间最大的政治分歧,就是指责谁更像一个战争贩子[21]。然而,除此以外,这段"题外话"剩余部分大多是这两个相互竞争的作家有关战争故事的对立观点,意在贬低查士图的所有作为。约瑟夫斯不再一味地谈论自己作为指挥官的事。因为他指出,查士图对无论是发生在加利利还是在耶路撒冷的大事都不可能清楚地了解。不用说,加利利是他们争论的焦点,因为他们一起在那里待过,还争执过。那里也是约瑟夫斯更有发言权的地方,因为作为当地指挥官,他比查士图了解情况更全面,而且待的时间也更长一些。然而这并非辩论的全部内容。

---

[19] 我在此不再坚持我之前的重构(reconstruction),参见本人已引文献(同本章注释 9)。
[20] 这是科恩的术语,参见 V 40 和 345-367 页。
[21] 瑞洁克已引文献(同本章注释 9,第 355-356 页)。

这段"题外话"的论据和另外一个看似合理的观点相吻合。这个观点认为,查士图曾写过一份关于战争的、非常笼统、简短的描述。查士图的这部作品可能还记录了一些别的资料,可能包括拜占庭学者福蒂乌斯(Photius)㉒认为出自查士图之手的、关于犹太历代国王的附录。福蒂乌斯一定曾通读过查士图的作品,加利利是其中简短的一段,而约瑟夫斯则可能只是断断续续地出现在其中。我们的确知道查士图曾写过尤塔帕塔事件,但是约瑟夫斯并没有费神把他牵扯进来,这表明《自传》并非仅仅回应他一个人。一些敏锐的学者们肯定已经注意到,约瑟夫斯提供的事例是一个统一体,不能轻易割裂开来。并不像之前一些学者们所讲的那样,只是一连串从不同来源的资料中摘录的东西㉓。但这并不是说,这个整体只是为了一个单一的目标。其他姑且不论,查士图的作品中恐怕没有足够的内容可以为创作《自传》这样的作品提供素材。在看待有关约瑟夫斯在加利利的争论时,我们必须把它置于一个更大的背景之下,即公元70年后犹太贵族的存续,尤其是流散中的犹太贵族。这就极好地解释了为何查士图的记载中对约瑟夫斯在尤塔帕塔是否倒向罗马人一事不感兴趣。这些贵族们都理解导致这种行为的政治窘境。他们很清楚,自己也很有可能做出同样的事。当然,对于这种立场的转变,还有约瑟夫斯和弗拉维王朝的将军们的交情,对此,人们曾从道德上质疑。这在70年代曾引起某种轰动(参见本书边码第171页),但是到了90年代,这一点就显得没有那么重要了。人们更加热衷于讨论以下几个问题,例如这次起义是否有可能被阻止,或者如果起义一定会发生,能否组织得更好?还有,为什么这些中间派没能够把握住形势,控制住局势?这些更为棘手但意义深远的话题会一直困扰我们。从这个角度看,约瑟夫斯失去对加利利的控制,以及被耶路撒冷免职这两件事情是争论的焦点。

透过他对加利利人的描述我们发现,原来《自传》中隐藏的上层阶级对起义的态度,与他们在《犹太战史》中的表现整体上是一致的。因此,我们没有理由认为,约瑟夫斯在创作两部作品的间隔期,思想观念发生了极大的转变。尽管在两部作品中一些表述的侧重点有所不同,但作者对于当时情况的整体看法是一致的。

迄今为止,在讨论约瑟夫斯关于加利利冒险行为的有些含混的、令人困惑的叙述时,我还是主要依赖《自传》中的资料。尽管对于同一个话题,《自

㉒ 福蒂乌斯,*Bibl.*33;瑞洁克已引文献,第4部分。
㉓ 尤其是沙利特已引文献(同本章注释16),68页以后。

传》可能作了详细讲述而《犹太战史》却一笔带过,但是作者对此话题的看法是一致的。此外,被过度渲染的两个版本之间那些矛盾之处,并不意味着我们非得要质疑某部或两部作品的可信程度。我们尤其需要做的是考查《自传》的可信度,因为考查越彻底,我们就越能更大程度地把里面的资料作为参考。我主张撇开那些琐事和偶然性因素,用写作风格和修辞手法来解释其中出现的偏差;认为作者不断故意曲解真相的这种说法是不恰当的。实际上,我们在研究的许多案例中,关注的甚至不是两者确实存在的矛盾,而是作者侧重点的转移。

鉴于多种原因,我们可以预料这两部叙述作品中会出现一些差异。首先,两部作品的创作目的不同:《犹太战史》自然会从对约瑟夫斯有利的一面来描述战争;而《自传》的创作完全是出于自我辩护的需要,这种需要是产生这部作品的动力。不管怎样,古代的自传体写作往往都出于这样的目的。其次,谈到写作形式,《犹太战史》不得不遵循固定的传统风格,也就是当时的古代世界里业已根深蒂固的战史写作套路。而当时的自传体文学却少有直接范例。可能正因为这个缘故,约瑟夫斯的《自传》中才会出现比例失调、连接不畅这样不应出现的弊病[24]。此外,两者在写作规模上也大相径庭,《犹太战史》的篇幅更为简洁紧凑:某些省略是不可避免的。最后,不应忘记的是,两个不同的叙述在讲述相同事件时,就是需要避免重复:可以压缩一些细节描写,腾出篇幅提供一些别的东西。

如我们所说,因为约瑟夫斯正在写一本战争史,这部战争史把他的行为表现为正规的、有组织的防御行动的一部分,强调此次战争是一次重大军事事件的倾向在这部作品中贯穿始终。实际上,作者在整部史书的第一行就宣称,这次犹太起义简直是有史以来最伟大的一场战争:他这种文风上的自以为是,是受修昔底德的启示,并因此变得合情合理,这也极好地展示了约瑟夫斯创作初期的心境。不久,犹太人将以强大的罗马军队劲敌的形象出现。他在一次著名的演说中回顾了罗马军队的强大,而在一段著名的"题外话"中描述了罗马军队的作战体系和部署(参见本书边码第160和180页),而与此相应的是,他这位犹太将军给人留下的深刻印象。对约瑟夫斯而言,表现自己角色的威严并非是虚荣心作祟[25],而是出于文学创作的需要。他

---

[24] 关于古代的自传体文学,参见 A. D. Momigliano, *The Development of Greek Biography* (1971), pp.89-91。

[25] 正如萨克雷所想。参见对他翻译的介绍,洛布古典丛书(Loeb)*Josephus*, vol. I, p. xiv)。这个看法也忽视了古人作品中往往喜欢自夸的情况。关于这一点参见 E. A. Judge, "St. Paul and Classical Society", *JbAC* 15(1972), pp.35-63。

无所顾忌地、得意地声称自己在与其罗马保护人的战斗中表现出色。他在《犹太战史》中关于加利利事件的叙述措词简单、大胆,几乎不加修饰。除了希望受到赞赏外,约瑟夫斯还力求唤起读者的兴趣㉖。很少有人对他的意图和目的,或者他是否有过什么疑虑等进行评论,因为他写作战史只是客观叙述过程,而不夹杂主观看法。本书有两大重要主题:一、作为指挥官,约瑟夫斯采取了积极、充分的准备措施;二、他的对手,来自吉斯卡拉的约翰怎样施展各种阴谋诡计,而他又怎样一一反击,这一点占据了大量篇幅。但这些并不足以让我们了解到背后的事实真相。当谈及这两大主题的时候,我们只是得知韦斯巴芗的军队攻破了加利利城,还知道约瑟夫斯以及这片地区民众的反抗所得到的结局。

当约瑟夫斯在《自传》中表明,他在加利利城的使命最初是和平性质的时候,读者不必因为这与我们所看到的情况大相径庭而不以为然。首先,《自传》和《犹太战史》的不同之处在于,它集中揭示了耶路撒冷领导者们的态度,是如何有了一百八十度大转弯变为起义组织者的。因为这部分内容对于约瑟夫斯解释自己的处境不可或缺。据他说,在总督克斯提乌斯(Cestius)惨败撤退之后,耶路撒冷的暴动分子纷纷拿起武器,贵族名流们的处境岌岌可危。在得知加利利城有一个重要的和平党派之后,他们派遣约瑟夫斯在其他两名祭司的陪同下前往该地,设法控制反叛者。他们的任务是说服叛乱者们把武装力量交给耶路撒冷管理,然后静观罗马政府的反应,避免仓促行动。这就是约瑟夫斯获得任命的背景状况(V 28)。接下来,我们看看他到达当地之后发现了些什么:他了解了赛佛里斯城、提比利亚城、吉斯卡拉城和加玛拉城的情况,还涉及对阿格里巴的下属瓦鲁斯所制造的麻烦。约瑟夫斯一旦掌握了本地的情况,就立即写信报告耶路撒冷的犹太法庭。随后他听从指令继续留在此地作准备,他的同伴们如果愿意也可以留下来,实际上,他们不久就回去了(V 63)。之后,犹太法庭来信正式任命他为指挥官。尽管此处文字中并没有说明这一点,但在后来的著作中,他描述自己是受到认可的加利利城的"将军"(V 135, 176, 230, 250)。

《犹太战史》简单地记叙道,在加卢斯溃退之后(没有说明具体时间),这些仍然留在耶路撒冷的有名望的犹太人被劝服,或被强制加入了主战派,而且他们还在圣殿集会,任命参战将军:约瑟夫斯被任命执掌加利利城和加玛拉城。抵达伊始,他就约见各类人士,设法赢得了民众的好感(BJ 2.562—

㉖ 尽管涉及一个或两个事例时,《自传》的某些叙述更能打动人心,但两者的叙述通常不相上下。

71)。现在的情况是,所有这些在《自传》中描述的预备活动在《犹太战史》中都被省略。所以在史书的记载中,我们只能看到约瑟夫斯直接得到行政任命。相应地,根据《自传》叙述,犹太人公会的各项指示也及时到达,尽管他的两位同僚在返回之前曾稍作停留,但他成了此地唯一的掌控者。《自传》告诉我们,他们两位在吉斯卡拉有过短暂活动,随后就回去了。关于约瑟夫斯等人在那里的所作所为,《犹太战史》中也有记载。但既然《犹太战史》中没有提到他有过同僚,所做的事情就完全归于约瑟夫斯自己名下了:这里已经完全归他指挥,这没有什么不对,尽管并不完整(V 70—77)。

这两份记录之间的差异是约瑟夫斯著作自相矛盾最显著之处㉗,但如果我们意识到《犹太战史》省略掉的一些事件,在《自传》中都能找到对应补充的篇幅,那么相互矛盾的问题就不存在了。例如,《犹太战史》第二章(568)的内容和《自传》28章不一致,但与第63章的内容却相吻合。战争阶段有一些不太重要的事件没有出现在篇幅较短的记录中,如提比利亚对赛佛里斯的攻击、希律王宫殿的被毁,还有对提比利亚城希腊人的屠杀(V 37,64,67)等。唯一被认为也许起了误导作用的是:约瑟夫斯一到此地就开始独占控制权,但从他的文字可以看出,他并没打算精确地按照时间顺序记载历史。的确,整部《犹太战史》的叙述倾向于围绕主题来安排事件,而很少考虑到时间顺序㉘。

在《犹太战史》中被忽略的那些信息仅仅是因为和当时的主题缺乏相关性——包括他就职的详情、他同僚的情况等。然而对于《自传》来说,这些资料却必不可少,因为《自传》特别关注关于约瑟夫斯的指挥权的争论,以及内部斗争的种种政治伎俩。尽管如此,事实仍然是:两份记录背后表现出的约瑟夫斯及其同僚的心态是一致的。两部作品都可以明显地看出,他们都不想参战(参见本书边码第129页),因此,在叙述中忽略掉一次短暂的、毫无收获的考察算不了什么大事——那是为了弄清楚加利利起义规模是否仍然不大,并且很容易平息。

这两个版本之间的关系继续以同样的模式发展下去。例如,《犹太战史》讲述了约瑟夫斯就职后如何努力赢得加利利人的好感和支持。比起《自传》中关于此事的描述,这只是一种模糊而委婉的方式。关于这件事,《自传》是这样解释的:由于这些叛乱的加利利人不能被解除武装,所以就把他

㉗ 关于这一点,参见 Thackeray, *Josephus the Man and the Historian* (1929), pp.10-11。参见本书边码第5页,更为详细的阐述参见德雷克斯勒已引文献(同本章注释22),第209-302页。

㉘ 参见科恩关于《犹太战史》中这个方面的讨论,尤其是第67—77页。

们当成所谓的"雇佣兵",希望可以对他们进行官方控制。根据《犹太战史》的记载,约瑟夫斯任命了70位地位显著的治安官(archontes)和7名不那么有名的法官(dikastai)管理每个城镇。这样,加利利各地就可自行解决琐碎事务,而他自己则继续负责那些重大事件。通过阅读《自传》,我们有趣地发现:这些官员以前就是加利利的公职人员,约瑟夫斯扣留他们作人质,然后又雇用他们辅佐自己;为了让他们高兴,还允许他们继续审理案件。揭示这样做的动机,使《自传》读起来更加有血有肉,富有人情味(V 77—79)。

《犹太战史》更多地强调了犹太人在加利利的防御工事,这也是意料之中的事。加利利的防御工事是这样一步步建成的:他先把工事建设列为自己的初期行动之一,随即确定为抵抗外来入侵修建防御工事的地点,这些工程是他亲自主管的,或者(有两处)是在他的主持之下的。《自传》一开始,约瑟夫斯语焉不详地叙述了他一步步获得武装并巩固了城镇实力的过程。我们从稍后一些的文字中获悉了关于防御和各个居民点供应的组织状况,这些描述和《犹太战史》中提到的一致(2.573;V 187—188)。此外,早期叙述中出现的最严重的失误,是作者记述事件时只考虑为主题服务而未遵循时间顺序,同时还有过度简化的文学手法。其结果与其说让人觉得虚假,还不如说像一幅有点过于让人眼花缭乱的图画。如果那时约瑟夫斯的防卫战略称得上是"战略"的话,也一定是杂乱无章的。清单上建筑防御工事的地点像一个大杂烩,有的在村子里,有的在目标明显的城市聚集区,有的零零星星散落在上加利利和下加利利城里,还包括裂谷下方的一些隐蔽地带,但这些地点的位置都有隐蔽性而且还能够经受住围攻㉙。这些防御工事在很多情况下一定都存在着重大局限。然而一个将军总是需要一个战略的,所以约瑟夫斯想象自己已经有了一份战略㉚。

只有一处,因为头脑冲动,他说出一番明显不正确的言论:他说他允许赛佛里斯的人们建造自己的城墙,因为他们不仅想要发财,还渴望打仗。但是在《自传》的相关记录以及《犹太战史》全文的其他任何地方,他处处强调

㉙ Avi-Yonah, "The missing fortress of Flavius Josephus", *IEJ* 3(1953), pp.94-8 中提出,这片地区有一个可供使用的完整的保护圈。这个观点的前提是要有一座堡垒去阻挡来自阿卡(Acre)方向的罗马部队。M. Har-El, "The Zealots' Fortress in Galilee", *IEJ* 22(1972), pp.123ff. 一文中未加论证地确认,堡垒的位置是建立在一个认真计划过的、充分一体化的防御系统基础之上的。Y. Levinson, "Vespasian's advance from Acre to Jotapata", 19th *National Congress for the Exploration of the Land of Israel and its Antiquities*(1965,希伯来语)中,指出了犹太人防御的随意性。B. Bar-Kochva, "Notes on the fortresses of Josephus in Galilee", *IEJ* 24(1974), p.132 中提出了具有建设性的观点。

㉚ 科恩已引文献(同本章注释1),91-97 页研究了约瑟夫斯将自己称作"伟大将军"的描述。

的却是这个城市的亲罗马倾向㉛。看来约瑟夫斯被他自己的描述给弄晕了,不过这算不上大问题。

《自传》里,对于那些叛乱分子的描述意在表明,作为约瑟夫斯的雇佣军,他们和他之间并没有共同目标。而《犹太战史》则是从另一个角度描述他们。从一篇著名的附录里可以看出,《犹太战史》叙述了约瑟夫斯怎样试图把这些人训练成为类似罗马军团那样的军队,而对此,《自传》中没有出现任何情节矛盾的描述。这件事似乎是真的,除了关于约瑟夫斯指挥的士兵数目惊人这一点——如果此记载数据可信的话,仅步兵就有6万,总计比10个罗马军团的人数还多(《犹太战史》2.576—584)。这要么是塑造"理想将军"的动机泛滥的结果㉜,否则就显然是一个经验不足的军团在模仿其强大对手的举动。据说之前在罗马帝国别的地方就有一个名叫日耳曼人阿米尼乌斯(Arminius the German)的起义领袖,他曾用罗马的战术攻击罗马军队,塔西佗在其作品中对此有所记载(Ann. 2.45)。这种手段与那些可以袭扰正规军数载、不太规范的游击战术有区别,属于不同的智慧范畴。不用说,我们无法指望约瑟夫斯的军队能在仅有的短时间内和杂乱混沌的情况下做到像罗马军团那样纪律严明、体系完整。实际上,他们类似于美国独立战争时期的军队,不过是一群"打着军队旗号的乌合之众"而已,只是这些犹太人的情况更糟。其实,透过后来发生的一些事件可以看出,他们缺乏计划、军事技能和装备,灾难性的后果自然不言而喻。后来约瑟夫斯一再指出他们的困难。很明显,他当时就已经深深地意识到,用这些犹太人对抗罗马政府犹如以卵击石㉝。也许我们可以这样认为:约瑟夫斯之所以在稍晚的一段议论中,详细地讲述了罗马军队的作战方式,一方面是由于他自己对此着迷,另一方面还因为这个话题迎合当时有文化修养的希腊读者,或者是他出于模仿波利比乌斯的需要,抑或是为了令臣服的民族相信罗马帝国的实

㉛ *BJ* 2.574; *V* 30. 关于反战城市赛佛里斯城的情况,同时参见 *BJ* 2.511, 3.30, 61; *V* 38, 104, 346-8, 373ff 和 394ff 等; H. Seyrig, "Irenopolis-Neronias-Sepphoris", *NC*, 6th ser. 10 (1950), pp 284-9; 15, 1955, pp.157-9 中提到;一枚公元 67—68 年的不同寻常的硬币提及韦斯巴芗,并且冠以赛佛里斯"和平之城"(*eirēnopolis*)的名号同样说明问题;同时参见 Y. Meshorer, "The coins of Sepporis as a historical source", *Zion* 43(1978), pp.185-6(希伯来文); Cohen, pp.245-8. 我们对该城忠于罗马的理由并不完全清楚,有一些不太令人信服的解释,如 S. Yeivin, *Excavations at Sepphoris* (Michigan, 1937), vol.2, pp.23-4 中提出,这座城市供水系统有漏洞; S. Klein, *Miscellaneous Essays in Palestinian Research* (1924, 希伯来文), Zippori, pp.55-6 提出,这里的祭司家族数目庞大——然而为什么所有的祭司必须得出身于上层阶级呢?

㉜ 关于动机见已引文献(同本章注释 30)。

㉝ 例如:*BJ* 3.113-114, 153, 270, 475. 塔西佗说,就是在多次对抗罗马之后,日耳曼人才变得更富有纪律性的。

力有多么不可战胜的缘故（BJ 3.79—109；Polyb. 6.26ff.）。

把这两部作品综合起来——我们既要从《犹太战史》中看出作者对社会安定有序的渴望，又须注意到《自传》中所揭示的当时政治混乱的社会背景，才可以更进一步地掌握加利利的真实情况。如果《犹太战史》叙述了约瑟夫斯想要干成哪些事，那么《自传》则告诉我们，他在做事的过程中都遇到过哪些困难。

两部作品都用大量篇幅讲述了来自吉斯卡拉的约翰的故事，但表述方式略有不同，《犹太战史》中过度简化的叙事方式从一开始就很明显。作者把整个辖区内反叛约瑟夫斯的局面归咎于据称是最为寡廉鲜耻、诡计多端的来自吉斯卡拉的约翰。约瑟夫斯之后继续对他进行带有攻击性然而缺乏细节的描述，文中的约翰被塑造成了一个标准的恶棍。这不禁让我们联想到罗马历史学家萨卢斯特（Sallust）对起义者卡蒂利内（Catiline）的人物刻画[34]。把所有事情都归咎于约翰也许可以为约瑟夫斯开脱，如果想要把非常复杂的政治场景简单化，着重拿一个人的品行做文章不失为一个解决办法。然而，《自传》又不可如此简单地解释约瑟夫斯职责范围内发生的麻烦事——因为这是作者精心阐释的重要内容之一。但从那段叙述可以清楚地看出，约翰的实力不可小觑；而且约瑟夫斯一抵达此地就注意到此人的举动，这一点也可以说明他认定约翰是当地的首要头领。

不过，《自传》必须更清楚地描述约翰这个人，也就意味着它能以更多的篇幅歪曲他的形象。这是约瑟夫斯新的关注点，以此表示自己从未自愿与约翰勾结，并以此为两人之间曾经存在的临时合作关系辩解。这样一来，两个故事都有问题。关于他们两人之间的故事有一点是毫无疑问的，那就是到约瑟夫斯在加利利的最后阶段，他已经极其憎恶约翰，每当提及此人，他的情绪就异常激动。一个历史学家叙述事件时如果掺杂了个人情感，那么他对于某些历史人物品行的描述就极不可信。这两部作品的叙述不完全一致，特别是关于动机和意图。我们永远揭开不了全部的真相，只能尽力摸清他的大意罢了。但是，认为他对约翰立场的改变就是其作品的典型特征肯定是不对的。

《犹太战史》在向读者介绍约翰时充满了诽谤性的描述。书中把他说成是一个土匪，曾经抢劫加利利城而且恐吓那里的民众。但由于言辞十分夸

---

[34] BJ 2.585-8：“作为一个老练的骗子，他对于骗人很在行，凭着欺诈骗得美名，而且连他最亲密的朋友也不放过；尽管他的性格容易感染别人，但他内心的贪欲却驱使他成为一个最残暴的人；他总是野心膨胀，所以极尽一切可鄙之事来满足自己的欲望”等（英文翻译：萨克雷；有关和萨卢斯特的对比，见萨克雷的注释）。

张,再加上作者对约翰毫无新意的指责,读者不太可能把这些言论都当真。《自传》暗示,约翰起初试图阻止吉斯卡拉城民众叛乱,正是为了反击来自希腊各城的袭扰,他才拿起武器。在约翰自己的城邦遭到破坏后,他又将它重新修建。这段描述似乎是为约瑟夫斯当初和约翰的友好关系而辩解,《犹太战史》也曾提到并证实他们开始时关系还不错。由此我们得知,约瑟夫斯当初还曾因欣赏约翰的能力,让他去负责吉斯卡拉城墙的建造工作(2.590)。这件事后来给约瑟夫斯带来了一定的尴尬,所以在《自传》中讲述这件事情时,他试图把把责任归咎于他的两个同伴(当时还没有离开),说是由于他们当时一直对他施加压力所致。

因此,尽管我们不能肯定约翰究竟想要做什么,但有一点是明白无误的,那就是起初约瑟夫斯的确曾试着要和约翰合作,但是后来约翰造反了。两部作品对此都有描述,第一次以一种直截了当的方式表述出来,第二次却说得非常别扭。看来当时已经发生的情形是这样的:当他所在地区局势尚不明朗时,约翰持较为中立、温和的态度。然而当他因为交上了像迦玛列之子西门这样的朋友而尝到甜头,加上那时加利利的中间势力开始消退时,他随之变得比较激进起来㉟。

两个版本都认为,正是经过约瑟夫斯同意,约翰才能够做起橄榄油的投机买卖,并垄断市场。他把油卖给那些叙利亚的犹太人(他们从不使用异教徒的油)并从中牟取暴利。不考虑那些细节问题,例如原油买卖之间的差价到底是多少等,我们看到的唯一不同是,《犹太战史》中没有交代他同意约翰这样做的原因,而《自传》却解释说,他之所以容忍约翰的行为,是因为害怕受到暴徒的报复(BJ 2.591; V 74—76)。这样,《自传》又一次为约瑟夫斯和约翰之间的勾结提供了借口。《犹太战史》直到叙述约翰造反的情节时,才简单地提到两人关系中有问题的方面,这给我们留下一种印象:他以前对约翰的本性并不了解。

两部作品都用一定篇幅描述了这样一个情节:约翰曾阴谋在提比利亚城刺杀约瑟夫斯(BJ 2.614—618; V 85—96)。《犹太战史》把这件事说成一个激动人心的故事。故事说,这个恶棍当时正假装取水,表明他十分诡计多端。而《自传》更有理由清楚地澄清,约翰和约瑟夫斯并非私下秘密结盟,并为约瑟夫斯自己无情的计谋辩护。这里有两处差异,但都无足轻重,而《犹太战史》里的叙述更不可靠,声称约翰在塔里卡埃城(Taricheae)附近曾公开指责约瑟夫斯,而后才出现了这个刺杀事件。这样说似乎不太可信,因为既

㉟ 关于约翰持中立态度时的情况,还有他和西门的关系,参见本书边码第132页。

然约瑟夫斯已经听到了约翰对他的公开挑衅,就不可能再如此轻信约翰,从而落入他的圈套。对于这个时间顺序的颠倒,我们没有发现什么特别的动机。也许可以这样来解释:约瑟夫斯写《犹太战史》时,想重点介绍塔里卡埃城的对抗,而这一点误导他在时间顺序上犯了错误。第二个不同之处在于,较早写成的叙述有点夸张,后来那个比较真实一些。第一份描述是这样写的:约瑟夫斯当时正在向提比利亚人发表演讲,对针对他的阴谋一无所知,直到一转身,赫然发现一把利刃架在他的脖子上。后来他从一个6腕尺高的小山丘直接跳到沙滩上,匆忙逃入一艘正好停在那里的小船才得以保住性命。第二份描述说,他正在演讲时发现了向他步步逼近的刺客,所以他跳过栏杆,在贴身护卫的掩护下来到湖边,登上一艘船离开;约翰的手下继续追赶,直到被一番凶狠的威胁言论吓退为止。

当时,加利利很多地方都拒绝接受约瑟夫斯的领导。《犹太战史》把这种情况归因于一次行李丢失事件。阿格里巴二世手下的一个托勒密人,在试图逃离交战区时遇到了埋伏,结果他的贵重物品被约瑟夫斯手下抢走。加利利人猜测(他自己也承认),他曾想把这些东西归还给物主,因为他不愿支持针对阿格里巴的敌对行为。之后有人曾到他家纵火,不过他有惊无险地逃脱了,而且成功地在塔里卡埃举行了一场公开听证会。在会上,他利用当地居民对邻居提比利亚城的敌意分散了群众的注意力,但这并不能安抚来自其他地区的人们。甚至,即使承诺用这笔财富去建造城墙以保卫他们的城镇,他仍然处于危险之中,还遭到武装分子的追杀。《自传》在描述这个事件时(此处说丢失的财物属于托勒密的妻子)强调的内容不一样(BJ 2.595ff.;V 126—131)。事实上,《犹太战史》把整场激烈的反约瑟夫斯运动(据他所说,反对之声如此强烈,他曾迫于紧张局势而四次攻克提比利亚,V 82),归咎于这个财物丢失事件显然过于简单化。在《自传》中他也不能回避这个事件。此外,《自传》并没有说是约翰煽动了发生在竞技场的那起暴行,他已不再是一个焦点人物,也不再被说成是"万恶之源"。整个事件这次已另有作用,因为批评家们曾经指责约瑟夫斯想把这笔财物用于补贴叛乱经费。不过,他在《犹太战史》中就对此断然否定,现在又重申他的态度,而且措辞更为强硬。他两次告诉我们,他曾经假意要把这笔钱用于建立防线,而他这样做仅仅是为了保全性命。为了强调自己的真实意图,他提醒我们说,犹太法律特别痛恨偷盗,即使被偷的是敌人的财物也不行(V 128)。

还有一个例子可以表明,《自传》和《犹太战史》叙述时的大致脉络类似,而只是着重点不同。约瑟夫斯的声明究竟是真是假,我们不得而知。除了在与阿格里巴有关的事件上——《犹太战史》的创作期间阿格里巴还健在,而且还是约瑟夫斯的庇护人,并与他有书信往来——使约瑟夫斯在《犹太战史》中的自我辩解让人有些不解外——因为约瑟夫斯本可以设法向他求助,并说明情况——其余部分还是可信的。此外我们知道,阿格里巴偶尔会对约瑟夫斯有些敌意。从另一方面看,到《自传》出版的时候,阿格里巴已经去世了,所以这种动机并不能解释为什么在《自传》中还会出现一个类似的版本㊱。也许事实的真相是,约瑟夫斯甚至从来不曾考虑过要处置这笔偷来的财产。无论如何我们可以想象,他是多么不想让人觉得自己好像赞同偷窃,并被牵扯进他如此强烈谴责的财产侵犯事件之中。

并非所有反叛事件都是好斗者挑起的,那些效忠者同样会给他带来让他尴尬的事情。《犹太战史》告诉我们,当提比利亚城向阿格里巴求助时,约瑟夫斯巧妙地哄骗他们投降了。他带领军队乘坐几条船(把这些船只装扮得像是一列舰队),逮捕了全体城邦议会成员(毋庸置疑,都是一些有名望的人),还强迫骚乱的煽动者砍掉自己的左手(*BJ* 2.632—646;*V* 155—178)。查士图对他的指控不管具体有哪些,可能都是强调发生在他自己家乡的一些事,这也许解释了有关这座城市的盛衰变迁为什么会在《自传》中占了大量篇幅,也是约瑟夫斯特别要在这里为自己某些异常行为辩护的原因。设计伪装军舰的策略在当时是必要的,因为安息日就要到了,而他的部队已经解散。当那个被命令将克利托斯(Clitus)的手砍掉的人因为害怕而下不了手时,克利托斯自己动手砍掉了自己的手。此外,当提比利亚城又一次造反并再次被约瑟夫斯占领后,根据《自传》记载,他对那些洗劫城市的士兵施行了严厉的刑罚。不过,撇开里面隐含的私怨不说,这两份叙述中的差异并不大。

据我们所知,所有这些麻烦的原因是约瑟夫斯不能恪尽职守。他在每份叙述中都对自己暂时失去掌控权的事实作了解释(*BJ* 2.626ff.;*V* 189—335),并且两处都认为那件事和约翰的阴谋分不开。据《犹太战史》记载,耶路撒冷的上层嫉妒约瑟夫斯,《自传》照例需要作出一些更有说服力的解释,约瑟夫斯此处再次使用了有关某些领导人受贿的说法。而这次受贿行为使西门·本·珈玛列得以打败哈拿努和约瑟夫斯的其他支持者们。事实上,约瑟夫斯失去控制权的事实就足以解释有人想除掉他,就像我们已经看到的那样(参见本书边码第 150—151 页)。《自传》一直是围绕他受到的耻辱而写的,而且我们从中发现了很多关于那四个被派去和约瑟夫斯作对的特

㊱ *AJ* 16.187:约瑟夫斯曾经因为偶然说出了一些相关的真相而招惹希律王的后代们。关于阿格里巴作为一个庇护人并与他有书信往来,参见:*V* 362—367。关于他是如何去世的,参见附录Ⅲ。

使的事情,当然还少不了约瑟夫斯挫败他们的妙计,最后,终于传来了来自耶路撒冷的新的指令。在这个事件中,敌对的任何一方都没有得到什么好处,只不过比起先前的那份叙述,《自传》的叙述更让我们意识到加利利城离彻底的无政府状态有多接近。

然而,《犹太战史》无疑没有提到使节,我们也很难在两篇叙述存在的细小差异中发现什么可以说明问题的地方,因此似乎没有什么特殊的原因需要改变使节们的活动与提比利亚的几次叛乱之间的时间关系。据《犹太战史》记载,第一次叛乱发生在使节们到来之后,而最后一次则发生在他们离开之后,这也许有助于简要地勾画出这场干预是将情况复杂化的始作俑者,而且约翰以某种间接的方式参与其中。《自传》说第一次叛乱发生在使节们到来之前许久(就我们所知,是在"塔里卡埃事件"之前,参见本书边码第162—163页),而最后城市被攻克则发生在使节们正要离开之际。还有一个奇怪的矛盾之处则是和这些特使的名字有关:《犹太战史》中记载的特使有乔纳森的儿子犹大,而《自传》中却变成了犹大的父亲乔纳森;这位父亲所承担的作用如此重要,以至于我们很难相信约瑟夫斯会在《犹太战史》中忘了提到他。也许我们可以这样想:这个儿子可能也曾参与过此事,但是我们怎么也想不通,为什么约瑟夫斯会在《犹太战史》中有意忽略法利赛派教徒乔纳森。我们可以这样推测:这个人曾经是约瑟夫斯敬重的朋友,因此对约瑟夫斯来说,此人处于他的敌对面的回忆让他感到痛苦。而且在他创作《犹太战史》的1世纪70年代,估计乔纳森仍然健在,那就更不能写了。一直到了《自传》发表的时候,整个故事已被其他人公开,可能到了那时,乔纳森的事已经不再困扰他。如果事实果真如此,我们必须再次找出约瑟夫斯对于个别人物的叙述中那些遗漏的地方,尤其是要到《犹太战史》中去寻找,因为这本书对于历史事件的记述最接近当时真实的状况。这的确有必要引起我们的关注,不过我们也不能因噎废食,对全部叙述都大加怀疑㊲。

《自传》没有讲述任何有关约瑟夫斯和罗马军队之间的对抗,不过我们

㊲ 两部作品中其他一些矛盾的出现,也和约瑟夫斯的人际关系分不开。《自传》中阿格里巴的一个下属官员菲利普被国王派去平定加马拉,很早就离开了耶路撒冷,后来在韦斯巴芗的推荐下,他再次被派到尼禄那里;而《犹太战史》中,他直到塞斯提亚斯撤退才离开耶路撒冷,是塞斯提亚斯为了指控检察官弗洛鲁斯而把他派到尼禄那里去的。《犹太战史》似乎在此处出错了,因为它忽略了《自传》中特别强调的有关加利利人的因素;但是在两部作品中,约瑟夫斯好像都在保护菲利普,虽然是以不同的方式: BJ 2.556-8; V 59-61, 179-84, 407-9;参见科恩引文献(同本章注释1), 160-168页的相关讨论。还有一些细节上的冲突是不值得关注的,如《犹太战史》中说托勒密的行李被托付给一个人,而《自传》却说是两个人;《犹太战史》中约翰把油卖给了恺撒利亚腓利比的犹太人,而《自传》却说是卖给了叙利亚的犹太人等。

间接听到过一次被他闭口不谈的战役,那是约瑟夫斯和阿格里巴之间发生在加利利海北部的一次小小的冲突,而且是一场他差不多就要获胜的战役。在此次战斗中,约瑟夫斯袭击了堵截他补给线的一支小分队,但最终以他手腕受伤,战斗失败而告终(V 399f.)。他宣称自己忽略不谈有关韦斯巴芗的到来,他们双方在伽里斯(Garis)村的交战,尤塔帕塔围攻战——这次战役导致他失败被俘及后来的释放——以及其他发生在起义期间的他的军事行动,是因为所有这些在他以前的作品中已经有了详细的描述(V 412)。

接下来,他给自己的《自传》作了一个正式而草率的结论。一方面,他提供了一些有关他身世的细节,都是一些看似不太重要的事情,例如他的三次婚姻(包括他每个妻子的家世情况)和他儿子的名字(其中一个叫做查士图);另一方面,他恭敬地提及了三位弗拉维王朝皇帝(参见本书边码第194—195页)的慷慨和庇护。总之,很明显,不管从形式还是结构来看,这部作品都令人好奇。但是如果想得知加利利的真实战况到底如何,还是得把注意力转向之前的《犹太战史》。

约瑟夫斯作品中对自己的角色定位一直没变。他相信自己和耶路撒冷的哈拿努一样,在战争一旦真的不可避免之前已经采取了所有合理的措施(参见第5章的引文,边码第130—131页),做了力所能及的一切。事实上,很明显,除了一些小的挑衅,他唯一认真研究过的行动就是防御行动,但除了像尤塔帕塔包围战那样延缓敌人的攻击步伐之外,即使在防御行动中,他也没有构想出任何能够抵挡罗马军团的重压,或阻断罗马向耶路撒冷发起的有组织进攻的计划㊳。

约瑟夫斯的作品自始至终都让人觉得这场战争毫无意义并且没有希望,同时他还坚持不懈地向我们表白:他忠诚坚定、忠于职守、尽职尽责。他讲述了在赛佛里斯城附近的伽里斯时,他的手下是怎样在罗马军队还没有到达之前就逃跑了的故事。当失败已在预料之中时,他逃到提比利亚写信给耶路撒冷。据他所说,他在信中坦陈当时的处境。他合理地指出,他当时本可以逃掉但没有逃;他还不吝笔墨甚至有点过分地渲染道:他宁可死上千百遍也不愿弃城投降而背叛自己的祖国(BJ 3.137)。这份声明可能有点荒谬,也许是粉饰自己长期坚持起义的行为;但也有一些描述看起来是真实

㊳ 参见本书边码第155页,关于韦斯巴芗精心策划攻占此地的战斗,参见J. Nicols, *Vespasian and the Sortes: Flavianae: Historia Einzelschriften*, 27(1978), pp.48-52。关于晚期,参见 Z. Safrai, "Vespasian's campaign of conquest in Judaea", in A. Oppenheimer, U. Rappaport and M. Stern (eds.), *Jerusalem in the Second Temple Period: Abraham Schalit Memorial Volume* (1980,希伯来文附英文缩要),第178-190页。

的，比如他当时所面临的抉择。有一些叙述也并不完全荒谬。他为了给自己辩护，就必须表彰自己的一些行为，比如没有逃走而继续战斗，与尤塔帕塔城的护卫者们同甘共命运，组织大家有系统地进行防御（*BJ* 3.141ff.）等等。他承认自己后来的确想过离开那里，不过迫于城中民众的恳求而留下了，因为当时大家都把守城的希望寄托在他身上。后来他留在这里继续组织抵抗。据他的描述，当时虽然被围困，但是大家热情高涨、活力充沛。他还曾成功地带领大家重创过城外的罗马军队。这里我们看到主和派对被迫参战所作出的反应，尽管这是对他相当有利的描述，倒也不失为生动；不得不履行的责任（即使是仅仅出于当时对个人安全的考虑），但同时自己也想要尽早脱身等。鉴于耶路撒冷的上层被卷入这次叛乱之后出现的状况，这种结果不可避免。

关于约瑟夫斯幸存下来以后的生活，也许有更多不合常理的地方。比如，尤塔帕塔城陷落之后他为什么没有自杀，他又是怎么得到那些罗马将军们的认可而生存下来的。在他身上所发生的一切，从某种程度上来，固然是他所处的那个阶级及其态度的反映，但我们现在研究时也必须把他个人的特质考虑进去。约瑟夫斯身上特有的机灵、敏捷的思维，甚至他狂妄可耻的一面和好运气等，都与他得以脱身的方式分不开。正是后来发生的一系列事件，最终把他与追随者们分开了，而透过他不停审视自己行为的倾向，可以窥探到他内心某种程度的不安。

尤塔帕塔城最终陷落以后，他亲自遴选的追随者中很多人都自杀了（*BJ* 3.331）。他发现有 40 多位知名人士藏在一个山洞里，这些人曾经和约瑟夫斯一样不愿意打仗，而此刻他们看到的是自己的彻底失败。尽管他们远不是犹太教的狂热信徒，但还是认为自杀是唯一可以保全其荣誉的做法。他们竭尽全力，甚至不惜采取暴力，逼迫约瑟夫斯追随他们的行动（3.355ff.）。约瑟夫斯在叙述这个事件时，直接或间接地为自己的偷生找了三个理由：一个理由是当时的实际情况；一个是从道德方面来说；而第三个却依赖于超自然的裁定。所有这些似乎都是写给犹太人看的，因为文中并没有表明自己依附于罗马人是光彩而令人向往的事情。他在文中特别强调了自己位置的特殊性。和别人不同的是，他可以获得人身安全的保证，因为韦斯巴芗曾经派约瑟夫斯的朋友、护民官尼卡诺（Nicanor）去争取过这个犹太将军。就在他一步步走向归顺的时候，他的同伴们开始攻击他[39]。他认为

---

[39] *BJ* 3.346-55。尼卡诺和 *BJ* 5.261 中提到的那个提图斯的朋友可能是同一个人，参阅 54-55 页。

战时的英雄主义和战败后无谓的自我牺牲完全不是一回事。如果敌人对你提出仁慈的条件的话，拒绝他们并没有什么好处。据称，在一次演讲中，他向同事说出了这个想法，他试图把战斗到死和自杀区别开来，并再次提到战争没开始就当逃兵和光荣作战之后再投降的区别（BJ 3.356—386）。

他用对自杀行为的强烈谴责来加强这些理性争辩的说服力。他认为不管对人的天性还是上帝来说，自杀都是一种冒犯行为，因为灵魂是永生的，而且是作为上帝的一部分留在我们心中；如果自杀身亡，人死后会堕入地狱，这不是没有原因的。写到灵魂时，约瑟夫斯有意效仿柏拉图。但是这个演讲绝非像与他截然相反的对立人物伊利亚撒所作的第二次马萨达演讲㊵那样希腊化。约瑟夫斯在讲话中有意援引犹太人的习俗，他说："我们一直服从这样的命令：自杀者日落之前不得入土。"他接着说，这就是说立法者在一开始就已经规定要惩罚这些人。这里所说的立法者绝对不是柏拉图《法律篇》(Laws)㊶中理想国的设计者，而是犹太人的摩西，即颁布了《摩西五经》（里面还没有考虑到自杀的问题），又公布了口头律法（里面明确禁止自杀㊷）的那个人。尽管这些规定没有发表在约瑟夫斯时代的任何现存文本中，我们还是可以肯定，这种观点在当时至少在某些地区已经非常盛行。事实上，这个话题在当时好像还公开辩论过。当然，早期的规约或口头传统后来才成为书面规约是常见的事，因此，约瑟夫斯反对自杀的言论，在犹太人的温和派中还是可以找到真正的知音的。其叙述有点夸张，但并非华而不实，只是约瑟夫斯又加上了自己富有喜剧色彩的调剂。他叙述到，在反击其愤怒的同伴时他曾说，自己是在履行上帝交付的职责。上帝希望他至少在

㊵ 关于这个对应的演讲，参见边码第 89 页。关于马萨达演讲中经典的、特别是柏拉图式语言的引用，参见 W. Morel, "Eine Rede bei Josephus", *RhM* 75 (1926), pp. 106-15。认为约瑟夫斯的思考方式不像伊利亚撒那样希腊化是一种矛盾的想法，但没有足够的证据可以支持拉都索（D. J. Ladouceur）用希腊方式来解读这段演说的观点，参见拉都索的文章 "Masada, a consideration of the literary evidence", *GRBS* 21 (1980), pp. 250-1。

㊶ *Laws* 10.873c-d。拉都索认同这个观点，他对 O. Michel, O. Bauernfeind, *Flavius Josephus, de Bello Judaico, der jüdische Krieg*, Ⅱ, 2 (1969), pp. 276ff 用犹太术语来解读的方法持批评态度。这些著者认为，即使是在伊利亚撒的第二次演讲中，希腊化也自成一类，出现了一些重要的犹太特征；同时参见他们的文章 "Die beiden Eleazarreden in Jos. bell." 7, 323-6; 7, 341-88, *ZNTW* 58 (1967), pp. 267-72。

㊷ 迈克尔（Michel）和鲍恩芬德（Bauernfeind）忽视了拉比传统。第一次明确地指责出现在《塔木德》之后的犹太法典小册子 *Semahot (Evel Rabbati)* 中，这个小册子没有包括一些非常极端的情况：参见 *Enc. Jud.* 中"自杀"条目。里面解释说，"第四哲学"隐含在自杀和被俘之间应该选择自杀的教义，以证明除了上帝之外任何人也不能主宰他们；参见 I. L. Rabinowitz, "The suicide of the Zealots at Masada", *Sinai* 28 (1964), pp. 329-32（希伯来文）。对于附加的资料，参见 L. H. Feldman, "Masada: a critique of recent scholarship", in J. Neusner (ed.) *Christianity, Judaism and Other Greco-Roman Cults: Studies for Morton Smith at Sixty*, vol. 3 (1975), pp. 239-43。

死之前,能够告诉人们关于"自杀"是否符合道德规范的正确观点。

为进一步使人信服,他还用一种更为直接的方式,即背诵神谕来为自己辩护。约瑟夫斯声称,他曾经每晚都会做一些带有预言性质的梦,这些梦向他启示了犹太人和罗马统治者的命运。现在回想起这些梦他非常高兴地发现,里面有鼓励他投降的内容。他在演讲中没有提到这件私密的事情,不过在那之前,当他以第三人称写到自己(他在自己的作品中经常这样做)时,他郑重其事地将此事告诉了他的读者。他还作了一小段祷告:"我可以证明,我这样做并非叛变,而是以一个神职人员的身份在履行职责"(BJ 3.351—354)。不久,这个启示在一个对于未来君主的预言中发生了戏剧性的连锁效应,那是他被带去面见韦斯巴芗将军时说的"将军即将掌权"的预言。这个预言马上引起了将军的兴趣,但是预言的巨大影响直到以后才显现出来(参见边码第186页)。

约瑟夫斯声称自己有坚定的道德信念和资深宗教经历,但他没能完全摆脱犬儒主义和虚伪的污名。即使我们知道这是1世纪时期犹太人的惯用宗教语言,也不该过度阐释他自称为"先知"的含义㊸,我们仍然忍不住要猜想,他此刻表达这些深奥的情感肯定是经过深思熟虑的。还有一些事实能证实这个猜疑:我们回顾一下,在被押往罗马、处境窘困的时刻之前,他从未在任何环境下声称自己是"先知"㊹;近来他被人以一种很有趣的方式与先知耶利米相比较,是因为耶利米也曾预言过耶路撒冷城的毁灭,也曾劝告在政治上要慎重行事。约瑟夫斯在不同的场合中,也许不止一次地感知到自己和耶利米的类似之处。无疑,耶路撒冷的第二次毁灭唤起了人们对第一次毁灭的记忆㊺。然而,单这样说仍然不足以建立这样一种观点:他始终都认为自己在履行预言的使命。无论如何,耶利米拒绝了巴比伦王向他示好,

---

㊸ 关于强调这些描述的解释,参见 J. Blenkinsopp, "Prophecy and priesthood in Josephus", *JJS* 25(1974), pp. 239-62; W. C. van Unnik, *Flavius Josephus als historischer Schriftsteller*(1978), pp. 41-54,尤其是第46页。

㊹ 关于布林肯索普的观点,同上 241-242,256页。在约瑟夫斯作品中,没有任何说法证实他把自己"历史学家"的角色等同于"先知"。

㊺ D. Daube, "Typology in Josephus", *JJS* 31(1980), pp. 18-36 研究了约瑟夫斯和耶利米的对比。他引用了约瑟夫斯站在耶路撒冷的城墙上向城中被困的民众发表演讲的一段话:"虽然耶利米大声地宣称,如果不弃城投降,他们都将被俘虏,但是国王和民众都没有判他死罪;而当我力劝你们拯救自己的时候,你们却用辱骂和石块来攻击我。"(BJ 5.392ff)。参阅《耶利米书》,27.12ff。在第26—27页中,道博提供了约瑟夫斯描述的几个关于耶利米的有趣的细节,这些细节并非出自《圣经》,有可能是由于他自身的经历与那位先知之间界限模糊的结果。关于耶利米拒绝国王召他做官,参见《耶利米书》40.1-6(道博,第26页)。对两人的比较研究,也可参见 H. Lindner, *Die Geschichtsauffassung des Flavius Josephus im Bellum Judaicun*(1972), p.73, n.2。

所以约瑟夫斯和耶利米在这个关键点上是没有可比性的.

约瑟夫斯称他感觉到上帝的旨意,他所做的一切都是按照上帝的旨意,但他没有否认其中一部分是靠他自己的"创造力"(epinoia)完成的.当恳求同伴放弃自杀失败后,他想出了一个计谋,建议大家用抽签决定自杀的顺序(BJ 3.387—392).据我们推断,这样做给他赢得了时间,带给他一些脱身的希望.尽管不能指望抽到一个理想的结果(成为最后自杀的两人之一),从而劝说同伴违反协定放他一条生路,但这种做法还是值得一试的.无疑,如果抽到第一个,就意味着一切的完结,但如果是其他任何一个顺序,他都有机会继续展示其雄辩能力,特别是当剩下来的人越来越少的时候,就可能有人因亲眼目睹同伴的自杀而产生动摇.所以,如果他给我们讲述的故事属实,可以说,他曾进行了一次值得冒险的赌博.事实上还有一个更深层次的可能:如果选择的抽签方法是循环计数而非标准计数,那么只要那个操纵计数的人足够聪明,就可以抽到他想要的签,例如通过数学家们至今仍称为"约瑟夫斯问题"[46]的方法就可以实现。而且,无论抽签怎样进行,都可以宣称,其结果从一个特定意义上来说是上帝的意愿。要说这个故事完全是杜撰出来的,当然也有些许的可能,尤其是因为追随约瑟夫斯幸存下来的那个人似乎很快就消失,并彻底被人遗忘,但对于这种可能性的研究也只能是徒劳的。

关于这段情节真正的谜,其实并非在山洞里曾发生了什么,而是约瑟夫斯后来的态度。看起来令人费解的是,他在《犹太战史》中不惜笔墨地讲述了自己在战争中所有那些不光彩行为的细节(其实他本可以忽略不写的),但他在《自传》中为自己辩护时却完全没有涉及这些情节。这还是可以理解的。但接下来,他告诉我们说,关于他所作所为,在尤塔帕塔战败后很快就尽人皆知了,愤怒和怨恨之火燃遍耶路撒冷,他被严厉地谴责为懦夫和叛徒(BJ 3.432—442)。《犹太战史》中的辩解就是为了反击这些指控而作的。也是出于同样的原因,文中强调了自己坚持和罗马军队战斗到最后一刻的极大勇气和不屈不挠的毅力。他多次坚持说,他并不指望罗马人能放过自己,他这样声明意在明确地指出,他和他们之间没有任何交易。那些把他看作一个叛徒的人,与其说是在意他投降的举动,不如说是在意他投降之前发生的所有一切的含义;因为如果之前他和罗马之间有任何协议,那就意味着要牺牲其同伴的生命,而在这些死去的人当中肯定有某些人的朋友和亲戚幸存下来。因而这样的猜疑甚至可能会使那些曾经反对叛乱的人感到不

---

[46] 对此,M. Gardner, *Aha! Insight* (1978), pp. 84ff 中作出的解释得到了普遍认可。

安。"叛徒"和"背叛"这样的字眼在《犹太战史》的这一部分出现了五次之多;有三次是对此加以否认,而另外两次,作者不是用这个诽谤之词来谈论他曾经的所作所为,而是尖锐地指向他最厌恶的行为[47]。还有一种可能性使事情变得更糟——即在与韦斯巴芗的交易背后可能还有着某些政治阴谋(参见本书边码第187页)。然而,约瑟夫斯希望把他的底线说清楚:真正的背叛是在战斗中倒戈,而他永远不会这样做(BJ 3.381)。

为了给自己恢复名誉,约瑟夫斯摆出了一系列理由为自己辩护,企图得到那些非狂热犹太教徒的肯定;当然,那些犹太教狂热信徒是永远不可能被说服的。我们也不能想当然地认为,到写《自传》时,所有那些他在乎的人都已经被说服。这看起来是不可能的,因为当时铺天盖地的谴责仍然在不断地指向他。但随着时间的流逝,对于过去的冲突我们有了不同的认识。到一定的时候,"尤塔帕塔事件"只不过是整个历史清算的一部分,而关于加利利守城责任的争论也已经告一段落。

对于我们来说,约瑟夫斯顽强求生的经历并不是那么有吸引力,但对于他生命中最重要的时刻究竟发生了什么,我们将永远不得而知[48]:我们对其心理必然无法捉摸透彻。毕竟,在有关动机的研究范畴,即使在信息资源如此完整、丰富的今天,我们对自己同时代的人也常常一无所知。要想更多地了解约瑟夫斯,我们在研究时就不能局限于仅仅关注他个人,而应当把他和他身处的环境综合起来考虑。幸运的是,现在对他的研究已经越来越多,研究方向也很广泛了。

---

[47] BJ 354, 359, 361, 381, 439。一直到《自传》的结束部分,他仍然在强调他没有把同伴的命运置之不顾。在此处他讲述了曾经怎样利用提图斯对他的恩宠拯救同胞的:先是释放了一些人,具体数目不清楚;然后为他的兄弟及50个朋友求情成功;后来,他被迫调查在圣殿被俘的妇女儿童时救出了约190名朋友和熟人;最后,三个被钉在提哥亚的十字架上的熟人被解下,其中一人在医生的照顾下得救。

[48] 如威廉·惠斯顿(William Whiston)(18世纪约瑟夫斯作品的译者)所说:"约瑟夫斯为人到底如何也许可以当作一个历史之谜。"

第七章　作为阿拉米语作家的约瑟夫斯

人们难以想象出这次大规模叛乱对巴勒斯坦造成的直接后果。自罗马使节弗拉菲乌斯·希尔瓦（L. Flavius Silva）于公元73年征服了朱迪亚沙漠要塞后①，约瑟夫斯就再也没有在他的任何著作中谈及巴勒斯坦的情况了。这大概是由于这位史学家没有亲自参与过罗马人战后必须由政府部门承担的工作，诸如重新分配土地，或者重建之类②。我们发现他对此所作的描述含糊不清，甚至几乎肯定不符合事实。他说，作为惩罚，整个国家都沦为帝国所有，所有领土都将随之被地方行政长官用来出租。事实上，如此严厉的惩罚措施最多只会用于叛乱地区③。约瑟夫斯的含糊其辞表明，他对这个过程的兴趣相对不大。对我们而言，我们不知道韦斯巴芗何时或者怎样亲自赐予他"平原"上的新庄园，并以此弥补他在耶路撒冷附近所有的、现已被一支罗马驻军占领的耕地（V. 422）；但是约瑟夫斯在韦斯巴芗的特许之下，将"圣书"从耶路撒冷带到罗马，这似乎能充分表明他不再把巴勒斯坦作为关注的焦点。同时也说明一个事实，他仅仅是旧房换新居，并没有打算为效忠罗马而抛弃犹太身份（参阅本书边码 p. 225）。

然而，公元70—80年期间，无论生活在何地，要改变宗教信仰或政治思想必定困难重重。没有证据表明，圣殿已然倒塌，宗教祭祀不再存在之时，约哈南·本·撒该在雅弗尼（Yavneh）（又名加蒙尼亚，Jaamnia）发起和建立

---

① 关于本次事件参见 E. M. Smallwood, *The Jews under Roman Rule* (1976), pp. 334-9, 或 Schürer-Vermes-Millar, 第1卷 (1973), 第608-612页, 关于马萨达沦陷的年份, 我同意约瑟夫斯表述的年代, 并赞同鲍索克。他在回顾 Schürer-Vermes-Millar 第1卷, *JRS*, (1975), pp. 183-4 后, 反对埃克（W. Eck）提出的此次事件发生在公元74年的论断, 因为基于记录弗拉维乌斯·希尔瓦斯生平的两句碑文的信息很可能出现顺序紊乱。参见 W. Eck, *Senatoren von Vespasian bis Hadrian* (1970), pp. 93-103 中提供的文献。

② 重构：斯莫尔伍德（同上），第342-343页。

③ *BJ* 7.216-17. 参见斯莫尔伍德（第340-342页）。S. Applebaum, Judaea "as a Roman Province: the countryside as a Political and Economic Factor", *Aufstieg und Niedergang der Römischen Welt* 2.8(1977), (ed. H. Temporini and W. Haase), pp. 385-9, 尤其是关于这条规定与令人费解的《塔木德》律法"sikarikon"之间的关系。

拉比犹太教的行动造成了什么声势④。即使约瑟夫斯这样一个头脑冷静的人也难免抱有怀旧情结。他苦苦思索，试图说服自己接受他心中的"圣城"耶路撒冷业已遭到重创而沦陷的事实⑤。很难说他是否能够完全摆脱这场灾难给他带来的影响(参见本书边码第 226 页)。

约瑟夫斯移居罗马后，正是带着这样一种情感，创作出其成名作的。他对刚发生的战争作了叙述，并且把作品寄给那些不了解战争详情的人们。虽然这部作品现已佚失，但是根据我们已有的资料，仍能对其内容略知一二。他在其希腊语版《犹太战史》的"前言"中声称，这本书之前有一个版本是用他的母语写的，并已经发给了"内陆的野蛮人"(主要是指亚细亚)。令人惊讶的是，他在此处完全采用了希腊人的表达方式，用"野蛮人"一词指代外族人(非希腊人)，连他自己的民族也囊括在内，这显得尤为不当。这样的字眼在几个句子中出现过之后，他给出了更为严密的定义："读者为帕提亚人(Parthians)、巴比伦人(Babylonians)，最远的是阿拉伯人(Arabians)，还有居住在幼发拉底河流域(Euphrates)的犹太人，以及爱迪宾人(Adiabene)。"他希望他们都能够了解战争的真相，包括战争的开始，战争带来的苦难，以及战争以何种方式结束等。(*BJ* 2.6) 如此来说，我们对"野蛮人"这个标签就不要过于当真，实际上，约瑟夫斯对这些人还有几分偏爱。他为他们写作所使用的本族语言必定是阿拉米语，而非希伯来语。因为受众不单来自巴勒斯坦，还来自其他广大地区，范围从叙利亚(Syria)到阿拉伯(Arabia)，东至底格里斯河流域(Tigris)。这些国家用阿拉米语的各种形式作为口语和半官方语言，并且，此时的阿拉米语也正作为文学语言在这些国家崭露头角⑥。相反，在亚历山大大帝后继者的统治时期，希腊语的使用范围有所扩张，但即使建造了许多希腊化城市，希腊语也没有造成深远的影响⑦。

因此，在某种程度上，约瑟夫斯用阿拉米语写作的战争叙事是此后希腊语著作《犹太战史》的先驱⑧，但如果要说前后两部作品在篇幅或文学形式上有许多相似之处却毫无根据。阿拉米语版本没有在东方基督教传统中得

---

④ 对于约哈南后半生活动的记载很少，年代长短也不清楚。认为是他写作的哈拉比(halakhot——犹太教解释律法的部分)为数不多，重要性也不及他人的写作。
⑤ 关于约瑟夫斯对此的哀伤之情，参见本书边码第 79 页。
⑥ 关于约瑟夫斯的母语，参见附录 I。
⑦ 见 A. H. M. Jones, *Cities of the Eastern Roman Provinces*² (修订版,1971)，第 9 章至第 10 章；关于希腊语在帕提亚人中的影响的有价值的注释，参见 A. Momigliano, *Alien wisdom* (1975)，pp.137-40。
⑧ 出版年代表，参见第 193 页。

以保存，这个事实表明其价值不大，并且希腊—罗马历史编纂中典型的演说、题外议论及其他个性鲜明的形式特征很可能都没有。如果对两个版本的战史进行初步的评述，其结论必然不同[9]。我们或许可以猜测，这本阿拉米语版本的《犹太战史》以平铺直叙为主，某些章节带有悲天悯人的情愫，甚至加入了个人的主观判断。

约瑟夫斯使用单词"metaballein"，来表述将一部作品转变为另一部作品，而希腊语"metaballein"是变化，甚至是转化的意思。他的作品中多次使用这个词来表示"翻译"的词义。就连后期基督教经文中也不乏用这个词指代翻译的例子，但它本不是表达翻译过程的标准用语，也不是任何形式的专业术语。事实上，这种所谓的"翻译"对两个版本之间的关系没有任何限定[10]。借用约瑟夫斯关于这个话题的说法就是，"我将先前创作的、发给内陆野蛮人的故事改写为希腊语"。我们现有的希腊文本中没有留下任何闪米特语的词源，因此像那些聪明过人的研究者们试图将福音书的语言还原一样，试图将希腊文《犹太战史》还原为阿拉米语原貌根本不可能。阿拉米语版本中的专有名词和各种阿拉米语形式，如"大祭司的法衣"之类的专有名词，在约瑟夫斯后期的著作《犹太古史》中则大量出现。

阿拉米语版《犹太战史》的创作表明，虽然约瑟夫斯与耶路撒冷断绝了联系，但无疑还心绪不宁；然而从文化角度讲，他并非无家可归，他的母语赋予了他广阔的视野。首先，是他与那些他为之写作的东方犹太人之间的联系。此时的巴比伦虽然尚未达到鼎盛时期，但已经经济繁荣、人口众多，有了影响力。在世纪之初，来自尼尔达（Neardea）的两位强势的犹太人，在得到帕提亚国王的允许后，在美索不达米亚平原上拥有了个人属地（AJ 18.314—373）。至于曾经侵占了亚述的爱迪宾居民，我们不太清楚约瑟夫斯是否将他们列为犹太人，但毫无疑问的是，早在世纪之初就有许多爱迪宾居民跟从他们的王室皈依了犹太教，这与公元 8 世纪哈札尔人（Khazars）遵从国王皈依犹太教如出一辙。爱迪宾王朝进一步与希律家族联姻。他们所建造

---

[9] 尼斯（B. Niese）的文章 "Der Jüdische Historiker Josephus" 中已经作过这样的评论，见 *Historische Zeitschrift* 76(1896), p. 201。

[10] G. Hata, "Is the Greek version of Josephus *Jewish War* a transtion or a rewriting of the first version?", *JQR* 660(1975), pp. 89-109 一文中，称 "metaballein" 的意思必然是"完全转换"，这一说法有些极端，但是他搜集了有用的资料。A. Pelletier, *Flavius Josèphe adapteur de la lettre d'Aristée: une reaction atticisante contre la koiné* (1962), pp. 22-4 中也提供了一个牵强附会的观点，他认为这个词特指由一个版本向另一个版本转化的客观过程。

的宫殿、精雕细琢的石窟陵墓遗留下来,成为耶路撒冷的景观⑪。第二层联系较为薄弱,即与从前耶路撒冷的名流和其他使用阿拉米语的人、部分希腊化者和中东的上层人士之间的联系。尽管我们对约瑟夫斯关于在那些圈子中拥有他的读者的说法持保留态度(参见边码第 181 页),然而,他居然能够作出这样雄辩的陈词,希望帕提亚人和他们的臣民们能够对他所说的内容感兴趣,这仍然值得关注。显而易见,他提到的地区无疑属于他精神世界的一部分。

在他创作生涯的下一阶段,约瑟夫斯又将迈出一小步。他发现用希腊语撰写文章既可以和其他人对话,也可以与东方人沟通。对于他这样一位身在罗马的作家,使用希腊语更为合适,并且运用希腊语对他来说也是力所能及的事。希腊语的适用范围比阿拉米语更广泛,用希腊语写作面向东方读者的作品也很合适。约瑟夫斯的最后一部作品《驳阿皮翁》就有明显的东方倾向。作品格外注重讲述犹太历史与其他可靠的东方传统之间的联系,并从巴比伦、腓尼基和埃及当地的编年史家们那里获益良多,是他们用有点不加修饰的希腊散文的形式记载了他们当地的历史⑫。约瑟夫斯的阿拉米语版的《犹太战史》,即作者的第一部著作,在某种程度上反映了他对这一终极目标的期许❶。

我将要论证的是,作家约瑟夫斯事实上通常把犹太流散地作为其写作的主要背景。在罗马,他逐渐把自己视为一名流散的犹太人,因此更为关注生活在整个地中海世界的同胞。我们或许还记得,他的第二三任妻子均为犹太妇女,前者来自亚历山大里亚,后者来自克里特岛(Crete)。事实上,即使用旧时的巴勒斯坦人约瑟夫斯的身份,与他的犹太同胞交流也很正常。他必须以一名真正的巴勒斯坦人的身份向他们报道这场战争,因为犹太教有这种根深蒂固的传统,即中心与外围地区对话。耶路撒冷和流散地的通信,尤其是与巴比伦和亚历山大里亚之间的通信都有据可查,这种交流很可能颇为频繁⑬。通信通常涉及的问题包括律法和仪礼,而有时仅仅是互通消息而已,后一种情况可见于《马卡比传二书》(Second Book of Maccabees)

---

⑪ 关于皈依,参见 J. Neusner, *A history of the Jews in Babalonia*, vol.1(1969), pp.62-7;尤其参见 *AJ* 20.17ff.;关于碑文:*BJ* 4.567,5.55、119、147、252-3;*AJ* 20.95。
⑫ 主要人物有巴比伦的贝罗索斯(Berossus of Babylon)、埃及牧师曼涅托(Manetho of Egyptian priest)、以弗所的米南德(Menander of Ephesus),以及腓尼基的迪乌斯(Dius)。我们对于他们的了解绝大部分是参考了《驳阿皮翁》,或者是约瑟夫斯的《犹太古史》。参见下文本书英文版第 225 页至 226 页。
❶ 即最终达到采用希腊语写作的目标——译者注。
⑬ 参见纽斯纳已引文献(同本章注释 11),第 44-46 页。

开篇的两封信,大意是叮嘱埃及的犹太人举行庆贺圣殿的洁净礼,以纪念马卡比家族的胜利。此外,第一封信提到了此前的一则关于近期遭到迫害的通告,暗示了这种交流的背景。又如,当保罗访问罗马的犹太人时,他们说之前没有收到保罗的来信。这暗示,正常情况下他们应该事先收到这样的书信(《马卡比传二书》1:7—8;《使徒行记》28:21)。因此,告知海外信徒圣殿是怎样倒塌,为什么倒塌等,是再正常不过的举动。他们所捐的善款及拜谒,为支持圣殿作出了很大贡献。至少他们需要知道何时是哀悼日,何时是斋戒日。约瑟夫斯没有身居官位,他仅仅是一位祭司,但他比其他幸存者更了解整个事件。至此,我们就可以理解他把这篇报道发给东方的原因了。

然而,对于约瑟夫斯佚失的阿拉米语版《犹太战史》,人们的看法却与此大相径庭。人们认为,作者的写作目的不是为了自身的需要,而是为了迎合他所谓的主人——罗马帝国的皇帝。一开始提到帕提亚,自然而然唤起人们对罗马及这个东方劲敌对峙的那段历史的记忆。以这种方式审视这部佚失作品的人们能够发现,约瑟夫斯作品的读者群大致都是臣服于帕提亚的民族,唯一可能的例外就是阿拉伯人。这个"阿拉伯人"的概念很模糊,如果其所指的是生活在叙利亚西部边塞的纳巴泰人(Nabataeans),那他们当时显然是独立的民族。不过,如果就连他们也交替沦于两个大国势力范围管辖之内,那么他们依附帕提亚至少也和依附罗马的程度一样⑭。既然约瑟夫斯所说的阿拉伯人来自远方,那指的可能就是置于帕提亚影响之下的阿拉伯国王统治地区,即坐落在偏远的美索不达米亚平原北部的伊德萨(Edessa)〔奥斯洛尼(Osronene)〕;或者是指叙利亚沙漠中的大绿洲——帕尔米拉(Palmyra),它的国民中拥有众多的阿拉伯人,这个地区同样产生过一个依附于帕提亚的阿拉伯王朝⑮。由此可见,约瑟夫斯小小的一本书却写出了当时国际权力政治的大背景。据称,韦斯巴芗的目的是宣扬罗马帝国的强大,威慑那些居住在东部边区的人们,以阻止他们和帕提亚一起攻打罗马。以这种观点来看,约瑟夫斯仅仅是韦斯巴芗的代言人⑯。

人们列举了内部和外部的证据来支持这种理论,但是没有哪个证据能够经得起任何形式的推敲。内部证据来自约瑟夫斯的后一部作品希腊语版

---

⑭ 公元106年以纳巴泰王国为基础形成了罗马行省阿拉伯。比约瑟夫斯早几代人的斯特拉博(Strabo)把阿拉伯往北延伸至美索不达米亚地区。他说在他的年代,(部落)酋长很自由,一些偏向于帕提亚,也有一些偏向于罗马。参见 Strabo 16.1.28 and 16.4.1。

⑮ 然而,他描述阿拉伯人的"distant"一词或许仅仅是个文学修饰。

⑯ R. Laqueur, *Der jüdische Historiker Flavius Josephus* (1920), pp. 126-7; Thackeray, *Josephus the man and the Historian* (1929), ch.2;基本上每一部学术作品中(观点)都是一致的。

《犹太战史》,并假设那部作品的论据主要来自其前一版本。这一假设或许可以接受,但前提是阿拉米语版确实包含了据称包含的内容。

约瑟夫斯在"前言"中有一句话对这一论断至关重要。他说,在犹太叛乱之际,整个东部帝国仍然处于未定状态,因为犹太人还一直寄希望于幼发拉底河对岸的同胞的帮助,而罗马此时也为其他地区的事情所羁绊(BJ 1. 5)。人们认为,这就是巴勒斯坦叛乱与东方对罗马人的威胁相联系的证据。正因如此,彻底平息犹太人叛乱将有助于罗马人阻止未来的敌人再制造麻烦。据推测,这部希腊文作品,在此时面向绝大多数罗马统治之下的希腊语地区具有杀一儆百的警示作用。阿格里巴对帝国东部行省的逐个巡视着重强调了罗马的镇压工作,并大段引用了约瑟夫斯对罗马军队办事效率的题外议论——约瑟夫斯说,他希望自己所写的东西或许能让其他人不再叛乱,这是最为显著的证据(BJ 3.108)。这些话被视为一种宣言,一种能表达作者内心深处的欲望的话。事实上,这些话只是只言片语,在其他地方,约瑟夫斯并没有说过类似的话,并且文章的语境使这段话显得微不足道。约瑟夫斯为他的偏离主题找了一些老套的理由,而这只是其中之一(参阅本书边码第 160 页)。这是一种相当草率、拘泥的解释,即使给这些离题的议论下定义也远远不够,更不用说对整部作品作出评断了。在这一点上,约瑟夫斯表达了一个愿望,希望其他国家以后挑战强大的罗马国家机器时要有所顾忌;但这并不意味着他一直怀着这一愿望,至少在这部希腊文著作中没有显现出来。早些时候我们就发现,他有关军事活动的附加描写反映出自己的个人兴趣。而身为犹太政治家,他并不完全自愿投入战争,于是借阿格里巴之口,通过阐述犹太叛乱的徒劳来为自己的立场辩护⑰。

至于阿拉米语版《犹太战史》,甚至存在着更为严重的问题。我们现在回到约瑟夫斯说过的、关于他"心目中的受众"那句话,然后掂量一下这句话的分量。实际上,他所提到的那些受众,不可能完全掌握他所用的阿拉米语。他将采用巴勒斯坦西部的阿拉米语口语,这种语言有时也被称为耶路撒冷阿拉米语,且很少有流传下来。其中最重要的文献就是"库姆兰一号"山洞(Qumran Cave I)发掘出来的、已高度破损的《创世纪藏经》(*Genesis Apocryphon*)。但关于它的语言仍然存在极大争议。然而,由于阿拉米语口语实际上是我们更为了解的加利利语的原型,于是它就变得不那么神秘了。加利利语是中部阿拉米语的分支,大约从公元 200 年起,耶路撒冷的

---

⑰ 关于约瑟夫斯这一演讲的用途,参见本书边码第 80 页。

《塔木德》和其他犹太文献的阿拉米语部分，用的都是中部阿拉米语[18]。早在公元 1 世纪，各地的犹太人就很有可能已经能够理解包含大量希伯来语元素的任何阿拉米语了；另一方面，此时帕提亚人和阿拉伯人的口语和写作已大不相同了：与波斯王朝对古老而权威的阿拉米语所做的一样，他们把阿拉米语的东部分支和自己的语言结合起来，并且经常大声朗读，使之听起来更像自己的母语[19]。由此我们认为，约瑟夫斯希望将读者群由本国扩大到东方世界只是他自己的一厢情愿。

抛开语言的问题，其内容也值得商榷。很难相信约瑟夫斯如何能够以这一事件为主题，向东方发表一则短小犀利的消息；而罗马有效镇压一个小小行省叛乱的消息，会对帕提亚那样的大国产生威慑力也让人难以信服。

我们也可以换个角度思考这个问题。如果我们认为约瑟夫斯的原作被罗马统治者当成一种鼓吹的工具，直逼敌人的后方，那么我们得确信的确存在这样一个敌人。我们不得不问，在这一时期，帕提亚是否被罗马视为一个强有力的威胁？遗憾的是证据残缺不全，但我们不能完全排除 1 世纪 70 年代帕提亚的动向引起罗马强烈恐慌的可能性。事实上，关于韦斯巴芗时代的大部分作品，都出自约瑟夫斯一人。然而，总体情况看起来只是一种外交手段，并无明显的敌意或战争的可能性[20]。

据塔西佗记载，这一时期的帕提亚国王沃洛格斯（Vologaeses）长期坚持不与罗马交战的方针（Ann. 15.5）。罗马人原本反对沃洛格斯的弟弟提利鞑提斯（Tiridates）成为亚美尼亚（Armenia）的王储，后来提利鞑提斯于公元 66 年携同以纱遮面的王后，身后跟从一行僧侣，短刀入鞘访问罗马，并被尼禄授以王冠。这表面上是一场盛大的加冕仪式，实际上却是一种妥协[21]。公元 69 年 7 月，韦斯巴芗在罗马军团的拥护下于亚历山大里亚称帝后，派了一个使团去见沃洛格斯。沃洛格斯回赠给韦斯巴芗 4 万匹帕提亚战马，以在犹太战争中助罗马一臂之力（Tac. His. 2.82, 4.51）。韦斯巴芗拒绝

---

[18] 参见 C. Rabin, "Hebrew and Aramaic in the first century", *The Jewish People in the First century*, *Compendia Rerum Iudicarum ad Novum Testamentum* ed. S. Safrai and M. Stern (1976), pp. 1007-39；参见 E. Y. Kutscher, *The Language and Linguisitc Background of the Isaiah Scroll* (1974), pp. 8-14. 拉宾认为,《创世纪藏经》是针对东方流散地犹太人而写的，就像约瑟夫斯的阿拉米语版的《犹太战史》一样。

[19] 拉宾（同上），第 1025-1026 页。

[20] 参见 N. C. Debevoise, *A political History of Parthia* (1938), pp. 196-202；同时参见 G. W. Bowersock, "Syria under Vespassian", *JRS* 63 (1973), pp. 134-5；K. H. Ziegler, G. W. Bowersock, *Die Beziechungen zwischen Rom und dem Partherreich* (1964), pp. 78-81. 但后者高估了双方想要交战的意愿。

[21] Tac. *Ann*. 15-29；Dio Epit. 63.1；Suet. *Nero* 13. 或许约瑟夫斯指的是阿格里巴演讲中所说的话。*BJ* 2.379.

了这一馈赠,但这并没有妨碍他(沃洛格斯)赠送提图斯一顶金色的王冠,并祝贺罗马最后取得胜利(BJ 7.105)。此后不久的公元 72 年,韦斯巴芗强占了构成罗马和帕提亚之间的军事缓冲地带的两个附庸国——康马革纳(Commagene)和小亚美尼亚(Lesser Armenia)。此前,位于两国西部的卡帕多奇亚(Cappadocia)是罗马一个不设防的行省,韦斯巴芗也把它改造成由一位声名卓著的地方总督统治的武装大省。人们普遍认为,这些举措看起来是为了防御帕提亚的进攻,并且罗马军团的确驻扎在了幼发拉底河流域,但是情况并非如此简单。在"康马革纳事件"中,约瑟夫斯向我们透露了当时的背景,我们由此了解到,叙利亚使节科森利乌斯·帕伊图斯(Caesennius Paetus)曾指控康马革纳昏庸的国王安条克(Antiochus)与帕提亚国王沃洛格斯勾结,蓄谋背叛罗马。值得我们注意的是,约瑟夫斯如何追述这件事。他补充道,这一指控被认为极有可能是诬告,但韦斯巴芗却不能不采取行动,否则风险太大。在叙述这些事件时,约瑟夫斯几乎没有表露出多少敌意,这一点也耐人寻味[22]。同时,我们也了解到,这种为谋取地位不择手段的做法并没有激怒沃洛格斯。因为大约在公元 75 年,当阿兰尼人(Alani)越过高加索山脉(Caucasus)侵略帕提亚领土时,帕提亚统治者还以为罗马肯定会出手相助。在这场与罗马著名的谈判中,帕提亚必定言辞傲慢,因此在罗马成为笑谈。或许帕提亚统治者请求被拒,正是因为其口气傲慢所致(BJ 7.244—251;Dom. 2.2;Dio Epit. 66.11.3)。

无论怎样,唯一能够真正表明两国敌对关系的证据,出现在后期的一部文献中:据公元 4 世纪奥勒留斯·维克多(Aurelius Victor)所说,帕提亚国王被迫求和(9.10)。另一个历史性的结论出自维克多的《罗马十二帝王传》(*Epitome de Caesaribus*)。书中说道,和解政策仅仅是由于(武力)威胁,这使得两国的敌对关系更加证据确凿(9.12)。维克多的话是否有事实依据?如果确有此事,那么它发生在阿兰尼侵略战争之前还是之后?这些我们都已经无从得知。个别冲突或许出现过,但是规模太小,以至于人们对相关记载鲜有印象。总之,在这一时期,两国的势力大小一目了然,难以想象,帕提亚的威胁会大到让韦斯巴芗决定用文学手段来鼓吹罗马的强大。

除了帕提亚人,约瑟夫斯还有其他犹太读者。对于这些犹太读者,有一种解释用了"弗拉维实用政治"(Flavian Realpolitic)的说法,即无论是出于对帕提亚的忠诚,还是为表现与巴勒斯坦同仇敌忾,这些东方民族此时或许

---

[22] BJ 7.219ff;关于这次兼并,参见鲍索克已引文献(同本章注释 20);参见 R. D. Sullivan, "The Dynasty of Commagene", in op. cit. (n.3), pp.790-4。

会给罗马制造麻烦，因此应该让他们知道挑衅的后果㉓。这种猜想仍然不太可能是事实。的确，大起义的余火犹在，并在各地蔓延。马萨达陷落之后，匕首党逃出巴勒斯坦，而且令人惊讶的是，他们在埃及继续抵抗。地方行政长官提比利乌斯·尤里乌斯·鲁普斯不得不采取严厉的措施，捣毁了位于利安托波力斯（Leontopolis）的、有数百年历史的埃及犹太人的宗教中心阿尼亚圣殿（Temple of Onias）。在昔兰尼（Cyrene），另一部分逃亡的匕首党人煽动犹太穷人闹事，令约瑟夫斯气愤的是，总督不加区分地对富人和穷人一并进行报复㉔。然而这还只是旧乱的延续，同时还有一股新的抵抗势力正在兴起。我们很难想象，那些几乎与叛乱毫无关联的人们会以暴力的形式来响应这场叛乱的失败。很显然，巴比伦人和爱迪宾人（对于战争）并不积极，正如阿格里巴所预言的那样，他们❶渴望帮助，却得不到帮助。仅有爱迪宾王室的一些人和少数平民拿起了武器，并且很可能他们是碰巧在耶路撒冷卷入了战争㉕。从未来大灾难的预言中可以发现，圣殿沦陷以后，整个时代的基调都充满了绝望与无助（参见本书英文版第99页）。公元115年至公元117年，为了回击图拉真对美索不达米亚平原的侵略，以及叛乱之后近半个世纪以来，在帝国境内的犹太人承受的"犹太税"这一耻辱政策❷，东方的犹太人和埃及、昔兰尼及塞浦路斯（Cyprus）的犹太人遥相呼应，最终发起抵抗㉖。这一发现极具诱惑力，但是据此推测图拉真起义爆发在弗拉维王朝一世时就大错特错了。

对于这样一本没有保留一字，而且唯一可以直接证明其存在的证据只是其作者附带提到的一句话的书（或小册子），可以评论的十分有限。对它进行不同角度的猜测在所难免。而最为合理的推测是，约瑟夫斯所写的是一篇悲剧事件的报道，是写给那些对此感兴趣的人看的，而不是作为一种鼓

㉓ 参见 e.g. J. Neusner, "The Jews east of the Euphrates and the Roman empire", I, 1st-3rd Centuries, 收录于已引文献（同本章注释3），第1卷, 2.9.1(1976)，第54页。
㉔ BJ 7.410ff.；关于昔兰尼事件，同时参见第221-222页。
❶ 指犹太叛乱者——译者注。
㉕ 关于他们的期望：BJ 1.5；大使馆求助：6.342；关于阿格里巴：2.388—90；关于个体参与者：2.520, 5.474, 6.356。纽斯纳过分夸大了爱迪宾人的参与。参见已引文献（本章注释11），第67-70页。
❷ 即"fiscus Iudaicus"，该税从67—73年的第一次犹太战争后开始向犹太人征收，实际上是把犹太人必须捐献给耶路撒冷圣殿的2德拉克马改为捐献给罗马的朱比特神殿。罗马设立了叫做"犹太税征收代理人"（Procurator ad capitularia Iudaeorum）的官员来管理这一税种。其所得似乎是韦斯巴芗用来重建在内战中烧毁的朱比特神殿，但在重建完成后，这一税种继续征收。到361年左右，它才为"背教者"尤里安（Iulianus, 331-363年）所废除，参见维基百科 Fiscus Iudaicus 词条——译者注。
㉖ 这些起义由斯莫尔伍德描写，参见已引文献（注释1）第十五章。征税是第一次起义的后果。

吹工具去满足弗拉维王朝皇帝及罗马政府的需要。在下一章中我们将对罗马皇帝和这个犹太人之间有趣的关系作更为深入的考察。随后,我们会更加清楚地了解,为什么不能随意用韦斯巴芗来解释约瑟夫斯创作生涯中的重要抉择。

第八章　弗拉维家族的庇护及犹太爱国主义

185　　尤塔帕塔城投降之后，约瑟夫斯救了自己一命。他在适当的时机预言了韦斯巴芗将军将成为罗马皇帝。这个行为改变了他的地位。在两年半的时间里，高卢（Gaul）起义，尼禄自杀，加尔巴（Galba）、奥托（Otho）和维特里乌斯（Vitellius）试图稳固地位、操控帝国等事件相继发生。篡权者皆以失败告终，而亚历山大里亚军团所推举的韦斯巴芗这个候选人则在罗马夺得了政权。正如约瑟夫斯在其故事里所说的那样，他的预言从根本上改变了自己的命运。的确可以这样认为，因为当预言实现之后，韦斯巴芗既觉得惊奇，又受到了吹捧。

　　通过这一奇特的方式，处于人生最低谷的前犹太将军，把自己和即将到达人生顶峰的、未来的弗拉维王朝的皇帝的命运系在了一起。实际上，我们很难了解他们的私交究竟如何；我们更加难以知晓的是，弗拉维皇室对约瑟夫斯作品究竟有什么实质性影响？这种影响在多大程度上扭曲、主导，甚至是控制了《犹太战史》所扮演的角色？这是一个核心问题，因为倘若有充分的理由去怀疑这本书被深深地打上了帝国的烙印，那么我们的评论大可据此重新改写。幸运的是，没有必要采取这种极端措施。约瑟夫斯并不是一位客观的作家，但就对其作品的影响而言，在前几章中所描写的巴勒斯坦人对他的偏见，超过了人们想当然地认为的来自罗马人的影响。一直以来，人们理所当然地认为，《犹太战史》完全应该作为弗拉维王朝的历史来解读，但是，现代史学家持有的这种观点恐怕也只是一种偏见而已。

186　　这个预言是最佳的切入点，它出现在《犹太战史》第三卷。可以发现，约瑟夫斯叙述此事件时煞费苦心。当约瑟夫斯出现在罗马大营之前时，他是所有人目光的焦点，也是使士兵着迷、军官怜惜的犹太领导人。仅仅因为提图斯心中顿生的怜悯之情，才使得他免遭当场处决。他请求晋见韦斯巴芗，在会面中他不由地说出了一个预言：罗马将军将身披紫袍，成为人类的主宰。韦斯巴芗对此虽然起初并不放在心上，但却也很感兴趣。当从其他囚犯口中得知约瑟夫斯作为预言家的本领高超，尤其是他作为被围困的犹太人的首领,曾准确地预测出尤塔帕塔城将会在 47 天之后陷落的故事后,韦斯巴芗决定不按原计划把这名重要的囚犯押往尼禄那里,而是留在了自己身边且待他不薄(*BJ* 3.392—408)。公元 69 年夏,韦斯巴芗在亚历山大里亚称帝。后来在东方驻留之际,他惊奇地发现,曾经准确预言自己称帝的人仍然是一名囚犯,于是在提图斯的坚持之下,象征性地用一把斧头砍断了约瑟夫斯的链子。这一举动的象征意义,表示抹除了约瑟夫斯一切坐牢的案底[①]。

这个故事并不是没有破绽。即使一个比约瑟夫斯更加精通罗马政治的人,也难以通过合理的分析得出这样的结论:尼禄将被推翻,而最终被韦斯巴芗这个不二人选所取代。的确,公元 65 年,出身名门的庇索(C. Piso)在首都领导了政变,加上尼禄皇帝长久旅居希腊,且在公众面前庄重不足、粗俗有余,且喜好耀武扬威等激起了广泛的民愤等等,似乎都预示着一场危机的到来(Tac. *Ann.* 15.49ff.;Dio Epit. 62.8—19)。尤其要指出的是,韦斯巴芗似乎正在接手由另一位伟人多米提乌斯·科尔布罗(Domitus Corbulo)建立起来的朋友和同僚之间的关系网:公元 67 年,弗拉维家族或许甚至在一段时间里掌管了科尔布罗(Corbulo)扩张的东方领土,而众所周知,科尔布罗在位期间被尼禄视为对其政权的极大威胁[②]。回顾历史,所有这些都是指向该结论的线索,但在当时,这些信息都不能传达出如此清晰的预言。然而我们却发现,约瑟夫斯一到罗马大营便立刻确切地说出了这一预言,而在其他地方他还坚持说,尼禄还在世时,就已经有了这个预言(*BJ* 4.623)。

一些人可能相信,我们的作者的确受到了神灵的点拨,或者确有绝妙的灵感;另一些人则猜测,他为了给人们留下更深刻的印象,把这个预言的时间提前了[③]。还有一些人追溯到公元 69 年动荡的上半年发生在东方的政治阴谋,从而对第二种说法进行了深入研究。那时,为了夺取政权,韦斯巴芗在长子提图斯的策划之下,和当时叙利亚的首领李锡尼乌斯·穆奇阿努斯(Licinius Mucianus)结成同盟,并和曾经的埃及犹太地方行政长官提比利乌斯·尤里乌斯·亚历山大签订了协定。提比利乌斯哥哥的前妻、王后

[①] *BJ* 4.623-9。约瑟夫斯因此摆脱了前奴隶的身份。参见 D. Daube, "Three leagal notes on Josephus after his surrender", *Law Quarterly Review* 93(1997), p.192。
[②] 参见 J. Nicols, *Vespasian and the Partes Flavianae: Historia Einzelschriften* 28(1978), pp.114, 119-24。
[③] 参见 A. Schalit, "Die Erhebung Vespasians nach Flavius Josephus, Talmud und Midrasch. Zur Geschichte einer messianischen Prophetie", in *Aufstieg und Niedergang der Römischen Welt*, 2.2(1975), pp.208-327。他认为"预言完全虚构的可能性不大,但也不是完全不可能",而沙利特尝试去证明这一观点时受到了误导。

贝蕾妮斯(Bernice)及其亲兄弟阿格里巴二世(Agrippa Ⅱ)也在某种程度上参与其中。约瑟夫斯与希律王夫妇以及亚历山大里亚的犹太人均有联系，或许他在这些行动中发挥了自己的作用，或者至少是熟知这些行动④。我们没必要去考虑他在这一时期是否真的戴着脚镣手铐，因为他在其后期的作品《驳阿皮翁》中回忆这段时光时，说他起初是被绑着的，但是被绑了多久却没说清楚。他也许是为了自己获得自由的仪式才重新戴上了脚镣。不只如此，《犹太战史》说韦斯巴芗直到成为皇帝后才想起约瑟夫斯，这说法也不严谨。因为在后面的章节中，约瑟夫斯声称他一直留在提图斯身边(CA 1.48—49)，应该说，这个囚犯在军营中是相当活跃的。那么他的预言是否是经其庇护人的默许并操纵的一场表演，或者是他自己设计的把戏。我将不会在这两种假设中作选择。

对统治者来讲，被视为"天命所归"是极其有利的。无独有偶，精明的阿拉伯史学家伊本·卡尔敦(Ibn Khaldum)对此观点也大加赞赏，并且同样利用了这一观点做过文章。公元1401年，苏丹撤退之后，他留在了大马士革，运用在马格里布(Maghrib)学到的世界历史知识，预言蒙古征服者帖木儿(Tamerlaine)将要崛起，从而赢得了尊敬、资助及封赏。然而，伊本·卡尔敦对其读者更为负责，他详细介绍了和未来君主的会面，并坦率地公开了自己的动机："因为惧怕，所以我想出了这些关于他及其政府的溢美之辞来取悦他⑤。"

其实，描写预言事件对于约瑟夫斯来讲甚至比对韦斯巴芗更为有利。也为他令人生疑的归降罗马人的行为找到了另一个合理解释，或许还有助于他掩盖一些更不方便公之于众的交易。显而易见的是，与歌颂自己的庇护人相比，作者在叙述中更关注于谈论自己。整篇的叙事特点以平铺直叙为主，热情洋溢的高潮部分集中在对自己智慧和灵感的描写上，而不是集中在对韦斯巴芗天命的描写上。约瑟夫斯在这些描写上集中解释了自己逃脱死亡一劫的过程。尽管他描绘了上帝对罗马未来兴盛的征兆，但约瑟夫斯并没有选择在这一主题上大肆渲染。他提及两个隐秘的、不显眼的预兆。这两个预兆与他的预言一样，同样指向这个结论。但它们并不明晰，并没有

---

④ BJ 2.309, 5.1; Tac. Hist. 2.79ff.; 参见本章注释2中引用的尼科尔的著作。关于约瑟夫斯可能和一个在弗拉维王朝中的"东方集团"有联系，见J. Crook, "Titus and Berenice", AJPh 72(1951), p.163, n.9。

⑤ 这个故事见于伊本·卡尔敦的自传。和约瑟夫斯的自传一样，它没有题目，是某部更大篇幅的史书的附录。参见 W. J. Fischel, *Ibn Khaldun and Tamerlane: their Hostoric Meeting in Damascus, 1401 A. D. (803A. H.): a Study Based on Arabic MSS of Ibn Khaldun's Autobiography*(1952), pp.14-17, 34-7。

给读者留下什么印象⑥。文中仅有半句话描述了罗马皇帝的势力,正是这半句话把约瑟夫斯送到了帝国的面前:"您是主宰,恺撒,不只主宰我、主宰世界,也主宰整个人类。"

据传说,重要的犹太学者拉比约哈南·本·撒该曾提出过相似的预言。据报道,与约瑟夫斯一样,约哈南也发表过韦斯巴芗将成为未来皇帝的言论,那并不是为了提升其攻无不克的军威,或提高将军的地位,而是为了掩盖有些肮脏的事实——即该圣贤与敌人有过交易。由于四种希伯来语版本的故事大相径庭,因此难以判断究竟发生了什么,但是这笔交易显然达成了。诚然,约哈南在道德上比约瑟夫斯更高尚——除去与一个政治温和派的个人矛盾外(他的立场很可能与约瑟夫斯相同),他有一种无私的目的:韦斯巴芗在加蒙尼亚又称雅麦尼亚海岸为亲罗马犹太人划了一处避难之地,他要在这里兴建或扩建一所学校。即便如此,这个预言却并不适用于解释这一恩惠是如何获得批准,也没有给这场交易带来正当性。如果上帝选中韦斯巴芗成就伟业,一个虔诚的人与之立约自然无可厚非。即使这一传说大部分是虚构的,并且仅仅是约瑟夫斯故事的翻版,但这个意义仍然存在。而尽管关于约哈南的预言有过许多说法,但没有人把它看成是鼓吹弗拉维王朝的宣传⑦。

希腊人和罗马人似乎完全没有注意到这个拉比传说,而一些东方式的迹象和预言则变得闻名,其中一些似乎的确得到过韦斯巴芗的鼓励。他也许还刻意去寻找过此类预言,来为夺取政权正名。这一现象值得我们深入分析,我们可以由此观察约瑟夫斯的预言在多大程度上受了这一现象的影响。一次,提图斯去塞浦路斯的帕福斯(Paphos)寻求女神阿佛洛狄忒(Aphrodite)的圣谕,这只是他此次出行表面上的目的,实际上他要去参加一次比求神重要得多的秘密会谈。接着,韦斯巴芗造访了卡梅尔山(Mount Carmel)上著名的神殿及牧师巴西里底斯(Basilides)。此后,在亚历山大里

---

⑥ BJ 3.403-4,4.622-6。关于约瑟夫斯对自身的关注,见 H. R. Graf, *Kaiser Vespansian: Untersuchungen zu Suetons Vita Divi Vespasiani* (1937), pp. 37f。

⑦ 关于这一点有各种各样的版本:*Avot de Rabbi Nathan* recension a (Schechter p. 22); recension b (Schechter p. 20), *Midrash Rabbah*, *Lamentations* 1.5, *TB Gittin* 56b。它们在约哈南的政治立场上说法不一,在他提出预言的准确时间与具体环境细节上也各不相同;参见 J. Neusner, *A life of Rabban Yohanan ben Zakkai* (² 1970):157 页以降; *Development of a legend: Studies on the Tradition concerning Yohanan ben Zakkai* (1970), 228-34 页; J. Saldarini, "Jonanan ben Zakkai's escape from Jerusalem", *JSJ* 6 (1975), pp. 189-204; P. Schafer, "Jonanan ben Zakkai and Jabne",收录于已引文献(同本章注释3), 2.10.2, (ed. W. Haase) pp. 43-101。关于研究约哈南请求的确切形式所遇到的困难,参见 G. Alon, "Rabban Yohanan ben Zakkai's removal to Jabneh", in *Jews, Judaism and the classical World* (transl. I. Abrahams, 1976), pp. 269-313。

亚的塞拉皮斯(Serapis)圣殿商讨国事时,他惊讶万分地看到了之前的巴西里底斯在场。据说在前两次会面中,关于未来罗马皇帝的预言秘密地诞生了。在公元69年的紧要关头,这些现象无疑给这对父子夺取王位罩上了公义的光环⑧。尽管韦斯巴芗公开表示他是不得已而为之,但在夺取政权时他却无比大胆,并由此成为罗马境外以武力夺取政权的第一个皇帝。首先,他依仗亚历山大里亚军团对他夺取政权寄予的厚望,其次依仗的则是朱迪亚军队。弗拉维家族,"一个靠萨宾(Sabine)山上的浆果养大的好战的家族",没有显赫的出身,因此不论从哪个角度讲,大肆吹捧都是必要的⑨。

这一点已足以引起公众的兴趣,利用大众的好奇心和舆论就可以去做剩下的事情。一旦大权在握,王室将不会再积极地去保存这些征兆。对于迷信的世界来说,这一主题魅力无穷,它自身的巨大推动力就足以使它保持活力,并进一步发展⑩。我们发现,后来有一个围绕着底阿纳的亚波罗尼(Apollonius of Tyana)这个云游魔法师展开的故事。故事描写了他怎样受野心勃勃的韦斯巴芗召见共商大事,由此我们可以清楚地观察到这一过程的演变。这个故事宣称,尽管连亚波罗尼的传记作者菲洛斯特拉图斯(Philostratus)都不相信,那时韦斯巴芗正在指挥围攻耶路撒冷,并且希望知道自己是否可以称帝。故事的年代不明,只能猜测它出自一则民间传说。故事结尾出现了一个有趣的转折,因为亚波罗尼断然拒绝去一个充满暴力和痛苦的国家(这与约瑟夫斯对奋锐党的态度遥相呼应),这也是为什么韦斯巴芗有那次充满变故的亚历山大里亚之行的缘故。塔西佗用其特有的简练语言,阐明了这些事后杜撰的故事产生的社会心理:"揭示韦斯巴芗和他的子孙们将掌权的命运、迹象及神谕一旦成为现实,人们便会对它们深信不疑⑪。"

预兆的确成为了一个流行话题。这一时期在世的主要编年史家塔西佗、苏维托尼乌斯和卡修斯·迪奥,都以自己的方式报道过先兆(Tac. *Hist.*

---

⑧ Suet. *Tit.* 5.1; Tac. *Hist.* 2.2-4; Suet. *Vesp.* 5.6; Tac. *Hist.* 2.78; Suet *Vesp.* 7; Tac. *Hist.* 4.82.2;参见 K. Scott, *The Imperial Cult under the Flavians* (1936), pp. 2ff、"The role of Basilides in the Events of A. D. 69", *JRS* 24 (1934), pp. 138-40; A. Henrichs, "Vespasian's visit to Alexandria", *ZPE* 3(1968), pp.51-80。

⑨ 关于缺乏显赫出身与预兆的关联,参见 *BJ* 4.603-4; Sil. Pun. 3.596;同时参阅 Suet. *Vesp.* 1.1 和 7.2;关于大胆,参见 A. Briessmann, "Tactius und das flavische Geschichtsbild", *Hermes Einzelschriften* 10(1955), pp.9-10 及尼科尔已引文献(同本章注释2),第94-95页。

⑩ 参见本章注释8中引用的亨利希的作品。表明埃及人出于对当地萨拉匹斯(Sarapis)的崇拜,完全自发地投身于此,这是他们对萨拉匹斯崇拜的典型表现形式。

⑪ Philostr. *VA* 5.27(在后来的章节中对政治哲学进行了讽刺)。

1.10,2.4,78;Suet. *Vesp.* 4—5;*Tit.* 5;Dio *Epit.* 66.1)。约瑟夫斯在他的"前言"中提到,韦斯巴芗将来崛起的迹象将会成为有关其历史的主要话题之一。他显然期望读者能够领会到他所说的意思(BJ 1.23)。

约瑟夫斯的预言在众多的征兆中占有一席之地,也受到同样风气的影响。苏维托尼乌斯和卡修斯·迪奥都有预言,但是他们所给出的故事略有不同,并且和约瑟夫斯的故事的细节也不同⑫:这表明他们没有抄袭约瑟夫斯的故事。不仅如此,无论是口口相传还是以文学形式记录下来,这个故事一旦存在,似乎自身就具有了生命力。

约瑟夫斯用自己的预言奉承了韦斯巴芗,从而使皇帝愉悦。但随着弗拉维家族坐稳了皇位,继续重复这个话题就没有什么必要了。这一事件在《犹太战史》中的作用主要还在于解释作者的个人行为,从这一点来看,约瑟夫斯对这一主题采用文学性的处理方法,并不表示他在这个时期还特别关注鼓吹韦斯巴芗在罗马或整个帝国的声望。

约瑟夫斯史书中也有一个与塔西佗和苏维托尼乌斯一样,但有着自身特点的主题,这个主题极易和约瑟夫斯的个人预言相混淆。在这一主题上,苏维托尼乌斯的作品和约瑟夫斯非常接近,塔西佗(除了没有提到约瑟夫斯事件或尤塔帕塔城事件之外)也与之非常接近。我所指的是圣殿倒塌前最后的一系列奇人轶事和各种舆论。圣殿刚一倒塌,约瑟夫斯马上回忆起了之前的一桩桩奇事:在犹太人的"圣书"中有一条隐晦的神谕,神谕宣布,在特定时期,世界未来的主人(oikoumenē)将从他们的国家中诞生。这比任何现象都更能鼓舞他们举行起义,然而约瑟夫斯解释道,其实那是指韦斯巴芗未来的统治。在《犹太战史》中,这条神谕远远地出现在尤塔帕塔城这一情节之后,而且约瑟夫斯并没有暗示其预言是基于这条神谕提出来的(BJ 6.288ff)。在尤塔帕塔城这一情节中,他似乎没有引用《圣经》或其他犹太传说来支持自己的预言。他只是坚持说,自己已经预测到上帝任命韦斯巴芗来统治世界。然而,从拜占庭(Byzanyine)的佐纳拉斯(Zonaras)到20世纪的萨克雷,约瑟夫斯的两个预言都遭到了读者不公正的解读⑬。

不只如此,他们后来把第六卷中的神谕指认为弥赛亚到来的暗示,也就

---

⑫ 在苏埃托尼乌斯作品中,约瑟夫斯不断重复预言,预言韦斯巴芗将很快称帝;在迪奥的作品中,约瑟夫斯面带微笑说出预言,他预言韦斯巴芗将在一年内登基。

⑬ H. Lindner, *Die Geschichtsauffassung des Flavius Josephus in Bellum Judaicum*(1972), p. 70 中认为,这两则预言互不相关,但是他认为读者应该在它们之间建立联系。认为,相互有同化作用的,见 Zonaras 11.16(*Dindorf* 3, p.50);参阅萨克雷在《洛布古典丛书》有关约瑟夫斯的相关注释。

是说他们认为,在约瑟夫斯看来,韦斯巴芗将扮演人们等待已久的弥赛亚的角色⑭;但是这条神谕仅仅是关于一个伟大的统治者、一位末世来临前的先驱者而非终结者的预言。如果我们要寻找一篇切合这一隐晦神谕的《圣经》文章,那答案不应该是《但以理书》(7.14)"一位人子"将获得永恒的权柄,而应该是一个关于强大而短暂的力量的预言。例如,巴兰(Balaam)预言将有星星"出于雅各",并且"打破摩押的四角"。再如,约哈南·班·撒该的预言会比较有启发:他预言韦斯巴芗的伟大前途,据称是参照了以赛亚对一个征服者的预言——"他(征服者)必用铁器砍下树林中的密丛,黎巴嫩的树木必被大能者伐倒。"按传统解经法,这一段中甚至有一些弥赛亚的暗示,因为在下文中出现了著名的片段"从耶西中拔的枝",但没有人会认为著名的拉比会把韦斯巴芗视为弥赛亚⑮。而对于约瑟夫斯的预言,想在《圣经》中找出哪一卷与它最相符也没有丝毫意义⑯。一旦我们确信作者对有关这类预言的狂热解释不以为然,那么他本人就不至于极端到把韦斯巴芗或其他任何罗马人看作犹太人的弥赛亚。为理解他的解读,就要结合他在其他场合就神恩为何偏向罗马所作的评判,并将其作为一种对现实力量对比和起义为何必然失败的陈述来理解。这样我们就可以作出同样的推理:罗马的强盛,加上这一附加因素,在弗拉维家族的努力下将开花结果。

文章结尾在谈论对未来统治者的预测时,作者岔开话题描写了公元70年及前几年发生在圣殿里或天上的一系列离奇事件:天空中出现了一颗恒星和一颗彗星,圣殿的每扇门自动开启,人们看到天上出现战车和军队的战斗场面,圣殿区有一头牛生下了一只小羊羔,圣殿内传来宣告离开的神秘声音等。在灾难发生前四年,一位名叫亚拿尼亚之子耶稣(Jesus son of Ananias)的农民先知不断警告人们:一场悲剧即将降临。约瑟夫斯称,犹太人执迷不悟,没有领会这些不祥的凶兆,反当成是鼓励他们揭竿而起的吉兆。之后,约瑟夫斯还指出了两个被严重误解的预言:一则古老的预言说,当圣殿变成方形时圣城将会被毁灭,而他认为,在安东尼亚城堡(Antonia

---

⑭ 最极端的例子是 W. Weber, *Josephus and Veapasian* (1921), p. 42;另参阅已引文献(注释3)第 259-260 页。

⑮ 《民数记》24.17ff。约哈拿的引用:《以赛亚书》10.34ff,(出现在某些但并非全部版本中);参见 Neusner, *Life*(同本章注释7), 157-166 页。关于在解经书中将"黎巴嫩"(Lebanon)解释为圣殿,见 G. Venmes, "'Lebanon' in the Targum: the origin and development of an exegetical tradition", *JThS* N. S 9 (1958), pp. 1-12; "Scripture and Tradition in Judaism", *Scripture and Tradition in Judaism* (1961), pp. 26-39. 在 TJ Berakhot 2.5a 中,强烈的救世主意味的解读,显然是在圣殿被毁后这种倾向上升的产物。

⑯ 对于其他的可能,参见 J. Blenkinsopp, "Prophecy and priesthood in Josephus", *JJS* 25 (1974), p. 245;参见 M. Hengel, *Die Zeloten* (1961), pp. 244ff,作者本人更偏向巴兰圣谕。

fortress)遭围攻被毁灭时,这一前提就已实现;另一个是关于统治者的神谕,"但是最能鼓励他们参战的就是那一则隐晦的预言……到那时,他们国中的一人将会统治整个世界⑰"。

这些现象为圣殿倒塌的悲剧营造出神秘的气氛。塔木德文学也包含类似的象征景象(*TB Yoma* 39b;*TB Pesahim* 57a)。绝大多数的报道都很直观,我们可以重现看到圣殿各扇门打开时官员们的反应,可以感受到预言家不绝于耳的聒噪。透过这些描写看出去,我们所用的是犹太人而不是罗马人的视角。的确,塔西佗的《历史》(*Histories*)包含着对这些奇异景象的相似描写,甚至在口语的应用上都很相似,但最好的解释还是他直接或间接地借鉴约瑟夫斯的描述⑱。约瑟夫斯的描写让人怀疑其间被加入了异教的言论,尤其是他像塔西佗一样,说到神正离我们而去时用了复数形式⑲。然而这个复数词语似乎只是希腊语中用来指希伯来神明的,即希伯来的"舍金纳"(Shekhinah),意为"至圣",用来指代不能直接提及的神的名讳⑳。

这一系列的圣殿奇事极有可能都是出自约瑟夫斯一人之手。这是因为,一方面,它出现在叙事的关键时刻,满足了文学需求;另一方面,它为反对叛乱提供了政治和宗教立场。约瑟夫斯描述了一些奇怪的意象后转到韦斯巴芗的话题上,并且再次作出了会使皇帝满意的解释。但这次解释也是在约瑟夫斯与犹太人的一次重要辩论中附带提及的。所有的内容讲述完毕,读者的脑海里浮现的将会是叛乱者的妄想和火光映天的圣殿,而不是什

---

⑰ *BJ* 6.288-312。米歇尔和鲍恩芬德在其评论中对预言进行了分析 2.2,(1969),附录 14-16 页;参见沙利特(同本章注释 3),269-276 页。

⑱ Tac. *Hist.* 5.13;天空中的战马和武力冲突,闪电,各扇门自动开启,宣告神离开的声音"et audita maior namana vox excedeve deos; simulingens motus excedeutium"(有人听闻一个不属于凡间的声音高喊神的离去)。塔西佗的解释也呼应了约瑟夫斯,"在司祭的古代卷宗中有一则预言,宣称就在此刻,东方将会走向强大,来自朱迪亚的统治者将征服世界,建立帝国"最后一句话和苏维托尼乌斯的话几乎完全一样(Suet. *Vesp.* 4-5)。诺登(E. Norden)基于陈述上的微小差别,认为塔西佗的资料来源有所不同,我认为缺乏说服力。参见 E. Norden, "Josephus and Tacitus über Jesus Christus and eine messianische Prophetie", part 3, *Neue Jahrbuch für das kl. Altertum* 16 (1913), pp. 637-66; A. Schalit (ed.) *Zur Josephus-Forschung, Wege der Forschung* 84 (1973), pp. 27-69; Norden, *Kleine Schriften* (1966), pp.241-75;沙利特(同本章注释 17),218 页同意诺登的看法。斯特恩持相似的观点,反对莱曼(Lehmann)、胥尔和多恩赛夫(Dornseiff),参见 *Greek and Latin Authors on Jews and Judaism* 2 (1980), pp. 3, 61-2。霍斯珀扬森(A. M. A. Hospers-Jansen)的 *Tactius over de Joden*(1949,荷兰文,附英文摘要)的观点不明确。

⑲ 希腊文解释或者是"metabainomen"(我们正离去),或者是"metabainomen"(我们离去吧)。参见 O. Weinreich, "Türoffnung im Wunder-, Prodigien-und Zauberglauben der Antike des Judentums und Christentums", *Genethliakon Wilhelm Schmid* (1929), section E, pp. 271-9。

⑳ 参阅米歇尔和鲍恩芬德的评论(同注释17),附录 13。此处解释采用犹太教观点,而不是非犹太教观点。

么弗拉维王朝即将诞生的宣称。约瑟夫斯引出这个预言不是为了韦斯巴芗,而是在记述犹太历史上的生死存亡时刻㉑,韦斯巴芗的内容只是次要的部分。直到后来主题才从朱迪亚背景转移到罗马帝国的历史,而这种转换很难说是约瑟夫斯造成的。

现在让我们回到约瑟夫斯获得自由不再被奴役的时刻(参见本书边码第 185 页)。他得到的恩赐不止于此,罗马方面的慷慨令人惊奇。提图斯在整场战争中保护他,把这个叛徒从他愤怒的国人手中解救出来。而对约瑟夫斯来说,追随提图斯似乎是最安全的。他跟从这个年轻的罗马人到了亚历山大里亚,并最终到了罗马。约瑟夫斯在那里住的是韦斯巴芗的老房子(房子的位置不明)。和继位者提图斯及图密善一样,(韦斯巴芗)皇帝也扮演着保护神的角色。在这些年间,这个流亡在外的犹太人不仅活在庇护之下,甚至被赐予荣耀:他得到了罗马公民的身份,并按惯例随之有了"弗拉维"这个名字;他被赐予房屋、金钱,以及补偿他在战争中失去的一块肥沃的巴勒斯坦新庄园——很显然,他什么都不缺了㉒。

他借助什么赢得了这一切?是他的预言吗?这个理由无论怎样解释也不够充分。也有观点认为,流亡者以他的历史著作获得酬劳,这似乎更加确定了约瑟夫斯作为韦斯巴芗史官的身份:皇帝"投资"的首份回报就是约瑟夫斯用阿拉米语所写的报道。当这一报道被证明令皇帝满意后,随即诞生了七卷本希腊文《犹太战史》。

这部作品被呈送给韦斯巴芗皇帝,那个时期韦斯巴芗还在世,且大权在握。从这些迹象来看,《犹太战史》毫无疑问是韦斯巴芗时代的作品。我们不能把握其创作的具体日期,但它属于韦斯巴芗统治后期,也就是公元 75 年"和平神殿"建成典礼之后㉓。然而,从广义上来讲,它没必要非得是描写

㉑ 关于约瑟夫斯对预言的态度,参阅本书边码第 18-19 页。
㉒ *BJ* 3.396ff.; *V* 415-16, 422-5, 428-9。关于作为地主的约瑟夫斯,见 24-25。
㉓ 关于"*the termini*",见 *V* 361; *CA* I. 50; *BJ* 7.158ff.;关于"和平神殿"典礼的日期,参见 Dio, *Epit.* 66.15.1; B. Niese, *Josephi Opera* 6(1894), *praef.* 4. 中的这个日期接近于韦斯巴芗即将卸任之时。从约瑟夫斯把弗拉维王朝的支持者席西纳·艾林努斯(Caecina Alienus)当作叛徒来看,只有在席西纳·艾林努斯密谋反对韦斯巴芗之后,约瑟夫斯才有可能这样写。苏维托尼乌斯和迪奥描写这一阴谋较晚:Dio 66.16.3; Suet. *Tit.* 6。布雷斯曼已引文献(本章注释 9), pp.32f 赞同这个时间推测。奇弗(G. E. F. Chilver)反对布雷斯曼的观点,见 *JRS* 46(1956), pp.203-5,认为想要在密谋叛乱和韦斯巴芗去世之前这段时间发表《犹太战史》很难,但这个观点不堪一击。事实上,迪奥没有给出密谋的精确时间。另参见 *Proceedings of the sixth world Congress of Jewish Studies*(1976)中斯特恩的文章"The date of the composition of the *Jewish War*"。S. J. D. Cohen, *Josephus in Galilee and Rome*(1979), pp.87-9 认为,第七卷是图密善时期的作品,他持这个观点是因为图密善在这一卷中比其他地方出现的频率更高,但这仅仅是为了增加弗拉维家族的内容。关于第 7 卷,参阅本书边码第 216 页;关于图密善,参阅本书边码第 218 页。

韦斯巴芗的作品。约瑟夫斯从没有直接表明他靠文字谋生。显而易见，一旦他放弃抵抗并取得罗马将军们的信任，就可以在许多方面帮助罗马将领。对于其中的一些帮助他自己作了描述，另一些也能猜个大概。就我们所知，当宽大条件还有效时，约瑟夫斯竭尽全力说服被困的犹太人投降（BJ 5.114、261、361ff、541ff.，6.94ff.、365），并且在此过程中还受了重伤（BJ 5.541—547）。约瑟夫斯个人倾向于投降政策，并且这一政策对罗马也是有利的，因为尽快停战是他们的最大愿望。有时，提图斯直接下达命令，再由约瑟夫斯传达给犹太人（BJ 5.325，6.125）。在这种情况下，约瑟夫斯俨然是一名翻译官。他无疑在很多情况下做了些不太体面的工作，以至于自己也不愿多提。多年后，他在《驳阿皮翁》中辩称，自己观察这场战争的条件比其他史学家更好，这就透露出在某一时期他被派去和投降者交涉这一信息（CA 1.49）。此外，约瑟夫斯还可能是一名更为广义的翻译官，能向罗马人介绍犹太人的习俗和城乡的整体地形。他在这种话题上保持沉默是可以理解的。当韦斯巴芗到亚历山大里亚去夺取帝国时，有约瑟夫斯这个犹太人在身边不仅对约瑟夫斯有利，对韦斯巴芗也是有利的。约瑟夫斯和亚历山大里亚犹太部落的上层建立了联系，或者说，能够轻而易举地取得联系很明显是由于他和以前当过俘虏的妻子解除关系后，在那里订立了新的婚约㉔。

以上这些行动都是对罗马将领的莫大帮助。他所提供的帮助姑且不计，他本来就是一位重要的政治人物，曾经的国家领导人之一，现在是著名的流亡者，理应受到符合身份的待遇。我们或许能回忆起，就连不列颠的叛乱分子卡拉塔库斯（Caratacus）也被批准获得自由，以此见证罗马的慷慨大度（Tac. Ann. 12.38）。约瑟夫斯利用其被庇护（且赋闲）的处境成为一名作家，更加增添了皇帝对他的好感。尽管如此，他的身份还是不能使他公平地跻身于任何受欢迎的文学圈子㉕。无论怎样，取悦皇家并不等同于皇帝付钱让作家给自己撰史㉖。

或许有人仍然想说作者最终从官方获得了什么报酬，这无关紧要，重要的是这些报酬决定了两者的（雇佣）关系。他们接下来会指出，约瑟夫斯要对韦斯巴芗履行义务，这才是问题所在。然而，尽管金钱方面的义务会产生

㉔ V 415-6。关于早期的婚姻，参见本书英文版第 20-21 页。关于阴谋，见 214-215 页。
㉕ 参见 Z. Yavetz, "Reflections on Titus and Josephus", *GRBS* 16 (1975), pp. 431-2；"他从来没有正式成为皇帝亲信（amicus Caesaris），也不属于他的密友（comites）；他必定是他的低层随行人员，与医生和魔术师、哲学家和丑角属于同一级别。"
㉖ 参阅 Niese, *Hastings' Encyclopaedia of Religion and Ethics* (1914) 中的"约瑟夫斯"条目下的解释："将这部作品看作是一部官方史是一个错误。约瑟夫斯不是在政府授意之下写作，而完全是自发创作。"

压力、冲突和尴尬,但他这种不确定的境况与单纯受契约制约的写作仍然大不相同——虽然两者同样有许多消极的约束,但前者受到的明确指示和限制更少。

苏维托尼乌斯评论道(Vesp. 18.4),韦斯巴芗是第一个从国库中付钱给演说家、第一个奖励优秀诗人的皇帝。他这句话有力地支持了约瑟夫斯是一位官方史学家的观点。苏维托尼乌斯所指的,无疑是皇帝为鼓励整个罗马,也许还包括许多行省的艺术和教育发展的重要改革[27]。即使诗人斯塔蒂乌斯(Statius)为图密善(的水井)提供了临近阿尔巴(Alba)的庄园用水写了大量的赞美诗——这些诗有关于其骑士般的仪容的,有写其第十七任执政官任期的,有写其热情好客、壮丽宫殿及极好人品的,也有些失传的作品是写其赫赫战功的[28]——就认为(艺术)成就是给皇室歌功颂德也非常荒谬。无论如何,苏维托尼乌斯这句话与我们的论题无关,因为这个句子里甚至都没有提到史学家。如果这暗示的是编年史家正在重塑其统治形象,而韦斯巴芗也许不想让这事尽人皆知,那就不可能再让苏维托尼乌斯作出这样的评论。与之完全相反,杂咏诗人朱文诺(Juvenal)在谈到罗马皇帝图拉真(Trajan)时,以一种人所共知的口气说,史学家以写作谋取生计极为困难,这意味着那个时期还没有出现赞助人(这并不能表明史学家的境遇自从弗拉维王朝统治以来每况愈下)(Sat. 7.98ff.,参阅 7.5)。

我们或许还会以为韦斯巴芗这个务实的人会花力气管理他治下的史学家[29],但我们发现事实上他的管理极其有限。的确,塔西佗严厉批评并摒弃那些关于弗拉维王朝的史记,这些历史经常以这种批判的方式被引用。塔西佗说其间充满谄媚之词(Hist. 2.101),这一判断是针对公元 68 年或 69 年战争中的一个具体的、颇受争议的问题提出的。它所涵盖的范围有多广并不清楚,但是无论怎样,他的这句评论与这位悲观作者的基本认知是一致的:他认为自从奥古斯都(Augustan)时代后期以来,倘若皇帝还在世,那么所有有关他的历史都因为(史学家的)惧怕而被扭曲;倘若皇帝已死,那么所有有关他的历史都因为愤恨而被扭曲[30]。因此,塔西佗摒弃弗拉维王朝的历史并不是为了举出仅属于这些年代的一个特点,他实际上是说:批判弗拉

---

[27] 参见 M.P. Charlesworth, *CAH* II(1936), p.16。
[28] *Silvae* 3.1.61-3, 4.5.1, 5.3.36ff.;1.1, 4.1, 2。K. Scott, "Statius' adulation of Domitian", *AJPh* 54(1933), pp.247-59。
[29] 正如由巴尔顿(H. Bardon)所坚持的观点,见 *Les empereurs et les lettres latines d' Auguste à Hadrien*(Paris 1968), pp.294ff.。
[30] Tac. *Ann.* 1.1,并参阅 *Hist.* I 中关于奥古斯都时期史学家的相似评价。

维家族中的一员是不可能的;换句话说,史学家不能畅所欲言。因为这是一种无形的压力,它不同于对史学著作写作的全面控制,也不同于利用史学达成具体目的的实用策略。

老普林尼(Pliny the Elder)是那时最著名的散文家,他的作品流传至今的只有著名的《自然史》(*Natural History*),但是他也写了一部有31卷之多的重要的历史著作。他之前有一个叫奥菲狄乌斯·巴苏斯(Aufidius Bassus)的,则写到老普林尼开始的地方为止,即提比略或者克劳迪乌斯统治时期(也失传了)。老普林尼的历史一直写到大约公元70年初普林尼生活的时代[31]。然而,他不允许在他死之前发表这本书。他告诉了我们原因:这是为了防止可能被怀疑有个人野心或阿谀奉承。正如我们看到的那样,普林尼是韦斯巴芗和提图斯的朋友,那么他下笔时很可能对两人比较客气[32]。对于弗拉维家族来讲,这位作者将向他们的后人展现自己光辉的一面,他们或许会心存感激。然而,他们显然并不指望在不久的将来靠这位历史学家来提高人气,因为他们不知道普林尼会在何时死去,而等他死后,这本书对他们来说也就没有用处了。

值得注意的是,我们知道现存有关公元68年或69年事件的各种各样的当时的版本,但是关于随后的弗拉维王朝政权,我们只能从普林尼那里得知韦斯巴芗统治的前几年的情况。由于塔西佗关于那一时期的历史记录丢失了,因此我们很难指望获得其资料来源。然而,我们还要指出一点:塔西佗的《历史》(*Histories*)原本有12卷或者14卷[33],其中至今尚存的8卷中有4卷多描写的都是公元68年到70年的历史,这就意味着,这部著作只剩约三分之二的篇幅来完整地描写三个君王的统治。塔西佗对图密善统治的描写表明,大部分资料都是由他亲手搜集[34]。同样,他对韦斯巴芗和提图斯统治时期的描写似乎也是如此。公元105年,小普林尼(Pliny the Younger)在书信中谈到他将为计划中的一部历史著作挑选话题时提到,弗拉维王朝的历史——还是一个"无人涉足"的话题(*Ep.* 5.8.12)。卡修斯·迪奥后来关于这一时期的记载是我们至今唯一所有的,并且保留下来的只是从一篇摘要中概括的版本,和同一作者对公元68年或69年的概述相比,这篇文章

---

[31] 关于普林尼所写历史的截止时间,见 R. Syme, *Tacitus* (1968), vol.1, p.288, appx. 38, p.698。普林尼在为《自然史》(于公元77年出版:*NH Praef.* 70)写"前言"之前已经完成了整部作品,并将它搁置一旁。

[32] 参见下文(本书边码第200页以降)有关普林尼的理由(*NH Praef.* 20)。

[33] 参见塞姆已引文献(同本章注释31),附录35;F. R. D. Goodyear, *Tacitus: Greece and Rome, New Surveys* 4 (1970), pp.17-20。

[34] 塞姆(同上),第1卷,第119页。

短得多。耐人寻味的是，在这篇对公元70年至81年的简要叙述中，除记录了斯多葛派反对政权之事外㉟，其余记述的都是些琐碎得出人意料的小事。我们的总体印象是，在塔西佗涉足这段历史之前，很少有关于弗拉维王朝统治时期的文字㊱。或许是因为（描写它）既困难又危险，或许仅仅是因为很少人这样做而已。

另一方面，贯穿这一时期的罗马内战无疑是一个炙手可热的话题，但这并不等于说，这部分文献是出自于统治者的精心策划。因为倘若如此，将无法说明他们为什么没有将这种习惯延续到以后的岁月里，也无法解释他们为什么没有试图把大权在握时取得的成就载入史册。我们宁愿认为人们自发地描写了内战㊲。除了弗拉维家族的崛起外，这些年中还发生了很多事，而对于传记或简史而言，这些年间发生的事件都是非常好的题材。生活在罗马的人不知道的信息也可以包括在内，他们会愿意听听骚乱事件与波及范围广泛的冲突事件，因为这些都与他们命运攸关。而那些参与到这场大事件中的人也会希望读到相关的故事。尽管关于弗拉维家族崛起的历史故事可以看作是这类作品的顶峰，但这绝不是它们存在的目的或理由。

从对韦斯巴芗和提图斯命运的影响来看，犹太战争在某种意义上是罗马内战的一个方面，这也可能就是出现各种讲述犹太战争的作品的原因。在约瑟夫斯看来（*BJ* 1.2; *CA* 1.46），这些讲述都是道听途说，他完全不屑于写这类作品，认为它们充满对罗马的奉承和对犹太人的仇恨。如果这些言论涉及帝王们，我想约瑟夫斯绝对不会对他们如此出言不逊。

毫无疑问，那时帝国内部的动荡激励着作家们，但是最初的弗拉维王朝似乎对历史编撰听之任之，只要不太离谱就行。当人们不再继续写史——弗拉维王朝的大部分时期都没有历史记录——他们也不在意。

我们所了解的其他作者的观点不能最终证明任何关于约瑟夫斯的事情。也许有人认为，被希腊化的、用希腊语写作的犹太人，就能被指使去干那些任何有自尊的罗马人都不屑去做的事，甚至不惜放弃其他犹太人竭力保留的仅有的一点自由。然而君主们没有要求用拉丁语编写历史，也不可能要求用希腊语做这件事。如果他们一反通常谨慎行事的作风，未免会让

㉟ 这些资料来源于另一个斯多葛殉道者的故事。
㊱ 尼禄统治时期的历史学家科鲁维乌斯·卢佛斯（Cluvius Rufus）和费比乌斯（Fabius）似乎没有往后写。
㊲ 例如，贵族维普斯坦鲁斯·梅萨拉（Vipstanus Messalla）——塔西佗的《对话》(*Diologues*)一书中出场的著名的弗拉维族人，一位臭名昭著的告密者的弟弟。庞培·普拉特（C. Pompeius. Planta）在内战中也站在弗拉维家族一方，后来成为韦斯巴芗的代理人，或许还成为埃及的地方行政长官。

人感到奇怪。在这种情况下，用通常的罗马模式来理解文学与资助之间的关系要好得多。

就约瑟夫斯的情况而言，我们仅有一个铁的事实来反映这种关系。约瑟夫斯在后来的一部作品中描述了前两任弗拉维王朝皇帝与犹太战争的千丝万缕的联系：当作品完成时，约瑟夫斯将它呈献于两位皇帝面前，两位皇帝都证实了这本书的准确性。约瑟夫斯说，提图斯在书上盖上他的印章，并下令让此书公开发行，他非常急切地想要这本书成为关于犹太战争信息的唯一来源(V 361—363)。在这里，这位历史学家是在将自己的作品与那位给他制造麻烦的对手、提比利亚的查士图进行比较，看谁更可靠。所以在自己的版本被认定为唯一有价值的文献时，他对自己的鼓吹也许有点言过其实。

文本附有书面推荐可能意味着是官方认可的，但也许实际上并没有那么肯定。从老普林尼的《自然史》"序言"看，一部作品可以呈献给皇帝，以取悦皇帝或引起他的兴趣。在向提图斯致意后，老普林尼写道，求助于提图斯这样的保护人，使自己面临着比一般作家更大的危机。他还说，对于自愿地将作品呈献给提图斯进行评判，他感到惴惴不安(*NH praef.* 6,8)。毋庸置疑，这样写既是讨好皇帝，也是吹捧作者自己；并且这样的文字一经公开宣扬，至少在一些地方会增加已出版图书的声誉。与约瑟夫斯一样，老普林尼也是提图斯的朋友，在将其著作献给提图斯时也是以朋友的身份，尽管他从来没有真正忘记他是在和皇帝说话㊳。无须赘述，除非用最不着边际的方式去理解，整部精彩纷呈的《自然史》都是献给提图斯的。

而约瑟夫斯的作品并不像老普林尼的作品那样是正式献给提图斯的，但将作品呈献给提图斯是一个类似的姿态。在书上附上签名与普林尼明确表示希望得到提图斯仁慈的认可能起到同样的作用。约瑟夫斯仅仅是采取了与老普林尼不同的表达方式，或许也是一个不太恰当的表达方式。因为作为一个用希腊语写作、刚成为罗马公民的人，约瑟夫斯不应该像一个社会地位确立的、属于骑士阶层的意大利人一样允许自己这样做。不管怎样，约瑟夫斯同样挑选了自己的评判员，并且是文学"iudex"（评判）的推荐，而不是与《犹太战史》密切相关的独裁统治者的"imprimatur"（认可）㊴。

我们所知的约瑟夫斯的该书的书名是《犹太战史》(*The Jewish War*)，人们一般认定这就是原始的书名。人们通常还认为这个书名暴露了作者的罗马立场：因为书中犹太人被看成敌人，正如罗马人谈论高卢战争中的高卢

㊳ "Nobis ad colendum te familiarus audacia sola superest".
㊴ 参阅亚维兹已引文献（同本章注释 25），第 430—431 页。

人一样。人们认为约瑟夫斯在写作时把自己当作了罗马人，并且在为罗马皇帝的利益服务。但有事实证明，这本书根本没有书名。该书开篇文字："（自从）犹太人反抗罗马人的战争开始……"，就让我们有足够的理由去正确标识此作品[40]。在后期的作品中，约瑟夫斯用类似的语言提到他关于这场战争的作品，谈到他的"犹太战争"（Ioudaïkos Polemos）或者他的"关于犹太战争"的著作（AJ 1.203, 18.11, 20.258; V 27, 412—413）。然而有些时候，他会简单地用"犹太事件"（Ioudaïka or Ioudaïke Pragmateia）来表达这场战争[41]，这意味着他使用这个简称是一种习惯，并且可能正因为缺少一个正式的名称。《犹太战争》的手稿也支持这个论点，因为这些手稿中的用语也不一致[42]。大部分手稿中出现过不同的表现形式，但那个形式在约瑟夫斯文中并没有得到证实。那个形式看上去好像反映了基督教对耶路撒冷陷落的立场——"弗拉维·约瑟夫斯关于耶路撒冷沦陷的犹太历史"。有一篇手稿与约瑟夫斯的开篇文字两次一致，但是上面的题字很可能是一位聪明的注释者或书吏的手笔（Cod. Par. 1425）。存在于早期文献中的矛盾是：教会神父中的杰罗姆（Jerome，公元4世纪）使用了第一个名称，而安条克的西奥菲勒斯（Theophilus，公元2世纪）和攸西比乌斯（公元4世纪）则使用了第二个名称[43]。

但是，即使约瑟夫斯没有为自己的著作加一个书名，我们也可以说他选择叙述这个主题的方式就可以证明他的立场。我们在包含关键词"反抗罗马人"的开场白中找到了更完整的表述，文中清楚地提到罗马人是对方，这句话证明他不是从罗马人的视角来叙述这个事件的[44]。至于出现在其他地方的简单叙述，更多的是展示了作者的写作语言和目标读者的身份，而不是作者的写作立场。要将其著作呈献给居住在罗马帝国的希腊人和罗马人，作者自然而然地会以他们的说法来谈论这场战争。不管他是一名多么爱国

---

[40] 将一部历史著作的开篇句子作为书名是通常的做法：见 D. Earl, "Prologue-Form in Ancient Hisotriography", *Aufstieg and Niedergang*, (n.3), 1.2(1972), pp.841-4, 856. 关于希腊散文著作缺少书名的问题，参见 *RE Suppl*. 12(1970), pp.1108-9 中的"修昔底德"条目。

[41] AJ 13.72, 173, 298。尼斯（同本章注释23），第1卷（1887），*praef*.6 没有发现这一点。第6卷 *praef*. iii 认可了，但作者此后对发现约瑟夫斯著作原名的可能性不是很肯定。

[42] 尼斯同样不一致。

[43] Jerome, *Vir. Ill*. 13: "septem libros Iudaicae captivitatis"; Theophilus, *ad Autolycum* 3.23; 参阅 Eus., *Hist Eccl*. 1.5.6; 2.6.4。6世纪拜占庭的司提分努（Stephanus of Byzantium）的地名列表"Phasaelis"词条中只有"对抗罗马的战争"的说法。

[44] 拉奎尔试图否认这一点，他说只有在约瑟夫斯发现自己不得不转换到犹太人视角的少数场合，他才会提到罗马人为对方：*der jüdische Historiker Flavius Josephus* (1920), pp.98, 255。

的犹太人,都不会将这场战争称为"罗马战争"(the Roman War)。

如果我们可以从一个非正式的名称中得到这样的结论,即约瑟夫斯扮演了罗马帝国历史学家的角色,那就太荒谬了。我们必须回到他与提图斯关系的现实中去。当与父亲共同执政的提图斯在约瑟夫斯的著作签上了他的名字,他很可能对于自己读到的东西(或认为会读到的东西)感到很满意。这一行为所能传达的信息也仅此而已。

约瑟夫斯的著作可以取悦于人,原因很简单,这本著作中有很多机会将韦斯巴芗和提图斯表现得光彩照人,而作者也从未浪费过这些机会。他以这种方式感谢了他的庇护人,为他们服务,这就是弗拉维家族对这部著作产生影响的地方,而深入的探究将会展现这种影响究竟有多深远。

我们必须记住,成功终结犹太战争是前两位弗拉维皇帝的主要成就。军事成就对他们至关重要,因为军事成就加上想象中的神明的认可,共同为他们夺取政权提供了合理解释。犹太战争胜利的价值被清楚地显示在提图斯凯旋门上(Titus' Arch)。由于19世纪的修复,我们至今仍然可以在罗马看到这座凯旋门。它矗立在神圣大道的尽头,面向罗马广场。装饰性的雕塑占据了凯旋门内廊两旁的大部分位置,它们都完好地幸存下来。几乎全部都与征服朱迪亚和公元71年的胜利有关⑮,然而,这座凯旋门并不是作为对此事件的纪念而设计的:韦斯巴芗的完全缺失(即使靠边的位置也没有)这一点,表明这座凯旋门一开始就计划好只用来纪念作为将军的提图斯⑯,而提图斯的将军生涯中最重要的内容就是这场战争。这种蓄意想要夸大这项成就的欲望,又出现在奉献给提图斯的另一段题记——人们认为来自另一处拱门——的荒谬断言中。而那个拱门之所以著名,是因为上面的题记记录在一本8世纪时的旅行指南中,该题记宣称,提图斯是征服耶路撒冷的第一人——"他征服了犹太人并且摧毁了耶路撒冷城,此前的将军们要么没有完成这项任务,要么根本就不敢尝试。"这番言论显然是荒谬的,关于这一点约瑟夫斯讲得很清楚,这座城之前曾五次被征服,一次被毁灭⑰。

然而通常情况下,约瑟夫斯最得心应手的是描写对韦斯巴芗和提图斯都很重要的事件。他会充分利用这些事件,面无愧色地极尽夸张之能事。

---

⑮ 参见 S. B. Platner, T. Ashby, *A Topographical Dictionary of Ancient Rome* (1929), pp. 45-6; I. A. Richmond, "Two Flavian Monuments", *Roman Archaeology and Art, Essays and Studies* (1969), pp. 218-21; S. Reinach; "L'Arc de Titus", *REJ* 20 (1890), pp. Lxv-xci。插图见 E. Nash, *A Pictorial Dictionary of Ancient Rome* (1961), vol. 1, p. 133。

⑯ 雷蒙德已引文献(同本章注释45)。

⑰ *CIL* 944 = *ILS* 264; Schürer-Vermes-Millar,第1卷,第509页,注释128;不清楚为什么会有两座拱门;9世纪之前的德骚(Dessau)在文中描述过第二座,参见 *BJ* 6.435-7。

另外，除了那些完全必要的内容外，他还介绍了一些对他们最终夺取帝国大权至关重要的场景，有时还会连篇累牍地大肆渲染。我们不得不说，约瑟夫斯对弗拉维家族的人物塑造和描写都是以罗马读者为中心的，这些描写受罗马帝国皇室的影响超过了他的其他任何著作。但我们还是要补充，这些描写多半是外在的、互不相干的现象，其性质很清楚，无需细说。也许在这些地方说他在进行宣传、鼓吹是正确的。

韦斯巴芗经常扮演杰出的角色，但是最耀眼的光环环绕着的人是提图斯，正如提图斯不久之后获得描述他胜利的凯旋门一样；他是北面拱门的雕刻群中唯一的"triumphator"（凯旋者）⑧，也是我们刚才谈到的题记的对象。提图斯只是勉强地承认这场战争是"在他父亲的教导、指引和支持下"进行的。尽管终结战争的人的确是提图斯，但是人们好像已经习惯于将更多的，甚至任何阶段的成功都尽可能地归功于他。因此苏维托尼乌斯也将征服加玛拉的功劳归于他，但事实是，韦斯巴芗和他有同等的功劳（*Tit*. 4; *BJ* 4. 4—83）。约瑟夫斯此处和其他人的描述表现得出奇的一致，我们不应该忘记，他的谄媚方式一点也不独特。

韦斯巴芗获得的是一种更为平淡的赞扬。和其他罗马历史资料显示的一样，约瑟夫斯称赞韦斯巴芗的军事才能和务实的品质。在提图斯的一次演讲中，韦斯巴芗被称作是"一个天生的赢家"；在另一篇演讲中，韦斯巴芗被称作"在战争中度过一生的人"（*BJ* 3.482；5.124）。约瑟夫斯个人提供了一种相似的描述，他曾称韦斯巴芗为"不列颠的征服者"。而事实上，在克劳狄乌斯一世侵略不列颠时，韦斯巴芗仅仅指挥了一支军团。而一位与他同时代的诗人西利乌斯·伊塔利库斯（Silius Italicus）似乎认同这种夸张⑭。年龄是韦斯巴芗的主要优势，当他被元老院接受为新一任皇帝时，元老院称他们很高兴韦斯巴芗具有"岁月所带来的尊贵"和"光辉的军事成就"。同样，塔西佗在他的《对话》中让一位发言人称韦斯巴芗为"一个令人尊重的老人"，并且在《历史》中让一位元老发表言论称："我们不担心韦斯巴芗，我们领袖的成熟和自我控制就是如此杰出。"⑩有人提出，约瑟夫斯在书中把韦斯巴芗的三次简短的演说有意设计为实干家那种流畅而平实的风格。除了

---

⑧ 雷蒙德已引文献（同本章注释45），第220-221页。

⑭ *BJ* 3.4; Sil. *Pun*. 3.589, 关于诗人说的"Caledonian"，就是指不列颠战争的推论，参见 A. Momigliano, "'Panegyricus Messallae' and 'Panegyrius Vespasiani', two references to Britain", *JRS* 40(1950), pp.41-2。

⑩ *BJ* 7.65; Tac. *Dial*. 8. 这些文字据称为史学家尤利乌斯·塞孔都斯（Julius Secundus）所说；Tac. *Hist*. 4.42.6(Curtius Montanus)。

我们将要谈到的该书第七卷，其他的基本都是如此。

与提图斯得到的赞扬相比，所有这一切都微不足道。作为一名战场上的将军，提图斯个人的英勇行为被一再重复，并有些单调地强调：他总是渴望亲临战场，在任何战况之下都身先士卒。他就是这样第一个翻越尤塔帕塔城墙的（BJ 3.324）。他带领士兵在塔里卡埃城外向犹太军队发起冲锋，并且在后来的追击中时而出现在队伍后面，时而出现在最前面，时而阻截敌人等（BJ 3.485—502）。后来，他又在骑马穿过加利利海后第一个进入城中。接近耶路撒冷时，他和小分队的少数士兵一起被敌人断了后路，但是他以极大的勇气冲进敌人当中（BJ 5.58—66）。在箭雨中上帝也伴随着他，没有一支箭射中他的要害。在斯科普斯山（Mount Scopus）扎营后，他在一次犹太人袭击中拯救了罗马第 10 军团。当有人建议他回避敌人的又一次进攻时，他毫不退缩，而当他的部下四处逃窜时，他似乎是一个人在坚守阵地。约瑟夫斯说："就这样讲述事实，不加任何谄媚之词，也不出于嫉妒打压某人，恺撒在危急关头两次拯救了整个军团。"无论约瑟夫斯如何宣称没有阿谀奉承，这段话的奉承却是显而易见的（BJ 5.81—84，85—97）。然而在另一个场合，当一系列事实说明提图斯并不是第一个越过尤塔帕塔城墙时，约瑟夫斯找到了一个优雅地保全面子的惯用手法，声称提图斯的好运（tyche）为第一个翻越城墙的人带来了成功。同样，他说提图斯虽然没有参与对耶路撒冷的夜袭，但并不是他不渴望这样做，而是他已经整装待发，却被他的朋友和军官们强拉了回去㉛。

提图斯身上既体现了勇气，又体现了同情心。他实施仁慈的时候、不得不伸张正义的时候，或者即使在表现残酷的时候，约瑟夫斯都在强调这位年轻人的仁慈与怜悯。最后正是提图斯对约瑟夫斯的怜悯，使韦斯巴芗赦免了这位囚徒，接着出于对战败的塔里卡埃居民的同情，提图斯仅处决了他们之中有罪的人（BJ 3.397，501）。当他的军队因为擅自行动而乞求原谅时，他克制着不进行大规模的惩罚——不过这么做也有现实面的考量，约瑟夫斯也意识到其中权衡利害的成分。实话说：提图斯考虑的不仅是他们的祈求，还考虑到这个决定对自己也有好处（BJ 5.128）。即使愤怒也无法改变提图斯宽容的本性，他没有对阿迪亚波纳国王埃沙德斯（King Izates of Adiabene）的儿子和兄弟采取任何报复行为。出于好心，他甚至愿意改变之前的命令，宽恕出逃的犹太人。就这样，尽管约瑟夫斯没有否认罗马人经常是野蛮的，但是他喜欢将提图斯描写成具有另一种情感的人，哪怕与行为脱

㉛ BJ 6.132。更多同类的例子，参见亚维兹已引文献（同本章注释25），第 414 页注释 13。

节。提图斯的怜悯心如此丰富,以至于当他父亲的脚底被箭射穿时,作为儿子的他也经历了极大的痛苦(BJ 6.356、383,3.238)。

然而在他笔下,提图斯最值得一提的同情心,就是他为保护耶路撒冷圣殿而表现出的忧心忡忡。约瑟夫斯极力想证明那场大火纯属意外,并且与提图斯的意愿相违背。在其著作的"前言"中他指出,这将是他要谈到的一个重要话题(BJ 1.10,27,28),其谄媚的行为再次露骨地表现出来。很难确定他代表提图斯所作的声明是否有效,约瑟夫斯的批评家们认为,他们在此处当场抓到了约瑟夫斯为了自己庇护人的利益不惜扭曲事实的证据㊾。这是他史书中一个主要的问题,也是一个有趣的问题。因为如果这些指责被证实,那么这个污点远比那些常见的渲染或小奉承更具毁灭性。

约瑟夫斯的故事是这样的,在向圣殿内的犹太残部发起攻击之前,提图斯竭力想让犹太人投降(BJ 6.124—129)。最终他不得不烧掉大门,但又立即下令扑灭大火。在军事会议上,他支持宽容政策,理由是这座圣殿如此伟大,应当用来装点帝国,毁掉它将是罗马的耻辱。这座建筑物一定要保留下来,即使犹太人从内部战斗到最后一道防线。另一些官员也被他说服,并且再次尝试避免一场大火蔓延,但是大火继续蔓延,并最终被兴奋的罗马士兵带进了大殿之中。这些士兵将火把投入殿内,并冲进去打算抢劫,其中一个人点燃了最后也是最致命的一把火(BJ 6.228,232ff.,249ff.,256—266)。

这段描述充满了详尽的细节,十分令人信服,唯一值得怀疑的就是作者坚持表现提图斯的好意有些过头:正如我们看到的,这段观点已经在他的"序言"中出现过——并且不止一次——后来也继续出现,看来作者固执得过分了㊿。不过,这毕竟与他在别的地方对提图斯的处理是一致的。如果不是另一篇与他对立的叙述存在,任何人都会相信约瑟夫斯。一整套复杂的假设就这样建立在那篇描述上。

基督教历史学家苏庇修斯·塞维鲁斯(Sulpicius Severus)的拉丁文《编年史》(Chronicle)是写于公元4世纪末的一部世界通史,这部书中描述了提图斯与他的参谋商议如何处理圣殿的事宜,这一点与约瑟夫斯的描述大致相同。但在他的记述中,认为应该保留圣殿的是另外一些人,而提图斯却是

㊾ 莫米格利亚诺是接受这个说法的学者之一,参见 CAH 10(1952),第862页及注释1。同时参见斯特恩的文章(希伯来文)"Josephus'manner of writing history", 7th Convention of the Israel History Society(1962)。奇怪的是,反对的观点被韦勒(I. Weiler)描写成"智慧指南"(Handbuchweisheit)。参见 I. Weiler, "Titus und die Zerstorung des Temples von Jerusalem-Absicht oder Zufall?" Klio 50(1968), p.139。

㊿ 除了"序言",参见 BJ 6.128、216、236、240、256。

支持毁灭圣殿的(54)。引发其他所有问题的关键在于，这段叙述是否包含真实信息，是否来源于约瑟夫斯以外的可靠资料，或者是否仅仅是苏庇修斯(或其他什么人)擅自改编了约瑟夫斯的陈述。

德籍犹太语言学家伯奈斯(J. Bernays)——1861年那个“耸人听闻的臆测”的缔造者——的那项臆测让约瑟夫斯名誉扫地。他坚持认为，苏庇修斯所讲故事的特点就在于指出了一个可靠的资料来源(55)。伯奈斯认为，把提图斯写成毁灭圣殿的人与苏庇修斯通常的观点不一致，因此说明苏庇修斯不会有编造故事的动机。而恰恰相反的说法却可能更接近事实的真相。尽 208
管塞维鲁斯正如许多早期的基督教徒一样，深信圣殿的毁灭和犹太人的流散是因为犹太人拒绝接受基督而受到的惩罚(2.30.8)。但他同时坚持认为，罗马人的真实目的不同：他们确实一直在袭击犹太人，从而想要彻底毁灭基督教的根源，而这正是他在引用章节里所说的话。换句话说，这只是一系列迫害行为中的又一次迫害而已。在讲述这些迫害事件时，和其他基督教作家的习惯一样，塞维鲁斯总是将每一次迫害行为归咎于某个皇帝的邪恶(56)。就在塞维鲁斯的下一章节里，我们读到了关于(假定的)图密善和图拉真的迫害事件。更重要的是，他在那个章节里认为哈德良的所作所为和提图斯没有差别，都在采取行动对抗犹太教，试图消灭其子宗教(daughter religion)。这一次的方式是将圣殿变成异教徒的圣祠，并且禁止犹太人进入耶路撒冷(57)，对此应负责任的仍然是皇帝个人的思想。因此，篡改约瑟夫斯设定的提图斯决定如何对待圣殿的戏剧化场面，从而把整个情景颠倒过来，还有什么事情比这更自然呢(58)？塞维鲁斯一定熟悉著名的拉丁文版本的约瑟夫斯著作，该版本为卡西奥多鲁斯僧侣(monk Cassiodorus)所熟知，据说是鲁斐纳(Rufinus)、阿玛苏斯(Ambrose)或者杰罗姆所译(59)。有证据表明，塞维鲁斯的确读过约瑟夫斯的作品，因为他关于围攻耶路撒冷与耶路撒冷沦陷全部损失的数据来源于约瑟夫斯，而不是塔西佗(*Chron.* 2.30.5;

---

(54) Sulp. Sev. 2.30；使用的文本来自 *CSEL*1, 1866, p. 85。

(55) 参见 J. Bernays, “Ueber die Chronik des Sulpicious Severus”, *Gesammelte Abhandlungen* (ed. H. Usener), 2(1885), pp. 159-81。A. Momigliano, “Jacob Beruays”, *Quinto contributo alla storia degli studi classici* 1(1975), p. 146 中也这样描述这个猜测。

(56) 关于这个习惯做法，参见 T. D. Barnes, “Legislation against the Christians”, *JRS* 58 (1968), p. 39，谈到教会神父麦利都(Melito)和特土良(Tertullian)的常规做法。

(57) 2.31.3，参见巴克巴战争(the war of Bar Kosiba)。

(58) 参见 H. Montefiore, “Sulpicius Severus and Titus' council of war”, *Historia* 11(1962), pp. 164-5，文章正确地分析了塞维鲁斯的喜好，但接着却令人吃惊地总结道，即使塞维鲁斯误传了提图斯在会上所说的话，他也正确地表达了皇帝的意图。

(59) 关于卡西奥多鲁斯僧侣，参见 Inst. i. 17. 1(ed. Mynors)p. 55。

参阅本书边码 105 页及注释 1)。可见约瑟夫斯的叙述必然比塞维鲁斯要早⑥。

伯奈斯认为，苏庇修斯用了塔西佗的《历史》中如今已经失传的关于耶路撒冷沦陷的资料。他的证据是，塞维鲁斯在其他地方很明显是借鉴了塔西佗在《编年史》(Annals)中关于尼禄的记载⑥。但使用了塔西佗的《编年史》并不能证明他同样熟知塔西佗的《历史》⑥。另一个倾向于其资料来源为塔西佗的说法是，《历史》一书表现出喜好描述军事会议的倾向(例如 2. 32、81，3.1)，而这个说法毫无价值，因为包括修昔底德在内的很多史学家都采用这种写作方式。

即使伯奈斯是正确的，塞维鲁斯的故事的确来源于塔西佗，那么资料来源也不会赋予它权威性，因为塔西佗的资料来源有可能并不可靠。为了消除这个弱点，伯奈斯另作了一个假设：塔西佗使用了一份提图斯军事会议参与者的描述。我们发现，在公元 3 世纪的米奴修·腓立斯(Minucius Felix)的一部对话录《屋大维》(Octavius)中，提到一个叫安东尼·尤利安鲁(Antonius Julianus)的人，并说这个罗马作家写了犹太人的事。我们可以参考他的作品，以进一步获得人们熟知的那个关于惩罚的教义——即降临到犹太人头上的灾难是他们咎由自取，是他们忽视了之前对他们的警告的结果——的证据⑥。谁是安东尼·尤利安鲁？据伯奈斯所采纳的、而第尔蒙(Tillemont)早在 1698 年就在其历史巨著中提出过的答案：这人就是约瑟夫斯曾提到的、这次关键的军事会议的出席者之一安东尼·尤利安鲁(M. Antonius Julianus)。这个人有可能写过关于耶路撒冷沦陷之事，有猜测认为，那就是塔西佗的资料来源⑥。

我们当然对安东尼·尤利安鲁的身份不能确认⑥。在哈德良时期有一位同名的修辞学家，这人与奥卢斯·格里乌斯(Aulus Gellius)是同时代人

---

⑥ 参阅 Weynand, RE 6(1909), 第 2703 页"Flavius"词条。

⑥ 参见伯奈斯，第 168-169 页。

⑥ 我们只能说，他有读过这本书的可能性，因为奥罗修斯(Orosius)在公元 5 世纪时仍然拥有《历史》一书；见 Tac. frag. 3, p. 238, (ed. Teubner)；以及 C. W. Mendell, Tacitus(1957), pp. 229-32。

⑥ Oct. 33,4: "scripta eorum relege, vel si Romanis ante gaudes, ut transeamus veteres, Flavi Iosephi vel Antonii Iuliani de Iudaeis require"。这个文本中的约瑟夫斯名字的位置经常被改动，以显示作者是犹太人而非罗马人，参见"scripta eorum relege, vel, ut transeamus veteres, Flavi Iosephi, veil, si Romanis magis gaudes, Antonii Iuliani, de Iudaeis require", The Octavius of Marcus Minucius Felix (1974), pp. 348-9, 克拉克(G. clarke)评注。

⑥ BJ 6. 238。参见 E. Hertlein, "Antonius Julianus, ein romischer Geschichtschreiber?", Philologus 77(1921), pp. 174-93。文章反对此指认。

⑥ 克拉克也持同样的观点已引文献(同本章注释 63)。

(PIR^2 A 844)。但我们很有可能是在和一位我们完全不知道的人物打交道。认为这个人物的记述经塔西佗之手,可以给塞维鲁斯更大的权威性,使他对圣殿毁灭的记载比约瑟夫斯更可靠的想法是没有依据的。

除了文学建构,伯奈斯之后还出现了其他类型的、针对约瑟夫斯的论点。对《犹太战史》的其他篇章有一些推论,比如各种各样针对犹太人持续抵抗的警告——告诫他们继续抵抗将会带来城市和圣殿毁灭的后果,比如罗马的决定(特别注意,并没有说是提图斯的决定)——一旦圣殿被毁,附属的建筑也会全部毁掉等(BJ 6.281)。别的作者也有一些不确定的说法,其中最重要的是瓦勒里乌斯·弗拉库斯(Valerius Flaccus)对提图斯的描绘,说"他将火把和混乱的仇恨发泄到耶路撒冷所有的塔楼上,他全身都被耶路撒冷的烟尘熏黑了"。这是一篇神话史诗的开篇,通过一位歌颂派诗人之口,展示了提图斯本人在毁灭耶路撒冷时狂喜雀跃的样子⑥。但无论是对其他犹太人的描述,还是对充分意识到顽抗将给圣殿带来灭顶之灾的约瑟夫斯的描述,抑或提图斯试图威胁他们就范,抑或这个事件之后这位征服者所获得的热情洋溢的祝贺等,都不能用来证明提图斯不曾有保留圣殿的初衷。

拉比文学和犹太民间的记忆一直将提图斯表现为邪恶的毁灭者,关于他的故事都围绕惩罚他的主题展开⑥。这些故事在情感上非常具有说服力,甚至可能已经对伯奈斯(其身为汉堡犹太教首席拉比的父亲曾经教过他《犹太法典》)产生了影响⑥,但这些故事都是出自想象而不是事实,因为犹太人可能根本不知道罗马人的决定是如何产生的。具有讽刺意义的、同样个性化的❶,也在反犹太作家苏庇修斯·塞维鲁斯的叙述中重演。从一个例子可以看出他的作品违反了历史的本质:有一篇拉比文献说,韦斯巴芗参与了围攻耶路撒冷(事实上他已经踏上返回罗马的旅程),并且把给犹太人的话绑在箭上送给犹太人⑥。这样的杜撰作品属于典型的"哈伽达"文献(Aggadic)❷,难怪人们这样理解。事过之后,犹太人与非犹太人都认为这位罗马将军个人应该为这场毁灭负责:不管出于什么目的,重要的是已经发

---

⑥ Val. *Flacc.* 1.13。这些论点由阿隆收集,见 G. Alon, "The Burning of the Temple", (n. 7), pp.18-47。
⑥ 关于那个小虫从他的鼻子爬进脑子导致其死亡的传说,参见 L. Ginzbery, *Legends of the Jews*, vol.5(1925), p.60, n.191。
⑥ 参见莫米格利亚诺(文献不详)。
❶ 即凭空想象的过程——译者注。
⑥ *Avot de Rabbi Nathan*, recension b (Schechter p.20)。
❷ 犹太口传《圣经》故事——译者注。

生了什么,而不是差一点发生了什么。

从更为广阔的视角来观察罗马政策和利益可以让我们了解更多的可能性,但那也解决不了这个问题。公元73年,提图斯本人的确下令毁掉利安托波力斯(Leontopolis)的欧尼亚斯(Onias)犹太圣殿⑦,但那是发生在耶路撒冷的主圣殿已不复存在之后,反响也不那么强烈。固然可以说,铲除犹太教的中心对罗马来说有明显的好处,但如果在围攻初期就让犹太人投降,而不是为占领城市和圣殿血拼到最后,同样对提图斯有利。以后再对大祭司和其他贵族(此时他们中的许多人已经逃亡)⑦做一定妥协,还可以保证他们将来在管理这个国家时能够合作。当约瑟夫斯喋喋不休地述说本来存在的可能性时,他的遗憾也许部分来自这个他所属阶级(或许也包括他自己)所失去的机会。不管怎样,可能性总是存在的。

因此,只要没有令人信服的责难,我们拥有的最好的文本——约瑟夫斯的故事——还是站得住脚的⑫。我们没有必要相信他了解提图斯头脑中的所有想法,或秘密军事会议中发生的所有事情。关于后者的描述是文学创作爱用的传统桥段。然而很清楚,约瑟夫斯应该有足够的机会洞察提图斯的大致想法——并且有可能在某些问题上已经询问过他,因而接受他的说法也是合理的。

也许,提图斯担忧圣殿的话题,对于我们理解历史状况或者认识提图斯的意义,最终要小于我们了解约瑟夫斯本人的意义。他急于表现提图斯想要拯救圣殿的愿望,这既表现了他想要维护提图斯声誉的心情,也表现了他对已经消失的圣殿的关注。在约瑟夫斯眼里,有意毁灭圣殿的行为令人深恶痛绝,因此才不顾一切地为提图斯的清白辩护。这反映了贯穿他作品始终的一种态度:他对圣殿有着非常深厚的、长久的情愫。这种情感在圣殿毁灭之后还久久留存在他的心中⑬。他对从前的祭祀典礼的敬意和圣殿毁灭造成的痛苦,在其作品的许多地方都可以察觉到。他在撰写《犹太古史》时

---

⑦ *BJ* 7.421-5。关于韦勒提到的根据罗马战略所作的更加不确定的其他观点,参见韦勒已引文献(同本章注释52)。

⑦ Dio 似乎可信的猜测,提图斯为迅速结束战争,主动提出了仁慈的做法 *Epit.* 66.4,1。关于逃跑者,约瑟夫斯挑选了两个杰出人物来描写,这两人本可以逃跑,但他们却选择了投身焚烧圣殿的火海身亡(*BJ* 6.280);这一点不同寻常。提图斯发现了在圣殿中坚守的祭司(没有说大祭司),将他们全部处死,并声称宽恕他们的时机已经过去了(6.316-322);这些祭司也许是一些下层祭司。

⑫ Dio 的故事(*Epit.* 66.6.2)是罗马士兵奉提图斯之命进入圣殿,但由于迷信的原因在里面有些犹豫。这个说法不可信。

⑬ 参见格特曼(H. Guttmann)所提供的证据 *Die Darstellung der judischen Religion bei Flavius Josephus*(1928), pp.27-32。

显然还有同样的感觉——尽管我们不会认为他的哀伤程度可与《塔木德》中所批评的那些伤心过度的哀悼者相比⑭。因为在约瑟夫斯描写摩西对以色列人最后的指示中有个值得一提的时刻,作者在那里明显加上了自己的话:圣殿被摧毁将不止一次,而是很多次,然而上帝最终将会修复它(AJ 4.311—314,改编自《申命记》28)。这是未来的事,但这里必须认识到,这是约瑟夫斯自己的民族情感的烙印,这份情感的核心是包括圣殿在内的传统秩序,这种情感不会因为他对弗拉维王朝的忠诚而减少。他异常有力、异常克制地讲述了圣城最后几个小时的命运,就此结束了《犹太战史》第六卷。难怪,这部分描述成为他这部作品中最著名的章节之一。

我们将回头讨论犹太人约瑟夫斯对罗马的忠诚。这里应该注意的是,提图斯对于圣殿的担心和约瑟夫斯对若干问题的关注十分自然地结合到一起。再从罗马人的角度来看,我们注意到(无论事实真相如何),通过将同情心(与果决共存)描写为提图斯的重要性格特征之一,约瑟夫斯把帝王的最大美德赋予了提图斯。尼禄时期的哲学家及政治家塞内卡(Seneca)曾写过一本关于仁慈的哲学小册子,其中他反复将"misericordia"一词——也许是最接近约瑟夫斯的希腊文"oiktos"(怜悯)的拉丁文单词——与"clementia"(仁慈)一词连用⑮。在这个时候,任何人都会意识到这两个特性的展示意味着绝对的权力,因此约瑟夫斯将提图斯描写为一个羽翼渐丰的皇帝所应有的样子。这一点很容易被过度解读,我们讨论的形象刻画既不是哲学的,也不是一个理想的"princeps"❶。这样的人物性格描写,可能仅仅是约瑟夫斯对在宫廷或其他地方所听到的内容的本能共鸣。尽管如此,他对于提图斯的赞许,其本质是显而易见的,并且表现了那个时期的文学特征。

如果我们想找出约瑟夫斯(和其他人)让儿子提图斯而非父亲韦斯巴芗作为帝王形象的代表的确切原因,就更加棘手了。约瑟夫斯的史书出版时,韦斯巴芗还在当权,这一点不容置疑。是不是因为韦斯巴芗这个朴素的人自称对谄媚没有兴趣,那些生活在皇室圈子里的人才认为奉承提图斯是一件明智的事?毕竟王朝延续的希望寄托在提图斯的身上,这一点对于韦斯巴芗如此重要,据称当其长子的继承权遭遇挑战时,韦斯巴芗竟然痛哭

---

⑭ TB Baba Batra 60b (Soncino translation), vol. I, pp. 245-246.
⑮ 参阅亚维兹已引文献(同本章注释25),他指出作为统治者的提图斯不得不消除他早期恶毒残忍的名声。关于"clementia"一词,参见查尔斯沃思的 *The Virtues of a Roman Emperor: Propaganda and the Creation of Belief* (1937), p. 11; A. Traube, *Clementia Principis* (1970), pp.24ff.
❶ 第一公民,罗马皇帝的正式头衔——译者注。

失声(Dio *Epit.* 65.12;参阅 Suet. *Vesp.* 25)。或者,难道在这件事中约瑟夫斯受到自己与这位年轻人私交的影响？当然这两种解释并非不能同时成立。

《犹太战史》不单记载了韦斯巴芗和提图斯伟大军事胜利的场景,也同样让读者看到他们通向权力的道路。约瑟夫斯必须决定是否要讲述后者,用多大的篇幅来讲它。有一点很清楚,他著作的重点并不是新王朝的出现。这位历史学家宣称,他总结罗马的大动荡、叙述尼禄死后的权力之争,是为了保持其故事的连贯性。总体来说,这样对描述整个形势是恰当的(BJ 4.496)。他是通过跟踪记录弗拉维家族动向的方式来展开叙述的。提图斯的父亲先是派他去拥戴尼禄的继承人伽尔巴(Galba),但当提图斯在希腊听到奥托已经继位的消息后,他决定返回巴勒斯坦(4.491—502)——这个话题我们稍后再谈。但韦斯巴芗在攻克了耶路撒冷周边地区后,却听说另一个皇帝上台了,这次是维特里乌斯。这正是约瑟夫斯讲述的弗拉维家族兴起的故事的起点。第四卷的最后八分之一篇幅讲述了韦斯巴芗在亚历山大里亚和朱迪亚的罗马军团拥戴之下称帝、任命第一批官员、返回罗马之行,以及意大利境内一些重大军事政治事态的发展等⑯。我们读到了关于韦斯巴芗离开亚历山大里亚,留下提图斯在那里继续与犹太人打仗的故事,以及他在归途中的各种各样的庆典活动。直到约瑟夫斯整个七卷著作结束,我们才又一次看到韦斯巴芗的身影,这一次他仍然在旅途之中。我们发现,提图斯那时在恺撒利亚腓利比(Caesarea Philippi)❶,他在这里举行了壮观的活动来庆祝一名皇族的生日,犹太俘虏在活动中扮演了重要角色。

一个仅局限于犹太视角的历史学家决不会描述这些事件,或者至少不会以这种方式来描写。然而尽管不重要,其中也确实含有读者理所当然要寻找的信息。因为这位罗马将领在战争中突然晋升,此后却退出我们的视线,的确有些不同寻常,让人难以理解。而且,约瑟夫斯预言的内容以及预言变为现实的故事,把这位罗马皇帝和犹太人的命运联系到了一起。同时,约瑟夫斯的非犹太读者也许会觉得,这些与朱迪亚无关的题外话具有重大意义,值得一读。就这样,约瑟夫斯讨论罗马事件,在某些方面成为服务于他叙事目的手段。

---

⑯ 关于维特里乌斯的军队在克雷蒙纳(Cremona)附近遭到失败;凯奇纳(Caecina)对维特里乌斯的背信弃义;这座城池被攻克、弗拉维·萨宾努斯(Flavius Sabinus)和图密善没能成功守住罗马朱庇特神殿;萨宾努斯被处死;维特里乌斯耻辱的死亡,以及穆基亚努斯(Mucianus)的到来等,参见布雷斯曼已引文献(同本章注释9)。

❶ 叙利亚巴尼亚斯的古称——译者注。

第八章　弗拉维家族的庇护及犹太爱国主义

　　他叙事的细节清楚地显示，这是一个对弗拉维家族十分有利，但有时并不真实的故事版本。他们夺取皇权被描写为国家需要的直接后果：维特里乌斯在位的几个月所表现出的无能，使韦斯巴芗深感痛苦，其余的事情则与他的军队有关。他们觉得自己与日耳曼军团一样有权选择自己的皇帝，并且如果他们的首领反对的话，他们会将他杀掉。而他本人则更愿意继续做个公民（BJ 4.588ff）。亚历山大里亚紧随朱迪亚之后作出反应。因为当提比利乌斯·尤里乌斯·亚历山大听到了这个消息时，他劝说他的两支军团发誓效忠新皇帝。我们不需要参考塔西佗大相径庭的版本就会明白，这次即位的内幕肯定不只是约瑟夫斯所能告诉我们的那些，而是事先经过更加周密的考虑和设计的。从塔西佗的字里行间可以读出，提图斯在迦尔巴死后回到东方这个举动，就是昭示弗拉维家族野心的公开宣言，这在塔西佗笔下是一个转折点。连苏维托尼乌斯也觉得，韦斯巴芗的抱负一定是在迦尔巴死后不久就形成的⑦。这些作者认为，提比利乌斯·尤里乌斯·亚历山大对韦斯巴芗的理解使其理想的实现变得切实可行。他们关于提比利乌斯的军队的说法也是正确的，这些军队比那三个朱迪亚军团早两天宣布效忠新帝，而非晚于后者⑧。塔西佗与约瑟夫斯只在一点上是一致的，即朱迪亚军团宣称效忠的行为是自发的，并不需要事先筹划。

　　约瑟夫斯对这些政治阴谋的描写，在态度上比其他现存版本更亲弗拉维王朝。但他描述中的迂回曲折和细节不仅与其蓄意的立场有关，也与其资料来源有关。我认为，约瑟夫斯个人没有特别关注对弗拉维家族较有利的报道，也不认为他在有意与那些对他们不太有利的说法唱反调。其文字偏向是因为他在这些问题上完全依赖具有弗拉维王朝特性的资料，而那些资料可能就是皇室的档案。

　　约瑟夫斯曾经提到过一次韦斯巴芗的"commentarii"（《皇帝纪事》），称其敌人提比利亚的查士图曾参与了一次德卡波利斯地区的掠夺事件，资料来源就是这份《纪事》。他也提到过一次"恺撒的记事本"（notebooks of Caesar），称那是查士图写耶路撒冷攻城战时没有参考过的一份权威资料。在另一处，他还谈到过"皇帝的记事本"（tōn autokratorōn），称他的一些诋毁者曾读过（V 342,358；CA 1.56）。最后提及这个记事本说明，战争的第一阶段由韦斯巴芗记录，第二阶段则由提图斯记录。这两位皇帝的报告即使

---

⑦　Tac. Hist. 2.6.2；Suet. Vesp. 5.1。甚至更早，提图斯促成韦斯巴芗与利比亚使节穆基亚努斯之间的和解就是关键的第一步。见 Tac. Hist. 2.5.2。
⑧　Tac. Hist. 2.74,79；尼科尔已引文献（同本章注释2），第73页；亨利希思已引文献（同本章注释8），第79页。

不公诸于众，也一定可以用来查阅。虽然在《犹太战史》中从未提及这些记录，但是很有可能在他们参与事件之后不久就写成了，而我们的作者因为其特殊地位可以很容易地看到这些记录⑦。

然而他并没有滥用这个资料来源⑧，他批评查士图对记事本一无所知并不意味着他自己对此盲目依赖。他不像查士图，他本人要么是战争中那些重大事件的目击证人，要么也位于事件发生地附近，根本不需要依靠别人的叙述㉛。他透露自己使用过特殊资料。关于弗拉维家族的描述就是最明显的一类，而军事记录同样可以提供与罗马战役有关的准确信息——如对距离、日期、地形的描述，如勇气超群且功勋卓著的罗马士兵的名字（甚至可能是犹太士兵的名字）等。此外，还有约瑟夫斯那些关于地方风物的题外话——关于约旦河谷和死海、埃及和亚历山大里亚港、耶路撒冷城和圣殿、马萨达山上的希律王宫殿、马盖耳斯要塞（fortress of Machaerus）等地的描述，这些描述的精确度非常高。而鉴于他的写作条件，他几乎不可能亲自去勘察那些地点，这些可能来自于罗马人的描述㉜。所有这些资料都很有价值，使他的作品丰富多彩，并赋予它恰当的战争历史的基调。不过，尽管"commentarii"曾被认为是理解约瑟夫斯立场的关键，但现在很清楚，这把"钥匙"（key，此处作双关语）难以帮助我们理解与笔下内容关系如此密切的作者。

当约瑟夫斯写到《犹太战史》的第七卷，也就是最后部分时，弗拉维王朝的官方资料才为他节约写作时间发挥了更大的作用。我们马上就能想到其中的一个原因：即第七卷从圣城的卫城被夷为平地开始。约瑟夫斯的故事几乎讲完了。第六卷则以一段庄严的收场白结束，回顾了自麦基洗德❶建立耶路撒冷城以来的历史。现在他不得不设法寻找更多的资料，因为需要

---

⑦ 冯·古希米德(A. Von Gutschmid)认为，约瑟夫斯如果读过"commentarii"的话，他在"序言"中就不会如此严厉地批评之前写这场战争的历史学家。这个观点忽略了一点，即将军的战争纪实并不是历史，而只能作为历史学家的原始资料。西塞罗也持同样的观点，参见西塞罗名言：*Brutus*. 261-2；参见 A. von Gutschmid, *Kleine Schriften* 4(1893), p. 346。

⑧ 参见韦伯关于滥用资料的例子（同本章注释14），他的理论建立在他逐渐形成的、一系列详细阐释的假设之上。参见拉奎尔对此理论的批评 *Phil. Wochenschrift* 41(1921), pp. 1105-14。但是韦伯的理论很有影响力，并且 H. Lindner, *Die Geschichtsauffassung des Flavius Josephus im Bellum Judaicum* (1970)，尤其第5章中再次提出了这个观点。

㉛ 约瑟夫斯指出了自己的优势所在：*BJ* 1.3, *CA* 1.56。

㉜ 尼科尔已引文献（同本章注释2），pp. 44-5 关于约瑟夫斯书中的日期曾参照《纪事》作了详而令人信服的论述，他认为这些日期改自尤利乌斯历。参见韦伯关于地方志的研究（同本章注释14），第142-148页。约瑟夫斯在"序言"中承诺的题外话(1.22)见 *BJ* 4.471-85、607-15, 5.136-237, 7.164-89、280-303。但对比 5.570 中不同的"精确"数字，被扔出城外的尸体数目直接来自出逃者之口。

❶ Melchizedek，耶路撒冷王和祭司《创世纪》14：16—18——译者注。

填平耶路撒冷沦陷和公元73年征服马萨达起义之间的巨大空白[83]。而讲述与主题相关的韦斯巴芗和提图斯及其同伴的作为，对此很有帮助。约瑟夫斯通过这些事件提醒人们说，朱迪亚不是当时世界上唯一动荡的地区，这句话起到了很好的承接作用：罗马帝国的每个角落都处于动乱恐慌的状态（BJ 7.79）。因此，在抓获西门·巴·吉欧拉之后，我们读到了关于弗拉维家族的生日庆典、高卢的克拉斯库斯（Classicus）和日耳曼的西尔维利（Cilvilis）起义、萨尔马提亚人（Sarmatian）袭击罗马，以及图密善皇帝及其亲戚昆图斯·佩蒂留斯·凯列阿里斯（Q. Petilius Cerealis）成功反击等。我们也了解到提图斯是如何保留了安条克（Antioch）犹太人的特权，这个话题对约瑟夫斯的历史和作者本人来说更有关联性[84]。然而，这一卷《犹太战史》的总结还牵涉一些更加重大而敏感的问题，例如如何评价罗马的胜利。这是一个不可回避的问题。无论他的庇护人给予他多大的自由，约瑟夫斯都可以断定他们希望看到他的书中谈到罗马的胜利，而其中征服朱迪亚又是主要话题，他没有在这一点上令罗马人失望。第七卷的第一部分用了两大段专门描写罗马的胜利，这部分为全书整体效果作出了重要贡献。第一部分讲述凯旋归来的韦斯巴芗在意大利受到热烈欢迎。第二部分，也是较长的一部分，描述了凯旋，约瑟夫斯本人甚至可能就在现场。在这两个场景中，韦斯巴芗和提图斯（在第二个场景）是辉煌的中心人物。在他们身上，我们发现，整本书始终赋予皇室人物的光华变得更加光彩耀目。

罗马大众对于韦斯巴芗的归来欣喜若狂，在亚平宁半岛的每一处，他将到来的消息都会令人们欢呼雀跃。元老院、民众和军队对于他们新统治者的"dignitas"（尊贵）和军事荣誉感到非常高兴。道路乃至整个城市都挤满了人，韦斯巴芗被称赞为"恩人"和"救世主"。人们举行盛宴、泼洒祭神的酒水并向神祈祷。这一切告诉我们，罗马迎来了新的繁荣。这段描写颇为夸张，尽管篇幅小一些，但与他描述提图斯归来的情景相呼应。据约瑟夫斯所说，提图斯归来时受到的欢迎与此相似，这更好的地方在于韦斯巴芗能参与其中，加上图密善的出席，至此三位弗拉维巨头得以聚首一堂（BJ 7.63—64, 119—120）。

我们在另一份资料中发现了与这些入城仪式（adventus）的场景极其相似的描述。资料刻在1938年于罗马坎榭列利亚宫殿（Palazzo della Can-

---

[83] 关于这个日期，参见本书边码第174页注释1。
[84] 还指出了他对未来的担忧，见本书边码第225页。

celleria)发现的一块大理石板上。主题为韦斯巴芗归来,内容融合了约瑟夫斯描述的两个场景。在约瑟夫斯著作中,元老院的元老们和民众——此处是元老院守护神(genius senatus)和罗马民众守护神(genius populi Romani)的形象——列队欢迎他们。同时,此处也强调了约瑟夫斯描写的提图斯归来后全家和睦的主题。图密善一边履行作子女的义务,一边对父亲的提问作出回应——尽管一些人说回应有些冷淡。有人猜测,让这两人一起在画面中出现是为了驳斥有关他们彼此较量和敌对的流言蜚语。这种猜测很有意思[85],对于约瑟夫斯坚持这三人关系亲密的说法,也有人有同样的评论[86]。约瑟夫斯和那位雕刻家是否都受到"皇家记事本"的影响,或者这些想法是否以别的方式进入他们的头脑,这些都不重要:很清楚,他们各自都在以皇室喜欢的方式表现这个主题。

提图斯归来后,紧接着就是为凯旋仪式作准备,然后举行凯旋典礼。约瑟夫斯对此作了生动、详细的描述。仪式的每时每刻一举一动都在他的描述之中,并且将其升华为帝国伟大形象的展现[87]。这次凯旋仪式是作者歌颂弗拉维家族的又一重大主题。也许是受提图斯的凯旋门所启发,弗拉维王朝时期的艺术和诗歌表现出对凯旋场景和胜利游行的喜爱,无论是真实的还是神话中的场景都是如此[88]。此外,这个伟大的日子可以看作是对罗马内战结束、和平时期开始的庆祝。所以正如我们期待的那样,约瑟夫斯没有忽略这个含义,而是期盼着公元75年弗拉维王朝的和平神殿(Flavian Temple of Pax)的落成典礼。正是这座和平神殿(Peace Temple)里放置了罗马的战利品,其中包括从耶路撒冷圣殿获得的大烛台和其他祭祀仪式所用的物品,即凯旋门上所刻画的,也是约瑟夫斯之前所描写的、用来作为胜利游行组成部分的那些东西。作者就这样冷静地提到他祖国毁灭的象征物。犹太人现在被称为"敌人",而他们忍受的痛苦以及他对那些痛苦表达的哀伤,现在仿佛只是一幅幅静态的画面,是耀武扬威的凯旋行列中的黄金挂毯上的主题,是用象牙裱起的绘画[89]。

---

[85] 参见 J. M. C. Toynbee, *The Flavian Reliefs from the Palazzo della Cancelleria* (1957), pp. 5-6; Richmond, op. cit (n. 45), pp. 221ff; F. Magi, *I rilievi flavi del Palazzo della Cancelleria* (1945), pp. 106ff. 关于敌视的流言,见 Tac. *Hist.* 4.51:韦斯巴芗匆忙返回意大利,去遏制当时掌管罗马的图密善。Dio. *Epit.* 66.9.3;同时参阅雷蒙德。

[86] 提图斯的忠诚也遭到怀疑,有传言称,他在东方建立了一个势力范围。

[87] *BJ* 7.133:"那一天展示的所有绝妙豪华的物品……显示了罗马帝国的力量。"他没有再提到这种情感。

[88] 参见 A-M Taisne, "Le thème sous les Flaviens", *Latomus* 32(1973), pp. 485-504。

[89] *BJ* 7.142-7. 同时参见 6.418:耶路撒冷俘虏中个子最高的年轻人被留在凯旋仪式中公开展示。

第八章　弗拉维家族的庇护及犹太爱国主义

　　这里,约瑟夫斯写作的重心发生了转移。一个犹太人用罗马将军炫耀的辉煌来讲述自己国家的灭亡实在太不合适。必须承认,约瑟夫斯对弗拉维家族的仰慕与他之前的态度不一致。只有在凯旋仪式的最后,作为敌方首领的代表西门·巴·吉欧拉被处死,才多少与他个人的悲喜相关。当然,作为一个主题,罗马人的凯旋仪式给了这位文学家展示他个人才能的好机会,也让他的希腊读者有机会了解罗马的习俗及与之相关的宗教与方物⑨⓪。但并没有减少不和谐之音。我们第一次可以这样说:在这里,约瑟夫斯以牺牲他的人民为代价来颂扬他的罗马恩人。

　　然而这位历史学家安然力图重新找回心灵的安宁,至少在某种程度上是这样。第七卷还值得一提的是,其表现出的更为强烈的犹太爱国主义。凯旋仪式之后的场景就是另一重大事件:马萨达的沦陷,抵抗者英勇事迹和最终的自杀。

　　看来很清楚,关于以利亚撒的匕首党抵抗弗拉维·希尔瓦(Flavius Silva)围攻的最后战役,约瑟夫斯没有第一手资料。他描述军事行动的资料全部来源于罗马方面——想来又是"皇室记事本"⑨①。关于抵抗者的信息和最后959人的自杀方式,罗马人大约是从约瑟夫斯告诉我们的那两个逃出的妇女口中得知,然后在罗马人中口口相传保留下来的。但即使在20世纪的考古挖掘之后,犹太人的组织和反抗行为对我们仍然是一个谜⑨②。尽管如此,约瑟夫斯依然走了出人意料的一步:他通过想象将自己置身于那些抵抗者之中,并将最后的一幕扩展演绎为戏剧性的描述。

　　我们可以安心地接受这个故事的真实性,但不是因为考古发现确认这个事件本身——我们很难指望这一点——而是因为编造如此精妙详尽的故事,无论是约瑟夫斯还是之前的其他作家都不太可能做到⑨③。发掘者在希律宫殿北部下层发现的25具遗骨,可能是也可能不是那些幸存者。出土的

---

⑨⓪ 参阅 Plutarch, *Aemilius Paulus*, 32-4,普鲁塔克在描写胜利游行队伍时,比约瑟夫斯对被征服者表示出更多的同情。注意在 *BJ* 7.123-32 中关于凯旋仪式的预备仪式以及罗马公共建筑背景的详细描写。

⑨① 关于罗马视角:见 *BJ* 7.252,275-9,304-19。关于犹太革命的离题议论(见7.254-257)当然是作者个人加进去的。

⑨② 参见 Y. Yadin, *Masada: Herod's Fortress and the Zealots' Last Stand* (1966); L. H. Feldman, "Masada: a critique of recent scholarship", in *Christianity, Judaism and Other Greco-Roman Cults: Studies for Morton Smith at Sixty* (ed. J. Neusner), vol. 3 (1975), pp. 214-48。

⑨③ 发掘者有时被不公平地指责为将考古发现当作约瑟夫斯故事的佐证,参见 P. Vidal-Naquet, *Falvius-Josèphe ou du bon usage de la trahison* appx and *Les Juifs, la mémoire et le présent* (1981), pp. 43-72。

11块陶片（ostraka）❶中有一块似乎告诉我们，雅亿的儿子（ben Yair）可能是被指派去杀死同伴及其家人的中签者。约瑟夫斯的叙述并不因为这些鉴定而变得更确定或者更经不起推敲。认为这个"自杀事件"是约瑟夫斯为减轻自己潜意识中的内疚，为掩盖罗马人的大屠杀，或诸如此类的目的而编造的护教谎言，这种离奇的说法最好让它自生自灭⑭。

约瑟夫斯没有捏造"马萨达事件"，虽然他的描写方式确实使该事件成为经久不衰的话题，成为一种继续不断地带来启示，同时也激怒着人们的力量⑮。他确实编撰了以利亚撒两次重要的演说，除了从希腊哲学中借鉴良多外，这些演说很明显是为激发读者对演说人的崇敬心理而设计的⑯。以利亚撒和他的同伴最终被约瑟夫斯描写为真正的英雄，作者似乎忘记了他之前对这种人及其理想的厌恶之情。

尽管罗马凯旋仪式的情景由于它外在的辉煌而引人注目，但犹太人的这个章节则更加具有感染力。作为一个文学对比，这个设计十分精巧。尽管如此，我们也许可以认为，约瑟夫斯的对比并非出于美学上的考虑，而是出于心理平衡的需要，因为他关于凯旋仪式的描写造成了自己心里不安。在最后一卷中，他给马萨达最后一批战士的命运安排了一个重要的位置——他本可以以战争主体结束和公元71年的凯旋仪式作为全书的结尾——这一点和他描写罗马的凯旋游行队伍一样，表现了他的忠诚。即使"马萨达事件"也还不是全书的结尾，《犹太战史》是以一名迫害者之死作为结尾的。书中以一段耸人听闻的描写，讲述了利比亚总督以莫须有的罪名杀害了3 000名（富有的）犹太人，并将其余犹太人用铁链拴着送去罗马，之后这个总督暴病而死的故事。讲述这个故事看起来也不是没有缘由的。

力求将对不同方面的忠诚融为一身是约瑟夫斯的特点，正如他所属的社会团体所具有的标志一样。当然也有互相矛盾的观点完全不能相容的时候。对于约瑟夫斯来说，描写罗马凯旋仪式的场合就是这样，但是他没有放

---

❶ 古代用于投票或抽签——译者注。

⑭ 维希-罗斯马琳（T. Weisse-Rosmarin）在多份期刊中提出这个观点；参见斐德曼已引文献（同本章注释92），239-243页，E. M. Smallwood, *The Jews under Roman Rule*（1976）中以不同的方式提出同样的观点（第338页，引自莫顿·史密斯的观点）；参见斐德曼驳斥此观点的详细论述，以及"D. J. Ladouceur *"Masada: a consideration of the literary evidence"*, *GRBS* 21（1980）中对此所作的简短的批评 pp. 246-7。

⑮ 参见斐德曼（同上）关于现代以色列人意识中的"马萨达情结"（Masada complex）的讨论，注意维达尔拉奎特对此表现出的愤怒，已引文献（同本章注释93）。

⑯ 拉都索已引文献（同本章注释94）认为，他们被用来展现一种对死亡的病态的爱，这种行为会立即遭到那些熟悉罗马哲学和政治理论的人的不齿；但是约瑟夫斯不具备如此深刻的的罗马背景，因而他明确地指出了这个行为的高尚性。

弃。弗拉维家族对他的影响力没有取代之前他对犹太民族的忠诚,对皇帝的奉承几乎谈不上是其作品的重点。虽然我们不能将那个令人不安的角色——征服者皇帝的奉承者约瑟夫斯——根除,但那个约瑟夫斯的地位必须给予正确评价。

毫无疑问,约瑟夫斯同属多个阵营的结果,最终为他带来了难以解决的问题,无论是在他的著作中,还是短暂的政治生涯都是这样。他想凭借一篇对同胞的赞美来平衡他关于罗马凯旋仪式的详细描述,这种做法本身就有矛盾。因为被他用来达到这个目的且一时让我们钦佩不已的马萨达犹太人,也正是他最痛恨的人。即使在第七卷中我们仍然可以发现,他对匕首党的严厉谴责是事后对所有反叛集团严厉谴责的一部分(参见本书边码第81页)。当公元73年到来时,这场战争中其他的犹太主角都已退场,仇恨不得不暂时收敛。我们可以将这看成犹太人政治上的中间派消失的又一结果,政见温和的人可以占据的位置此刻的确不复存在。与此相同的是:战争之后,罗马人也认为犹太人只有一种,这一点从约瑟夫斯记载的一件奇怪的事件中清楚地表现出来。这件事可能也发生在公元73年,一个叫乔纳森(Jonathan)的织工领导的巴勒斯坦匕首党起义在昔兰尼被当地的罗马总督所镇压。除了3000名当地富有的犹太人外,一些来自亚历山大里亚和罗马的犹太贵族也被指控有罪,其中就包括约瑟夫斯本人。这种指控令人震惊。尽管我们的作者后来被开脱,没有像乔纳森那样备受折磨后被活活烧死。但从约瑟夫斯的表现可以看出,之前的犹太派别中仍然有少部分人幸存下来。约瑟夫斯在对总督应得的可怕下场表现出欢欣鼓舞的同时,也表达了对暴乱者乔纳森遭到惩罚的满足:他早已有意的想要把自己与不受欢迎的犹太人区别开来的愿望并没有完全消失(BJ 7.437—450;V 424)。

因此,"马萨达事件"为作者解决了一个难题,但同时又制造了另一个麻烦。《犹太战史》的最后一卷正如前几卷一样,并非旁观者的分析,而是作者深度参与历史的产物。如果说他对事件的反响并不特别深刻,但至少是强烈的。然而这位历史学家的写作不再仅从一成不变的政治立场出发,也不再总带有固定的政治偏见。当他仔细思考反抗的后果时,他的情感被来回抛掷,向四面八方延伸。他与自己的祖国一道暂时失去了他心灵的稳固的港湾,并在写作中将这种情感表露无遗。以这种方式,他的创作始终是环境压迫下的直接产物。他在这部作为历史和文学著作中所表达出的对所发生事件的强烈反响,甚至表现出的弱点,让我们了解了那些事件的真相。

后记　晚年的约瑟夫斯

约瑟夫斯写作生涯的主要部分还在他完成《犹太战史》之后。他的生命还有 20 年左右时间——因为没有任何资料表明他去世的日期，所以确切有多少年我们不得而知。毫无疑问，他还得不断地融入这个新的环境中。他不仅将继续留在罗马，与巴勒斯坦断绝关系，连曾经是他生活中心的圣殿也已成追忆；他还得逐渐地依靠自己，因为皇帝提供的帮助似乎越来越少。公元 79 年，提图斯继承了韦斯巴芗的皇位，但到公元 81 年他也去世了。尽管提图斯的兄弟图密善继续保护约瑟夫斯，惩罚那些诽谤他的人，还免除他在朱迪亚地产的税负以作酬劳，但他似乎对约瑟夫斯的作品不感兴趣（V 429）。他后来的著作——《犹太古史》及其附录《自传》和《驳阿皮翁》——有了新的赞助人：此人名叫艾巴弗诺蒂图斯（Epaphroditus），他可能是亚历山大里亚的一个爱书的自由民（freedman，指从前曾为奴隶身份的人）。还有一个更小的可能，此人可能与尼禄手下那个著名的自由民同名，那人曾协助尼禄皇帝自杀，而他本人最终于公元 95 年被另一个暴虐的主人图密善处死。但前一种猜测更合理一些，因为后者给约瑟夫斯作品的年代顺序造成很大的难题。在任何情况下，艾巴弗诺蒂图斯这个名字都只可能是一个自由民的名字。无论他多么富有，他在某种程度上都会被罗马上流社会所鄙视。关于那位爱书人艾巴弗诺蒂图斯，据说是一位长得"像大象一般体形高大、皮肤黝黑的人"，所以有些人认为他实际上是黑人（同时还患有水肿病）。如果赞助人是个与皇室无关的人，那么被赞助者约瑟夫斯的处境可能也一样。与此同时，我们作者的精明机智显然并没有离他而去。艾巴弗诺蒂图斯一生经历坎坷多变，兴趣爱好十分广泛①。约瑟夫斯凭借自己原创的题

---

① 关于"*grammaticus*"（希腊语教师）艾巴弗诺蒂图斯，见《苏达百科全书》（Suda，10 世纪拜占庭大型百科全书——译者注）"Epaphroditus"条目，*CIL* 6.9454。百科全书说他的保护人是"埃及行政长官摩得斯图斯"（Modestus, the Prefect of Egypt），此人大约是图密善时期著名的麦迪乌斯兄弟（Mettii）之一（其中的马科斯·麦迪乌斯·艾巴弗诺蒂图斯，Marcus Mettius Epaphroditus，是一名希腊语教师——译者注）。尼禄的自由民艾（转下页）

材引起了他的注意,他将自己介绍为一个可以为广大非犹太读者书写一部完整犹太历史的人。

除上述信息以外,我们对约瑟夫斯后半生几乎一无所知。仅仅凭借推断,或者与其过去进行反衬或比较,我们才获得了一些并不确切的信息。谈到这个时期的作者,人们通常会用"变化"或"发展"一类的字眼②,这在一定的时期内是合适的。社会地位处于顶峰时期的约瑟夫斯已不复存在。而作为一个整体,耶路撒冷的祭司阶层已经消亡:可以这么说,约瑟夫斯的阶级意识已不如从前那样强烈。此外,他曾经是地位显赫的政客,或者正朝着那个方向发展,而现在他从事的仅有的政治活动——通过写作为罗马的犹太人的利益辩护——却不那么引人注目。即便在这项事业中,我们也没听到过任何直接的辩护,或者像希律的史官大马士革的尼克洛斯在一个世纪前所从事的那一类外交活动③。当然,约瑟夫斯现在不需要和谁战斗了,可以想象,他为自己将军生涯的结束而感到庆幸。

尽管如此,我不相信约瑟夫斯的内心在其一生中会出现什么巨大的变化。通过逐步分析,这本书所勾画出的约瑟夫斯形象非常明确地告诉我们,约瑟夫斯晚年的主要特征在他早年业已形成。证据表明:他的确从19岁以来就是法利赛人,在稍有犹豫之后,他接受了家传的宗教信条。他并没有等到圣殿倒塌之后,法利赛主义流行或成为唯一的宗派时才接受这种思想④。此外,其政治立场的中心,即他一贯的信念,就是犹太教与非犹太教世界——当然,尤其是与罗马的势力和代表罗马势力的统治者之间——有可能和谐共存。《犹太古史》的后半部表明,约瑟夫斯仍然相信罗马保护对犹太人的价值。更笼统地说,他相信犹太人需要与他们周围的民族保持良好关系,希望"民族之间和平共处、摒弃前嫌"⑤。不同的只是他关注重点的转移:在晚年,作为流散群体的一员,他能够更多地专注于外部关系,从而关注护教的主题——即将犹太教介绍给外部世界。这个目的使他比从前更加清楚地意识到,自己希望找到与说希腊语的东方人之间的共同点。许多犹

(接上页)巴弗诺蒂图斯被处死的时间不晚于公元95年。如果《犹太古史》出版于公元93年(见附录Ⅲ),那么约瑟夫斯就几乎没有机会看到他对这部书的反应,并且在他的资助人仍然活着的时候接着撰写两卷《驳阿皮翁》。

② 尤其是受到 R. Laqueur, *Der jüdische Historiker Flavius Josephus* (1920)的影响;现在参见 S. J. D. Cohen, *Josephus in Galilee and Rome* (1979)。

③ 见约瑟夫斯记载的希律去世前后尼克洛斯的活动:*AJ* 16、17。

④ 参见本书边码第33页以后,对比 J. Neusner, "Josephus' Pharisees", *Ex Orbe Religionum: Studia Geo Widengren Oblata I* (1972), pp.224-44 中的观点。

⑤ *AJ* 16.175,解释他关于对犹太人有利的法令的例子。

人都与这样的人共同生活：除他的同胞之外，这些人也应该成为他的《犹太古史》的读者。

他同样一直意识到的，还有使用希腊语对犹太人的重要性：正是由于会说希腊语，他才有可能被指派为年轻的使节从耶路撒冷去罗马。公元 67 年之后发生的一切都说明，希腊语在约瑟夫斯的生活中必将发挥越来越重要的作用。并且他对希腊文学也逐渐发展出了兴趣。

我们还可以发现他的另一个重点转移，不能称之为新的或是不同的动向，这依然是约瑟夫斯文化传承的表现。他最后发表的著作《驳阿皮翁》，不是盲目爱国的或者狭隘的作品，而是一部技巧娴熟，展示犹太传统、律法及习俗比希腊文化更悠久、更优秀的作品。约瑟夫斯通常将犹太历史与其他东方民族的历史相提并论，以此阐释自己的观点。他合理地列举了许多不同的、用希腊语写作自己民族历史的中东史学家。主要包括巴比伦的天文学家及巴力神祭司（priest of Bel）、贝罗索斯（Berossus），著名的埃及祭司曼涅托（Manetho），以弗所的米南达（Menander of Ephesus），以及一些引用过提尔档案资料的腓尼基史学家⑥。他好像对这些作家非常熟悉。读者会觉得，约瑟夫斯对于属于他们的、已经部分希腊化的东方民族的文学并不陌生。这是一个曾真正存在过的文化社会，这个事实从后来许多教会神父对他们的谈论，以及紧随约瑟夫斯之后的早期基督教会的护教文献中可以得到证明。这些护教文献作者也从同样的本土作家或者像他们一样的其他人身上，以和约瑟夫斯完全相同的方式挖掘资料。其中至少有些部分是独立于约瑟夫斯之外的成果⑦。就这样，约瑟夫斯在写作《驳阿皮翁》时尽管身在罗马，心却朝向东方。如果这是事实的话，我们就找到了一种联系，这种联系可以追溯到约瑟夫斯作为作家之初，当他用那个世界的第一语言阿拉米语写成《犹太战史》的第一版，向东方世界的人说的话。

阿拉米语和希腊语的《犹太战史》都是在压力之下写成的，是约瑟夫斯面对对自己有重大影响的事件作出的个人反响，不是一种中立的记录，也不是为了满足别人而写作的。看起来的确是这样，那次叛乱以及其后城市毁灭的情景在他头脑里挥之不去。时隔近 20 年之后，他再次追忆公元 67 年的事件时（在《自传》中），这个事件对他的影响同样深刻。当时发生的一切实在太令人震惊，难怪约瑟夫斯永远也不可能将它抛于脑后。

---

⑥ CA 1.75-92（批评曼涅托，见 1.227-87）；1.129-53，1.112-15（关于腓尼基史学家迪乌斯，也见 AJ 8.147）；1.144（斐洛斯特拉图斯）；1.116（以弗所的米南达）；同时参阅 AJ 1.107。

⑦ Theophilus, *To Autolycus*, 3.23; Tatian, *To the Greeks*, 4, 10, 40; Origen, *Against Celsus*, 1.16, 4.11。上述引文中只有部分出自约瑟夫斯。

可是作为一个作家,他当然必须向前走,还要撰写其他著作。但可以说,他的精神实质并没有改变。因为不管是《犹太古史》中亲犹太人的护教演说,还是《驳阿皮翁》中的斥责,同样都是对实际问题作出的文学反应,只是这一次的反应发生在1世纪80年代和90年代。对我们的研究来说,各种困难显而易见。眼前的证据太少,不足以准确地了解到底发生了什么。显然,公元66年到73年间,巴勒斯坦内外城邦的犹太人与希腊人之间的关系出现了危机。约瑟夫斯记载了其中一些冲突,这些冲突有的是反抗罗马人的大叛乱的先兆,有的则是后果（BJ 2.457—498,7.41—62等）。在巴勒斯坦叛乱遭到羞耻的失败之后,这些冲突自然恶化起来。失败鼓励了希腊人的斗志,却摧毁了犹太人的所有信心,尤其是罗马现在将不再对犹太人提供支持的可能性更给希腊人壮了胆。这种支持从尤里乌斯·恺撒时期以来一直延续,即在东方各城邦维护犹太人的权利。因此,比如说,当提图斯访问叙利亚的安条克时,大批居民迎接他,他们首先要求将犹太人驱逐出城;当这个要求没有得到满足时,他们又提出拆除记载人们对犹太人所作承诺的铜碑（BJ 7.100ff）。安条克也是一个约瑟夫斯书中没有记载的故事的来源地。这个故事虽是杜撰,但却象征性地反映了犹太人失败的结果。后世的本土史学家约翰·马拉拉斯（John Malalas,490—574）❶,这样说,提图斯将从犹太人手中多来的战利品送给安条克城的居民作为礼物,在城门外通往达芙妮（Daphne）的大道上,居民们竖起了代表耶路撒冷圣殿基路伯（cherubim）的巨大铜像;而在城门之上,则是一组朝向耶路撒冷的形为月亮和四头公牛的青铜像（Malalas,260—261）。

似乎在韦斯巴芗和提图斯时期,帝国的保护并没有完全丧失,但韦斯巴芗将之前人均两个德拉克马（drachma）的圣殿税改为"fiscus Iudaicus"❷——作为帝国国库财产的一部分——并用来献给卡皮托利尼山宙斯神庙（Capitoline Zeus）的做法,实际上已经将犹太人从一个享有特权的少数民族变为一个被公开严厉对待的民族⑧。提图斯的弟弟、严酷的图密善皇帝继位之后,情况变得更糟。苏维托尼乌斯在他的《图密善传》（*Life of Domitian*,12.2）中关于一个老者被脱光验身,看他是否该交付犹太税的著名片断说明了这一点。约瑟夫斯也许没有活到看见图密善的继承者涅尔瓦（Nerva）发行的钱币那一天,该钱币上的文字声称,已经停止了征收犹太税

---

❶ 编年史作家——译者注。
❷ 拉丁文:犹太税——译者注。
⑧ 关于 *fiscus Iudaicus*,参见 E. M. Smallwood, *The Jews under Roman* (1976), pp.376-8。

中的敲诈勒索⑨。❶

在这整个时期，随着圣殿被毁，从前以四海为家的犹太人（不管他们是否朝圣过，许多人的确去过）提供凝聚力的大祭司和耶路撒冷的犹太学者团体也随之消失。流散的犹太人不得不转而靠自己生存。法利赛人转变为拉比犹太教并非一蹴而就的事，在过渡期间，他们为城市中那些无处求助、生计无着的犹太人建立的一种良好的临时协助机制（modus vivendi）具有特别的重要性。流散地的犹太上流社会从前与耶路撒冷的大祭司家族有着非常密切的社会、政治关系，因此他们失去的也比其他任何人更多。他们所面临的问题的紧迫性，从问题最终解决无门的结果可见一斑：图拉真时代愤怒至极的犹太人在昔兰尼、塞浦路斯、埃及以及美索不达米亚地区（Mesopotamia）——后者的暴乱规模较小——揭竿而起，历时大约两年（115—117），犹太人变得异常暴力，不分青红皂白地向市民、士兵、神庙以及房屋财产发起攻击。

尽管如此，在图拉真起义爆发之前，仍然有一些理由让人们心存希望。不同种族的人纷纷开始对广义的一神教，尤其是犹太教发生了兴趣，这种发展鼓舞人心。在高层，包括图密善自己的亲属，即他内定的继承人的父母、执政官弗拉维·克莱芒（Flavius Clemens）及其妻子多米提拉（Domitilla）：两人分别被处死和驱逐出境，其官方指控是亵渎神明，即对罗马众神和图密善自称的他本人的神性不敬（Dio 67.14）。在底层，据记载，著名的斯多葛派哲学家埃皮克提图（Epitetus）举过一个例子，一个骗子没有受过洗礼，对犹太教也是三心二意，因此别人就说他"不是一个犹太人，只是假装而已"（ap. Arrian 2.9, 19—21）。这个例子既说明犹太教对某些人很有吸引力，又说明普通大众对犹太教不陌生。同样，约瑟夫斯的赞助人艾巴弗诺蒂图斯——不管他个人有没有为犹太教所吸引，都一定对犹太事务有着某种兴趣。

这就是约瑟夫斯晚年写作时的社会背景。这也解释了他认为有必要与普遍存在的、对犹太教起源无知的现象进行斗争的原因。他要努力使那些受希腊文化熏陶的人认可并欣赏其犹太民族的历史⑩。这就是他要竭力证

---

⑨ FISCI IUDAICI CALUMNIA SUBLATA（涅尔瓦发行的钱币上的文字）；参见斯莫尔伍德（同上，第378页）。攸西比乌斯（*Hist. Eccl.* 3.12ff）引自赫格西仆（Hegesippus，2世纪犹太基督教作家——译者注）的故事，讲述韦斯巴芗时期一次大规模的迫害犹太人的事件，这次迫害一直延续到图密善和图拉真时期。这个故事对该事件大肆夸张，主要目的在于宣传基督教观点；此次行动是企图灭绝大卫王的血脉。

❶ 但当时并没有废除该项税收本身——译者注。

⑩ 概述见 *AJ* 1.5-6, 20.263 及 *AJ* 3.139 中用希腊用语随意解释犹太现象的例子。

明本民族的成就和赢得非犹太人对之敬意的原因。这尤其说明了他为什么要在《犹太古史》第 14 卷中列举一系列文献，展示历史上的统治者（尤其是罗马皇帝）都允许犹太人自由地按照自己的习俗生活，并且可以因为违背其宗教习俗而免于一些公众义务⑪。

读者对于《犹太古史》的冷漠（CA 1.2—3），致使他在下一部著作《驳阿皮翁》中以更为激烈的言辞讨论一些相同的问题。他在该书中坚称：与希腊法律相比，犹太律法和习俗更为神圣，也更道德。他援引了一些似乎认可犹太民族历史悠久的希腊作者的话，驳斥了那些怀有敌意的希腊作者的反犹太言论。他几次情绪激动地声明，犹太人的确与众不同，因为到最后关头，他们随时准备为捍卫本民族律法而牺牲生命⑫。我们可以将这最后的阶段视为爱国主义一种新的表现形式，这种爱国主义构成了他在《犹太战史》中描写圣殿毁灭和"马萨达事件"的基调。

同样，这里所表现的是发展，而不是突变。我们发现，约瑟夫斯和之前一样还在写作，带着强烈的目的性写作，坚信其立场的正义性。与此同时，他坚持把这个信念与他一贯声称的、也身体力行的、尊重历史事实的信念相结合，这一信念在《驳阿皮翁》中表现得尤为明显。同时，他对过去的历史抱有真正的探寻的态度⑬，因此，后世读者给他的"philalēthes"（热爱真理的人）的评价基本名副其实⑭。

约瑟夫斯对他那部著作最终是否觉得满意，或者是否达到了自己所设定的目标，他是在仰慕还是在落寞中走完他的一生，我们都不得而知。之后人们将在罗马为他建造一尊塑像。很有可能这尊塑像既不是罗马人或希腊人，也不是犹太人竖立的，而是基督教徒为他竖立的（Eus., *Hist. Eccl.* 3. 9；Jerome, *de Vir Ill.* 13）。

---

⑪ 尤见 AJ 14.186-8，267。
⑫ 关于殉教精神：CA 1.42-3，2.232-4，272。
⑬ 人们仍然认为，《驳阿皮翁》的"序言"对犹太和希腊历史传统的对比写得妙趣横生，充满智慧（尽管有些偏见和吹嘘）。
⑭ 埃及佩鲁修姆的伊西多（Isidore of Pelusium，4 世纪）、乔治·锡德伦努斯（George Cedrenus，11 世纪拜占庭僧侣）以及其他许多人（有时措辞有所不同）。参见 H. Schreckenberg, *Die Flavius-Josephus-Tradition in Antik und Mittelalter*（1972），pp. 97，104，135-138 等。当然，基督教徒推崇约瑟夫斯有特殊的理由，并且受他们所读文献中流传下来的、有关耶稣的所谓"弗拉维见证"（testimonium flavianum）的巨大影响。

附录 I　约瑟夫斯的母语

关于约瑟夫斯在耶路撒冷时习惯于说希伯来语、阿拉米语或者是两种语言同时用的问题，我们完全不能确定。其中的问题总结如下：

（1）我们可以确定希伯来语作为口头语言一直沿用到密西纳时期❶①。但我们对这种语言的使用范围到底多大，用于什么目的却仍然不清楚②。可以设想，如果巴勒斯坦不是双语或三语社会，那么至少同时使用两种语言（diglossic）——也就是说，那里的人们用两种或更多的语言，每种语言分属不同的社交活动。每种语言都有自己的功能，而使用者凭直觉就能知道什么时候该使用什么语言③。然而，由于语言和各种情景之间的对应关系错综复杂，我们很难从中得出有关约瑟夫斯语言的任何准确结论。

（2）约瑟夫斯有两次提到他称为自己母语的语言：他说，《犹太战史》的第一个版本是用"他的母语"写作的（BJ 1.3）；还有他被罗马人派去"用他的家乡话"与被围攻的犹太人谈判（5.361）。我们曾提到④《犹太战史》的报道最有可能是用阿拉米语写作的。但希伯来语也有可能是他的口头母语，也是他用来和耶路撒冷的犹太人交谈的语言。

（3）另一次约瑟夫斯和犹太人交谈时，他曾说"他用希伯来人的语言为

---

❶ 约公元70年到200年——译者注。

① 关于到1世纪时期希伯来语已经不再是日常用语的老观点，参见 G. Dalman, *The words of Jesus*(Engl. transl. 1902), col. I. 一些近期研究走到另一个极端，认为希伯来语是当时巴勒斯坦的主要语言。参见 W. Chomsky, "What was the Jewish vernacular during the Second commonwealth?", *JQ* 42(1951-2), pp. 193-221；参见 H. Birkeland, *The Language of Jesus*(1945); J. Grintz, "Hebrew as the spoken and written languages in the last days of the Second Temple", *JBL* 29(1960), pp. 32-47.

② 参见 J. A. Emerson, "The problem of vernacular Hebrew in the first century A.D and the language of Jesus", *JThS* 24(1973), pp. 1-24。

③ 雷宾(C. Rabin)用这个社会语言学的术语来指1世纪时期希伯来语和阿拉米语的关系。见 C. Rabin, "Hebrew and Aramaic in the first century", *Compendia Rerum Iudaicarum*, 1.2(1976), pp. 1007-39。

④ 参见本书第七章。关于普遍的观点，参阅 H. Gundry, "The language milieu of first-century Palestine", *JBL* 83(1964), pp. 404-8。

罗马皇帝传话"(6.97)。想必这与他之前称为"家乡话"(native language)的为同一种语言,但这里没有表明到底是一种什么语言。

(4) 在约瑟夫斯解释《圣经》词源时,常常出现一些相关但同样不明确的表达法。他说,他解释这个词的含义,因为这个单词"是希伯来人的口语","是希伯来人的语言"(AJ 1.34,36,117,146,204,258,333;3.252;6.22;7.67;9.290;11.148,268)。当然,大多数情况下,他所涉及的词语大都来自希伯来词源,但用到"Sabbath"(安息日)这个词时,他的拼写用的是阿拉米语的词尾"Sabata"。

(5) 此外,约瑟夫斯说,阿格里巴的自由民用"希伯来人的语言"做的隐密记号,告诉他提比略皇帝的死讯。他此处所指的"希伯来人的语言"有可能指希伯来语或阿拉米语。但对于已经希腊化的阿格里巴来说,阿拉米语的可能性更大。

(6) 约瑟夫斯曾两次提到"用希伯来人的语言"。一次是指尼希米在苏萨(Susa)偶遇来自耶路撒冷的犹太人的说话方式(AJ 11.159)。他用的希腊词语原意为"以希伯来人的方式",而当时希伯来人在同时使用两种语言。另一次这个词语毫无疑问是指"希伯来语",因为在与"用叙利亚语"说话作对比,此处"用叙利亚语"必然指的是"用阿拉米语"(10.8)。当然的确有个专门的词语指"阿拉米语",但他所描述的事件发生在国王希西家(Hezekiah)时期,而当时的犹太人被描写为不懂阿拉米语。犹太人的语言被用来与另一种不属于他们的语言进行对比。我们可以比较AJ 12.15,5,在那里,阿拉米语书面语被称为"叙利亚文字",该文字被明确地描述为与希伯来语差异很大。后两个例子不排除"用希伯来人的语言"是指文中的犹太人用阿拉米语交谈的可能性。而用于比较的两种语言有可能是指阿拉米语和希腊语,而不是希伯来语和阿拉米语。

(7)《新约》中对上述语言或同源语言的使用同样模棱两可。保罗(Paul)"用希伯来人的语言"对耶路撒冷的犹太人,也包括来自亚洲行省的犹太人讲话(《使徒行传》21.40;22.2)。《约翰福音》中称有些人名是"希伯来语",如"毕士大"(Bethesda,5.2)、"厄巴大"(Gobbatha,19.13)、"各各他"(Golgotha,19.17)❶,以及对耶稣的称谓"拉波尼"(Rabbuni,20.16,"夫子")等。尽管一些地名看起来像阿拉米语,但如果两种语言一直互有影响的话,这些名称也可能同时存在于当时的希伯来语中。

(8) 攸西比乌斯(Hist. Eccl. 3.39.10)称,帕皮亚斯(Papias)说过,马太

---

❶ 《圣经》中耶稣被钉十字架的地方——译者注。

是用"希伯来人的语言"写福音书的,但他并没有明确指他用的是哪一种语言,并且至今没有令人信服的证据表明,我们的《马太福音》的原文用了两种语言中的任何一种⑤。

(9) 约瑟夫斯在描绘大祭司的法衣时,用了大量音译的阿拉米语文字(AJ 3. 151—178)。他甚至用阿拉米语称号来称呼祭司和大祭司,如"Kahanaiai"和"Anarabaches"(＝Kahana Rabba)。显然这是他本人用来描述这些事物的方式,但也可能因为阿拉米语的使用与圣殿礼仪尤其相关的缘故。

(10) 我们可以这样作结论,约瑟夫斯肯定懂得并且使用阿拉米语。他将自己的母语称为"希伯来人的语言",这种表达法至少在有些时候是用来指希伯来语的。其含义似乎随着语境的变化而变化,尽管我们几乎从不能确定其准确含义。由于这种表达法一直存在歧义,我们不知道约瑟夫斯用它指自己的母语时的确切含义;但他有可能指的是希伯来语。如果是那样,他可能有时将阿拉米语称为"母语",有时又将希伯来语称为"母语"。这就意味着他对两种语言都非常精通。

---

⑤ 见 J. A. Emerton, "Did Jesus speal Hebrew", *JThS* 12(1961), p. 202。

附录Ⅱ 关于"写作助手"理论

约瑟夫斯的书是他自己写的吗?萨克雷的观点是,不止一人参与了这些书的写作,至少从写作风格上来看是如此。萨克雷的观点得到了广泛的认可。这个观点的基础是,约瑟夫斯自己说过,他曾经就希腊文请教过助手①。萨克雷凭借他对文本风格的分析(这些分析本身大多是有效的)称,他在约瑟夫斯书中发现了至少两位极具个人特色的独特"帮手"的写作风格,但在萨克雷的研究过程中有许多方法上的漏洞。

(1) 令人惊奇的是,寻找这些写作助手的活动不是通过《犹太战史》的文本——正是在这部著作中,约瑟夫斯说他曾寻求过某种帮助(可是《犹太战史》的写作风格更为统一)——而是通过《犹太古史》的文本,其中他没有说过任何类似的话。很清楚,我们不能从约瑟夫斯在这部作品结尾处的免责声明中推测,他在公元1世纪80和90年代还没有能力用希腊语写长篇大作。

(2) 认为约氏作品中风格不统一,或者在风格特征明显的长篇著作中的某些部分出现大量风格迥异的地方,就认为该作品一定是经几个人之手的观点明显是谬论。如果约瑟夫斯如他自己所说那样,为了写作而学习希腊作家的作品,那么他近期读过或者打动过他的作家的特征,在他作品的某个部分表现明显是再自然不过的事②。这种文风拼接现象(phenomenon of patchness),即采用某种表达法、习惯用法,或某种风格上的花招在一段时期内过分使用,之后又彻底抛弃的现象,在其他作家的作品中也有过③。

(3) 萨克雷特别分辨出一名"修昔底德风格雇佣文人"(Thucydidean Hack)和一名"索福克勒斯风格写作助手"(Sophoclean Assistant)。然而,

---

① 参见 H. st. J. Thackeray, *Josephus, the Man and the Historian* (1929)。关于约瑟夫斯的相关言论,参见本书边码第47页。
② 参阅 B. Niese, "Der jüdische Historiker Josephus", *Historische Zeitschrift* 76 (1896), p. 225。关于约瑟夫斯研究,参见本书边码第48—49页。
③ 参见 R. J. H. Shutt, *Studies in Josephus* (1961), p. 62ff。

234 　修昔底德风格遍布整个约氏作品，尤其是《犹太战史》。试问，写战争史还有别的风格可以选择吗？在作品的一些部分中，修昔底德与索福克勒斯的风格交织在一起，《犹太古史》中的一小段(4.89—95)可以用来说明这种现象。这一段不属于萨克雷分析的任何一名助手的主要写作范围。但萨克雷推测——为提供证据，他必须这么做——同样，这两位在主要写作范围之外也帮过忙。此处我们以以色列人和亚摩利人(Amorites)之间的一场战役的描绘为例。这场战役的细节在《圣经》中没有，可以肯定是约瑟夫斯自己提供的。无论是在写作风格还是在题材上——尤其是在题材上——约瑟夫斯都大量借鉴了修昔底德，尤其是(尽管不是唯一的)第六章第八十三节关于雅典人撤退到阿西那鲁斯河(the river Asinarus)的故事。在萨克雷看来，这意味着修昔底德风格的助手插手了这一段的写作。与此同时，这一段中间出现了三重头韵修辞手法(alliteration)，这使他想起了索福克勒斯的风格。他觉得那位"索福克勒斯风格助手"可能在此处也起了作用④。那么我们是否应该认为这两位助手合作写作了这一段呢？的确，萨克雷的分析方法具有一定的灵活性，他在其他地方承认道：那位"索福克勒斯风格助手""不在意偶尔借鉴修昔底德"⑤。这样的说法只会使事情更加清楚，即归功于两位不同的写作助手那些部分的风格并非确定无疑。萨克雷关于这些文字具有两个不同作者和不同思想的烙印的评价，具有强烈的主观成分。要得出这个结论，仅凭发现一些部分与其他地方风格迥异是不够的⑥。

235 　(4) 萨克雷以《自传》(还有《犹太古史》20)为例，认为它代表了约瑟夫斯个人的、没有掺杂其他人特点的风格。他还指出，《自传》(在《犹太古史》中没有这么多)中的语序通常很混乱，抽象概念使用过多，总体效果就是缺乏修饰。这是事实。但这一点可以用这部作品与其他作品在性质上和目的上不同来解释。《自传》是一部辩护性质的作品，有些部分中的愤怒及其他

---

④ 萨克雷在《洛布古典丛书》的《约瑟夫斯》的注释中指出具有"修昔底德风格"的具体文字。他同时也援引了三处与索福克勒斯风格相近、同样有着类似的三重头韵的例子。也许约瑟夫斯那一组词语与索福克勒斯风格最为相似，但可以肯定，其他希腊诗人也恰到好处地使用过这样的头韵，甚至在《荷马史诗》中也出现过这样的例子。参见 R. Volkmann, *Die Rhetorik der Griecher und Römer* (1885; repr. 1963), p. 515. 关于使用埃斯库罗斯(Aeschylus)，参见 E. Fraenkel, *Agamemnan*(1960)对 268 行的评论。这个例子说明，萨克雷在寻找那位"索福克勒斯风格助手"时过于固执。

⑤ 同本章注释1，第 115 页。

⑥ 不幸的是，萨克雷从约瑟夫斯书中收集的许多没有经他编辑过的详细的信息都已经找不到了。他的书只给出了从那些发现中得出的结论。他在已经发表的词语汇编中用特别符号标明了那些词语仅出现在设想中的两位助手所写的部分。但到第五个字母时就没有了：参见 *A Lexicon to Flavius Josephus*, Parts 1-4 部分，(1930—1955)。

强烈的情绪说明,他在写这部作品时情绪特别激动。作者此时根本无暇关注作品的形式和风格。

(5)在写作《犹太古史》的大部分时间里,约瑟夫斯面前的文献资料都只有一个。萨克雷忽视了这个事实,即不管这个资料是什么,他的写作风格一定会受到这个资料的影响。通过对比留存下来的资料(特别是《阿里斯提亚斯书信》和《马卡比一书》)我们可以得知,即使约瑟夫斯喜欢用他自己选择的词语来替换原文中的词语,仍可以看出借鉴的痕迹。因为原文中的句子结构有时的确还保留下来[7]。例如,在萨克雷将其定性为"修昔底德风格雇佣文人"之前,已经有人注意到,由十七、十八和十九卷形成的单元中的奇特、复杂而晦涩的风格[8]。其中有一段,约瑟夫斯写作时仍有参考大马士革尼可洛斯的资料(十七卷);还有些部分他似乎用的是帕提亚历史的资料(十八卷);一大段叙述有可能译自一位拉丁作家的作品(十九卷中关于刺杀罗马皇帝盖乌斯以及克劳狄乌斯一世继位的故事)。我们很想知道,是否可以同时在所有三部叙事文献中找到这一大段文字呈现的明显的风格特征。

关于"助手"理论,我们已经有了足够的、非常有力的证据来予以否定。可以这样总结,这个理论出自于一种机械的文献研究方法。萨克雷没有认识到,写作一部大型作品的过程是非常复杂的,也需要很长的时间。作者在此期间一定在不断成长,接受各种不同的影响。我们还可以加上另一个常用的批评,即萨克雷没有考虑到约瑟夫斯写作时的文学和知识语境。正如我们已经发现的,古代作家学习前人作品的主要原因在于,这些作品中包含值得借鉴的范例。对此,哈利卡那苏斯的狄俄尼索斯已经在他的文献批评著作中多次明确地阐明[9]。这也是他失传的作品《仿效篇》(de Imitatione)的主要观点。二流作家往往以缺乏个性和滑稽可笑的方式模仿他们的榜样——尤其是模仿修昔底德,他们因此遭到狄俄尼索斯的谴责,也遭到琉善的嘲笑[10]。讨论谁是某种特别体裁最好的样板、应该模仿他到什么程度,这是个无穷无尽的话题。在这样的氛围中,我们没有理由因为一个勤奋学习"文法",并且有充分理由急切希望与他具有良好修养的同时代人一样写作

---

[7] 最佳范例见 A. Pelletier, *Flavius Josèphe adaptateur de la lettre d'Aristée* (1962), pp. 307-27 中提供的比较研究列表。

[8] 参见 Guilemus Schmidt, *De Flavii Josephi elocutione observationes criticae*, (Diss. Göttingen, Leipzig, 1893), p. 26, 这是早期的论文,全文见 *Jahrb. f. Class Philologie*, supply. 19 (1894)。

[9] 例如:de Thuc. 25;ad Pomp. 5.20。

[10] *De Thuc*. 2.35, 55;琉善《如何书写历史》(*How to Write History*);参阅西塞罗(*de Oratore*, 32)(演说家也模仿修昔底德)。

的作家,在写作中显示出他受到不止一位典范作家的影响而感到惊奇,或从中得出什么结论。对约瑟夫斯来说,在他的作品中尝试不同的写作风格是很自然的事。

附录Ⅲ 约瑟夫斯的《犹太古史》和《自传》的写作日期考证

按照约瑟夫斯自己的说法,《犹太古史》的写作年代为图密善在位13年,即公元93年9月至94年9月之间。但《自传》中提到阿格里巴二世时称他已过世(V 359)①,而9世纪的藏书家弗提乌斯(Photius)称,根据提比利亚的查士图的《编年史》记载,阿格里巴二世死于图拉真3年,即公元100年(Biblio. p.33)。如果我们接受这个说法,我们必须找到解决这两个矛盾说法的理由——例如,假设《犹太古史》或者《自传》有两个版本②。

第一个观点,即《自传》只是附属于《犹太古史》的第二版,即公元100年之后的版本(而《犹太古史》的"前言"是为第一版而作),这一说法得到广泛的认可,但支撑这个观点的证据不太充分。最早提出这个观点的拉奎尔(R. Laqueur)称,他发现《犹太古史》有两个独立的结尾③。但客观地看,从"到此我将结束《犹太古史》"(AJ 20.267)开始的所谓的第二个结尾,不过是延续了之前宣布收尾的段落,即"我的《犹太古史》从这里结束"那一句(20.259)。在那句话之后,他又对历史作了小结和评价(259—266),之后,他给出了他真正的结束语。这样看起来就像是两个结语了④。

然而,更合理的解释是,约瑟夫斯著作——指《犹太古史》和《自传》整体——的出版日期最终还是由书中传递的信息所决定。这就是文献提供的证据所表明的:因为无论是《自传》还是《犹太古史》,其中的一些段落似乎都

---

① 关于写作日期,见 AJ 20.267;关于《自传》与《犹太古史》的关系,参见本书英文版第13页。
② 第二个观点是由 B. Motzo, *Saggi di Storia e Letteratura Giudeo-Ellenistica* (1924), pp. 217-19 中提出的。
③ 参见 Laqueur, *Der jüdische Historiker Flavius Josephus* (1920), pp. 3-5。关于从拉奎尔的观点中发展出来的观点,见 D. B. Barish, "The *Autobiography* of Josephus and the hypothesis of a second edition of his *Antiquities*", *HThR* 71(1978), p. 62, 注释10。
④ 关于两个结尾的假设的完整论述,参见巴里什(同本章注释3),第69-71页。

表明,阿格里巴二世当时已经过世⑤,而约瑟夫斯也没有对任何图密善之后的皇帝表示过敬意。弗提乌斯关于阿格里巴二世去世的日期完全可以不予考虑。其不可靠性不仅在于如此晚期的作者在这种问题上出错的可能性很大——人们已经推测出各种类型的错误来解释这个问题——并且在于弗提乌斯在描述他读过的查士图的著作时,往往比较草率并且相当含糊不清⑥。与此同时,除了弗提乌斯之外,没有其他证据证明阿格里巴二世在公元92至93年之后还在位⑦;反而,两段分别出土于奥兰尼(Auranitis)和特拉克尼(Trachonitis)的碑文显示,他的统治已经在图密善时期结束⑧,至少在上述两地是如此。完整的证据目前正在仔细梳理⑨,此处不需要仔细推敲。尽管我们不可能确定阿格里巴二世去世的日期,但他早在公元100年之前去世的可能性是存在的,而且将这个日期定在93至94年之前不存在困难,这样一来,《犹太古史》及其附录《自传》在那个时期出版就没有问题了。

---

⑤ 见 Th. Frankfort, "La date l'autobiographie de Flavius Josèphe et les oeuvres de Justus de Tibériade", *Revue Belge de Phililogie et d'Histoire* 39(1961), pp. 52-8。

⑥ 参见 T. Rajak, "Justus of Tiberias", *CQ* 23(1973), pp. 358-63,尤其是 361 页注 6 和 362 页注 2。

⑦ 这一论断的前提是,标有他在位 35 年的钱币属于自公元 56 年开始的时代,而不是属于另一个公元 61 年开始的时代。参见胥尔-弗米斯-米勒版, p. 480, 注释 43。巴坦尼亚(Batanea)的一块石刻上提到了第 37 年=92/93(从 56 年算起),是关于阿格里巴二世在位年代最新的发现:*OGIS* 426= *IGR* 3.1127。参阅弗兰克福(同本章注释 5)。

⑧ Schürer-Vermes-Millar, p. 482, 注释 7。一篇的写作年代为图密善第 16 年,另一篇为涅尔瓦元年,其中没有提到阿格里巴。

⑨ Schürer-Vermes-Millar, pp. 481-3, 注释 47。同时参阅巴里什(同本章注释 3), 71-74 页。

参 考 文 献

原始文献
约瑟夫斯著作版本

Michel, O. & Bauernfiend, O. (1969) *Flavius Josephus, de Bello Judaico, der jüdische Krieg*. 3 vols. Darmstadt.

Niese, B. (1885-95) *Flavii Josephi Opera*. 7 vols. Berlin.

Keinach, Th. (1900) *Oeuvres Complètes de Flavius Josèphe, Livres I-V*. Traduction de J. Weill. Paris.

Thackeray, H. St. J., Marcus, R., Wikgren, A. & Feldman, L. H. (1926-65) *Josephus*. Loeb edition. 9 vols. Cambridge MA.

学术研究文献
1983 年之前

Alon, G. (1961) 'The Attitude of the Pharisees to the Roman Government and the House of Herod', *Scripta Hierosolymitana* 7:53-78 = *The Jews, Judaism and the Classical World: Studies in Jewish History in the times of the Second Temple and Talmud*. Translated by I. Abrahams (1977) Jerusalem, 18-47.

-- (1977) 'Rabban Johanan ben Zakkai's Removal to Jabneh', in *The Jews, Judaism and the Classical World: Studies in Jewish History in the Times of the Second Temple and Talmud*. Translated by I. Abrahams. Jerusalem, 269-313.

-- (1977) 'The Burning of the Temple', in *The Jews, Judaism and the Classical World: Studies in Jewish History in the Times of the Second

Temple and Talmud. Translated by I. Abrahams. Jerusalem, 252-68.

Applebaum, S. (1971) 'The Zealots: the Case for Revaluation', *JRS* 61: 155-70.

— (1976) *Prolegomena to the Study of the Second Jewish Revolt (AD 132-5)*. Oxford.

— (1977) 'Judaea as a Roman Province: the Countryside as a Political and Economic Factor', in H. Temporini & W. Haase (eds.) *Aufstieg und Niedergang der Römischen Welt* 2.7: 355-96.

Attridge, H. W. (1976) *The Interpretation of Biblical History in the Antiquitates Judaicae of Flavius Josephus*. Missoula.

Austin, M. M. and Vidal-Naquet, P. (1977) *Economic and Social History of Ancient Greece: an Introduction*. Translated and revised by M. M. Austin. London.

Avenarius, G. (1956) *Lukians Schrift zur Geschichtsschreibung*. Meisenheim-Glan.

Avigad, N. (1954) *Ancient Monuments in the Kedron Valley*. Jerusalem.

— (1970) 'Excavations in the Jewish Quarter of the Old City of Jerusalem: Second Preliminary Report', *IEJ* 20: 129-40.

— (1975) *Jerusalem Revealed: Archaeology in the Holy City*, 1968-1974. Jerusalem.

Avi-Yonah, M. (1953) 'The Missing Fortress of Flavius Josephus', *IEJ* 3: 94-8.

Baer, Y. (1971-2) 'Jerusalem in the Times of the Great Revolt', *zion* 36: 127-90.

Balsdon, J. P. V. D. (1979) *Romans and Aliens*. London.

Bardon, H. (1968) *Les Empereurs et les Lettres Latines d'Auguste à Hadrien*. 2nd ed. Paris.

Barish, D. A. (1978) 'The *Autobiography* of Josephus and the Hypothesis of a Second Edition of his *Antiquities*', *HThR* 71: 61-75.

Bar-Kochva, B. (1974) 'Notes on the Fortresses of Josephus in Galilee', *IEJ* 24: 108-16.

— (1976) 'Seron and Cestius Gallus at Beith Horon', *PEQ* 107: 13-21.

Barnes, T. D. (1968) 'Legislation against the Christians', *JRS* 58: 32-50.

Barr, J. (1975-6) 'Jewish Apocalyptic in Recent Scholarly Study', *Bull. John Ryl. Lib*. 58:9-35.

Baumbach, G. (1967) 'Das Freiheitsverständnis in der zelotischen Bewegung', in F. Maass (ed.) *Das Ferne und Nahe Wort: Festschrift L. Rost*. Berlin, 11-18 = Beihefte zur Zeitschrift für die Alttestamentliche Wissenschaft 105.

— (1967) 'Bemerkungen zum Freiheitsverständnis in der zelotischen Bewegung', *ThLZ* 92: 257-8.

Bell, H. I. (1952) 'The Economic Crisis in Egypt under Nero', *JRS* 28: 1-8.

— (1952) 'Egypt under the Early Principate', in S. A. Cook, F. E. Adcock & M. P. Charlesworth (eds.) *Cambridge Ancient History*. Vol. 10. Cambridge, 1-45.

Bernays, J. (1885) 'Ueber die Chronik des Sulpicius Severus', in H. Usener (ed.) *Gesammelte Abhandlungen*. Vol. 2. Berlin, 81-200.

Bickermann, E. (1938) 'Les Hérodiens', *RB* 47: 196.

— (1949) 'The Historical Foundations of post-Biblical Judaism', in L. Finkelstein (ed.) *The Jews, their History, Culture and Religion*. Vol. 1. London, 70-114.

Birkeland, H. (1954) *The Language of Jesus*. Oslo.

Blenkinsopp, J. (1974) 'Prophecy and Priesthood in Josephus', *JJS* 25: 239-62.

Bogaert, p. (1969) *L'Apocalypse syraique de Baruch*. Sources Chrétiennes. Paris.

Borg, M. (1971) "The Currency of the Term 'Zealot'", *JThS* 22: 504-12.

Bowersock, G. (1965) *Augustus and the Greek World*. Oxford.

— (1973) 'Syria under Vespasian', *JRS* 63: 133-40.

— (1975) Review of Schürer-Vermes-Millar. Vol. 1. *JRS* 65: 180-5.

Brandon, S. G. F. (1967) *Jesus and the Zealots: a Study of the Political Factor in Primitive Christianity*. Manchester.

Briessmann (1955) *Tacitus und das flavische Geschichtsbild: Hermes Einzelschriften* 10. Wiesbaden.

Brinton, C. (1938) *The Anatomy of a Revolution*. New York.

Broshi, M. (1979) 'The Population of Western Palestine in the Roman-Byzantine Period', *BASOR* 236: 1-10.

Brunt, P. A. (1977) 'Josephus on Social Conflicts in Judaea', *Klio* 59. 1: 149-53.

Büchler, A. (1956) *Family Purity and Family Impurity in Jerusalem Before AD* 70. Brodie & Rabinowitz (eds.) Oxford.

Charlesworth, M. P. (1936) 'The Flavian Dynasty', in S. A. Cook, F. E. Adcock & M. P. Charlesworth (eds.) *Cambridge Ancient History.* Vol. 11. Cambridge, 284-315.

— (1937) *The Virtues of a Roman Emperor: Propaganda and the Creation of Belief*. London.

Chilver, G. E. F. (1956) 'Review of Briessmann'. *JRS* 46: 203-5.

Chomsky, W. (1951-2) 'What was the Jewish Vernacular during the Second Commonwealth?' *JQ* 42: 193-221.

Clarke, M. L. (1971) *Higher Education in the Ancient World*. London.

Clay, D. (1973) 'Sailing to Lampsacus. Diogenes of Oenoanda, new fragments 7', *GRBS* 14:49-60.

Cohen, S. J. D. (1979) *Josephus in Galilee and Rome: his Vita and Development as a Historian.* Leiden.

Cohn, N. (1962) 'Medieval Millenarianism: its Bearing on the Comparative Study of Millenarian Movements', in S. L. Thrupp (ed.) *Millennial Dreams in Action: Comparative Studies in Society and History*. Suppl. 2. The Hague, 31-43.

Crook, J. (1951) 'Titus and Berenice', *AJPh* 72: 162-75.

Dalman, G. (1902) *The Words of Jesus*. English translation by D. M. Kay. Edinburgh.

Daube, D. (1977) 'Three Legal Notes on Josephus after his Surrender', *Law Quarterly Review* 93: 191-4.

— (1980) 'Typology in Josephus', *JJS* 31: 18-36.

Debevoise, N. C. (1938) *A Political History of Parthia*. Chicago.

Dérenbourg J. (1867) *Essai sur l' Histoire et la Géographie de la Palestine d'après les Thalmuds et les autres sources Rabbiniques*. Paris.

De Ste Croix, G. E. M. (1975) 'Karl Marx and the History of Classical

Antiquity', *Arethusa* 8: 7-42.

Dibelius, M. (1956) *Studies in the Acts of the Apostles*. English translation by H. Greeven. London.

Drexler, H. (1925) 'Untersuchungen zu Josephus und zur Geschichte des jüdischen Aufstandes 66-70', *Klio* 19: 277-312.

Duncan-Jones, R.P. (1976) 'Some Configurations of Landholding in the Roman Empire', in M.I. Finley (ed.) *Studies in Roman Property*. Cambridge, 7-33.

Dupont-Sommer, A. (1954) *The Jewish Sect of Qumran and the Essenes*. London.

Duschak, M. (1864) *Josephus Flavius und die Tradition*. Vienna.

Dyson, S.L. (1971) 'Native Revolts in the Roman Empire', *Historia* 20: 239-74.

Earl, D. (1972) 'Prologue Form in Ancient Historiography', in H. Temporini & W. Haase (eds.) *Aufstieg und Niedergang der Römischen Welt* 1.2: 842-56.

Eck, W. (1970) *Senatoren von Vespasian bis Hadrian*. Munich.

Edwards, L.P. (1927) *The Natural History of Revolution*. Chicago.

Emerton, J.A. (1961) 'Did Jesus Speak Hebrew?', *JThS* 12: 189-202.

-- (1973) 'The Problem of Vernacular Hebrew in the First Century AD and the Language of Jesus', *JThS* 24: 1-24.

Farmer, W.R. (1958) *Maccabees, Zealots and Josephus: an Inquiry into Jewish Nationalism in the Greco-Roman Period*. 2nd ed. New York.

Feldman, L.H. (1975) 'Masada: a Critique of Recent Scholarship', in J. Neusner (ed.), *Christianity, Judaism and Other Greco-Roman Cults: Studies for Morton Smith at Sixty*. Vol. 3. Leiden, 214-48.

Finley, M.I. (1973) *The Ancient Economy*. London.

-- (1975) 'Generalisations in Ancient History', in *The Use and Abuse of History*. London, 60-74.

Fischel, W.J. (1952) *Ibn Khaldun and Tamerlane: their Historic Meeting in Damascus, 1401 AD (803AH): a Study Based on Arabic MSS of Ibn Khaldun's 'Autobiography'*. Berkeley.

Fitzmeyer, J.A. (1975) *The Dead Sea Scrolls: Major Publications and Tools for Study*. Missoula MO.

Fornaro, P. (1980) *Flavio Giuseppe, Tacito e l'Impero* (de Bello Judaico 6.284-315; Histories 5.13). Turin.

Fraenkel, E. (1950) *Aeschylus: Agamemnon*. Oxford.

Frankfort, Th. (1961) 'La Date de l'Autobiographie de Flavius Josèphe et les Oeuvres de Justus de Tibériade', *Revue Belge de Philologie et d'Histoire* 39:52-8.

Freyne, S. (1980) *Galilee from Alexander the Great to Hadrian, 323 BCE to 135 CE: a Study of Second Temple Judaism*. Notre Dame IN.

Fuchs, H. (1938) *Der geistige Widerstand gegen Rom in der antiken Welt*. Berlin.

Gapp, K.S. (1935) 'The Universal Famine under Claudius', *HThR* 28: 258-65.

Gardner, M. (1978) *Aha! Insight*. New York & Oxford.

Garnscy, P. (1970) *Social Status and Legal Privilege in the Roman Empire*. Oxford.

— (1980) 'Non-Slave Labour in the Roman World', in P. Garnsey (ed.) *Non-Slave Labour in the Roman World: Cambridge Philological Society*, suppl. vol. 6. Cambridge, 34-47.

Gay, P. (1974) *Style in History*. London.

Gelzer, M. (1952) 'Die Vita des Josephus', *Hermes* 80: 67-90.

Gibson, G.S. (1975) *The Social Stratification of Jewish Palestine in the First Century of the Christian Era*. Unpublished dissertation, London.

Gichon, M. (1981) "'Cestius Gallus' Campaign in Judaea", *PEQ* 113: 39-62.

Ginzburg, L. (1925) *Legends of the Jews*. 7 vol. Philadelphia.

— (1928) *Students, Scholars and Saints*. Philadelphia.

Goodyear, F.R.D. (1970) *Tacitus: Greece and Rome, New Surveys* 4. Oxford.

Graetze, H. (1877) 'Zur Geschichte und Chronologie Agrippa II s, der Procuratoren und die Hohenpriester seiner Zeit', *MGWJ* 26: 355.

Graf, H.R. (1937) *Kaiser Vespasian: Untersuchungen zu Suetons Vita Divi Vespasiani*. Stuttgart.

Grintz, J. (1960) 'Hebrew as the Spoken and Written Language in the Last Days of the Second Temple', *JBL* 29: 32-47.

Gundry, R. H. (1964) 'The Language Milieu of First-Century Palestine', *JBL* 83: 404-8.

Gutschmid, A. von (1893) *Kleine Schriften*. Vol. 4. Leipzig.

Guttmann, H. (1928) *Die Darstellung der jüdischen Religion bei Flavius Josephus*. Breslau.

Hallewy, E. E. (1972) 'Concerning the Ban on Greek Wisdom', *Tarbiz* 41: 269-75.

Har-El, M. (1972) 'The Zealots', Fortresses in Galilee', *IEJ* 22: 123-30.

— (1981) 'Jerusalem and Judaea: Roads and Fortifications', *Biblical Archaeologist* 44. 1: 8-20.

Hastings, J. (1909) *The Hastings Dictionary of the Bible*. Edinburgh.

Hata, G. (1975) 'Is the Greek Version of Josephus' "Jewish War" a Translation or a Rewriting of the First Version?', *JQR* 66: 89-108.

Heitland, W. E. (1921) *Agricola: a Study of Agriculture and Rustic Life in the Greco-Roman World from the Piont of View of Labour*. Cambridge.

Hengel, M. (1961) *Die Zeloten*. Leiden.

— (1974) *Judaism and Hellenism: Studies in their Encounter in Palestine during the Early Hellenistic Period*. English edition translated by J. Bowden. 2 vols. Philadelphia.

Henrichs, A. (1968) 'Vespasian's Visit to Alexandria', *ZPE* 3: 51-80.

Hertlein, E. (1921) 'Antonius Julianus, ein römischer Geschichtschreiber?', *Philologus* 77: 174-93.

Hill, C. (1972) *The World Turned Upside Down: Radical Ideas during the English Revolution*. London.

Hobsbawm, E. J. (1959) *Primitive Rebels: Studies in Archaic Forms of Social Movement in the 19th and 20th Centuries*. Manchester.

— (1981) *Bandits*. 2nd ed. Harmondsworth.

Hoehner, H. (1972) *Herod Antipas*. Cambridge.

Hoenig, S. (1953) *The Great Sanhedrin*. Philadelphia.

Hölscher, G. (1916) 'Josephus', in A. Pauly and G. Wissowa (eds.) *Real-encyclopädie der klassichen Altertumwissenschaft*. Vol. 9. Stuttgart-Munich, cols. 1934-2000.

Hopkins, K. (1978) 'Economic Growth and Towns in Classical Antiquity', in P. Abrams & E. A. Wrigley (eds.) *Towns in Societies.* Cambridge, 35-77.

Hospers-Jansen, A. M. A. (1949) *Tacitus over de Joden: Hist* 5. 2-13. Diss. Phil. Utrecht.

Humphreys, S. C. (1978) Anthropology and the Greeks. London.

Hyldahl, N. (1966) *Philosophie und Christentum: eine Interpretation der Einleitung zum Dialog Justins.* Copenhagen.

Iassc, B. H. and Roll, I. (1976) 'A Milestone of AD 69 from Judaea; the Elder Trajan and Vespasian', *JRS* 46: 15-19.

Janson, T. (1964) *Latin Prose Prefaces: Studies in Literary Conventions.* Stockholm.

Jeremias, J. (1969) *Jerusalem in the Time of Jesus: an Investigation into Economic and Social Conditions during the New Testament Period.* Translated by F. H. and C. H. Cave. Philadelphia.

Jones, A. H. M. (1931) 'The Urbanisation of Palestine', *JRS* 21: 78-85.

— (1938) *The Herods of Judaea.* Oxford.

— (1940) *The Greek City from Alexander to Justinian.* Oxford.

— (1960) 'Procurators and Prefects in the Early Principate', *Studies in Roman Government and Law.* Oxford, 115-25.

— (1971) *Cities of the Eastern Roman Provinces.* 2nd rev. ed. Amsterdam.

Jones, C. P. (1971) *Plutarch and Rome.* Oxford.

Judge, E. A. (1972) 'St Paul and Classical Society', *JbAC* 15: 19-36.

Juster, J. (1914) *Les Juifs dans l'Empire Romain.* Vol. 1. Paris.

Kadman, L. (1960) *The Coins of the Jewish War, 66-73 CE, Corpus Nummorum Palestinensium.* Vol. 3. Tel-Aviv.

Kanael. B. (1953) 'The Historical Background of the Coins Year Four of the Redemption of Zion', BASOR 129: 18-20.

Kindler, A. (1980) 'Numismatic Remarks on Jewish Minting at the End of the Second Temple Period', in A. Oppenheimer, U. Rappaport and M. Stern (eds.) *Jerusalem in the Second Temple Period: Abraham Schalit Memorial Volume.* Jerusalem, 271-82 (Hebrew with English summary).

Klausner, J. (1952) *History of the Second Temple*. 3rd ed. 5 vols. Jerusalem.

— (1961) 'The Economy of Judaea in the Period of the Second Temple' in B. Netanyahu (ed.) *World History of the Jewish People*. Vol. 7. Tel-Aviv, 180-205.

Klein, S. (1924) *Miscellaneous Essays in Palestinian Research*. Vienna.

Kraft, R. A. (1975) 'The Multiform Jewish Heritage of Early Christianity', in J. Neusner (ed.) *Christianity, Judaism and Other Greco-Roman Cults: Studies for Morton Smith at Sixty*. Vol. 3. Leiden, 175-99.

Kriessig, H. (1969) 'Die landwirtschaftliche Situation in Palästina vor dem judäischen Krieg', *Acta Antiqua* 17: 223-54.

— (1970) *Die sozialen Zusammenhänge des judäischen Krieges: Klassen und Klassenkampfe in Palästina des 1. Jahrhundert v. u. Z.* Berlin.

Kutscher, E. Y. (1974) *The Language and Linguistic Background of the Isaiah Scroll*. Leidon.

Lachenaud, G. (1973) *Mythologies, religion et philosophie de l'histoire dans Hérodote*. Lille-Paris.

Ladouceur, D. J. (1980) 'Masada, a Consideration of the Literary Evidence', *GRBS* 21: 245-60.

— (1981) 'The Death of Herod the Great', *CPh* 76: 25-34.

Laqueur, R. (1920) *Der jüdische Historiker Flavius Josephus: Versuch auf neuer quellenkritischer Grundlage*. Giessen.

— (1921) Review of W. Weber, *Phil. Wochenschrift* 41: 1105-14.

Lebram, J. C. H. (1974) 'Der Idealstaat der Juden', in O. Betz, K. Haacker & M. Hengel (eds.) *Josephus-Studien*. Göttingen, 233-53.

Le Moyne, J. (1972) *Les Sadducéens*. Paris.

Levine, L. I. (1980) 'The Political Struggle between Pharisees and Sadducees in the Hasmonean Period', in A. Oppenheimer, U. Rappaport and M. Stern (eds.) *Jerusalem in the Second Temple Period: Abraham Schalit Memorial Volume*. Jerusalem, 61-83.

Levinson, Y. (1965) 'Vespasian's Advance from Acre to Jotapata', *19th National Congress for the Exploration of the Land of Israel and its Antiquities*. Jerusalem (Hebrew).

Levy, J. (1924) *Wörterbuch über die Talmudim und Midraschim.* 4 vols. Berlin.

Lewis, D. M. (1969) 'Review of Sevenster', *JThS* 20: 583-8.

Lieberman, S. (1942) *Greek in Jewish Palestine: Studies in the Life and Manners of Jweish Palestine in the II - IV Centuries CE.* New York.

— (1950) *Hellenism in Jewish Palestine.* New York.

— (1963) 'How much Greek in Jewish Palestine?', in A. Altman (ed.) *Studies and Texts, Philip W. Lown Institute of Advanced Judaic Studies.* Vol. 1: Biblical and Other Studies. Cambridge MA, 123-41.

— (1974) 'The Discipline in the So-Called Dead Sea Manual of Discipline', *JBL* 71: 199-206 = *Texts and Studies* (1974) New York, 200-7.

Lifschitz, B. (1970) 'Du Nouveau sur l' Hellénization des Juifs en Palestine', *Euphrosyne* n. s. 4.

— (1977) 'Jérusalem sous la Domination Romaine: Histoire de la ville depuis la conquête de Pompée jusqu'à Constantin (63a. C.-325 p. C.)', in W. Haase & H. Temporini (eds.) *Aufstieg und Niedergang der Römischen Welt* 2.8: 444-89.

Lightstone, J. (1975) 'Sadducees versus Pharisees: the Tannaitic Sources', in J. Neusner (ed.) *Christianity, Judaism and Greco-Roman Cults: Studies for Morton Smith at Sixty.* Vol. 3. Leiden, 206-17.

Lindner, H. (1972) *Die Geschichtsauffassung des Flavius Josephus im Bellum Judaicum.* Leiden.

Lloyd-Jones, H. (1971) *The Justice of Zeus.* Oxford.

Luther, H. (1910) *Josephus und Justus von Tiberias.* Halle.

MacMullen, R. (1967) *Enemies of the Roman Order: Treason, Unrest and Alienation in the Empire.* Cambridge MA.

— (1974) *Roman Social Relations 50 BC-AD 284.* New Haven & London.

Magi, F. (1945) *I Rilievi Flavi del Palazzo della Cancellaria.* Rome.

Maier, P. L. (1969) 'The Episode of the Golden Romam Shields at Jerusalem', *HThR* 42: 109-21.

Mantel, H. (1961) *Studies in the History of the Sanhedrin.* Cambridge MA.

Marcus, R. (1952) 'The Pharisees in the Light of Modern Scholarship', *Journal of Religion* 23: 153-64.

Marrou, H. (1948) *Histoire de l'Education dans l'Antiquité.* Paris.

Mendell, C.W. (1957) *Tacitus: the Man and his Work.* New Haven & London.

Meshorer, Y. (1978) 'The Coins of Sepphoris as a Historical Source', *Zion* 43 (Hebrew).

Michel, O. (1968) 'Studien zu Josephus; Simon bar Giora', *NTS* 14: 402-8.

—& Bauernfiend, O. (1967) 'Die beiden Eleazarreden in Jos. Bell. 7, 323-6; 7, 341-88', *ZNTW* 58: 267-72.

Milburn, R.P. (1954) *Early Christian Interpretations of History.* London.

Millar, F. (1964) *A Study of Cassius Dio.* Oxford.

— (1968) 'Local Cultures in the Roman Empire: Libyan, Punic and Latin in Roman Africa', *JRS* 58: 126-34.

— (1977) *The Emperor in the Roman World* 31 BC-AD 337. London.

— (1978) 'The Background to the Maccabean Revolution: Reflections on Martin Hengel's *Judaism and Hellenism*', *JJS* 29: 1-21.

Misch, G. (1950) *A History of Autobiography in Antiquity.* Translated by E. W. Dickes. London.

Moehring, H.R. (1981) review of Cohen, *Josephus in Galilee and Rome*, *JJS* 31.2: 240-2.

Momigliano, A. D. (1950) 'Panegyricus Messallae and "Panegyricus Vespasiani", Two References to Britain', *JRS* 40:39-42.

— (1952) 'Josephus as a Source for the History of Judaea', in S. Cook et al. (eds.) *Cambridge Ancient History.* Vol. 10. Cambridge, 884-7.

— (1963) 'Pagan and Chrisitan Historiography in the Fourth Century AD', in *The Conflict between Paganism and Christianity in the Fourth Century.* Oxford, 79-99 = *Essays in Ancient and Modern Historiography* (1977) Oxford, 107-26.

— (1966) 'Some Observations on Causes of War in Ancient Historiography', *Studies in Historiography.* London, 112-26.

— (1971) *The Development of Greek Biography: Four Lectures.* Cambridge MA.

— (1975) *Alien Wisdom: the Limits of Hellenization.* Cambridge.

— (1975) Jocob Bernays', in *Quinto Contributo alla Storia degli Studi Classici*. Vol. 1. Rome, 127-58.

— (1977) 'Popular Religious Beliefs and Late Rome Historians', *Essays in Ancient and Modern Historiography*. Oxford, 141-60.

Montefiore, H. (1962) 'Sulpicius Severus and Titus' Council of War', *Historia* 11: 156-70.

Moore, G. F. (1929) 'Fate and Free Will in the Jewish Philosophies according to Josephus', *HThR* 22: 371-89.

Morel, W. (1926) 'Eine Rede bei Josephus', *RhM* 75: 106-14.

Morris, N. (1937) *The Jewish School: an Introduction to the History of Jewish Education*. London.

Motzo, B. (1924) *Saggi di Storia e Letteratura Giudeo-Hellenistica*. Florence.

Moule, C. F. D. (1959) 'Once more who were the Hellenists?' *Expository Times* 70: 100-2.

Mussies, G. (1976) 'Greek in Palestine and the Diaspora', in S. Safrai & M. Stern (eds.) *The Jewish People in the First Century. Compendia Rerum Iudaicarum ad Novum Testamentum*. Section 1, vol. 2. Assen, 1040-64.

Murray, O. (1969) Review of R. MacMullen, *Enemies of the Roman Order*. JRS 59: 261-5.

Myres, J. L. (1953) *Herodotus, Father of History*. Oxford.

Nash, E. (1961) *A Pictorial Dictionary of Ancient Rome*. 2 vols. London.

Nenci, G. (1953) 'Il motivo dell'autopsia nella storiografia greca', *Studi Classici e Orientali* 3: 14-46.

Nestle, W. (1935-6) 'Legenden vom Tod der Gottesverächter', *Archiv für Religionswissenschaft* 33: 245-69.

Neusner, J. (1960) 'The Fellowship (Haburah) in the Second Jewish Commenwealth', *HThR* 53: 125-42.

— (1969) *A History of the Jews in Babylonia*. 2nd ed. Leiden.

— (1970) *A Life of Rabban Johanan ben Zakkai*. 2nd edn. Leiden.

— (1970) *Development of a Legend: Studies on the Tradition Concerning Yohanan ben Zakkai*. Leiden.

— (1971) *The Rabbinic Traditions about the Pharisees before* 70. 3 vols. Leiden.

— (1972) 'Judaism in a Time of Crisis: Four Responses to the Destruction of the Second Temple', *Judaism* 21 = *Early Rabbinic Judaism* (1975), Leiden, 34-49.

— (1972) 'Josephus' Pharisees', in *Ex Orbe Religionum, Studia Geo Widengren Oblata*. Vol. 1. Leiden, 224-44.

— (1973) *Eliezer ben Hyrcanus: the Tradition and the Man*. Leiden.

— (1973) *The Idea of Purity in Ancient Judaism*. Leiden.

— (1975) *Early Rabbinic Judaism: Historical Studies in Religion, Literature and Art*. Leiden.

— (1976) 'The Jews East of the Euphrates and the Roman Empire, I, 1st - 3rd Centuries AD', in H. Temporini & W. Haase (eds.) *Aufstieg und Niedergang der Römischen Welt* 2.7: 46-69.

— (1979) *From Politics to Piety: the Emergence of Pharisaic Judaism*. 2nd ed. Englewood Cliffs NJ.

Nichols, J. (1978) *Vespasian and the Sortes Flavianae: Historia Einzelschriften* 27. Wiesbaden.

— (1978) *Vespasian and the Partes Flavianae: Historia Einzelschriften* 28. Wiesbaden.

Niese, B. (1896) 'Der jüdische Historiker Josephus', *Historische Zeitschrift* 76: 193-237.

— (1914) 'Josephus', in J. Hastings (ed.) H*asting's Encyclopaedia of Religions and Ethics*. Vol. 7. Edinburgh, 569-79.

Nikiprowetsky, V. (1971) 'La Mort d'Eléazar Fils de Jaïre et les courants apologétiques dans le *De Bello Judaico* de Flavius Josèphe', in *Hommages à André Dupont-Sommer*. Paris, 461-90.

Nock, A. D. (1933) *Conversion: the Old and New in Religion from Alexander the Great to Augustine of Hippo*. Oxford.

— (1972) Conversion and Adolescence' in Z. Stewart (ed.) *Essays in Religion and the Ancient World*. Vol. 1. Oxford, 469-80.

Norden, E. (1913) 'Josephus und Tacitus über Jesus Christus und eine messianische Prophetie', part 3, *Neue Jahrbuch für das kl. Altertum* 16: 637-66. Repr. in A. Schalit (ed.) (1973), *Zur Josephus-*

Forschung, Wege der Forschung 84. Darmstadt, 27-69. Also in E. Norden (1966) *Kleine Schriften*. Berlin, 241-75.

Olitski, M. (1855) *Flavius Josephus und die Halacha*. Dissertation, Berlin.

Oppenheimer, A. (1997) *The Am Ha-aretz: a Study in the Social History of the Jewish People in the Hellenistic-Roman Period*. Translated by I. H. Levine. Leiden.

--Rappaport, U. & Stern, M. (1980) *Jerusalem in the Second Temple Period: Abraham Schalit Memorial Volume*. Jerusalem (Hebrew, with English summaries).

Otto, W. (1913) 'Herodes I-Herodias', in A. Pauly & G. Wissowa (eds.) *Real-encyclopädie der klassischen Altertumswissenschaft*. Suppl. 2: cols. 1-205.

Padgug, P. A. (1975) 'Classes and Society in Ancient Greece', *Arethusa* 8: 85-118.

Pelletier, A. (1962) *Flavius Josèphe Adapteur de la Lettre d'Aristée: une Réaction Atticisante Contre la Koiné*. Paris.

Pettee, G. S. (1938) *The Process of Revolution*. New York.

Pfaff, F. (1932) 'Rufus aus Samaria, Hippokrateskommentator und Quelle Galens', *Hermes* 47: 356-9.

Pirot, L., Robert, A., Gazelles, H. & Feuillet, A. (1966) *Dictionnaire de la Bible*. Suppl. 7. Paris.

Platner, S. B. and Ashby, T. (1929) *A Topographical Dictionary of Ancient Rome*. London.

Pounds, P. J. (1969) 'The Urbanization of the Classical World', *Association of American Geographers, Annals* 59: 135-57.

Rabin, G. (1976) 'Hebrew and Aramaic in the First Century', in S. Safrai & M. Stern (eds.) *The Jewish People in the First Century, Compendia Rerum Indaicarum ad Novum Testamentum*. Vol. 1, part 2. Assen, 1007-39.

Rabinowitz, I. L. (1964) 'The Suicide of the Zealots at Masada', *Sinai* 28: 329-32.

Radcliffe-Brown, A. R. (1952) *Structure and Function in Primitive Society*. London.

Radin, M. (1929) 'The Pedigree of Josephus', *CPh* 24: 193-6.

Rajak, T. (1973) 'Justus of Tiberias', *CQ* 23: 345-68.

Rappaport, S. (1930) *Agada und Exegese bei Flavius Josephus*. Vienna.

Rappaport, U. (1978) 'Notes on the Causes of the Great Revolt against Rome', *'Kathedra' for the Study of the Land of Israel and its Inhabitanats* 8: 42-6 (Hebrew).

--(1978) 'The Relation between Jews and non-Jews and the Great War against Rome', *Tarbiz* 17: 1-14 (Hebrew with English summary).

Reiling, J. (1971) 'The Use of "Pseudoprophetes" in the Septuagint, Philo and Josephus', *NT* 13:147-56.

Reinach, S. (1890) 'L'Arc de Titus', *REJ* 20: lxv-xci.

Rengstorf, K. H. (1968-83) *A Complete Concordance to Flavius Josephus*. Vols I-IV. Leiden.

Revel, B. (1923-4) 'Some Anti-Traditional Laws of Josephus', *JQR* 14: 293-301.

Rhoads, D. M. (1976) *Israel in Revolution 6-74 CE: a Political History Based on the Writings of Josephus*. Philadelphia PA.

Richmond, I. A. (1969) 'Two Flavian Monuments', in P. Salway (ed.), *Roman Archaeology and Art, Essays and Studies*. London, 218-21.

Rivkin, E. (1969-70) 'Defining the Pharisees, the Tannaitic Sources', *HUCA* 40-1: 205-49.

--(1978) *A Hidden Revolution: the Pharisees' Search for the Kingdom Within*. Nashville TN.

Roth, C. (1959) 'The Jewish Revolt against Rome, the War of 66-70 CE', *Commentary* 27: 513-22.

-- (1960) 'The Debate on the Loyal Sacrifices, AD 66', *HThR* 53: 93-7.

-- (1962) 'The Historical Implication of the Coins of the First Revolt', *IEJ* 12: 33-46.

-- (1964) 'The Constitution of the Jewish Republic of 66-70', *JJS* 9: 295-319.

Rougé, J. (1969) *Recherches sur l'Organisation du Commerce en Méditerranée sous l'Empire Romain*. Paris.

Safrai, S. (1965) *Pilgrimage in the Days of the Second Temple*. Tel-Aviv.

Safrai, Z. (1980) 'Vespasian's campaign of Conquest in Judaea', in A. Oppenheimer, U. Rappaport & M. Stern (eds.) *Jerusalem in the Second Temple Period: Abraham Schalit Memorial Volume*. Jerusalem, 320-39 (Hebrew with English summary).

Saldarini. A.J. (1975) 'Johanan ben Zakkai's escape from Jerusalem', *JSJ* 6:189-204.

Sandmel, S. (1969) *The First Christian Century in Judaism and Christianity: Certainties and Uncertainties*. New York NY.

Schäfer, P. (1977) 'Die Flucht Johanan ben Zakkais aus Jerusalem und die Gründung der "Lehrhauses" in Jabne', in H. Temporini & W. Haase (eds.) *Aufstieg und Niedergang der Römischen Welt* 2.19.2: 43-101.

Schalit, A. (1933) 'Josephus und Justus', *Klio* 26: 67-95.

Schalit, A (1968) *A Complete Concordance to Flavius Josephus*. Supplement 1 *Namenwörterbuch zu Flavius Josephus*. Leiden.

-- (1968) *König Herodes: der Mann und sein Werk*. Translated by J. Amir. Berlin.

-- (1975) 'Die Erhebung Vespasians nach Flavius Joesphus, Talmud und Midrasch. Zur Geschichte einer messianischen Prophetie', in H. Temporini (ed.) *Aufstieg und Niedergang der Römischen Welt* 2.2: 208-327.

Scheller, P. (1911) *De hellenistica historiae conscribendae arte*.

Schmidt, G. (1893)*De Flavii Josephi Elocutione Observationes Criticae*. Dissertation, Göttingen. Also in *Jahrbücher für klassische Philologie*. Suppl. 19. Leipzig, 341-550.

Schreckenberg, H. (1972) *Die Flavius-Josephus-Tradition in Antike und Mittelater*. Leiden.

Schulzer, W. (1904) *Zur Geschichte lateinischer Eigennamen*. Berlin.

Schürer. E. (1901-9) *Geschichte des jüdischen Volkes im Zeitalter Jesu Christi*. 3rd-4th ed. 3 vol. Leipzig.

--, Vermes, G. & Millar, F. (eds.) (1973, 1979) *The History of the Jewish People in the Time of Jesus Christ (173 BC-AD 135)*. Rev. ed., vols I & II. Edinburgh.

Schwabe, M. (1956) *The Book of Jerusalem*. 2 vols. Jerusalem-Tel

Aviv.

Scott, K. (1933) 'Statius' Adulation of Domitian', *AJPh* 54: 247-59.

— (1934) 'The Role of Basilides in the Events of AD 69', *JRS* 24: 138-40.

— (1936) *Imperial Cult under the Flavians. Stuttgart*.

Sevenster, J. (1968) *Do You Know Greek?* Suppl. 19 to *Novum Testamentum*. Leiden.

Seyrig, H. (1950) 'Irenopolis-Neronias-Sepphoris', *Numismatic Chronicle* (6th series) 10: 284-98.

— (1955) 'An additional note: Irenopolis-Neronias-Sepphoris', *Numismatic Chronicle* (6th series) 15: 157-9.

Shutt, R.J.H. (1961) *Studies in Josephus*. London.

Simon, M. (1956) *St Stephen and the Hellenists in the Primitive Church*. London.

— (1964) *Verus Israel: Étude sur les relations entre Chrétiens et Juifs dans l'Empire Romain*. 2nd ed. Paris.

Smallwood, E. M. (1959) 'The Alleged Jewish Tendencies of Poppaea Sabina', *JThS* 10: 329-35.

— (1962) 'High Priests and Politics in Roman Palestine', *JThS* 13: 14-34.

— (1976) *The Jews under Roman Rule: Pompey to Diocletian*. Leiden.

Smith, Morton (1961) 'The Dead Sea Sect in Relation to Ancient Judaism', *NTS* 7: 347-60.

— (1971) 'Zealots and Sicarii, Their Origins and Relation', *HThR* 44: 1-19.

Smith, W.D. (1979) *The Hippocratic Tradition*. Ithaca NY.

Stadter, A. (ed.) (1963) *The Speeches in Thucydides: a Collection of Original Studies with a Bibliography*. Chapel Hill.

Stählin, G. (1974) 'Das Schicksal im Neuen Testament und bei Josephus', in O. Betz, K. Haacker & M. Hengel (eds.) *Josephus-Studien: Untersuchungen zu Josephus, dem antiken Judentum und dem Neuen Testament, Otto Michel zum 70. Geburtstag gewidmet*. Göttingen, 319-43.

Stern, M. (1962) Review of Hengel, *JRS* 52: 258-9.

— (1962) 'Josephus' Method of Writing History', 7th *Convention of the*

Israel Historical Society. Jerusalem, 22-8.

— (1966) 'The Politics of Herod and Jewish Society at the end of the Second Temple Period', *Tarbiz* 35: 235-53.

— (1973) 'Zealots', in *Encyclopaedia Judaica Year Book*. Jerusalem, 135-52.

— (1976) 'Aspects of Jewish Society: the Priesthood and Other Classes', in S. Safrai & M. Stern (eds.) *The Jewish People in the First Century: Compendia Rerum Iudicarum ad Novum Testamentum* Section 1, vol. 2. Philadelphia, 561-630.

— (1976) 'The Time of the Composition of the Jewish War', *Proceedings of the Sixth World Congress of Jewish Studies* 2: 29-34.

— (1977) 'Sicarii and Zealots', in M. Avi-Yonah & Z. Baras (eds.) *World History of Jewish People*. Vol. 1. 8. Jerusalem, 263-301, 374-7.

— (1980) *Greek and Latin Author on Jews and Judaism*. 2 vols. Jerusalem.

Stone, L. (1972) *The Causes of the English Revolution* 1529-1642. New York.

Sullivan, R.D. (1977) 'The Dynasty of Commagene', in H. Temporini & W. Haase (eds.) *Aufstieg und Niedergang der Römischen Welt* 2. 7: 732-98.

Syme, R. (1958) *Tacitus*. Oxford.

Taisne, A.-M. (1973) 'Le Thème du Triomphe sous les Flaviens', *Latomus* 32: 485-504.

Tcherikover, V. (1959) *Hellenistic Civilization and the Jews*. Philadelphia.

Teixidor, J. (1977) *The Pagan God: Popular Religion in the Greco-Roman Near East*. Princeton.

Thackeray, H. St. J. (1929) *Josephus, the Man and the Historian*. New York.

— & Marcus, R. (1930-55) *A Lexicon to Josephus*. Parts 1-4 (incomplete).

Theiler, W. (1946) 'Tacitus und die antike Schicksalslehre', in O. Gigon (ed.) *Phyllobolia für P. von der Mühll*. Basel, 35-90.

Toynbee, J. M. C. (1957) *The Flavian Reliefs from the Palazzo della Cancellaria*. London.

Traute, A. (1970) *Clementia Principis: der Einfluss hellenistischer Fürstenspiegel auf den Versuch einer rechtlichen Fundierung des Principats durch Seneca*. Stuttgart.

Herford, R. Travers (1924) *The Pharisees*. London.

Unnik, W. C. van (1978) *Flavius Josephus als historischer Schriftsteller*. Heidelberg.

Urbach, E. E. (1968) 'Class Status and Leadership in the World of the Palestinian Sages', *Proc. Isr. Acad. Of Sciences and Humanities* 2: 38-74.

— (1975) *The Sages, their Concepts and Beliefs*. Translated by I. Abrahams. Jerusalem.

Vermes, G. (1961) 'The Symbolic Interpretation of "Lebanon" in the Targums: the Origin and Development of an Exegetical Tradition', *JThS* n. s. 9:1-12.

— (1961) *Scripture and Tradition in Judaism: Haggadic Studies*. Leiden.

— (1973) *Jesus the Jew: A Historian's Reading of the Gospel*. London.

— (1977) *The Dead Sea Scrolls: Qumran in Perspective*. London.

— (1980) 'Jewish Studies and New Testament Interpretation', *JJS* 31.1: 1-7.

Vernant, J.-P. (1980) *Myth and Society in Ancient Greece*. Translated by J. Lloyd. Atlantic Highlands NJ.

Veyne, P. (1976) *Le Pain et le Cirque*. Paris.

Vidal-Naquet, P. (1977) *Flavius Josèphe ou du bon usage de la trahison*. Paris.

— (1978) 'Flavius Josèphe et Masada', *Revue Historique* 260: 3-21.

— (1981) *Les Juifs, la Mémoire et le Présent*. Paris.

Vogelstein, H. & Rieger, P. (1896) *Geschichte der Juden in Rom*. 2 vols. Berlin.

Volkmann, R. (1885) *Die Rhetorik und Metrik der Griechen und Römer*. Repr. 1963. Munich.

Wacholder, B. Z. (1962) *Nicolaus of Damascus*. Berkeley.

Walbank, F. W. (1966) *Speeches in Greek Historians*. J. L. Myres Memorial Lecture. Oxford.

-- (1957)*A Historical Commentary on Polybius*. Vol. 1. London.

Wallace, S. L. (1938) *Taxation in Roman Egypt from Augustus to Diocletian*. London.

Warmington, B. H. (1969) *Nero: Legend and Reality*. London.

Weber, M. (1968) *Economy and Society*. G. Roth and C. Wittich (eds.) New York.

Weber, W. (1921) *Josephus und Vespasian. Untersuchungen dem jüdischen Krieg des Flavius Josephus*. Stuttgart.

Weiler, I. (1968) 'Titus und die Zerstörung des Tempels von Jerusalem-Absicht oder Zufall?', *Klio* 50: 139-58.

Weinreich, O. (1929) 'Türoffnung im Wunder-, Prodigien- und Zauberglauben der Antike des Judentums und Christentums', in *Genethliakon Wilhelm Schmid*. Section E. Stuttgart.

Wellhausen, J. (1924) *Die Pharisäer und die Sadducäer: eine Untersuchung zur inneren jüdischen Geschichte*. 2nd edition. Greifswald.

Whittaker, G. R. (1980) 'Rural Labour in Three Roman Provinces', in P. Garnsey (ed.) *Non-Slave Labour in the Greco-Roman World: Cambridge Philological Society*, suppl. Vol. 6: 73-99.

Winston, D. (1974-5) 'Freedom and Determinism in Philo of Alexandria', *Studia Philonica* 3: 47-70.

Wiseman, T. P. (1979)*Clio's Cosmetics*. Totowa NJ.

Wood, E. M. & N. (1978)*Class Ideology and Ancient Political Theory*. Oxford.

Worsley, P. (1968) *The Trumpet Shall Sound: a Study of 'Cargo' Cult in Melanesia*. 2nd ed. London.

Yadin, Y. (1966) *Masada: Herod's Fortress and the Zealots' Last Stand*. Translated by M. Pearlman. London.

Yavetz, Z. (1975) 'Reflections on Titus and Josephus', *GRBS* 16: 411-32.

Yeivin, S. (1937) *Excavations at Sepphoris*. Michigan.

Zeitlin, S. (1967) *The Rise and Fall of the Judaean State: a Political,*

Social and Religious History of the Second Commonwealth. 2 vols. Philadelphia.

Ziegler, K.-H. (1964) *Die Beziehungen zwischen Rom und dem Partherreich: ein Beitrag zur Geschichte des Völkerrechts*. Wiesbaden.

1983 年之后

新版本

Calabi, F. (1993) *Flavio Giuseppe: In difesa degli ebrei: (Contro Apione)* (Venice).

Jossa, G. (ed.) (1992) *Flavio Giuseppe: Autobiografia: introduzione, traduzione e note* (Naples).

Mason, S. (ed.) (2000-) *Flavius Josephus, Translation and Commentary*. Vol. Ⅲ (2000): *Judean Antiquities*, L. H. Feldman (trans. and comm.). Vol. Ⅸ (2002): *Life of Josephus*, S. Mason (trans. and comm.). Leiden.

Migliario, E. (ed.). (1994) *Flavio Giuseppe: Autobiografia: introduzione, traduzione e note* (Milan).

Siegert, F., Schreckenberg, H., Vögel, M. und dem Josephus-Arbeitskreis des Institutum Judaicum Delitzschianum (Münster) (eds.) (2001) *Flavius Josephus: Aus meinem Leben (Vita): kritische Ausgabe, Übersetzung und Kommentar (Münster)*

一般研究

Goodblatt, D. (1994) *The Monarchic Principle*. Tübingen.

Goodman, M. (1996) 'Judaea', in Bowman, A. K., Champlin, E. & Lintott, A. (eds.) *The Cambridge Ancient History* Ⅹ, *The Augustan Empire*. Cambridge, 737-81.

— (2000) 'Judaea', in Bowman, A. K., Garnsey, P. & Rathbone, D. (eds.) *The Cambridge Ancient History* Ⅺ, *The High Empire A. D. 70-192*. Cambridge, 664-78.

Grabbe, L. L. (1994) *Judaism from Cyrus to Hadrian*. London.

Kokkinos, N. (1998) *The Herodian Dynasty: Origins, Role in Society* and *Eclipse*. Sheffield.

Mendels, D. (1992) *The Rise and Fall of Jewish Nationalism*. New York.

Millar, F. *The Roman Near East*, 31 B.C.-A.D. 33. Cambridge, Mass.

Rajak, T. (2001) *The Jewish Dialogue with Greece and Roman: Studies in Cultural and Social Interaction*. Leiden.

Schiffman, L. H. (1995) *Reclaiming the Dead Sea Scrolls: the History of Judaism, the Background of Christianity, the Lost Library of Qumran*. New York.

Schürer, E. (1986) *The History of the Jewish People in the Age of Jesus Christ (175 B.C.-A.D. 135)*, Vermes, G., Millar, F. & Goodman, M. (eds.). Vol. Ⅲ, parts 1 and 2. Edinburgh.

Schwartz, D. R. (1990) *Agrippa Ⅰ: The Last King of Judaea*. Tübingen.

约瑟夫斯史学研究

Bilde, P. (1988) *Flavius Josephus between Jerusalem and Rome: His Life, his Works, and their Importance*. Scheffield.

Feldman, L. H. (1998) *Studies in Josephus' Rewritten Bible*. Leiden.

— (1998) *Josephus' Interpretation of the Bible*. Berkeley.

— & Hata, G. (eds.) (1987) *Josephus, Judaism, and Christianity*. Leiden.

— & Hata, G. (1989) *Josephus, the Bible and History*. Detroit.

— and J. R. Levison (1996) *Josephus' Contra Apionem: Studies in its Character and Context with a Latin Concordance to the Portion Missing in Greek*. Leiden.

Hadas-Lebel, M. (1993) *Flavius Josephus: Eyewitness to Rome's First Century Conquest of Judea*. Translated by R. Miller. New York.

Mason, S. N. (1991) *Flavius Josephus on the Pharisees: A Composition-Critical Study*. Leiden.

— (1998) (ed.) *Understanding Josephus: Seven Perspectives*. Sheffield.

McLaren, J. S. (1998) *Turbulent Times? Josephus and Scholarship on Judaea in the First Century CE*. Sheffield.

Moehring, H. R. (1984) 'Joseph ben Matthia and Flavius Josephus: The

Jewish Prophet and Roman Historian', *ANRW* 2.21.2, 864-944.

Parente, F. & Sievers, J. (eds.) (1994) *Josephus and the History of the Greco-Roman Period*. Leiden.

Rajak, T. 'Ciò che Flavio Giuseppe Vide: Josephus and the Essenes', in Parente, F. & Schwartz, D.R. (1989-90) 'On Drama and Authenticity in Philo and Josephus', *SCI* 10: 113-29.

Sterling, G.E. (1992) *Historiography and Self-definition: Josephus, Luke-Acts and Apologetic Historiography*. Leiden.

Villalba i Varneda, P. (1986) *The Historical Method of Flavius Josephus*. Leiden.

Villalba i Varneda, P. (1986) *The Historical Method of Flavius Josephus*. Leiden.

第二圣殿时期巴勒斯坦地区的社会经济与文化研究

Beall, T. (1988) *Josephus' Description of the Essenes Illustrated by the Dead Sea Scrolls*. Cambridge.

Crossan, J.D. (1991) *The Historical Jesus: The Life of a Mediterranean Peasant*. San Francisco.

Eshel, Hanan (2001) '4Q348, 4Q343 and 4Q345: Three Economic Documents from Qumran Cave 4?', *JJS* 52,1: 132-5.

Freyne, S. (1980) *Galilee: from Alexander the Great to Hadrian 323 BCE to 135 CE: A Study of Second Temple Judaism*. Wilmington.

Gray, R. (1993) *Prophetic Figures in Late Second Temple Jewish Palestine: the Evidence from Josephus*. Oxford.

Hengel, M. (1989) *The 'Hellenization' of Judaea in the First Century after Christ*. Philadelphia & London.

Horsley, R.A. (1995)*Galilee: History, Politics, People*. Valley Forge.

— & Hanson, J.S. (1988)*Bandits, Prophets, and Messiahs: Popular Movements at the Time of Jesus*. Minneapolis, 1985; repr. San Francisco.

Kasher, A. (1990) *Jews and Hellenistic Cities in Eretz-Israel: Relation of the Jews in Eretz-Israel with the Hellenistic Cities during the Second Temple Period (332 BCE - 70 CE)*. Tübingen.

McLaren, J.S. (1991) *Power and Politics in Palestine: the Jews and the*

Governing of their Land 100 BC - AD 70. Sheffield.

Schwartz, S. (1994) 'Josephus in Galilee: Rural Patronage and Social Breakdown', in Parente & Sievers (eds.) *Josephus and the History of the Greco-Roman Period*, 290-306.

Shaw, B.D. (1993) 'Tyrants, Bandits and Kings: Personal Power in Josephus', *JJS* 44: 173-203.

Vermes, G. (1983) *Jesus and the World of Judaism*. London.

— (1999) *An Introduction to the Complete Dead Sea Scrolls*.

— & Goodman, M. (1989) *The Essenes According to the Classical Sources*. Sheffield.

犹太起义研究

Goodman, M. (1982) 'The First Jewish Revolt: Social Conflict and the Problem of Debt', *JJS* 33:417-27.

— (1987) *The Ruling Class of Judaea: the Origins of the Jewish Revolt against Rome, AD 66-70*. Cambridge.

Horsley, R.A. (1987) *Jesus and the Spiral of Violence: Popular Jewish Resistance in Roman Palestine*. San Francisco.

Jossa, G. (1994) 'Josephus' Action in Galilee during the Jewish War', in Parente & Sievers (eds.) *Josephus and the History of the Greco-Roman Period*, 265-78.

Miller, S.S. (1984) *Studies in the History and Traditions of Sepphoris*. Leiden.

Price, J. (1992) *Jerusalem under Siege: the Collapse of the Jewish State 66-70 CE*. Leiden.

Rajak, T. (1987) 'Josephus and Justus of Tiberias', in Feldman & Hata (eds.) *Josephus, Judaism, and Christianity*, 81-94.

— (1991) 'Friend, Romans, Subjects: Agrippa's Speech in Josephus' Jewish War', in L. Alexander (ed.) *Images of Empire*. Sheffield, 122-34.

Rappaport, U. (1982) 'John of Gischala: From Galilee to Jerusalem', *JJS* 33: 479-93.

— (1983) 'John of Gischala in Galilee', in L.I. Levine (ed.) *The Jerusalem Cathedra: Studies in the History, Archaeology, Geography* and *Ethnography of the Land of Israel*. Vol. Ⅲ, 46-57.

-- (1994) 'Where was Josephus Lying - in his Life or in the War?', in Parente & Sievers (eds.) *Josephus and the History of the Greco-Roman Period*, 279-89.

Schwartz, D. R. (1992) 'On Sacrifices by Gentiles in the Temple of Jerusalem', in D. R. Schwartz, *Studies in the Jewish Background of Christianity*. Tübingen, 102-16.

马萨达事件研究

(1989-) *Masada: The Yigal Yadin Excavations 1963-1965 Final Reports*. 6 vols. Jerusalem.

Ben-Yehuda, N. (1995) *The Masada Myth: Collective Memory and Mythmaking in Israel*. Madison.

Cohen, S. J. D. (1982) 'Masada: Literary Tradition, Archaeological Remains, and the Credibility of Josephus', *JJS* 33: 385-405.

Cotton, H. M. & J. Geiger (1989) *Masada Ⅱ. Final Reports: the Latin and Greek Documents*. Jerusalem.

-- & Price, J. J. (1990) 'Who Captured Masada in 66 CE and Who Lived There until the Fortress Fell?' *Zion* 55: 449-54 (Hebrew).

Eshel, Hanan (1999) 'Josephus' view on Judaism without the Temple in Light of the Discoveries at Masada and Murabba'at', in B. Ego, A. Lange & P. Pilhofer (eds.) *Gemeinde ohne Tempel: zur Substituierung und Transformation des Jerusalemer Tempels und seines Kults im Alten Testament, antiken Judentum und fruhen Christentum*. Tübingen (Wissenschaftliche Untersuchungen zum Neuen Testament 118).

Feldman, L. (1987) 'Josephus and Masada', in Feldman & Hata (eds.) *Josephus, Judaism, and Christianity*, 95-113.

Klassen, W. (2000) 'The Archaeological Artifacts of Masada and the Credibility of Josephus', in Wilson, P. & Desjardins, M. (eds.) *Text and Artifact in the Religions of Mediterranean Antiquity: Essays in Honour of Peter Richardson*, 456-73. Waterloo.

Luz, M. (1983) 'Eleazar's Second Speech on Masada and its Literary Precedents', *Rheinisches Museum* 126: 25-43.

Newell, R. (1989) 'The Forms and Historical Value of Josephus' Suicide Accounts', in Feldman & Hata (eds.) *Josephus, the Bible and History*, 278-94.

Zerubavel, Y. (1995) *Recovered Roots: Collective Memory and the Making of Israeli National Tradition*. Chicago & London.

公元 70 年后的罗马、弗拉维奥王朝及约瑟夫斯研究

Goodman, M. (1994) 'Josephus as a Roman Citizen', in Parente & Sievers (eds.) *Josephus and the History of the Greco-Roman Period*, 329-38.

Hata, G. (1994) 'Imagining Some Dark Parente & Sievers (eds.) *Josephus and the History of the Greco-Roman Period*, 309-28.

Isaac, B. (1992) *The Limits of Empire: the Roman Army in the East*. Oxford.

Jones, B. (1984) *The Emperor Titus*. London.

Levick, B. (1999) *Vespasian*. London.

Mason, S. N. (1994) 'Josephus, Daniel, and the Flavian House', in Parente & Sievers (eds.) *Josephus and the History of the Greco-Roman Period*, 161-91.

Saulnier, C. (1989) 'Flavius Josèphe et la propaganda Flavienne', *RB* 96: 545-62.

Schwartz, S. (1986) 'The Composition and Publication of Josephus' "Bellum Judaicum" Book 7', *HThR* 79: 373-86.

-- (1990) *Josephus and Judaean Politics*. Leiden.

参考书

Feldman, L. H. (1984) *Josephus and Modern Scholarship*, 1937-1980 (Berlin).

人名地名及著作名称译名汇编[1]

Aaron	亚伦
Abba Saul	阿巴索尔
Abdalonymus	阿布达隆尼姆斯
Abila	阿比拉
Abraham	亚伯拉罕
Abrahams	亚伯拉罕斯
Abrams	艾布拉姆斯
Absalom	押沙龙
Achaea	阿开亚
Acrabeta	阿克拉贝塔
Acre	阿卡
ad Autolycum	《奥托莱昆》(西奥菲勒斯)
Adiabene	爱迪宾人
Adora	阿多拉
Advanced Studies at the Hebrew University, Jerudsalem, Israel	以色列希伯来大学高级研究所
Aemilius Paulus	《埃米利乌斯·保卢斯》(普鲁塔克)
Against Celsus	《驳塞尔苏斯》(奥利根)
Against Apion	《驳阿皮翁》
Aggadah	《哈加达》(犹太法典中解释律法以外的其他经文的部分)
Aggadic	"哈伽达"文献,犹太口传圣经故事
Agricola	《农民》(海特兰)
Agrippa	阿格里巴
Aha! Insight	《啊哈!灵机一动》(伽德纳)

---

[1] 本部分为译者汇编——译者注。

Aher	另类
Akiba	阿吉巴
Alani	阿兰尼人
Alba	阿尔巴
Albinus, A. Postumius	波斯图米乌斯·阿尔比努斯
Albinus, Luceicus	路西科·阿尔比努斯
Alcibiades	亚西比德
Alexander the Alabarch	首席行政官亚历山大
Alexander the Great	亚历山大大帝
Alexander, Marcus Julius	马库斯·尤里乌斯·亚历山大
Alexandria	亚历山大里亚
Alexander, Tiberius Julius	提比利乌斯·尤里乌斯·亚历山大
Alexas	亚里克
Alien wisdom	外邦智慧
Aliturus	阿利图鲁斯
The alleged Jewish tendencies of Poppaea Sabina	《关于波佩·萨比娜所谓的犹太倾向》(斯沫伍德)
Alon	阿隆
Amathus	阿玛苏斯
Ambrosian	《圣盎博罗斯修会版》
The 'Am Ha-aretz	《犹太人》
amicus Caesaris	皇帝亲信
Ammaus	阿莫斯
Amoraim	《亚摩经》
Anabasis	《远征记》(色诺芬)
Ananias	亚拿尼亚
Ananus	哈拿努
Ancient Economy	《古代经济》(芬利)
Ancient Monumenta in the Kedron Valley	《基德伦谷古代墓碑研究》(雅维加)
Annals	《编年史》(塔西佗)
Annas	亚那
Anthedon (Agrippias)	安寺东(阿格里皮亚斯)
Anthropology and the Greeks	《人类学与希腊人》(汉弗莱)
Antioch	安提俄克
Antiochus IV	塞琉古国王安提俄克四世
Antipatris	安提帕特拉斯

Antonia fortress	安东尼要塞
Antonia Minor	小安东尼娅
Antony	安东尼
Ap.	拉丁文"apud"的缩写,意为"在……作品中"
Aphrodite	阿佛洛狄忒
Apollonia	阿波罗尼亚
Apollonius of Tyana	底阿纳的法术大师阿波罗留斯
Appian	阿皮翁
Applebaum	阿普尔鲍姆
Aramaic	阿拉米语
Arbela	阿尔贝拉
Archelaus	亚基老
archisynagogus	犹太会堂的事务长
Arethusa	《林仙杂志》(古典研究学术杂志)
Aristarchus	阿利斯塔克
Aristobulus II	阿里斯托布鲁斯二世
Aristobulus III	阿里斯托布鲁斯三世
Aristophanes	阿里斯托芬
Armenia	亚美尼亚
Arminius	阿米尼乌斯(德国英雄)
Arrian	阿里安
Ascalon	阿斯卡隆
Ashby	阿什比
Asia	亚细亚
Asochis	阿索吉斯平原
Association of American Geographers, Annals	《美国地理学家学会年报》
Atticus	阿提库斯
Attitude of the Pharisees to the Roman government and the house of Herod, The	《法利赛人对罗马政府和希律家族的态度》(阿隆)
Attridge	阿特里奇
Augustine, Saint	圣奥古斯丁
Augustus and the Greek World	《奥古斯都和希腊世界》(鲍索克)
Aulus Gellius	奥卢斯·格里乌斯
Auranitis	奥兰尼

Austin	奥斯汀
The Autobiography of Josephus and the hypothesis of a second edition of his *Antiquities*	《约瑟夫斯的〈自传〉与〈犹太古史〉第二版假设》（巴里什）
Avenarius	埃文纳里尤斯
Avigad	雅维加
Avi-Yonah	阿维-约纳
Avot	《阿伯特》或《先贤篇》（《密西纳》）
Avtalion	亚维塔林
Azotus(Ashdod)	阿佐图斯
Baer	贝尔
Baitos	拜图
Balaam	巴兰
Balliol College, Oxford	牛津大学贝列尔学院
Balsdon	巴斯顿
Bandits	《匪帮》（霍布斯鲍姆）
Bardon	巴尔顿
Bannus	班鲁斯
Bar Kochba	巴克巴
Bar Katras	巴·卡特拉
Baraita	《巴莱塔》，指未被收入《密西纳》的部分解经文献
Barish	巴里什
Bar-Kochva	巴科克瓦
Barnes	巴恩斯
Baruch	《巴鲁书》
Basilides	巴西里底斯
BASOR: *Bulletin of the American Schools of Oriental Research*	《美国东方研究学院通报》
Bassus, Aufidius	奥菲狄乌斯·巴苏斯
Batanaea	巴坦纳尼亚
Bauernfeind	鲍恩芬德
Baumbach	邦姆巴赫
Beer Sheba	贝尔谢巴
ben Yair	本·雅亿
Ben Dama	本·达玛
ben Kalba Savua	本·卡尔巴·萨乌阿

ben Nappaha	本·拿巴哈
ben Zizit ha-Keset	本·希系特·哈吉赛特
Berenice	贝蕾尼丝
Bernays	伯奈斯
Berossus of Babylon	巴比伦的贝罗索斯
Berhsaida Livias (Julias)	贝斯塞达(即后来的朱利亚斯城)
Berussus	贝罗索斯
Beth She'arim necropolis	贝特·舍阿里姆墓地
Bethesda	毕士大
Beth-horon	伯和仑
Bethlehem	伯利恒
Bet-horon	贝特霍龙
Bethsaida	伯赛大
Bibliotheca	《亚历山大图书馆藏书》(福蒂乌斯)
Bickerman	比克曼
Birkeland	伯克兰
Blake, Deborah	戴博拉·布莱克
Blenkinsopp	布林肯索普
Boethus	波伊图
Bogaert	博加特
The Book of Jerusalem	《耶路撒冷之书》
Borcaeus	波尔卡尤斯
Borcius	伯基乌斯
Borg	伯格
Bowersock	鲍索克
Brandon	布兰敦
Briessmann	布雷斯曼
Brill	布里尔出版社
Brinton, Crane	克兰·布林顿
Broshi	布罗西
Brunt	布伦特
Büchler	布赫勒
The Burning of the Temple	《焚烧圣殿》(阿隆)
Byzanyine	拜占庭
Caecina	凯奇纳

Caecina Alienus	凯西纳·艾林努斯
Caesarea	恺撒利亚
Caesarea Philippi	恺撒利亚腓利比(叙利亚巴尼亚斯的古称)
Caesarea (Strato's lower)	恺撒利亚(下斯特拉图)
CAH:Cambridge Ancient History	《剑桥古代史》
Caiaphas	该亚法
Caligula	罗马皇帝卡里古拉
Callirrhoe	卡利罗厄
Camanus, Ventidius	古玛努斯
Cambridge Philological Society	剑桥文献研究会
Cambridge manuscript	剑桥手稿
Cana	伽拿
Capernaum	迦百农
Capitoline Zeus	卡皮托利尼山宙斯神庙
Cappadocia	卡帕多奇亚
Caratacus	卡拉塔库斯
Cassiodorus	卡西奥多鲁斯
Catiline	卡蒂利内
Cato, the elder	老加图
Catullus the Governor of Libya	利比亚总督卡图卢斯
Caucasus	高加索山脉
Cazelles	卡泽莱斯
Cedrenus, George	乔治·锡德伦努斯(11世纪拜占庭僧侣)
The Centre for Hellenic Studies, Washington D.C.	华盛顿特区希腊研究中心
Cerealis, Q. Petilius	昆图斯·佩蒂留斯·凯列阿里斯
Cestius Gallus' campaign in Judaea	《加卢斯的朱迪亚之战》(吉孔)
Chabulon (Cabul)	卡布龙(卡布尔)
Charlesworth	查尔斯沃思
Chilver	奇尔弗
Chomsky	乔姆斯基
Christianity, Judaism and Other Greco-Roman Cults: Studies for Morton Smith at Sixty	《基督教、犹太教及其他希腊—罗马时期的宗教》(纽斯纳)
Church History	《教会史》

Cicero	西塞罗
Cilicia	西里西亚
Cilvilis	西尔维利
Cities of the Eastern Roman Provinces	《东罗马行省的城市》(琼斯)
Civ. Dei (Dei Civilate Dei)	《上帝之城》
Claearchus of Soli	科利尔库斯
Clarendon	克兰顿
Clarke	克拉克
Class Ideology and Ancient Political Theory	《阶级意识形态与古代政治理论》(伍德)
Class status and leadership in the world of the Palestinian Sages	《巴勒斯坦圣贤时期的阶级地位和领导阶级》(乌尔巴克)
Classes and society in ancien Greece	《古希腊的阶级与社会》(帕德古格)
Classicus	克拉斯库斯
Claudius	克劳狄乌斯一世
Claearchus of Soli	索里的科利尔库斯
Clay	克莱
Clemens, Flavius	弗拉维奥·克莱芒
Clement of Alexandria	亚历山大里亚的克莱门特
clementia	仁慈
client king	藩属王
Clio's Cosmetics	《克莱奥的化妆品》(怀斯曼)
Clitus	克利托斯
Cohen	科恩
Cohn	科恩
The coins of Sepporis as a historical source	《作为历史证据的赛佛里斯钱币》(梅肖尔)
comites	密友
Commagene	康马革纳
commentarii	《皇帝纪事》
Commentary on Habakkuk	《〈哈巴谷书〉评》
Community Rule	《社团守则》
Compendia	《概论》
Concerning the ban on Greek wisdom	《关于禁止希腊智慧的问题》(哈列维)

The Conflict between Paganism and Christianity in th Fourth Century	《公元四世纪异教主义与基督教之间的冲突》(莫米格利亚诺主编)
The constitution of the Jewish republic of 66-70	《公元 66—70 年犹太共和国的结构》(罗斯)
Conversion and Adolescence	《改变信仰和青春期》(诺克)
Copper Scroll	《铜卷书》
Corbulo	科尔布罗
Corpus Nummorum Palestinesium	《巴勒斯坦货币大全》(凯迪曼)
Corpus Medicorum Graecorum	《希腊医学大全》(拉弗)
Cossinius	科森尼乌斯
Corbulo, Domitus	多米提乌斯·科尔布罗
Cremona	克雷蒙纳
Crete	克里特岛
Crinagoras	科林那戈拉斯
Croix	克鲁瓦
Crook	克鲁克
Crucifixion	耶稣受难
Cumanus	古玛努斯
The currency of the term "Zealot"	《关于"奋锐党"一词的通用问题》(伯格)
Curtius Montanus	古提乌斯·蒙坦努斯
Cyprus	赛普勒斯
Cyrenaic	昔勒尼
Cyrenians	昔兰尼人
Dabaritta	达巴里塔
Dalman	达尔曼
Damascus Rule	《大马士革规例》
Daphne	达芙妮
date of the composition of the Jewish War, The	《犹太战史的创作日期考查》(斯特恩)
Daube	道贝
daughter religion	子宗教
Day of Atonement	赎罪节
de praem. Et poen	《论回报与惩罚》斐洛
The Dead Sea Scrolls in English	《死海卷轴英文译本》(弗米斯)
The Dead Sea Scrolls: Major Publications and Tools for Study	《死海卷轴：主要出版文献及研究工具》(菲茨迈耶)

The Dead Sea Scrolls: Qumran in Perspective	《死海卷轴:库兰视线》(弗米斯)
The Dead Sea sect in relation to ancient Judaism	《古代犹太教中的死海宗派》(莫顿·史密斯)
Dean Sea (Asphaltitis)	死海
The death of Herod the Great	《希律大帝之死》(拉杜库)
The debate on the loyal sacrifices, A. D. 66	《关于公元 66 年忠诚祭祀的辩论》(罗斯)
Debevoise	德贝沃伊斯
Decapolis	德卡波利斯
Demetrius the Alabarch	首席行政官迪米特里
Derebourg, J.	德里布戈
Dérenbourg	德伦伯格
Dessau	德骚
The Development of Greek Biography	《希腊自传体文学的发展》(莫米利亚诺)
Dialogue with Trypho the Jew	《与犹太人特里丰的对话》(查士丁)
Did Jesus speak Hebrew?	《耶稣说希伯来语吗?》(埃默顿)
Die beiden Eleazarreden in Jos. Bell	《关于约瑟夫斯〈犹太战史〉中伊利亚撒的两次演讲》(迈克尔、鲍恩芬德)
Die Flavius-Josephus-Tradition in Antik und Mittelalter	《古代和中世纪关于约瑟夫斯的传说》(史莱克伯格)
Die Geschitsauffassung des Flavius Hosephus im Bellum Judaicum	《弗拉维奥·约瑟夫斯在〈犹太战史〉中的历史观》(林德纳)
Die Pharisäer und die Sadducäer	《法利赛人与撒都该人》(韦尔豪森)
Die Zeloten	《奋锐党》(马丁·亨格尔)
diglossic	同时使用两种语言
dignitas	尊严
Dinah	黛娜
Dio, Cassius	卡修斯·迪奥
Diodorus Siculus	狄奥多罗斯
Diologues	《对话》(塔西佗)
Dion	迪翁
Dionysius of Halicarnassus	哈利卡那苏斯的狄俄尼索斯
The discipline in the so-called Dead Sea Manual of Discipline	《所谓的"死海行为准则手册"之准则》(列伯曼)

Dius, the Phoenician	腓尼基人迪乌斯
Do You Know Greek?	《你懂希腊语吗?》(塞文斯特)
Domitian	图密善
Domitilla	多米提拉
Dora	多拉
Doric	多利安柱式
drachma	德拉克马(古代银币单位)
Drexler	德雷克斯勒
Drusus	德鲁苏斯
dunatoi	最有势力的人
Duncan-Jones	邓肯-琼斯
Dupont-Sommer	杜邦-索姆
Duschak	杜夏克
The Dynasty of Commagene	康马革纳王朝
Dyson	戴森
Earl	厄尔
Early Rabbinic Judaism	《早期拉比犹太教》(纽斯纳)
Ecclesiastics	《便·西拉智训》
Eck	埃克
Economic and Social History of Ancient Greece: An Introduction	和维达尔拉奎特的《古希腊经济社会史》(奥斯汀)
Economic growth and towns in Classical antiquity	《经济增长与古典时期的城镇》(霍普金斯)
Economy and Society	《经济与社会》(罗斯、威蒂克主编)
Edessa	伊德萨
Egypt	埃及
Eine Rede bei Josephus	《关于约瑟夫斯的演讲》(莫雷尔)
eirēnopolis	"和平之城"
Ekdippa	伊科蒂巴
Eleazar	以利亚撒
Eleazar b. Avkilus	以利撒·本·亚维克鲁斯
Eleazar ben Harsum	以利亚撒·本·哈苏姆
Eleazer ben Harsom	以利撒·本·哈索姆
Eliezer ben Hyrcanus	以利撒·本·赫卡努斯
Eliezer ben Hyrcanus: the Tradition and the Man	《拉比以利撒·本·赫卡努斯:其人与传说》(纽斯纳)
Eleazar ben Simon	以利亚撒·本·西门

Eleazar benYaïr	以利亚撒·本·雅亿
Elijah, Gaon of Vilna	维尔纳的拉比以利亚
Elisha ben Avuyah	以利沙·本·阿布亚
Emerson	埃默顿
The Emperor in the Roman world	《罗马世界的皇帝》（米勒）
Enc. Jud. = Encyclopaedia Judaica	《犹太百科全书》
Encyclopedia Judaica Year Book	《犹太百科全书年鉴》
Enemies of the Roman Order	《罗马秩序的敌人》（麦克马伦）
Engedi	恩戈迪
Epaphroditus	巴弗诺蒂图斯
Epictetus	斯多葛派哲学家埃皮克提图
Epidammus	埃皮达诺斯
Epiphanes	埃彼芬尼斯
The pisode of the golden Roman shields at Jerusalem	《耶路撒冷的罗马金盾篇》（迈尔）
Epitome de Caesaribus	《罗马十二帝王传》
Eric Hobsbawm	埃里克·霍布斯博姆
Essai sur l'histoire et la géographie de la Palestine	《巴勒斯坦历史地理研究》（德里布戈）
Essays in Ancient and Modern Historiography	《古今史学文集》（莫米格利亚诺）
Essays in Religion and the Ancient World	《宗教与古代社会论文集》（斯图尔特）
Essenes	爱撒尼教派
Eupolemus	尤波勒姆斯
Euripides	欧里庇得斯
Eusebius	攸西比乌斯
Excavations at Sepphoris	《赛佛里斯的出土文物》（耶文）
Ezra	以斯拉
Fadus, Caspius	卡斯皮乌斯·法杜斯
Fabius	费比乌斯
Family Purity and Family Impurity before A.D. 70	《公元70年之前耶路撒冷的家族血统纯正问题研究》（布赫勒）
Farmer	法默
Fate and free will in the Jewish philosophies according to Josephus	《约瑟夫斯笔下的犹太哲学的命运与自由意志》（摩尔）

Felix, Antonius	安东尼乌斯·腓力斯
Festus, Porcius	波斯乌斯·非斯都
Feuillet	弗伊耶
Finkelstein	芬克尔斯坦
Finley	芬利
The First Christian Century in Judaism and Christianity	《犹太教和基督教中的公元一世纪时期》（桑德梅尔）
fiscus Iudaicus	犹太税
Fitzmeyer	菲茨迈耶
Flacc. (Against Flaccus)	《驳弗拉库斯》（斐洛）
Flaccus, Avillius the Perfect of Egypt	阿维里乌斯·弗拉库斯（埃及地方行政长官）
Flavian Realpolitic	"弗拉维奥实用政治"
The Flavian Reliefs from the Palazzo della Cancelleria	《坎榭列利亚宫弗拉维奥浮雕》（托因比）
Flavian Temple of Pax	弗拉维奥和平神殿
Flavius Josèphe adapteur de la lettre d'Aristée: une reaction atticisante contre la koiné	《弗拉维奥·约瑟夫斯改编的〈阿里斯提亚斯书信〉：反希腊共通语的阿提喀语言风格的反映》（佩尔提埃）
Flavius Josephus als historischer Schriftsteller	《作为史学家的弗拉维奥·约瑟夫斯》（范尤尼克）
Flavius Josephus und die Halacha	《约瑟夫斯与哈拉卡》（奥利斯基）
Flavius Josèphe et Masada	《约瑟夫斯在马萨达》（维达尔纳奎特）
Florus, Gessius	格西乌斯·弗洛鲁
Fornado	福尔南多
Forster	福斯特
The fortress of Machaerus	马盖耳斯要塞
Frankfort	弗兰克福
Freedom and determinism in Philo of Alexandria	《斐洛的自由与宿命论》（温斯顿）
Freemen	自由民（指从前为奴隶身份的人）
Frey	弗雷
Freyne	弗里尼
Froster	福斯特
Fuchs	富克斯
Fulbright Scholarship	福布赖特奖学金
Gabara	伽巴拉

Gaius	罗马皇帝盖乌斯（即卡里古拉）
Galaaditis	伽拉迪提斯
Galba	伽尔巴
Galen	盖伦
Galilee	加利利
Galilee from Alexander the Great to Hadrian,333 B. C. E: a study of Second Teple Judaism	《从亚历山大大帝时期到哈德良时期的加利利》（弗里尼）
Gallus, Cestius	叙利亚省督克斯提乌斯·加卢斯
Gamala	伽玛拉
Gamaliel, Rabban	拉班·迦玛列
Gamaliel II(Patriarch)	长老拉班迦玛列
Garis	伽里斯村
Garnsey	加恩西
Gaulanitis	高兰尼提斯
Gaullic War	高卢战争
Gay	盖伊
Gaza	加沙
Gazara	加沙拉
Geidans, Pat	帕特·盖丹斯
Gellius, Aulus	奥卢斯·戈利乌斯
Gelzer	盖尔泽
Generalizations in Ancient History	《古代历史的概括》（芬利）
Genesis Apocryphon	《创世纪藏经》
Genesis Rabbah	《创世纪注释》（拉比文献）
genius populi Romani	罗马民众
genius senatus	议会
Gerald Duckworth & Co. Ltd	达克渥斯出版社
Gerasa	戈拉沙
Gerasene	格拉森人
Gibson	吉布森
Gichon	吉孔
Ginzberg	金兹伯格
Girondins	法国吉伦特派
Gischala	吉斯卡拉
gnōrimoi	知名人士

Gobbatha	厄巴大
Gohei Hata	秦刚平（日本翻译家）
Goldin	戈登
Golgotha	各各他
Goodman	马丁·古德曼
Goodyear	古德伊尔
Gophna	戈弗纳
Gorion, son of Joseph	约瑟夫之子葛利安
Gospels	《福音书》
Göttingen	哥廷根
Graetz	格雷兹
Graf	格拉夫
grammaticus	希腊语教师
Gray, Rebecca	丽贝卡·格雷
The Great Plain of Esdraelon	埃斯德赖隆平原
Greek and Roman Authors on the Jews and Judaism	《希腊罗马作家论犹太人与犹太教》（斯特恩）
The Greek City	《希腊城邦》（琼斯）
Greek in Jewish Palestine	《犹太巴勒斯坦的希腊文》（列伯曼）
The Greek of the Rabbis	《关于拉比的希腊文》（列伯曼）
Grintz	格林滋
Gundry	冈德里
Guttmann	格特曼
Haacher	哈科
Haase	哈斯
Hadrianic revolt	"哈德良起义"
Haggadah	哈伽达
Halakah	哈拉卡（犹太法典解释律法条款部分）
Handbuchweisheit	"智慧指南"
Haniah	翰尼亚
Hanin	翰宁
Hanina ben Dosa	汉尼拿·本·多萨
Harbour of Jamnia	加蒙尼亚港
Har-El	哈雷尔
Hasmonean	哈希芒

hasidim	（马卡比战争中的）正义之人
Hata, Gohei	秦刚平（日本）
Hatra	哈特拉
Havurah	朋友联盟
Hebrew and Aramaic in the first century	《一世纪时期的希伯来语和阿拉米语》（雷宾）
Hebrew as the spoken and written languages in the last days of the Second Temple	《第二圣殿末期希伯来语口语和书面语》（格林滋）
Hebrews	希伯来主义者
Hebron	希伯伦
Hecataeus of Abdera	阿布迪拉的赫卡塔尤斯
Hegesippus	赫格西仆
Heitland	海特兰
Helcias	西尔基亚
Hellenism in Jewish Palestine	《犹太巴勒斯坦的希腊主义》（列伯曼）
Hellenistic Civilization and the Jews	《希腊化文明与犹太人》（维克多·切里科夫）
Hellenists	希腊主义者
Hellenizer	被希腊文化教化者
Hengel	亨格尔
Henrich	亨利希思
Hephaistion	海菲斯提恩
Herford, R. Travers	特拉弗斯·赫尔福德
Herod	希律
Herod Antipas	《希律·安提帕斯》（赫因纳）
The Herodian Period	《希律时代》（克劳斯纳）
Herodian Temple	希律圣殿
Herodium	希律底姆
Herodotus	《希罗多德》（迈尔斯）
The Herods of Judaea	《朱迪亚的希律家族》（琼斯）
Herod's policy and Jewish society at the end of the Second Temple Period	第二圣殿时期希律的政策与犹太社会》（斯特恩）
Hertlein	赫特林
Heshbon (Esebonitis)	希示本（伊塞波提斯）
Hezekiah	国王希西家

Hezir	希系家族
The Hidden Revolution	《隐藏的革命》
High Priests and politics in Roman Palestine	《大祭司与罗马统治下的巴勒斯坦政治》(斯沫伍德)
Higher Education in the Ancient World	《古代高等教育》(克拉克)
Hill, Christopher	克里斯托夫·希尔
Hillel	希勒尔
Hippos	希珀斯
Historia	《历史》
The historical background of the coins year four of the redemption of Zion	《锡安山救赎第四年之钱币的历史背景》(坎纳尔)
The historical implication of the coins of the First Revolt	《第一次犹太起义期间钱币的历史涵义》(罗斯)
Historical Commentary on Polybius	《波里比乌斯历史评注》沃尔班克
Historie de l'Education dans l'Antiquité	《古代教育史》(马鲁)
Historische Zeitschrift	《历史杂志》
History of Autobiography in Antiquity, A	《古代自传史》(密西)
History of the Second Temple	《第二圣殿历史》(克劳斯纳)
history of the Jews in Babalonia, A	纽斯纳的《巴比伦犹太人的历史》
Hobsbawm	霍布斯鲍姆
Hoehner	赫因纳
Holy of Holies	耶路撒冷圣殿至圣所
Homeric punishment	荷马式刑法
Honi, The Circle Maker	画圆圈者霍尼
Hopkins	霍普金斯
Horsley, Richard	理查德·霍斯里
Hospers-Jansen	霍斯珀斯-扬森
How much Greek in Jewish Palestine	列伯曼《巴勒斯坦的希腊文化探究》
How to Write History	《怎样书写历史》(琉善)
HThR: *The Harvard Theological Review*	《哈佛神学评论》
Humphreys	汉弗莱
Hyldahl	海达尔

Hyrcanus II	赫卡努斯二世
Hyrcanus, John	约翰·赫卡努斯
I rilievi flavi del Palazzo della Cancelleria	《坎榭列利亚宫弗拉维奥浮雕》（梅吉）
I Macc.	《马卡比一书》
Ibn Khaldun and Tamerlane: their Hostoric Meeting in Damascus 1401 A.D. (803A. H.)	《关于伊本·卡尔敦和帖木尔：公元1401年（803A.H）在大马士革历史性的会面的研究》（费舍尔）
Idea of Purity in AncientJudaism, The	《古代犹太教的洁净观》（纽斯纳）
Idumaeans	以土买人
IEJ: Israel Exploration Journal	《以色列探索杂志》
II Baruch	《巴鲁二书》
II Maccabees	《马卡比二书》
Imperial Cult under the Flavians, The	《弗拉维奥时期的帝王膜拜》（司各特）
intelligentsia	知识阶层
Interpretation of Biblical History in the Antiquities Judaicae of Flavius Josephus, The	《约瑟夫斯〈犹太古史〉的〈圣经〉历史解读》（阿特里奇）
Ioudaïka or Ioudaïke Pragmateia	"犹太事件"
Ioudaïkos Polemos	犹太战争
Is the Greek version of Josephus' Jewish War a transtion or a rewriting of the first version?	《约瑟夫斯希腊版本的〈犹太战史〉是对第一个版本的翻译还是重写？》（秦刚平）
Isaac	艾萨克
Ishmael ben Phiabi	以实玛利·本·腓亚比
Isidore of Pelusium	埃及佩鲁修姆的伊西多
Israel in Revolution	《以色列革命》（罗兹）
IV Ezra	《以斯拉四书》
Izates, King of Adiabene	阿迪亚波纳国王埃沙德斯
Jabne	雅伯尼
Jacimus	贾西姆
Jacoby	雅克贝
James	雅各（耶稣的兄弟）
James McLaren	詹姆斯·麦克拉伦
Jamnia	加蒙尼亚
Janes, Doreen	多琳·詹尼斯

Jannaeus, Alexander	亚历山大·乔纳努斯
Janson	詹森
Jason	伊阿森
Jatapata	尤塔帕塔
Jehoiarib	耶何雅立
Jeremias	耶雷米亚斯
Jericho	耶利戈
Jerome	杰罗姆
Jerusalem	耶路撒冷
Jerusalem	《耶路撒冷》(耶雷米亚斯)
Jerusalem and Judaea: roads and fortifications	《耶路撒冷与朱迪亚:道路及堡垒》(哈雷尔)
Jerusalem in the Second Temple Period: Abraham Schalit Memorial Volume	《第二圣殿时期的耶路撒冷:亚伯拉罕·沙利特纪念册》(奥本海姆、拉巴波特、斯特恩主编)
Jerusalem in the Time of Jesus	《耶稣时代的耶路撒冷》(耶雷米亚斯)
Jerusalem Revealed: Archaeaology in the Holy City, 1968-1974	《揭开耶路撒冷的面纱:圣城考古,1968-1974》(亚丁)
Jesus son of Ananias	亚拿尼亚之子耶稣
Jesus the Jew	《犹太人耶稣》(弗米斯)
Jesus and the Zealots	《耶稣与狂徒》(布兰敦)
The Jewish People in the first Century	《一世纪时期的犹太人》(穆西)
Jewish apocalyptic in recent scholarly study	《犹太启示文学最新研究》(巴尔)
Jewish Diaspora	犹太流散文化
The Jewish People	《犹太民族》(斯特恩)
The Jewish School: an Introduction to the History of Jewish Education	《犹太学校:犹太教育史简介》(莫里斯)
The Jewish Sect of Qumran and the Essenes	《犹太库兰宗派和爱撒尼人》(杜邦-索姆)
Jewish studies and New Testament interpretation	《犹太研究与〈新约〉诠释》(弗米斯)
The Jews east of the Euphrates and the Roman empire, I, 1st-3rd Centuries	《公元一世纪到三世纪时期幼发拉底河以东的犹太人与罗马帝国上》(纽斯纳)
The Jews under Roman Rule	《罗马统治下的犹太人》(斯沫伍德)

The Jews, Judaism and the Classical World: Studies in Jewish History in the Times of the Second Temple and Talmud	《犹太人,犹太教及古代社会:第二圣殿时期和塔木德时期的犹太历史研究》(阿隆)
The Jews, their History, Culture and Religion	《犹太人,历史、文化及宗教》(芬克尔斯坦)
JJS: Journal of Jewish Studies	《犹太研究学刊》
Joazar, Pharisee	约阿扎
Joezer	约以谢
Johanan	约哈难
Johanan ben Zakkai	约翰南·本·撒该
John of Gischala	吉斯卡拉的约翰
John the Baptist	施洗者约翰
Jonanan ben Zakkai and Jabne	《约翰南·本·撒该与雅伯尼》(谢弗)
Jonanan ben Zakkai's escape from Jerusalem	《约翰拿·本·沙该从耶路撒冷的逃亡》(撒尔达里尼)
Jones	琼斯
Joppa	约帕
Joseph ben Gorion	约瑟夫·本·葛利安
Joseph of Arimathea	亚里马太的约瑟夫
Josephi Opera	《约瑟夫斯著作》(尼斯)
Josephus and Veapasian	《约瑟夫斯和韦斯巴芗》(韦伯)
Josephus Flavius und die Tradition	《约瑟夫斯与传统》(杜夏克)
Josephus the Man and the Historian	《约瑟夫斯:普通人和史学家》(萨克雷)
Josephus und Justus	《约瑟夫斯和查士丁》(沙利特)
Josephus in Galilee and Rome	《在加利利和罗马时期的约瑟夫斯》(科恩)
Josephus on social conflicts in Judaea	《约瑟夫斯关于朱迪亚的社会冲突》(布伦特)
Josephus' Pharisees	《约瑟夫斯笔下的法利赛人》(纽斯纳)
Josephus' manner of writing history	《约瑟夫斯的史记方式》(斯特恩)
Josephus-Studien	《约瑟夫斯研究》
Joshua	约书亚
Joshua ben Gamala	约书亚·本·伽玛拉
Jotapata	尤塔帕塔

JQR: *Jewish Quarterly Review*	《犹太评论季刊》
JRS: *Journal of Roman Studies*	《罗马研究》
JThS: *The Journal of Theological Studies*	《神学研究》
Judaea	朱迪亚
Judaea as a Roman Province	《罗马行省朱迪亚》(阿普尔鲍姆)
Judaea Capta	犹太卡普塔
Judah	犹大
Judah ha-Nisi	犹大·哈-纳西
Judaism	犹太教
Judaism	《犹太教研究》
Judaism and Hellenism	《犹太主义与希腊主义》(亨格尔)
Judaism in a time of crisis: four responses to the destruction of the Second Temple	《危难时期的犹太教:对第二圣殿毁灭的四种反响》(纽斯纳)
Judas son of Ezekias	爱西加斯之子犹大
Judas Maccabaeus	犹大马卡比斯
Judge	贾奇
Der jüdische Historiker Flavius Josephus	《犹太历史学家弗拉维奥·约瑟夫斯》(拉奎尔)
Der Jüdische Historiker Josephus	《犹太历史学家约瑟夫斯》(尼斯)
Julianus, M. Antonius	安东尼·尤利安鲁
Julias	朱利亚斯
Julius Secundus	尤利乌斯·塞孔都斯
Julius Caesar	尤里乌斯·恺撒
Juste	祖斯特
The Justice of Zeus	《宙斯的公正》(劳埃德-琼斯)
Justin Martyr	殉道者查士丁
Justus of Tiberias	《提比利亚的查士丁》(瑞洁克)
Juvenal	朱文诺
Kadman	凯迪曼
Kamith	卡米斯
Karaim	经文的追随者
Karaite	卡莱特人
Karl Marx and the history of Classical antiquity	《卡尔·马克思及古典时代历史》(克鲁瓦)

Katros	卡特罗
Kedron valley	基德伦谷
Kindler	金德勒
King Izatesof Adiabene	阿迪亚波纳国王埃沙德斯
Klausner	克劳斯纳
Klein	克莱茵
Kleine Schriften	《论文精选》(诺登)
Kleine Schriften	《论文精选》(冯·古希米德)
Klio	《克里奥》(德国古代史研究期刊)
Knox, Bernard	伯纳德·诺克斯
Kraft	克拉夫特
Kreissig	克里塞戈
Kutscher	库彻尔
L'Arc de Titus	《提图斯凯旋门》(莱纳赫)
La date l'autobiographie de Flavius Josèphe et les oeuvres de Justus de Tibériade	《约瑟夫斯〈自传〉的写作年代与提比利亚的查士丁的著作》(弗兰克福)
Lachenaud	拉亨诺德
Lactantius	拉克唐提乌斯
Latin Prose Prefaces	《拉丁文散文序言》(詹森)
Ladouceur	拉都索
Lake of Gennesaret	革尼撒涅湖
Lake Semachonits (Huleh)	塞玛克尼茨湖(忽勒)
The Language and Linguisitc Background of the Isaiah Scroll	《关于〈以赛亚书藏经〉的语言及语言背景研究》(库彻尔)
The language milieu of first-century Palestine	《1世纪时期巴勒斯坦的语言环境》(冈德里)
The Language of Jesus	《耶稣的语言》(伯克兰)
L'Année philologique	《古代文献检索》
Laqueur	拉奎尔
Latium	拉丁姆地区
Lauterbach	劳特巴赫
Law Quarterly Review	《法律评论季刊》
Le thème sous les Flaviens	《约瑟夫斯作品中关于罗马人凯旋仪式的主题》(泰斯内)
"Lebanon" in the Targum: the origin and development of an exegetical tradition	《在塔古姆中的"黎巴嫩":释经传统的起源与发展》(弗米斯)

Lebram	勒布朗姆
legate	罗马帝国省督
Legislation against the Christians	《关于反基督教法规》(巴恩斯)
Lehmann	莱曼
Leipzig	莱比锡
Leontopolis	利安托波力斯
Les Juifs dans l'empire Romain	《罗马帝国的犹太人》(祖斯特)
Les Sudducéens	《撒都该人》(莱蒙)
Les Hérodiens	《希律家族》
Lesbos	(希腊)莱斯博斯岛
Lesser Armenia	小亚美尼亚
Letter of Aristeas	《阿里斯提亚斯书信》
Levine	莱文
Levinson	列文森
Lewis	刘易斯
Lewis, David	戴维·刘易斯
Lieberman, Saul	索尔·列伯曼
Life(by Suetonius)	《罗马皇帝传》(苏维托尼乌斯)
Life of Domitian	《图密善传》(苏维托尼乌斯)
Life of Rabban Johanan ben Zakkai, A	《拉比约哈拿·本·沙该传》(纽斯纳)
Lifschitz	利弗舒茨
Lightstone	莱特斯通
Lindner	林德纳
Livias (Beth Haram)	利维亚斯(贝斯哈兰姆)
Livy	李维
Lloyd, J.	劳埃德
Lloyd-Jones, H.	劳埃德-琼斯
loc. cit: loco citato	拉丁文缩写:在引用的文中
Local cultures in the Roman Empire: Libyan, Punic and Latin in Roman Africa	《罗马帝国的地方文化:利比亚、伽太基、及罗马统治的非洲的拉丁区》(米勒)
Loeb	洛布古典丛书
Lord Clarendon and the Puritan Revolution	《克兰顿爵士与清教革命》(希尔)
Lucian	琉善
Lydda(Diopolis)	利达(迪澳波利斯)

Lysimachus	莱西马科斯
Maccabaeus, Judas	犹大·马卡比
Maccabees, Zealots and Josephus	《马卡比、奋锐党及约瑟夫斯》（法默）
Machaerus	马卡鲁斯
MacMullen	麦克马伦
Maghrib	马格里布
Magi	梅吉
Maier	迈尔
Malalas	约翰·马拉拉斯
Manetho	曼涅托
Manetho of Egyptian priest	埃及牧师曼涅托
Mantel	曼德尔
Mariamne	玛丽安
Marissa	玛里沙
Martha	玛莎
Marx, Karl	卡尔·马克思
Masada	马萨达
Masada	《马萨达》
Masada complex	马萨达情结
Masada, a consideration of the literary evidence	《马萨达,关于一个文献证据的思考》（拉都索）
Masada: Herod's Fortress and the Zealots' Last Stand	《马萨达:希律的堡垒和奋锐党的最后阵地》（亚丁）
Mattathias	马塔提亚
Matthias	马提亚
Matthias, son of Boethus	波博埃修之子马塔提亚
McMullen, R	麦克马伦
Medieval Millenarism: its bearing on the comparative study of millenarian movements	《中世纪的千禧年说:及其对千禧年运动影响的比较研究》（N.科恩）
Melchizedek	麦基冼德（耶路撒冷王和祭司）
Melito	教父麦利都
Memorial Foundation for Jewish Culture	犹太文化纪念基金会
Men of the Great Synagogue, the	犹太大会堂成员
Menahem, son of Judas, rebel leader	梅纳罕

Menahem Stern	梅纳罕·斯特恩
Menander of Ephesus	以弗所的米南德
Mendell	门德尔
Menelaus	梅内莱厄斯
Meshorer	梅肖尔
Mesopotamia	美索不达米亚
Metilius	梅蒂利乌斯
Michal	迈克尔
Michel	米歇尔
Midrash Rabbah	《大密德拉什》
milestone of A. D. 69 from Judaea, A	《来自朱迪亚的公元69年的里程碑》(艾萨克、罗尔)
Millar, F.	米勒
Millenial Dreams in Action: Comparative Studies in Society and History	《行动中的千年梦幻：社会历史比较研究》)斯拉普主编
Minucius Felix	米奴修·腓立斯
Miscellaneous Essays in Palestinian Research	《巴勒斯坦研究文集》(克莱茵)
Misch	密西
Mishnah	《密西纳》
missing fortress of Flavius Josephus, The	《弗拉维奥·约瑟夫斯丢失的堡垒》(阿维-约纳)
Modestus, the Prefect of Egypt	埃及行政长官摩得斯图斯
Modiin	摩蒂因
Moehring	莫林
Momigliano	莫米格利亚诺
Mon	狄奥
monk Cassiodorus	卡西奥多鲁斯僧侣
Montefiore	蒙特弗尔
Moore	摩尔
Morel	莫雷尔
Morris	莫里斯
Motzo	莫茨欧
Moyne	莱蒙
Mt Carmel	卡梅尔山
Mt Gerizim	盖里季姆山

Mt Gilboa	吉尔博山
Mt Nebo	尼波山
Mt Scopus	斯科普斯山
Mt Tabor	塔博尔山
Mucianus	穆基亚努斯
Murray	默里
Mussies	穆西
Mynors	迈诺斯
Myres	迈尔斯
Mythand Society in the Ancient Greece	《古代希腊神话与社会》(韦尔南)
Mythologies, religion et philosophie de l'histoire dans Herodote	《希罗多德史书中的神话、宗教与哲学》(拉亨诺德)
Mytilene	米蒂利尼
Nabataeans	纳巴泰人
Nakdimon ben Gorion	纳卡迪蒙·本·葛莱恩
Nash	纳什
Nasi	纳西
Native revolts in the Roman Empire	《罗马帝国的土著叛乱》(戴森)
Natural History	《自然史》(老普林尼)
Nazareth	拿撒勒
Neardea	尼尔达
Nebedaeus	尼布戴尤斯
Necropolis	《墓地》(雅维加)
Nerva	涅尔瓦
Nestle, W	内斯特尔
Neusner, J.	纽斯纳
Nicanor	尼卡诺
Nicodemus	尼哥底母
Nicolaus of Damascus	大马士革的尼克洛斯
Nicolaus of Damascus	《大马士革的尼克洛斯》(瓦克霍尔德)
Nicols	尼科尔
Niese	尼斯
Niger the Peraean	比利亚人尼格
Nikiprowetsky, V	尼克普劳维斯基

19th National Congress for the Exploration of the Land of Israel and its Antiquities	第十九届以色列土地及历史考察全国会议
Nobbs, Alanna	阿兰纳·诺布斯
Nock, A. D.	诺克
Non-slave labour in the Roman world	《罗马世界的非奴隶劳动力》（加恩西）
Norden, E.	诺登
Notes on the fortresses of Josephus in Galilee	《有关约瑟夫斯在加利利的堡垒的注解》（巴科克瓦）
NT: New Testament	《新约》
NTS: *New Testament Studies*	《新约研究》
Numismatic remarks on Jewish minting at the end of the Second Temple Period	《评第二圣殿时期末犹太钱币铸造》（金德勒）
Obed	俄备得
Octavian	屋大维
The Octavius of Marcus Minucius Felix	《评马科斯·米奴修·腓立斯的〈屋大维〉》（克拉克）
oiktos	怜悯
Oliski	奥利斯基
On His Own Books	《关于他自己的书》（盖伦）
On the Diagnosis and Cure of the Soul's Passions	《论灵魂欲望的诊断和治疗》
Once More Who were the Hellenists?	《再论谁是说希腊语的人？》（穆尔）
Onias Temple	欧尼亚斯犹太圣殿
op. cit: Opus citatum	拉丁文缩写:引述的作品
Oppenheimer	奥本海姆
Origen	奥利根
Orosius	奥罗修斯
Osronene	奥斯洛尼
ostraka	陶片（古代用于投票或抽签）
Otho	奥陶
Otto	奥托
Padgug	帕德古格
Paetus, Caesennius, legate of Syria	科森利乌斯·帕伊图斯（叙利亚使节）

Pagan and Christian historiography in the fourth century A. D.	《公元四世纪时期的异教与基督教史学》(莫米格利亚诺)
Palazzo della Cancelleria	罗马坎榭列利亚宫殿
Pallas, Antonius	安东尼奥·帕拉斯(自由民)
Palmyra	帕尔米拉(叙利亚)
Paphos	帕福斯
Papias	帕皮亚斯
Parthians	帕提亚人
Passover	逾越节
Patriarch	长老
Paul	保罗
Paetus, Caesennius	科森利乌斯·帕伊图斯
Pella	佩拉
Pelletier	佩尔蒂埃
Peloponnesian War	伯罗奔尼撒战争
Peraea	佩里尔
Peripatetic	逍遥学派
Petronius	彼特隆纽斯
Phanni	凡尼
Pharisaic persuasion	法利赛教派
Phasaelis	法萨利斯
Philadelphia	菲拉德尔菲亚
Philip, son of Jacimus	菲利普
philalēthes	热爱真理的人
Philippi (Panias)	腓利比(潘尼亚斯)
Phillpotts, Claire	克莱尔·菲尔珀茨
Philistine	腓力士人
Philo	斐洛
philorōmaios	罗马的热爱者
Philosophie und Christentum	《哲学与宗教》(海达尔)
Philosophies for Sale	《待售的哲学》(琉善)
Philostratus	菲洛斯特拉图斯
Philostratus	斐洛斯特拉图斯
Phineas	菲尼亚斯
Phoebus	斐布斯
Phoenicia	菲尼基

Photius	福蒂乌斯
A Pictorial Dictionary of Ancient Rome	《古罗马插图辞典》（纳什）
Pilate, Pontius, prefect of Judaea	本丢彼拉多（朱迪亚行政长官）
Pilgrimage at the Time of the Second Temple	《第二圣殿时期的朝圣》（撒弗莱）
Pinchas ben Samuel	平卡斯·本·萨姆尔
Pirot	皮罗特
Piso	庇索
Plain of Asochis	阿索吉斯平原
Plain of Sharon	莎伦平原
Platner	普拉特纳
Plato	柏拉图
Platonist	柏拉图哲学家
Pliny the Elder	老普林尼
Plutarch	普鲁塔克
Plutarch and Rome	《普鲁塔克和罗马》（琼斯）
Polanyi	卡尔·波拉尼
A political History of Parthia	《帕提亚的政治史》（德贝沃伊斯）
The political struggle between Pharisees and Sadducees in the Hasmonean Period	《哈希芒时期法利赛人和撒都该人之间的政治斗争》（莱文）
Pollio	波利奥
Polybius	波里比乌斯
Pompeius Planta, C.	庞培·普拉特
Pompey the Great	庞培大帝
Poppaea	波佩
Popular religious beliefs and late Roman historians	《大众宗教信仰与罗马晚期史学家》（莫米格利亚诺）
The population of the western Palestine in the Roman-Byzantine period	《罗马—拜占庭时期巴勒斯坦西部人口》（布罗西）
Posidonius	波西多尼乌斯
post eventum	后事知明
Potidaea	波提狄亚
The Predigree of Josephus	《约瑟夫斯的血统》
Price, Jonathan	乔纳森·普莱斯

priest of Bel	巴力神祭司
Primitive Rebels	《古代叛乱》（霍布斯鲍姆）
princeps	第一公民，罗马皇帝的正式头衔
Proc. Isr. Acad of Sciences and Humanities	《以色列科学人文学会年报》
Proceedings of the sixth world Congress of Jewish Studies	《犹太研究第六次世界大会记录汇编》
Procurators and perfects in the early principate	《古罗马早期帝政时期的地方总督或行政长官》（琼斯）
proechontes	杰出人物
Prolegomena to the Study of the Second Jewish Revolt	《第二次犹太起义研究绪论》（阿普尔鲍姆）
Prologue-Form in Ancient Hisotriography	《古代历史的序言模式》（厄尔）
Prophecy and priesthood in Josephus	《约瑟夫斯的先知和僧侣身份研究》（布林肯索普）
Ptolemais(Accho)	托勒密（阿口）
Ptolemy II Philadelphus	托勒密二世菲拉德尔菲
Ptolemy III Euergetes	托勒密三世尤尔盖提斯
Puritanism and Revolution	《清教革命研究》（希尔）
Pythagorean	毕达哥拉斯
Quadratus, Ummidius	乌米蒂乌斯·夸德拉图斯
Quintilian	昆提良
Quirnius	丘纽
River Arnon	阿尔依河
River Jabbo	雅博河
River Jordan	约旦河
River Kishon	基顺河
River Yarmuk	雅尔木克河
The Rabbinic Traditions about the Pharisees before 70	《拉比传统中关于70年之前的法利赛人》（纽斯纳）
Rabin	雷宾
Rabinowitz	拉比诺维茨
Radicliffe-Brown	拉德克利夫-布朗
Radin	拉丁
Rafus of Samaria	撒玛利亚的拉弗
Rajak, Harry	哈里·瑞洁克
Rajak, Tessa	泰萨·瑞洁克

Raphia	拉菲亚
Rappaport	拉巴波特
Recherches sur l'organisation du commerce en Mediterranee sous l'empire romain	《罗马帝国时期地中海商业贸易结构研究》(鲁日)
Reiling	赖林
Reinach	莱纳赫
The Relations between Jews and ono-Jews and the Great War against Rome	《犹太人与非犹太人之间的关系及反罗马之战争》(拉巴波特)
Revel	雷维尔
Rhoads	罗兹
Richmond	雷蒙德
Ricklefs, Norman	诺曼·里克勒夫斯
Rise and Fall of the Judaeaen State	《朱迪亚的兴亡》(蔡特林)
Rist	李斯特
Rivkin	里夫金
Robert	罗伯特
The role of Basilides in the Events of A. D. 69	《公元69年事件中巴西里德斯的作用》(斯各特)
Roman Archaeology and Art, Essays and Studies	《关于罗马考古与艺术的论文和研究》(雷蒙德)
Roman Social Relations	《罗马社会关系》(麦克马伦)
Roman Antiquities	《罗马古史》(狄俄尼索斯)
Romans and Aliens	《罗马人与外来者》(巴斯顿)
Roth	罗斯
Rouge	鲁日
Rufinus	鲁斐纳
Rufus of Samaria	撒玛利亚的拉弗(犹太医生)
Rural labour in three Roman provinces	《关于罗马三个行省的农村劳力》(惠特克)
s. v.	在……条目下
Sabbath	安息日
Sabine	萨宾
Sabinus, Flavius	弗拉维奥·萨宾努斯
Schwartz, Daniel	丹尼尔·施瓦茨
Scott	斯各特

Sterling, Gregory	格雷戈里·斯特灵
Thrax, Dionysius	狄奥尼修斯·特拉克斯
Vermes	弗姆斯
Victor, Aurelius	奥勒留斯·维克多
Vitellius	维特里乌斯
Vologaeses	沃洛格斯(帕提亚国王)
Wardman, Alan	阿兰·沃德曼
Wood	伍德

索 引

(此处页码为本书英文版页码,即本书边码)

A

Abba Saul 阿巴索尔:控诉 22-23

Acre 阿卡(Ptolemais-Akko)149

Acts of the Apostles《使徒行传》,38 注释 77,55,98,178,232

Adiabene 爱迪宾人 177,183-184

Aggadah《哈加达》见拉比文献

Agrippa I 阿格里巴一世(Herod Agrippa 希律·阿格里巴)12,15,53,54,98

Agrippa II 阿格里巴二世 43,69,75,117,124,128,145,164,187;~的宫殿 39,53,71-72,118,128;~的抚慰人心的演讲 42,74,76,80,155,180,183,184 注释 25;~的官员们 145,148,163,166 注释 37,231;~与提比利亚的查士图 62,146;~的军队 149,164;作为约瑟夫斯的赞助人 164;~的死亡日期 238

Akiba 阿吉巴,Rabbi 拉比,27

Alani 阿兰尼人 182,183

Albinus 阿尔比努斯,A. Postumius 波斯图米乌斯 47-48

Albinus 阿尔比努斯,Lucceius 路西科,procurator 地方总督 72

Alexander Jannaeus 亚历山大·乔纳努斯,King 国王 17,111

Tiberius Julius 提比利乌斯·尤里乌斯,

Alexander 亚历山大 54 注释 21,69,116,187,214-215

Alexandria 亚历山大里亚 62,74,88,178,185,186,189,190,213,216

Alexandrian Jews 亚历山大里亚的犹太人 54 注释 21,55,187

Alexas 亚里克,agent of Herod 希律的事务总管 54

Aliturus 阿利图鲁斯,actor 演员,43

Ambrose 圣盎博罗斯 208

Am Ha-aretz 本国人 110

Ananias 亚拿尼亚,high priestly family 大祭司家族 23,55 注释 23

Ananias 亚拿尼亚,high priest 大祭司,(son of Nebedaeus 尼布戴尤斯之子):~的房子 24,118;取消什一税 72,125 注释 57,128;被害 128;~的儿子 129

Ananus 哈拿努,high priestly family 大祭司家族 23

Ananus 哈拿努(Annas 亚那),the elder 老哈拿努(son of Seth 赛斯的儿子),high priest 大祭司:~之墓 23-24;~的房屋 24

Ananus 哈拿努,the younger 小哈拿努(son of Ananus 老哈拿努之子),high priest 大祭司 83,86,106,128,128 注释 65,129,130,133,135,150-151,165,166;演

258

说 80,82；被害 82,92,134；约瑟夫斯对～的赞扬 82,130；约瑟夫斯对～的批评 151 注释 17

Antioch 安条克 74,217,226-227

Antiochus 安条克 King of Commagene 康马革纳国王 182

Antiochus IV Epiphanes 安条克四世埃彼芬尼斯 2,98

Antonis fortress 安东尼要塞 74,138,193

Apion 阿皮翁 98；另见约瑟夫斯：《驳阿皮翁》

Apocalypic 启示文学 89,96,97 注释 30,98,139,184

Apollonius of Tyana 底阿纳的阿波罗留斯 190

Arabs 阿拉伯人 137,175,179

Aramaic 阿拉米语 27,46,51,56,57,86,132,第七章多处 230-232

Archelaus 亚基老,Julius 尤里乌斯,ethnarch in Judaea 朱迪亚行政长官 66

Archelaus 亚基老,Juius 尤里乌斯,son of Helcias 西尔基亚之子 54

Aristeas, Letter of 《阿里斯提亚斯书信》52,235

Aristobulus II 阿里斯托布鲁斯二世 95

Arisuobulus III 阿里斯托布鲁斯三世,high priest 大祭司 21

Aristotle 亚里士多德 64,118

Armenia 亚美尼亚 182

Arminius 阿米尼乌斯,German leader 日耳曼首领 160

Army,Roman 罗马军队：地方总督使用 71,116-117；辅助军团 66；约瑟夫斯关于～的议论 155,160,180；约瑟夫斯效仿～159；参与犹太战争 74,137-138,156,166,167,205,207；～中的约瑟夫斯 185；拥立韦斯巴芗称帝 189-190,213-215

Asochis, plain of 阿索吉斯平原 151,152 注释 18

Aufidius Bassus 奥菲迪乌斯·巴苏斯 198

Augustine, Saint 圣奥古斯丁 100

Auranitis 奥兰尼 238

Autobiography《自传》5,12-14,43-44,155

B

Babylonia 巴比伦王国 175,178,183

Babylonian Jews 巴比伦的犹太人 148,177,180

Bandits 土匪 66,70,71,73,84-85,123,132,144,148,161

Bannus 班努斯,prophet 先知 38

Barbarians 野蛮人 175

Bar Kochba 巴克巴 141,145 注释 4,208 注释 57

Baruch Apocalypse《巴录启示录》,(II Baruch《巴录二书》) 96-97,99

Basilides 巴西里底斯 189

Ben Kalba Savua 本·卡尔巴·萨乌阿, landowner 地主 25-26,136

Ben Sira 便西拉（Ecclesiasticus《智训》）52

Ben Zizit Ha-Keset 本·希系特·哈吉赛特, landowner 地主 25-26,136

Berenice 贝蕾尼丝,Queen 女王 54,73,75,117,187；～的宫殿 118

Bernays 伯奈斯,Jacob 雅各布 207-209,210

Berossus 贝罗索斯,Babylonian writer 巴比伦作家 178 注释 12,225

Beth-Horon 伯和仑 74

Beth She'arim 贝特·舍阿里姆 51

Berhsaida Livias 贝斯塞达·李维亚（Julias 尤里亚斯）120-121

Bible《圣经·旧约》(Old Testament) 19,25,50,90,109,140 页；另见《旧约》、"约

259

瑟夫斯与《圣经》"

Boethus 波伊图, high priestly family 大祭司家族 23, 24, 55

Borcius 伯基乌斯, soldier of Agrippa 阿格里巴的士兵 54

Brigands 匪帮,见土匪

Britain 不列颠 204

C

A. Caecina Alienus 凯西纳·艾林努斯 195 注释 23, 213 注释 76

Caesarea 恺撒利亚 39, 51, 67, 68, 71, 73, 76, 116, 117, 121, 148;港 123

Caesarea Philippi 恺撒利亚腓利比(Panias 潘尼亚斯)122, 166 注释 37, 214

Caiaphas 该亚法, Joseph 约瑟夫, high priest 大祭司,~的房子 24

Caligula 卡里古拉,见盖尤斯

Cappadocia 卡帕多奇亚 182

Caratacus 卡拉塔库斯 196

Cassiodorus 卡西奥多鲁斯 208

Cassius Dio 卡修斯·迪奥 50, 104, 105 注释 1, 182 注释 21, 183, 190, 191, 195, 注释 23, 199, 211 注释 71 和 72, 213, 228

Catiline 卡蒂利内 160

Cato the Elder 老加图 47

Catullus 卡图卢斯, governor of Cyrenaica 利比亚总督 98

census 人口普查(公元 6 年)87

Cerealis 凯列阿里斯, Q. Petilius 昆图斯·佩蒂留斯 217

Cestius Gallus 克斯提乌斯·加卢斯, Legate of Syria 叙利亚总督 54, 74, 129, 130, 156, 166 注释 37

Charisma 个人魅力 71, 113-115

Christ 基督,见耶稣基督

Charistians 基督教徒 1, 6-7, 55, 176, 202,
208;另见"约瑟夫斯与基督教徒"

Cicero 西塞罗 63

Civil War, Jewish 犹太内战 74, 91-96, 107-108, 118-119, 126, 135-138, 148, 149;另见"内讧"

civil wars, Roman 罗马内战 199-200

Civilis, revolt of 西尔维利叛乱 217

class 阶级 118-119, 127, 135, 224

Classicus, revolt of 克拉斯库斯叛乱 217

Claudius 克劳狄乌斯, Emperor 罗马皇帝 40, 69, 116, 124, 125, 198, 204, 235

Clearchus of Soil 索里的科利尔库斯 64 注释 50

Clement of Alexandria 亚历山大里亚的克莱门特 53

clementia 仁慈 212-213

Clitus 克利托斯 164

Cluvius Rufus 科鲁维乌斯·卢佛斯 199 注释 36

coinage of Jewish revolt 犹太叛乱时期的钱币 139-140, 142

康马革纳(Commagene) 182

Commentarii of the emperors《皇帝纪事》215-216, 219

Corbulo 科尔布罗 186

court circles 宫廷 53-55

Crete 克里特岛 178

Crinagoras 科林那戈拉斯,诗人 42

Cumanus 古玛努斯, Ventidius 文迪蒂斯, procurator 总督 40, 69

Cyrene 昔兰尼 43, 88, 183, 184, 222, 228

D

Dead Sea 死海 216

debt bondsmen 债务奴隶 119

deka prōtoi 地方长官 40, 71

Dérenbourg, J. 德里布戈 127

Deserters 逃亡者 128,134,137-138,196,211

Diaspora 流散（地）2,8,11,55,56,103,154,178,181 注释 18,224,227-228

Dio 迪奥,见卡修斯·迪奥

Dionysius of Halicarnassus 哈利卡那苏斯的狄俄尼索斯：《罗马古代史》9,48,89,73；文学批评,236

Dius the Phoenician 腓尼基的迪乌斯 178 注释 12,225 注释 6

Doomitian 图密善,Emperor 罗马皇帝 197,199,208,213 注释 76,217,218,228,237,238；作为约瑟夫斯的庇护者 146,194,223 页；～与犹太人头税 (*Fiscus Indaicus*) 227

Domitilla 多米提拉,Flavia 弗拉维 228

Drusus 德鲁苏斯,提比利乌斯皇帝之子 43

E

education 教育,犹太人的 26-31

Edessa 伊德萨（Osroene,奥斯洛尼）179

Egypt 埃及 88,125,178,183,184,216,228

Eleazar 以利亚撒,大祭司亚拿尼亚之子 129

Eleazar ben Avkilus 以利撒·本·亚维克鲁斯 30 注释 56

Eleazar ben Harsum 以利亚撒·本·哈苏姆,地主 25

Eleazar ben Simon 以利亚撒·本·西门,奋锐党人 87,130,135-136

Eleazar ben Yaïr 以利亚撒·本·雅亿 219,220；演说 80,83,88,89,169,169 注释 40,220

Eliezer ben Hyrcanus 以利撒·本·赫卡努斯,拉比 27；父亲 25

Elisha ben Acuyah 以利沙·本·阿布亚,Aher 另类 60-61

Emperor,Roman 罗马皇帝 42,43,76,77,116,117,125,142,188,212-213,228；另见各皇帝单独条目

Epaphroditus 艾巴弗诺蒂图斯,自由民 223-224,234 注释 1,228

Epictetus 埃皮克提图 228

Epitome de Caesaribus《罗马十二帝王传》183

equestrian status 骑士地位,Jews of 犹太人 73

Essenes 艾赛尼教派 34,112

Esther《以斯贴记》,希腊语版本 53

Euphrates 幼发拉底河 175,180,182

Eupolemus 尤波勒姆斯史学家 53

Eusebius of Caesarea 恺撒利亚的攸西比乌斯,53；《教会史》13,202,229,232

IV Ezra《以斯拉四书》97,99

F

Fabius Rusticus 费比乌斯·拉斯提科斯,author 作家 199 注释 36

Fadus 法杜斯,Cuspius 卡斯皮乌斯,procurator 地方总督 66 注释 1,69

famine 饥荒 69,94,98,123 注释 53,124-125,136-137

Felix Antonius 腓力斯·安东尼乌斯,procurator 地方总督 39,66 注释 1,70,71,94

Festus 非斯都,Porcius 波斯乌斯,procurator 地方总督 39,71,72

Fiscus Iudacius 犹太税,见"税收"、"犹太人"、"图密善"、"涅尔瓦"

Flaccus 弗拉库斯,Avillius 阿维里乌斯,prefect of Egypt 埃及地方行政长官 98

Flavian dynasty 弗拉维王朝 7,10,154,166,第八章多处

Flavian faction 弗拉维派 186-187,198,214

261

注释 77

Flavius Clemens 弗拉维·克莱芒 228

Flavius Sabinus 弗拉·萨宾努斯 213 注释 56

Florus 弗洛鲁, Gessius 格西乌斯, procurator 地方总督 65, 72-73, 75, 76, 116-117, 124, 128, 166 注释 37

Froster, E. M 福斯特 127

Fourth Philosophy 第四哲学 87-88, 115

French revolution 法国大革命 127

G

Gaius Caligula 盖乌斯·卡里古拉, Emperor 罗马皇帝 12, 68, 76, 123 注释 53, 235

Galba 伽尔巴, Emperor 罗马皇帝 185, 213, 214

Galen 盖伦 35, 36, 37, 49

Galileans 加利利人 70, 144, 146 注释 9, 151, 157

Galilee 加利利 1, 70, 75, 82, 84, 86, 108, 120, 121, 122, 123, 第六章多处；～被占领 93, 130

Gamala 伽玛拉 156, 157, 166 注释 37, 204；另见"伽玛拉的犹大"

Gamaliel II 小迦玛列 (Rabban Gamaliel 拉班·迦玛列, the Patriarch 长老) 59

Garis 伽里斯村 166, 167

Gay, P. 盖伊 77 注释 16

Gellius 戈利乌斯, Aulus 奥卢斯 47, 209

Genesis Apocryphon《创世纪藏经》180

George Cedrenus 乔治·锡德伦努斯 229

Gerasa 戈拉沙 135

Gischala 吉斯卡拉 156, 157, 161；另见"吉斯卡拉的约翰"

Gophna 戈弗纳 137

Gorion 葛利安, son of Joseph 约瑟夫之子 134

Gospels《福音书》22, 41, 46, 109-110, 119, 176, 231-232

Governor of Syria 叙利亚总督, 见"叙利亚行政长官"

grammar 语法 48-49, 236

Gratus 格兰图斯, Valerius 瓦勒里乌斯, procurator 地方总督 67

Greek 希腊语/人, 见"希腊化"、"作为希腊语作家的约瑟夫斯"

H

Hadrian 哈德良, Emperor 罗马皇帝 208, 209

Haggadah 哈伽达 (passover 逾越节) 32

Halakhah《哈拉卡》, 见"拉比文献"、"约瑟夫斯与《哈拉卡》"

Hanina ben Dosa 汉尼拿·本·多萨 115

Hasidim 公义教师 111

Hasmonean Dynasty 哈希芒王朝 3, 15, 17, 21, 52, 108, 111

Havurah 朋友联盟（社群）110

Hebrew 希伯来语 27, 44, 46, 56, 57, 58, 175, 181, 230-232

Hecataeus of Abdera 阿布迪拉的赫卡塔尤斯 25

Helcias 西尔基亚, 阿格里巴一世的随从 54

Hellenists 希腊主义者（和希伯来人）55

Hellenization 希腊化 2, 46-64, 111, 112, 228-229

Herod, the Great 希律王 3, 21, 41, 54, 54 注释 22, 61, 71, 98, 112, 115, 121, 22-23, 124-125；～在耶路撒冷的宫殿 53, 149

Herod Antipas 希律·安提帕斯, the tetrarch 小王 122；宫殿 145 注释 6, 149, 157

Herod Philip 希律·菲利普, the tetrarch

小王 121

Herodian dynasty 希律王朝 1,15,43,53, 55,108,111 注释 16,177

Herodotus 希罗多德 5,101,209 页

Hezir 希系家族,priestly watch 家族众祭司 23

high priests 大祭司:作为社会精英 22-25, 54,108,118,132;作为政治领导者 40-41,73,109,128,129,129 注释 69,130;取消祭司的"什一税"72,94,125,129;撒都该人与~31;~的学问 31;权利复归 68,177,232;~中的逃亡者 137,211;消亡,143;约瑟夫斯的描写 72, 232;作为~的哈希芒王室 111

Hill 希尔,Christopher 克里斯托夫 140

Hillel 希勒尔,Rabbi 拉比 115

historians 历史学家,~的偏见 4-6,77,104-105,106,133

historiography 史学,罗马 197-201

Honi 霍尼,The Circle Maker 画圆圈者 115

Hyrcanus II 赫卡努斯二世 95

I

Ibn Khaldun 伊本·卡尔敦 187

ideology of rebels 反叛者的思想体系 87-89,105

Idumaea 以土买 135,146

Idumaeans 以土买人 3,86,133-135

Ishmael ben Phiabi 以实玛利·本·腓亚比,大祭司 39,40,43,94,125

Isidore of Pelusium 埃及佩鲁修姆的伊西多 229

Izates 埃沙德斯,King of Adiabene 阿迪亚波纳国王 206

J

James 雅各,son of Judas the Galilean 加利利人犹大之子 116

Jamnia 加蒙尼亚(Yavneh 雅麦尼亚)33, 175,188

Jehoiarib 耶何雅立,priestly course 祭司传承 17

Jeremiah 耶利米,prophet 先知 170,170 注释 45

Jericho 耶利戈 115,121

Jerome,Saint 圣·杰罗姆 202,208,229

Jerusalem 耶路撒冷:约瑟夫斯的描绘 216;~的犹太社会 11,12,22-26,27, 230-232;档案 149;房屋 24;墓葬 23-24,177;作为政治中心 40,65,70,73-74;作为经济中心 122;~的希腊文化 52-58;~的犹太宗教 67;城南 117;城北 118,129,138;~的反抗声明 116-117,145,166;临时政府 150-151,156, 165,167,171;被造反者占领 82,92, 128-138,148,149,156;围城 32,83,96, 105 注释 1,106,153;罗马攻击~ 205;毁灭 11,91,98,99,105,170,203,216;战争之后 174,208;另见"圣殿"

Jesus 耶稣,brigand chief 土匪头目 149

Jesus Christ 耶稣基督 1,25,67,109,113, 114,208;约瑟夫斯关于~的证词 1,67, 131 注释 73,229 注释 14

Jesus 耶稣,son of Ananias 亚拿尼亚之子,prophet 先知 72,193

Joazar 约阿扎,Pharisee 法利赛人 151

Johanan ben Zakkai 约哈南·本·撒该, Rabbi 拉比 33,128 注释 65,175,188-189,192

John the Baptist 施洗者约翰 1,109,141

John the Essence 艾赛尼人约翰,起义领导者 146 注释 7

John of Gischala 吉斯卡拉的约翰 83,84, 86,92-93,131,132,133,135-136,144,

263

148,151,156,160-163,165,166 注释 37
John Hyrcanus 约翰·赫卡努斯,国王和大祭司 16,111
Jonathan 乔纳森,Hasmonean ruler 哈希芒统治者 15-17
Jonathan 乔纳森,大祭司 70
Jonathan 乔纳森,法利赛人 165
Jonathan 乔纳森,织工 222
Joppa 约帕,港口 123
Jordan 约旦河 38,121,124,137,146,216
Joseph ben Gorion 约瑟夫·本·葛利安 130
Joseph of Arimathea 亚里马太的约瑟夫 57 注释 33
Josephus 约瑟夫斯:家庭 4,14-15,21;母亲 136;父亲,见马塔提亚;社会地位 21,224;教育 26-32;作为祭司 14-22,83,178;作为法利赛人 32-34,150-151,224;作为派往罗马的使者 39,65,76,225;海难事件 43-44;婚姻和子女 20-21,166,178,196;朋友 172 注释 47,223;作为温和派 75,128;作为将军在加利利 1,21,75,105-106,130,132;第六章多处;朱迪亚的地主 11,24-25,174,195;在尤塔帕塔 89 167-172;作为主和派 32,95,98;作为囚犯 166,185-191;作为先知 18-19,171,185-191;作为罗马公民 194-195;在罗马 7,11,106,143,174,177-178,194-195,223-229;作为流散犹太人 8,11,178,224-225;作为犹太辩护者 226,228-229;死亡日期 11 注释 2,223;~及其助手 62-63,233-236;写作对象 152,175,177,180-184,202,224,225-226,228;作为希腊语作家 8-9,46-51,62-64,78-80,81-82,89,102,103,142-143,155,160,169,175,176,177,194,200,219,225,228,233-236;作为见证者 4,75,105,216;历史著作的"前言" 5,79-80,82,175,179,190,215 注释 79,229 注释 13,237;历史著作中的演说 9,80-81,82-83,89,180,204,205,220;关于地方风物的题外话 196,216,219;情感表达 79-80,81,104-105,175,212,222,226,229;对叛乱者的谴责 4,81-89,105,194,220,221;反讽 81;神学 78,92,94-103,105,142,191-194;~与《圣经》19 页,注释 25,32,44,191-192,231,234;另见《圣经》;~与《哈拉卡》33;热爱真理的人 229;~与基督教徒 1,6-7,176,226,229;另见"耶稣基督";佚失的阿拉米语版《犹太战史》,第十二章多处,226,230;《犹太战史》5-6,9,10,39,47,54,62-63,第三、四、五章多处,146,154-173,第七、八章多处,223,229;《犹太战史》写作时期 62,195,195 注释 23;作品标题 201-202;《犹太古史》6,13-14,32,39,47,65-77,79,125,152,177,178,212,223,225,228,233-236;《犹太古史》写作时期 237-238;《犹太古史》版本 237;《自传》6,12-14,39,43,46,84,107,第六章多处 223,226,235;《自传》写作时期 237-238;《驳阿皮翁》20,47,177,178 注释 12,187,195 注释 23,196,200,216 注释 81,223,225-226,228-229

'Josephus Count' "约瑟夫斯问题" 171
Joshua 约书亚(Jesus 耶稣),son of Gamala 伽玛拉之子,大祭司 24,55,106,128,128 注释 65,150;~的演说 80,82,130,134;被谋杀 82,134;与约瑟夫斯家的友谊 27,31;另见"玛莎,波伊图之女"
Jotapata 尤塔帕塔 19,106,130,150,152,153,154,166,167-172,186,191,205
Judaea 朱迪亚 50,57,58,64,67,108,120,

121,123,124,135

Judah Ha-Nasi 犹大·哈纳西,拉比 95

Judas 犹大,son of Jonathan 乔纳森之子 165

Judas the Galilean 加利利人犹大,son of Ezekias 埃西加斯之子——可能就是来自高兰尼提(Gaulanitis)的伽玛拉的犹大 87,112,115,116

Judas Maccabaeus 犹大马卡比 2,53,74,143

Julianus 尤利安鲁,M. Antonius 安东尼,地方总督 209

Julius Caesar 尤里乌斯·恺撒 3,42,44,226

Justin Martyr 殉道者查士丁 35,37

Justus of Tiberias 提比利亚的查士图 son of Pistus 皮斯图之子：对约瑟夫斯的书面攻击 14,146,146 注释 9,152-154,164,215;资料来源的可靠性 153,200,215-216,237-238;～的希腊语 62

Juvenal 朱文诺 197

K

Kedron valley 汲伦谷 23,57

L

labourers 劳工 119-200

Lactantius 拉克唐提乌斯 98

lamentation 哀歌 79,176,212

landowners 地主 7,24-26,94,108,119,124,132,174

Laqueur,R. 拉奎尔 224 注释 2,237

law(Jewish) 犹太律法 50,67,81,91,97,113,114,116,140,164,169,175 注释 4,178

Legate of Syria 叙利亚省督 68,69,74,117,182,187

Leontopolis 利安托波力斯,见"欧尼亚斯犹太圣殿"

Levites 利未人 41

liberary 图书馆:at Jerusalem 耶路撒冷～61-62;at Qumran 库兰～52,109

Livy 李维 81 注释 9

Lucian 琉善 9,35,37,75 注释 13,236

Lupus 鲁普斯,Tiberius Julius 提比利乌斯·尤里乌斯,埃及行政长官 183

M

Maccabean revolt 马卡比起义 2,178

I Maccabees《马卡比一书》235

II Maccabees《马卡比二书》53,98,178

Machaerus 马卡鲁斯 216

Malalas 马拉拉斯,John 约翰 227

Manetho 曼涅托 178 注释 12,225

Martha 玛莎,daughter of Boethus,波伊图之女,wife of Joshua son of Gamala 伽玛拉之子约书亚之妻 24,55

martyrdom 殉教 229

Marx 马克思,Karl 卡尔 118

Masada 马萨达 2,80,81,84,88,89,105,135,169,183,216,219-222,229;失陷时间,174,174 注释 1;马萨达考古发现 219,220

Mattathias 马塔提亚,约瑟夫斯之兄 16,26

Mattathias 马塔提亚,约瑟夫斯之父 15-16,22,151

Matthias 马提亚,波伊图之子,大祭司:被谋杀 135,138

Menahem 梅纳罕,犹大之子,起义领导者 86,116,129,141

Menander of Ephesus 以弗所的米南德,作家 178 注释 12,225

Mesopotamia 美索不达米亚 177,179 注释 14,184,228

Messianism 弥赛亚主义 38,85,90,91,113 注释 22,139-143,192

Metilius 梅蒂利乌斯,罗马统帅 129

Midrash《大密德拉什》,见"拉比文献"

Minucius Felix 米奴修·腓立斯,*Octavius*《屋大维》209

Mishnah《密西纳》,见"拉比文献"

moderate 温和派 82,106,129,145,148,149

money-lenders 放贷人 118

Mount Carmel 卡梅尔山 189

Mount Scopus 斯科普斯山 74,205

Mucianus 穆基亚努斯,C. Licinius 李西尼,叙利亚省督 187,213 注释 76,214 注释 77

N

Nabataeas 纳巴泰人 179

Nakdimon ben Gorion 纳卡迪蒙·本·葛利安,地主 25-26,136

Nasi 纳西 133

Nazareth 拿撒勒 151

Neardea 尼尔达 177

Nero 尼禄,罗马皇帝 71,73,76,117,124,125,166 注释 37,182,208,212；下台 185,186,213

Nerva 涅尔瓦,罗马皇帝 238 注释 8；～与犹太税 227

Nicanor, of Alexandria 亚历山大里亚的尼卡诺 56

Nicanor 尼卡诺,护民官 54-55,168

Nicodemus 尼哥底母,见"纳卡迪蒙·本·葛利安"

Nicolaus of Damascus 大马士革的尼克洛斯；《自传》12 注释 4,28,49；～作为犹太辩护者 224；～的文化 61-62；作为约瑟夫资料的来源 17,34,37 注释 73,235

Niger the Peraean 佩里尔人尼格 130,134

notables, Jewish 犹太名流 40,42,66-67,71-72,73,77,116-118,128,130,135,177

O

Oracles 神谕,见"预兆"

oral tradition 口传 1,28,32,66

Origen 奥利根 226 注释 7

ossuaries 骨灰瓮 56,57

Otho 奥托,罗马皇帝 185,213

P

Paetus 帕伊图斯,Caesennius 科森利乌斯,叙利亚省督 182

pagan religion 异教 19,228

Pallas 帕拉斯,Antonius 安东尼奥,自由民 70,71

Palmyra 帕尔米拉 179

Parthians 帕提亚人 175,176,177,179-183,235

Paul 保罗,Saint 圣徒 72,178,231-232

Peraea 佩里尔 146

Persecutors 迫害者,～之死 98,221,222

Persian empire 波斯帝国 181

P. Petronius 彼特隆纽斯,叙利亚省督 68-69

Pharisees 法利赛人 3,25,29-34,87,110,111,115,224,227；作为政治团体 3,33；作为学者 29,41,114；宗教信仰 30,32,36,88,99-100；在叛乱期间 128,128 注释 65,150-151

Phasaelis 法萨利斯 121

Philip 菲利普,son of Jacimus 贾西姆之子 145 注释 6,148,149,166 注释 37

Philo, of Alexandria 亚历山大里亚的斐洛 8-9,12,14-15,98,100；出使罗马 68

philosophy 哲学，Greek 希腊 35，100，212-213，220

Philostratus 菲洛斯特拉图斯 190

Philostratus 菲洛斯特拉图斯，腓尼基编年史家 225

Phineas 菲尼亚斯，Biblical zealot《圣经》中的狂热者 87

Phoebus 斐布斯，阿格里巴的士兵 54

Phoenicians 腓尼基人 225

Photius 福蒂乌斯：*Bibliotheca*《群书集缀》153，237-238

Pilate 彼拉多，Pontius 本丢，朱迪亚总督 1，67，69

Pilgrimage 朝圣 55，122，178，227

Pinchas（Phineas, Phanni）ben Samuel. 平卡斯·本·萨姆尔（凡尼·平卡斯），大祭司 132-133

Piso 庇索，Caius 卡尤斯 186

Pistus 皮斯图，提比利亚的查士图之父 146

Plato 柏拉图 8，169，169 注释 40

Pliny the Elder 老普林尼 198，200-201

Pliny the Younger 小普林尼 63，199

Plutarch 普鲁塔克 42-43，50 注释 6，219 注释 90

Polanyi 波拉尼，Karl 卡尔 120

Pollio 波利奥（？Avtalion 亚维塔林），拉比 30 注释 56

Polybius 波里比乌斯 5，9，47-48，75 注释 13，101，102，160

C. Pompeius Planta 庞培·普拉特，地方总督 199

Pompey 庞培 123 注释 52；征服耶路撒冷 3，20，58，124

Poppaes Sabina 波佩·萨宾娜，尼禄皇帝的妻子 39，43，65

portents 预兆 90-91，141，189-190

Posidonius 波西多尼乌斯 63

priests, Jewish 犹太祭司 17-21，72，94，108，109，118，125，129，133，156，224，232；另见作为祭司的约瑟夫斯、大祭司

procurators 地方总督（and profescts 及行政官），in Palestine 巴勒斯坦的 1，42，65-77，78，174

prophets 先知 38，66，71，72，90-91，95；《圣经》中的～95，114，140

Ptolemy 托勒密，the overseer 监工 145 注释 6，163，166 注释 37

Ptolemy II Philadelphus 托勒密二世菲拉德尔菲，埃及国王 52

Ptolemy III Euergetes 托勒密三世尤尔盖提斯，埃及国王 53

Ptolemy 托勒密，son of Lysimachus 莱西马科斯之子 53

Q

Quintilian 昆体良 48，81 注释 9

Qumran sect 库姆兰宗派 2，3，15，35，38，52，109，111，113，114，180

R

Rabbinic literature 拉比文献 15，41，58-61，104，110，135-136；*Mishnah*《密西纳》15，20，27-29，31，56，58，59-60，132-133；*Tosefta*《托斯夫塔》又译《密西纳补篇》22-23，30，56，59-60，132-133；*Jerusalem Talmud*《耶路撒冷塔木德》25，27，56，59，181，188-189；*Babylonian Talmud*《巴比伦塔木德》23-30，56，58-60，193-194，212；*Midrash*《密德拉什》20，24-26，132-133，188-189，210；*halakhah*《哈拉卡》32-33；*aggadah*《哈加达》32-33；另见"犹太律法"

Region of Terror 恐怖地带 82，134

revolution 革命 10，85，86，93，116，124，

126-138,143

Rome 罗马城 39,43,76,125,178,185,203,217-219,229；罗马教皇大臣宫殿 217,另见"约瑟夫斯在罗马"、"提图斯凯旋门"、"和平神殿"

Rufinus 鲁斐纳 208

Rufus of Samaria 撒马利亚的卢弗斯 49

S

Sabbath observance 安息日 140,164

Sacrifices, for emperor 献给皇帝的供奉 19,74,117-118,128；另见"圣殿"

Saddok 撒多克,叛乱 87

Sadducees 撒都该人 31,34,36,55,111 注释 13

Salome Alexandra 萨乐米·亚力山德拉, Queen 皇后 112

Sallust 萨卢斯特 5,89

Samaias 撒马亚（？Shemaiah 谢玛雅）, 拉比 30 注释 56

Samaria 撒马利亚 120,121

Samaritans 撒马利亚人 40,49 注释 5,70

Sanhedrin 犹太公会 24,40-42,54,59,114,115,128 注释 65,133,156,157

Sarmatians 萨尔马提亚人 217

Scribes 犹太法学家 19

Scythopolis 塞希波利斯 51,148

Sea of Galilee 加利利海 121-122,148,166,205

sects, Jewish 犹太教派 29,34-39,109-112

Seneca 塞内卡 212

Sepphoris 赛佛里斯 148-149,151,156,157,159,159 注释 31,167

Shekhinah 神明现身 194

sicarii 匕首党 71,81,84,88,94,135,183,219,221-222

Silius Italicus 西利乌斯·伊塔利库斯 190

注释 9,204

Silva 希尔瓦, L. Flavius 弗拉维 174,219

Simon 西门, Hasmonean ruler 哈希芒统治者 16

Simon 西门, son of Judas the Galilean 加利利人犹大之子 116

Simon bar Giora 西门·巴·吉欧拉,叛军首领 135-136,141,142,217；被处死 219

Simon ben Gamaliel I 西门·本·珈玛列一世 31 注释 56,128,132,134,150,151 注释 17,162,165

Simon ben Shetah 西门·本·舍塔 27,111

Simon Psellus 西门·皮塞鲁,约瑟夫斯的祖先 16

sin and punishmet 罪与罚 94-99,105,208

social conflict 社会矛盾 10,22,38,71,72,78,84-85,93-94,118,121,124-125,135-136,149；另见"犹太内战"、"内讧"

Sophocles 索福克勒斯 203

Stasis (civil strife) 内讧 10,72,77,78,84,86,91-96,107,132,135,137-139,150

Statius 斯塔蒂乌斯 197

Stephen, Saint 圣徒司提反 55

Stoics 斯多葛 35,100,199,228

Strabo 斯特拉波, *Geography* ～著《地理》179 注释 14

Suetonius 苏维托尼乌斯：*Life of Julius Caesar* ～著《尤里乌斯·恺撒传》44；*Life of Nero*《尼禄传》182 注释 21；*Life of Vespasian*《韦斯巴芗传》104,105 注释 1,189 注释 8,190,191,197,213,214,214 注释 77；*Life of Titus*《提图斯传》104,105 注释 1,189 注释 8,190,195 注释 23,204；*Life of Domitian*《图密善传》183,227

Suicide 自杀 89,168-170,219-220,220 注释 96

Sulpicius Severus 苏庇修斯·塞维鲁斯, *Chronicle* ～著《编年史》207,210
synagogues 犹太会堂 55,56,73
Syria 叙利亚 74,162,166 注释 37,175,179,226
Syrians 叙利亚人 66,137,138,148

T

Ticitus 塔西佗 81; *History* ～著《历史》72,104,105 注释 1,125,135,187 注释 4,189 注释 8,190-191,193,197-199,205,208-209,214 注释 77,215; *Annals* ～著《编年史》36-37,70,160,182,186,196,208-209; *Dialogus*《对话》205
Talmud《塔木德》, 见"拉比文献"
Tamerlaine 帖木儿 187
Tarfon 他尔芬, 拉比 34 注释 66
Tarichaeae 塔里卡埃 148,162,163,165,205,206
Tatian 达提安 226 注释 7
tax, Jewish 犹太税 184,184 注释 26,227
taxation 税收 72,73,120,123,125-126
Teacher of Righteousness 公义教师 111,113,114
Tekoa 提哥亚 172
Temple, Herod's 希律圣殿 19,22,43,66,68,74,84,94,95,109,117,118,128,157,172,216; ～的建成 124; ～的财宝 73,116,122; 圣殿税 122; ～的毁灭 78,90-91,95,96,98,99,138,143,175,178,184,193-194,223,224,227,229; 由奋锐党人占领 136; 另见"祭祀"
Temple of Onias 阿尼亚犹太圣殿, at Leontopolis 位于利安托波力斯 183,211
Temple of Peace 和平神殿, 罗马 195,218
Testimonium Flavianum 弗拉维见证, 见"基督耶稣"

Thackeray 萨克雷, H. St. John 191,233-236
Thamna 塔姆那 146
Theodotus 西奥多托斯, the Archisynagogus 犹太会堂的事务长, son of Vettenus 韦提努之子 56
Theophilus of Antioch 安条克的西奥菲勒斯 202,226 注释 7
Theudas 丢大, 先知 38
Thucydides 修昔底德 5,9,73,75,80,84,93,155,233-236
Tiberias 提比利亚 40,122,145 注释 6,148,149,156,157,162,163,164,165,167
Tiberius 提比略, 罗马皇帝 198,231
Tigris river 底格里斯河 175
Tillemont 第尔蒙 209
Tiridates 提利鞑提斯, King of Armenia 亚美尼亚国王 182
Tithes"什一税"18,94,120,125,125 注释 57,128
Titus 提图斯, 罗马统帅及后来的皇帝 54,58,62,80,99,104,105 注释 1,182,186,189,198,214 注释 77; 教育 28; ～与贝蕾尼丝 75; ～围攻耶路撒冷 104,138,213; ～的仁厚 92,137,186,195-196,206-213; 返回罗马之旅 214,216-218,226; 保护约瑟夫斯 4,11,186,187,194,200-203; 得到约瑟夫斯的称赞 202-213,217-218,219,221; 继位 223; 死亡的传说 210 注释 67
Titus' Arch 提图斯凯旋门 203-204,218
Torah《圣经·旧约》19,0,91,109,169
towns and cities 城镇 116,119,121-122,132,148,151
Trachonitis 特拉克尼 148,238
trade and commerce 商业贸易 123,132,162

Trajan 图拉真，罗马皇帝 197，208，237；犹太人反抗，8，58，184，228

translation 翻译 176-177

tribute 进贡 73

triumph of Vespasian and Titus 韦斯巴芗与提图斯的凯旋 203，204，217，218-219，220，221

tychē 运数 101，205

Tyre 提尔 225

U

Ummidius Quadratus 乌米蒂乌斯·夸德拉图斯，叙利亚省督 70

upper class, Jewish 犹太上层社会 7，54，65，82，94，105，107，108-109，119，121，128，130，134，135-138，143，145，154，211，221，222，224

V

Valerius Flaccus 瓦勒里乌斯·弗拉库斯 210

vanity 虚荣 155

Varus 瓦鲁斯，阿格里巴二世的事务总管 148，156

Vespasian 韦斯巴芗，将军和罗马皇帝 92，104，105 注释 1，166 注释 37，223；成为皇帝 1，4，106，128 注释 65，185-194，213；由上帝选定 99，188，191，194；约瑟夫斯的俘获者和恩人 1，4，11，20-21，106，168，170，172，174，185-191，194-195；攻克加利利 146，156，167 注释 38；返回罗马 213，214，216-218；～与约瑟夫斯的创作 179，184，第八章多处，拉比文献中的～210；外交政策 182-183；支持文学 197-201；约瑟夫斯的赞美 203-206，217-218，219，221；另见"凯旋"、"皇帝纪事"

Victor 维克多，Aurelius 奥勒留斯 183

villages 乡村 25，120，122，132，144

Vipstanus Messalla 维普斯坦鲁斯·梅萨拉 199 注释 37

L. Vitelius 维特里乌斯，叙利亚省督 68

Vitellius 维特里乌斯，罗马皇帝 185，214

Vologaeses 沃洛格斯，Parthian king 帕提亚国王 182

W

Wadi Murabbaat documents 穆拉拜特河死海文献 51

war, causes of 战争的起因 65-66，73，75-77，78，79，107，116-117，142

Whiston 惠斯顿，William 威廉 172 注释 48

Wicked Priest 邪恶祭司 111，113

X

Xenophon 色诺芬 80 注释 6

Y

Yavneh 雅麦尼亚，见"加蒙尼亚"

Z

Zealots 奋锐党人 86-87，88，91，92，93，128 注释 65，130，133-135，139 注释 88，140 注释 92

Zonaras 佐纳拉斯 191

图书在版编目(CIP)数据

史学家约瑟夫斯及其世界／(英)瑞洁克著；周平译．—北京：商务印书馆，2013
ISBN 978－7－100－10150－9

Ⅰ．①史… Ⅱ．①瑞… ②周… Ⅲ．①约瑟夫斯(37～100)—人物研究 ②犹太人—民族历史—研究—古代 Ⅳ．①K833.825.81 ②K18

中国版本图书馆 CIP 数据核字(2013)第 173742 号

所有权利保留。
未经许可，不得以任何方式使用。

史学家约瑟夫斯及其世界
〔英〕泰萨·瑞洁克 著
周 平 译

商务印书馆出版
(北京王府井大街36号 邮政编码100710)
商务印书馆发行
山东临沂新华印刷物流集团
有限责任公司印刷
ISBN978－7－100－10150－9

2014年2月第1版	开本 705×1000 1/16
2014年2月第1次印刷	印张 18.25
	定价：35.00元